FILOSOFIA VIVA

Jacob Needleman | David Appelbaum

# FILOSOFIA VIVA

## UMA ANTOLOGIA DAS QUESTÕES UNIVERSAIS DA HUMANIDADE

*tradução*
Élcio de Gusmão Verçosa Filho

attar
EDITORIAL
2008

Título original: Real Philosophy: an anthology of the universal search for meaning


*Edição*
Sergio Rizek

*Tradução*
Élcio de Gusmão Verçosa Filho

*Preparação de texto*
Maria Inês Panzoldo de Carvalho

*Revisão*
Percival de Carvalho

*Capa e diagramação*
Silvana Panzoldo

Dados Internacionais de Catalogação na Publicação (CIP)
(Câmara Brasileira do Livro, SP, Brasil)

Needleman, Jacob
Filosofia viva : uma antologia das grandes questões da humanidade / Jacob Needleman / David Appelbaum ; seleção, introdução e comentários David Appelbaum ; tradução Élcio Verçosa Filho ; preparação de texto Maria Inês Panzoldo de Carvalho. -- São Paulo : Attar Editorial, 2008.

Título original: Real Philosophy : an anthology of the universal search for meaning.

1. Filosofia I. Appelbaum, David. II. Carvalho, Maria Inês Panzoldo. III. Título.

06-5066 CDD-100

Índices para catálogo sistemático:

1. Filosofia 100

ISBN 978-85-85115-31-9
2008

ATTAR EDITORIAL
rua Madre Mazzarello 336
05454-040 São Paulo - SP
fone/fax (11) 3021 2199
www.attar.com.br

a Ricardo Rizek,
que a tantos ensinou,
e ainda ensina,
música e filosofia

# Sumário

APRESENTAÇÃO 9
Sidney Molina

INTRODUÇÃO 13

PRIMEIRA PARTE 17
QUEM SOU EU?

*Fedro*, de Platão 26
*As meditações*, de Descartes 31
*O sonho de Sir Lancelot*, de Howard Pyle 40
*Katha Upanixade* 29
*Desespero, doença para a morte*, de Sören Kierkegaard 47
*Milindapahna* 50
*Ninguém realmente sabe*, de Idries Shah 52

SEGUNDA PARTE 54
POR QUE ESTOU AQUI?

*Édipo Rei*, de Sófocles 59
*O hino da pérola* 63
*O grande inquisidor*, de Dostoiévski 66
*Confissões*, de Santo Agostinho 74
*Ética a Nicômaco*, de Aristóteles 83

TERCEIRA PARTE 91
DEUS EXISTE?

*As Enéadas*, de Plotino 95
*O guia dos perplexos*, de Maimônides 101
*A religião nos limites da simples razão*, de Kant 110
*A linguagem dos pássaros*, de Farid ud-Din Attar 114
*Tatanka-ohitica* 120
*Mundaka Upanixade* 122

QUARTA PARTE 128
A MORTE COMO UM FATO

*O mito de Er*, de Platão 133
*O ser e o nada*, de Sartre 143
*Ser e tempo*, de Heidegger 147
*Vinaya-pitaka, Majjhima-nikaya, Samyutta-nikaia* 150
*A morte exposta*, de Lewis Thomas 153
*A morte de Iván Ilitch*, de Tolstói 157

QUINTA PARTE 168
O ANIMAL INACABADO

*A alegoria da caverna*, de Platão 172
*Fragmentos cósmicos*, de Heráclito 178
*Capítulos interiores*, de Chuang Tsé 184
*A genealogia da moral*, de Nietzsche 187
*Masnavi*, de Rumi 191
*O livro dos provérbios*, Antigo Testamento 192

SEXTA PARTE 195
O ESPECTRO DO AMOR

*As três partes da alma*, de Platão 199
*O mistério do ser*, de Gabriel Marcel 209
*A amizade*, de Aristóteles 217
*Assaradão, rei da Assíria*, de Tolstói 225
*O sermão da montanha* (As Beatitudes) 232
*Conferências*, de Tagore 235
*A arte da libertação*, de Krishnamurti 244

SÉTIMA PARTE 253
O QUE POSSO FAZER?

*Shinjin-mei ou a confiança na mente*, de Sôsan 257
*O mito de Sísifo*, de Camus 263
*Bhagavad Gita* 270
*Ensaio sobre os dados imediatos da consciência*, de Bergson 276
*A epopéia de Gilgamesh* 283

OITAVA PARTE 289
O MISTÉRIO DA LINGUAGEM

*Tractatus Logico-philosophicus*, de Wittgenstein 293
*Fenomenologia da percepção*, de Merleau-Ponty 298
*Tao Te King*, de Lao Tsé 306
*Ensaio acerca do entendimento humano*, de John Locke 310
*Sermões*, de Mestre Eckhart 315
*A muralha do mistério*, História da Tradição Sufi 319

NONA PARTE 321
O AMANHÃ

*Assim falou Zaratustra*, de Friedrich Nietzsche 325
*A evolução criadora*, de Henri Bergson 329
*O monte análogo*, de René Daumal 332
*Mitos e símbolos na arte e civilização da Índia*, de Heinrich Zimmer 340
*Tertium Organum*, de Ouspensky 346
*O livro de Daniel* 352
*Elegias de Duíno*, de Rilke 356

APÊNDICE 361

BIBLIOGRAFIA 364

# APRESENTAÇÃO

Até que ponto uma antologia pode ser entendida como livro autoral? Como escutar as vozes de Jacob Needleman e David Appelbaum em meio aos sessenta e cinco textos de eminentes fontes ocidentais e orientais que integram *Filosofia Viva*?

Uma primeira resposta é – naturalmente – o fato de os textos terem sido meticulosamente selecionados pelos antologistas para fundamentar sua própria visão de algumas das "questões universais da humanidade" pela apropriação literal de Platão, Descartes, Sófocles, Dostoiévski, Santo Agostinho, Kant, Maimônides, Farid ud-Din Attar, Heidegger, Lao Tsé, Nietzsche, Rilke, da *Bíblia* e dos *Upanixades*, entre muitos outros. Nesse sentido, "antologia" é também gênero literário: seu cerne é a radicalização da citação, limite retórico e ético do falar a fala alheia.

A presença autoral dos organizadores se afirma, ademais, explicitamente nas páginas introdutórias escritas para cada uma das nove partes em que dividem a antologia. Essas páginas não são propriamente comentários aos textos dos pensadores, mas procuram criar um contexto de indagações diante das quais os excertos de obras de filósofos, profetas, poetas e romancistas surgem – eles próprios – como respostas possíveis. No texto que antecede a "Alegoria da caverna" de Platão, por exemplo, Needleman e Appelbaum comparam a situação da mente humana no mundo moderno "a um corpo cujos músculos foram desenvolvidos pelo fisiculturismo, perdendo o equilíbrio e a flexibilidade": permanecemos "animais inacabados", enfraquecidos por angústia pessoal, culpa coletiva, indecisão moral e auto-suspeição.

Mas, para além, é justamente a estrutura da coletânea que revela mais fortemente a autoria dos autores. O músico e filósofo Ricardo Rizek – ele mesmo um estudioso e praticante da "filosofia viva", e a quem por direito estava destinada a redação desta apresentação –* certamente não teria resistido à tentação de investigar a ordenação numérica da divisão da obra em nove partes: por que partir do "eu" (primeira parte) em direção à "causa final" (segunda parte) para fechar a primeira tríade na discussão sobre "a existência de Deus"? Por que iniciar a segunda tríade com "o fato da morte" (quarta parte), aceitar a condição humana de "animal inacabado" (quinta parte) e desaguar na discussão sobre "o amor e a amizade" (sexta parte)? Enfim, de que modo articular a crise da sétima parte ("o que posso fazer?"), a justa harmonia da oitava parte ("o mistério da linguagem') e uma possível redenção na nona parte ("o amanhã")? Até que ponto tais ecos pitagóricos teriam permeado detalhes de construção, seleção e desenvolvimento da obra?

Um outro aspecto que cabe destacar é o fato de *Filosofia Viva* (*Real Philosophy*, no original) disfarçar, na grande diversidade de tradições e autores selecionados – Descartes e Idries Shah convivem no mesmo capítulo, assim como Kant e Attar, Gabriel Marcel e Krishnamurti, ou Locke e Eckhart –, o minucioso cuidado com cada uma das fontes. Nesse sentido, não há nada de propriamente antiacadêmico na antologia, o que é atestado de modo incontestável pelo currículo dos autores: Jacob Needleman estudou filosofia em Harvard, Yale e Freiburg, é professor da San Francisco State University e editor da Penguin Metaphysical Library; David Appelbaum teve sua formação em Oxford e Harvard, é professor do State University College em New Paltz e autor de numerosos artigos acadêmicos. Esse rigor foi mantido no projeto editorial brasileiro, acompanhado de esclarecedoras Notas Editoriais, e que levou em conta as principais traduções já existentes dos textos clássicos presentes na antologia.

Em última análise, a autoria de Needleman e Appelbaum se revela tanto mais quanto reconhecemos a "vida" desta "filosofia viva". O título do livro carrega consigo simultaneamente algo de singelo e ambicioso: singelo, porque "cada um de nós já sentiu vez por outra a

* O tempo não lhe permitiu realizar essa tarefa.

sede de saber o que é a vida"; ambicioso, porque a partir da "filosofia viva" todos os pensadores evocados passam a ser também – numa curiosa inversão – harmônicos vivos da parceria autoral realizada por Needleman e Appelbaum. "Vê!, eu vivo. De quê?" – perguntam os autores através de Rilke. E se não for excessivamente ousado insistir na adição de mais um nome ao cânone móvel da "filosofia viva", uma resposta pode vir também de Guimarães Rosa:

> a "vida" consiste em experiência extrema e séria: sua técnica – ou pelo menos em parte – exigindo o consciente alijamento, o despojamento, de tudo o que obstrui o crescer da alma, o que a atulha e soterra.**

*Sidney Molina*

** ROSA, Guimarães. "O Espelho", in *Primeiras Estórias.* Rio de Janeiro: Nova Fronteira, 1985, p. 72

# INTRODUÇÃO

Uma das verdades mais importantes e dramáticas da psicologia do século XX foi descoberta pelo psiquiatra austríaco Viktor Frankl, que, prisioneiro em um campo de concentração nazista durante a Segunda Guerra Mundial, sobreviveu a sofrimentos inimagináveis, medos terríveis e grandes humilhações. Poucos saíram vivos desses campos, e um número ainda menor de prisioneiros foi capaz de sobreviver sem máculas no coração e no espírito. Frankl, um destes poucos, perguntou-se então o que teria permitido que ele e esse seleto grupo de sobreviventes tivessem preservado sua humanidade. Esse questionamento levou-o a uma visão da natureza humana radicalmente contrária à da corrente freudiana dominante, que ainda exerce uma influência considerável sobre a nossa maneira como vemos a nós mesmos. A proposta de Frankl foi a de que existe uma força intrínseca na psique humana que não tem relação alguma com o instinto sexual ou qualquer outro impulso biológico ou socialmente condicionado. Com base em sua própria experiência, Frankl percebeu que esta força mais profunda em si mesmo e em todos os seres humanos é a *sede* ou *busca de sentido.* Frankl percebeu que, na ausência de sentido, os homens perdem sua principal fonte de vitalidade e tornam-se algo diferente e muito abaixo de seu potencial. Se, ao contrário, mantêm-se abertos à possibilidade de sentido, nem mesmo o sofrimento mais atroz será capaz de destruir o seu espírito. Em suma, ninguém é capaz de viver sem sentido. Na verdade, a sede de sentido é o fato definidor da nossa humanidade, aquilo que nos diferencia de todos os outros seres existentes.

Os trechos apresentados nesta antologia são testemunhos da busca de sentido que marcou a humanidade em todas as épocas e culturas, inclusive a nossa. A *Filosofia*, "amor à sabedoria", é um dos nomes que damos a esta busca. Mas este livro pretende ser mais do que uma compilação da busca ancestral da humanidade pelo sentido da vida. Ele pretende também, e sobretudo, contribuir para um novo despertar por toda parte perceptível em nossa civilização ameaçada. Em quase todas as esferas de nossa cultura, começa a surgir a compreensão de que o progresso material e o avanço científico não podem, por si mesmos, levar-nos a uma compreensão do sentido de nossas vidas, e que, se o progresso científico não for contrabalançado por outro tipo de busca, sua tendência é transformar-se em instrumento de autodestruição.

Toda civilização direciona a maior parte de suas energias criativas para formas específicas de atividade, enfatizando ou expressando, por meio delas, algum aspecto particular da mente humana. Nossa civilização contemporânea é caracterizada pelo fascínio com a aplicação tecnológica das descobertas científicas e pela negligência com aqueles aspectos de nossa natureza que requerem outros tipos de percepção, outros tipos de "alimento", que não podem ser satisfeitos pelos produtos da tecnologia. Estas partes de nossa mente, estes aspectos do nosso ser estão esfomeados e, caso pereçam, pereceremos com eles. Isto não é mera especulação: é uma verdade evidente que estamos todos começando a perceber.

Os extratos de textos selecionados e reunidos nesta coletânea são exemplos de como alguns dos grandes filósofos se debateram com as questões que constituem o eixo vital da nossa existência moral e espiritual. São questões relativas à identidade, ao propósito e à ética dos seres humanos, questões que se tornaram absolutamente necessárias à nossa sobrevivência, confrontados que estamos pela ameaça de guerra nuclear e, mais recentemente, de uma catástrofe ecológica. Este horror potencial que é a extinção de *toda* vida torna a lição aprendida pelo dr. Frankl desesperadamente relevante para cada um de nós.

Sem a orientação da filosofia, um número cada vez maior de pessoas está buscando sentido em abordagens alternativas – a religião institucional, a ciência, a psiquiatria, a ideologia política, o misticismo popular. Estas, porém, mostram-se, em geral, incapazes de responder à nossa sede de sentido. A religião, alijada de suas origens tradicionais, torna-se vulnerável à confusão do tempo presente. A psiquiatria, por sua vez, há tempos perdeu a aura messiânica que antes parecia oferecer, dissolvendo-se diante de sua confessa tendência à fragmentação e de sua incapacidade de satisfazer à necessidade intrínseca do homem por valores fundamentais. A ideologia semeou movimentos de massa e fanatismos diversos, levando as pessoas a afastar-se ainda mais de uma busca de sentido: estreitamente ligada ao nosso instinto gregário, ela depende da multidão, e tem atuado muito mais sobre o lado sugestionável do homem do que para servir ao seu desejo legítimo de investigar e questionar. Por fim, o influxo atual de ensinamentos místicos (oriundos tanto das correntes orientais quanto das tradições nascidas no Ocidente) tem-se mostrado contrário ao *élan* da busca, tendendo a mitigar, em vez de estimular, as qualidades individuais daqueles que se voltam para eles. A popularidade destes movimentos – freqüentemente similares a seitas, como no caso trágico do suicídio em massa dos discípulos do reverendo Jones ocorrido em Jonestown – demonstra como estamos famintos de orientação, e quão pouco nossa cultura tem a nos oferecer nesse sentido.

Assim, o que é a "filosofia viva"? Ela não é ciência nem religião, nem psiquiatria, ideologia ou misticismo. A filosofia viva é uma força singular na vida humana, que participa tanto de uma busca interior (religião) quanto de um processo de descoberta do mundo (ciência). Ela cobre o amplo espaço intermediário entre o íntimo questionamento de si e as interações cotidianas, ordinárias, com os demais seres humanos. Na tradição ocidental, ela está representada na figura de Sócrates, que personifica a atitude questionadora, trazida à vida, investida de carne e osso e posta para respirar. Consoante com o método socrático, a filosofia viva reflete sobre as questões fundamentais da vida humana. A busca não abandona a esfera mundana em favor de algum santuário particular ou laboratório especializado. Pelo contrário, a filosofia viva nasce na mente que procura a si mesma, no ambiente concreto das escolhas do cotidiano. Ela se ocupa igualmente da ação corriqueira e da configuração misteriosa da existência. Ela se propõe a nos guiar na arte do viver, que um dia foi sinônimo de "sabedoria". Ela procura compreender esta arte, tornar conhecido e perceptível o núcleo secreto do pensamento. Ela se dirige à pessoa inteira, galvanizada pela atividade filosófica, que então se torna consciente tanto dos desejos conflitantes que habitam dentro de si quanto da unidade conferida por esse chamado, o seu sentido de finalidade.

Este livro se dirige, assim, a todas as pessoas que querem praticar a arte da sabedoria, àquelas que não conseguem entregar-se inteiramente à ciência, à religião, à psiquiatria, à ideologia ou a qualquer um dos muitos movimentos de massa. Destina-se a pessoas que reconhecem a atração que os valores humanos tradicionais exercem sobre esta época de crise histórica – pessoas que desejam continuar envolvidas em suas atividades específicas, respondendo, ao mesmo tempo, ao chamado da verdadeira busca de sentido.

Hoje, muitas pessoas, nas mais diferentes condições de vida, estão percebendo que literalmente não podem viver sem filosofia, e estão voltando às salas de aula em busca da orientação que a filosofia é capaz de oferecer. Elas chegam com grande vontade de perguntar, muitas vezes ainda sem as formulações adequadas. Esperamos que os textos aqui reunidos lhes sejam úteis. Eles não fornecerão "respostas", mas aprofundarão e intensificarão o processo de questionamento já iniciado.

Na ausência de uma filosofia viva, outras áreas do conhecimento tendem a ocupar esse lugar vazio, tornando-se mais reflexivas, mais "filosóficas". Observamos esta tendência nas ciências físicas contemporâneas, na freqüente fusão do pensamento oriental com as teorias da "nova física". Hoje, temos também teorias alternativas sobre a saúde e a doença, que procuram abordar a pessoa em sua totalidade. A religião institucional tenta com freqüência solapar o filão místico ou esotérico da tradição judaico-cristã. As ciências sociais incorporaram os novos conceitos sobre a consciência e o funcionamento do cérebro; a antropologia se mostra sensível ao mistério da origem do homem e ao poder do símbolo e do mito; a teoria da educação começou a fazer a crítica do aprendizado mecânico e do treinamento vocacional. Até mesmo nas áreas empresarial e financeira, a importância do trabalho, da prosperidade e da liderança tem sido muitas vezes questionada. As bases morais e intelectuais de todas as formas de atividade humana encontram-se hoje submetidas a um cerrado escrutínio e, não obstante, nada disso se mostrou capaz de atingir o cerne da filosofia viva.

As questões da filosofia viva têm um caráter peculiar que nos chama a atenção. É preciso identificar e estimular este caráter, e nossos corações devem ser tocados por essas perguntas. As grandes questões da filosofia surgem em algum lugar no fundo de nós mesmos, na nossa criança interior. Nosso anseio é pensá-las ou mesmo sonhar com elas. Elas têm uma dimensão encantatória, mágica, que se reflete em muitos dos textos que compõem este livro.

As questões da filosofia viva têm um "sabor" diferente da filosofia acadêmica, da maneira como esta vem sendo oficialmente transmitida. Quando excessivamente "profissionalizada", a filosofia admite apenas um "cânone" limitado de questões como "problemas filosóficos"; assim, temos, por exemplo, o "problema mente-corpo", o "problema do mundo exterior", o "problema do livre-arbítrio" e outros do gênero. Estas formulações são como pegadas deixadas na floresta por um ser vivo, enquanto o próprio ser – a verdadeira questão – continua vivo e se movendo em algum outro canto. Penetrar na questão viva apenas com a mente é de todo impossível. Para colocar a pessoa na direção da verdadeira busca, o intelecto precisa estar acompanhado de emoções. A filosofia viva reconhece que as idéias estão ligadas a emoções e sensações, e que o homem responde a elas partindo de sua existência integral.

Cada um de nós, como indivíduos, já sentiu uma vez ou outra a sede de saber o que é a vida. Esta necessidade se faz sentir em todos os aspectos da vida cotidiana – na família, no trabalho, nas relações pessoais, na saúde e na doença –, não raro sem ser convidada. Quando somos tocados por uma cena de rara beleza, transtornados por um revés numa amizade, quando ficamos perplexos diante de algum fato científico ou histórico ou somos abalados em nossas cômodas verdades por algum dilema moral, tomamos consciência do poder do impulso filosófico, na medida em que somos forçados a ir além da superfície das coisas. Não saber como responder a este impulso nos deixa frustrados, incomodados, insatisfeitos. Grande parte do que se conhece pelo nome de cultura é simplesmente uma distração deste anseio insatisfeito pela filosofia. É muito freqüente que a cultura se torne apenas mais uma droga legalizada, um paliativo que alivia os sintomas da nossa necessidade interior.

*Filosofia Viva* é, portanto, um compêndio da mais vasta tradição da filosofia, que tem duas características essenciais. A primeira é a de pertencer a uma tradição mundial, que transpõe as fronteiras culturais. Ela não tem uma única origem, o que a torna particularmente apropriada a estes tempos em que "mundo" e "aldeia global" se tornaram sinônimos. Agora estamos percebendo melhor a interdependência essencial entre as culturas e o apoio que as diferentes tradições prestam umas às outras: qualquer tentativa de conformar a filosofia aos moldes de uma única tradição ou de uma única perspectiva cultural nos parece, portanto, autodestrutiva. Apenas uma tradição global e universal é capaz de mostrar o poder do fio condutor da filosofia, que atua de forma semelhante, mesmo nos mais diversos contextos culturais. Somente uma tradição global é capaz de pôr a filosofia em foco na perspectiva multicultural que marca os dias de hoje.

A segunda característica é o retorno desta ampla tradição à função básica da filosofia, a saber, a de ser um estágio essencial no caminho para o autoconhecimento e a autotransformação. Na cultura ocidental, a injunção dirigida a Sócrates, "Conhece-te a ti mesmo", marca o início deste caminho de investigação. O pensamento platônico prossegue nesse caminho com a construção de um vasto sistema de "lembretes" – míticos, especulativos, lógicos, dramáticos – de que o auto-exame é nossa tarefa primeira. Depois de Platão, entretanto, a ênfase no autoconhecimento experimental passa a ser menos importante naquilo que normalmente se chama a filosofia "dominante". A tradição mais ampla, a filosofia viva, passa ao largo de grande parte do pensamento de Aristóteles, da escolástica e do par racionalismoempirismo que marca a idade moderna, abarcando, por outro lado, pensadores como João Escoto Erígena, Nicolau de Cusa, Baruch Espinosa e Sören Kierkegaard. A sua presença pode também ser identificada nas escolas de pensamento hermética e neoplatônica, assim como em certos filósofos "alquímicos" da Renascença.

Ademais, *Filosofia Viva* abrange textos de muitas tradições espirituais: hinduísmo, budismo, taoísmo, islamismo, sufismo, judaísmo e cristianismo, na medida em que todas elas contribuem para a função essencial da filosofia: a orientação. Com a seguinte seleção de textos, procuramos reavaliar essa negligenciada corrente de pensamento, contrabalançando, a um só tempo, humanismo moderno e filosofia "dominante".

A "tradição mais ampla" centra-se na capacidade de "perguntar". Não é no "saber", mas no "perguntar" que reside a verdadeira atividade da filosofia. E é somente com um questionamento sincero que podemos passar ao largo de nossa preocupação com a informação, essa irrelevância tão comum no mundo contemporâneo. Nossa era tecnocrática depende da ciência moderna para a sua sobrevivência, voltando-se para o ritual vazio ou para o irracional em busca de consolo. Precisamos quebrar o feitiço tanto do "cientificismo" quanto do "fanatismo religioso" para redescobrirmos o nosso próprio valor moral. A meta desta nossa "filosofia viva" é dar uma contribuição para essa busca.

PRIMEIRA PARTE

# QUEM SOU EU?

Em momentos de crise emocional, coação física extrema ou reflexão profunda, as pessoas costumam sentir uma incerteza fundamental em relação às suas vidas. Nesses momentos, as idéias que até então orientavam o autoconhecimento sofrem um colapso, revelando uma nova profundidade na existência. As autoimagens habitualmente aceitas se decompõem; o sujeito começa a questionar sua própria identidade. Mais precisamente, a identidade mesma se torna a questão. E a pessoa se pergunta, com um sentimento profundo: "Quem sou eu?"

A crise revela uma condição existencial que era imperceptível antes que fossem rasgados os véus – enganos, falsas crenças, expectativas infundadas e ideais irrealizáveis – sob os quais a pessoa se escondia. Às vezes, como um movimento observado de canto de olho, a pergunta, antes negligenciada, impõe-se, despertando inquietude. Atacá-la de frente, não confundir ilusão com realidade, é a tarefa do entendimento. "Mas a tarefa parecia imensa", confessou Descartes, cujo tratamento dessa importante questão revolucionou toda uma tradição de pensamento. "E deixei-a de lado para tratá-la quando já tivesse atingido uma idade madura, tão madura que o futuro já não reservasse a promessa de uma disposição maior para aprender o que quer que fosse." A crise pode ter início com o reconhecimento da disparidade entre o que a pessoa parece ser e o que ela realmente é. Como descobriu Descartes, o tipo de dúvida que aí surge tem o poder de penetrar nas crenças mais caras ao indivíduo e revelá-las sob uma luz nova, questionadora. É com esta iluminação que nasce a investigação sobre o eu. Para o filósofo francês, a mente é constantemente distraída por questões de interesse periférico, mas, com o tempo, vai se concentrando em um único ponto central, o eu. Seu objetivo era encontrar algo "tão certo e evidente que as suposições mais extravagantes dos céticos fossem incapazes de abalar". Sobre esta certeza, seria fundada toda a sua filosofia.

A natureza do autoconhecimento pode ser comparada à da percepção visual, passível de ser afetada por uma deficiência ocular. Se, por exemplo, a lente da córnea é arranhada, o ferimento distorce a imagem de tudo o que se vê. Do mesmo modo, se a visão que uma pessoa tem de si mesma é confusa, tudo o que é pensado, sentido ou percebido por ela carecerá igualmente de precisão. Costumeiramente, tendemos a raciocinar a partir do que está fora de nós para depois chegar ao eu, dizendo: "O pôr-do-sol me inspirou", ou "Meu amigo me magoou". Mas a verdade é que esta ordem inverte a ordem inerente à realidade. Como diz o filósofo hindu Ramana Maharishi (1879-1950), "só depois da primeira pessoa do singular é que a segunda e a terceira entram em cena".

Como a atenção habitualmente se volta para fora, uma orientação inteiramente nova se faz necessária para a descoberta do eu. "Estou confuso," relata Descartes, "como se tivesse caído subitamente num mar profundo, sem poder firmar os pés no fundo nem nadar em direção à superfície". Como navegar em águas desconhecidas após ter apreendido a disparidade entre as aparências e o que se é de fato? Trata-se de uma questão de método e abordagem. Em geral, podemos dizer que, aqui, há duas abordagens principais: a inclusão e a negação. Tanto Descartes quanto os *Upanixades* praticam a segunda. Para Descartes, trata-se de rejeitar "o que quer que dê margem à menor dúvida". De acordo com os *Upanixades*, cada pensamento ou experiência deve ser confrontado com a afirmação de que não se trata "nem disto nem daquilo" (*neti, neti*). Em ambos os casos, o que está em jogo é a autodeterminação do eu em não aceitar como definitivo qualquer estado, condição ou acontecimento; o eu é aberto, é um processo, um desdobramento. De modo análogo, é possível "aprisionar" um rio dentro de um balde; mas o que se obtém já não é mais o rio, e sim um balde cheio d'água.

Para Kierkegaard, a substância do eu é atividade, a atividade de relacionar as partes do eu (pensamentos, desejos, paixões, sensações) com um todo que lhe transcende. Interromper essa atividade dizendo "Estou com raiva" ou "Tenho certeza de que você está errado" é perder o eu, é tomar pelo todo um relato extremamente parcial da realidade. O método de Kierkegaard procede incorporando ao eu cada aspecto de cada momento. É uma tentativa constante de expandir os limites da identidade, sem nunca afirmar que "sou apenas isto, mais nada".

Quer iniciemos uma investigação do eu a partir de um confronto abrupto e direto com uma realidade desconhecida, quer por meio de um cuidadoso exame intelectual da nossa própria situação, surge a questão sobre a natureza última do ser humano. A pergunta "Quem sou eu?" leva a uma outra: "Que espécie de ser sou eu?", ou "Que tipo de natureza possuo?" Três tipos de resposta são dadas pelas mais diversas escolas de pensamento.

A primeira delas sustenta que temos uma natureza dual, em que cada um dos aspectos tem igual pretensão à realidade e ao conhecimento. Um lado de nós vive de acordo com o hábito, mecanicamente, aceitando os valores prescritos pelos ideais dominantes na sociedade. Este nosso lado, voltado para a busca do prazer, é, segundo Platão, terrestre. Tende a apegar-se ora a uma coisa, ora a outra: as opiniões fixas, o dogmatismo, a agressividade e a estreiteza de pensamento são suas características mais marcantes. Esse lado está sempre se envolvendo em discussões, querendo justificar a si mesmo. Nosso outro aspecto, a *psique* ou alma, é, para Platão, "imortal, pois aquilo que está sempre em movimento é imortal". Ele encarna uma busca interminável pelo conhecimento do "bom, belo e verdadeiro" e tem o poder de ver o que está por trás da ilusão, formando uma visão objetiva das forças que afetam a vida humana. Como, à diferença dos nossos preconceitos subjetivos, este princípio não nos diminui, Platão se refere a ele como a presença divina no homem. Embora todos participemos dessas duas naturezas, seria um equívoco pensar que elas coexistem pacificamente, pois as contradições do nosso ser, que se revelam em momentos de crise, resultam de uma tensão permanente entre esses dois aspectos.

Para uma segunda escola de pensamento, nossa natureza não é dual, mas una. A composição do homem não é híbrida, pois, em última análise, o eu e todo o universo gozam do mesmo ser indiferenciado, e o eu é ampliado para incorporar tudo o que existe. De acordo com esta visão, a única unidade verdadeira é a totalidade. Unidade é totalidade. Nos *Upanixades*, isto se expressa na sentença "*Atman* é *Brahma*": o eu verdadeiro *é* toda a existência. Além disto, uma outra explicação é dada à razão pela qual o sujeito parece querer tantas coisas conflitantes, manter opiniões contrárias e cultivar pensamentos incoerentes sobre si mesmo e sobre o mundo: a culpa é do poder do pensamento, criativo, mas ainda indisciplinado. Nesse sentido, Ramana Maharishi tece uma analogia: "Como a aranha, que lança o fio desde seu próprio corpo para depois puxá-lo de volta, também a mente humana projeta o mundo para fora e volta, depois, a recolhê-lo para dentro de si mesma". O caminho do autoquestionamento esclarece a distinção entre o que é meramente imaginado e o que é de fato. Ele atenua nosso apego ao mito de que estamos apartados da natureza, nosso apego à suposição de que, separada do humano, a natureza está aí para ser explorada e usada em benefício da nossa satisfação pessoal. O autoquestionamento nos leva a perguntar se nosso fascínio pela diversidade não seria apenas um desvio em relação ao fim último, cuja busca está inscrita em nossa natureza una.

A terceira resposta à pergunta "Que tipo de natureza eu possuo?" é mais abrupta. De acordo com ela, não temos nenhuma natureza, pois não temos eu: o eu é uma ficção conveniente, uma crença que, qual miragem, desvanece quando submetida a um exame mais rigoroso. As palavras "eu" e "eu mesmo" não se referem a nada, mas, ao repeti-las, produzimos e perpetuamos uma sofisticada biografia, uma identidade física, uma história futura. Acabamos por depositar nossa confiança nas fórmulas verbais, sem questionar a realidade que lhes é subjacente. A realidade – física, mental ou emocional – não é afetada pelo hábito de dizer "Este sou eu", ou "Isto é meu", mas pensar no eu obscurece em nós a verdadeira natureza da experiência. Segundo o budismo, o eu não existe, e a idéia de sua existência é o grande motivo de nossas dúvidas, frustrações, angústias e desesperos. Para o budista, o indivíduo não possui uma natureza própria; porém, somente um sólido compromisso com o exame da experiência presente pode erradicar a noção do eu e revelar as coisas como realmente são. A liberdade no sentido budista é a erradicação da idéia do eu. O budista acredita que nossa arrogância, presunção e insensibilidade diante da dor do próximo desaparecerão se nos concentrarmos nas experiências puras e incontaminadas da vida.

É notável a ausência de um acordo acerca da melhor maneira de abordar a natureza do eu. Alguns pensadores, inclusive os primeiros críticos de Descartes, sustentaram que, após a pergunta "Quem sou eu?", a que se segue não é "Que espécie de ser sou eu?", mas, antes: "Eu existo?" O chamado à confirmação da própria existência, a não mais presumir que ela está dada de antemão, é um dos pontos fortes do pensamento de Kierkegaard. A pessoa se torna, na expressiva imagem de Platão, parteira de si mesma. Segundo essa ordem de idéias, a crise que marca o primeiro questionamento da própria identidade se parece antes com as dores do parto – que anunciam o nascimento – do que com uma doença. "Assim como a criança sente dores e incômodos nas gengivas quando nasce um dente," diz Platão, "também a alma daquele cujas asas começam a crescer sente uma fermentação e uma irritação dolorosa." O simples ato de perguntar sobre a natureza de sua própria existência permite que a pessoa comece a participar de um processo mais orgânico, do crescimento de um "algo" cuja essência transcende a experiência efêmera e que reivindica, portanto, a "existência" de modo especial. Embora esse "algo" possa ser descrito e nomeado, a linguagem só é capaz de fornecer uma aproximação, assim como é somente por aproximação que podemos transmitir as sensações sutis inspiradas por um pôr-do-sol nas montanhas. Para estes pensadores, o pensamento não se esgota na linguagem, pois tem, em seus vôos mais altos, o poder de trazer a pessoa para mais perto do ser. Ele discerne, no núcleo íntimo da vida individual, a semente ou o potencial do devir.

Nossa maneira ocidental de pensar é fortemente atraída por sistemas e formulações, como o atestam nossas ciências puras, descobertas tecnológicas e organizações industriais. É preciso, portanto, sublinhar que a auto-investigação desafia qualquer sistematização. Os rastros deixados por alguns pensadores são melhor descritos não como uma via direta, mas como uma trilha incerta e sinuosa. Não obstante, perseverar na pergunta "Quem sou eu?" não significa penetrar em uma terra sem lei onde nenhuma verdade resiste por muito tempo. Pelo contrário, como adverte Platão, a necessidade a tudo governa. As leis são as mesmas por toda parte, ainda que descobri-las exija um esforço pessoal daqueles que pretendem empreender essa difícil tarefa. Os *Upanixades* nos lembram que o autoconhecimento "não pode ser obtido pela instrução, nem pelo intelecto, nem pela erudição". Na busca do autoconhecimento, há espaço para o que, aos espíritos vulgares, parece irracional e sem fundamento. Nessas incursões pelas areias movediças da investigação, a perseverança e o engenho contam mais do que as instruções adquiridas por meio de hábitos mecânicos.

Como pode o desconhecido vir a tornar-se conhecido? Como é possível reconhecê-lo? Pois, se ele é reconhecível, então já deve ter sido conhecido antes, de alguma forma. O paradoxo da investigação se intensifica no caso do eu, pois o sujeito da pergunta "Quem sou eu?" é também o objeto da investigação. É como imaginar que o olho pudesse ser incluído no campo da visão. Que isto seja possível é um indício do elemento enigmático ou misterioso da auto-investigação. De repente, de modo inesperado, o indivíduo se defronta com o fato de sua existência; e então a análise ou especulação abstrata é vista, de súbito, como uma ferramenta limitada, e a ingenuidade de uma criança passa a ser vista como uma atitude mais efetiva na presença do desconhecimento sobre o próprio eu. Mitos, fábulas e narrativas educativas são uma rica fonte de materiais capazes de operar um giro na mente, em uma nova direção. A capacidade de apreciar a "louca sabedoria", a postura não-convencional e intuitiva – como a do herói popular turco Mulá Nasrudin – marca o início de uma nova busca do pensamento.

## FEDRO
de Platão

Platão (427?-347 a.C.), proveniente de uma família aristocrática de Atenas, foi o mais importante discípulo de Sócrates. Seus escritos, na forma de diálogos, inauguram quase todas as grandes questões da filosofia ocidental, da estética à política. Ele fundou uma escola de filosofia, a Academia, e foi mestre de Aristóteles.

Platão sustenta que o ser humano tem duas naturezas, uma que tende para cima (celeste) e outra que tende para baixo (terrestre). Ambas são necessárias e inelutáveis. O autocontrole, ou a aceitação da verdadeira identidade, consiste não em renunciar à natureza inferior em benefício da superior, mas em discipliná-la, educá-la e dominá-la. Para ilustrar essa faceta da condição humana, Platão recorre à memorável imagem dos dois cavalos puxando uma carruagem.[1]

Como disse no início deste relato, dividi cada alma em três partes – duas eram cavalos e a terceira o cocheiro. Assim devemos prosseguir. Disse que um dos cavalos era bom e o outro mau: a divisão permanece, mas ainda não expliquei em que consiste a bondade ou a maldade de cada um, o que farei agora.

Um dos cavalos é bem postado e asseado; tem o pescoço imponente e o focinho curvo; é branco e de olhos escuros; amante da honra, da modéstia e da temperança, amigo da opinião correta; ele não precisa ser castigado pelo chicote: é conduzido apenas pelo comando da palavra. O outro – o mau cavalo – é torto e disforme, faltando-lhe

1. Este excerto corresponde a *Fedro* 253 C-256 D, o ápice do discurso de Sócrates, dirigido a Fedro, sobre o verdadeiro amor como "amor (*Eros*) ou amizade (*philia*) filosófica", sua natureza e seus efeitos, assim como sobre o que o distingue do amor ao prazer. A imagem da carruagem para descrever a natureza e a constituição da alma é uma das mais célebres na vasta obra de Platão. (N.T.)

deliberação; tem o pescoço curto e grosso, o focinho chato e cor escura, negra, com olhos de coruja, cinzentos, estriados de vermelho-sangue; é amigo da lascívia e da soberba; suas orelhas, cobertas de pêlo, dificultam a audição; por isso só obedece, e mesmo assim dificilmente, ao comando do chicote.

Mas, quando o cocheiro tem a visão do amor e de toda a alma aquecida pela excitação dos sentidos, e está tomado pelos ferrões e cócegas do desejo, o cavalo obediente, agora como sempre governado pelo pudor, abstém-se por si mesmo de saltar sobre o ser amado.[2] Mas o outro, insubmisso aos golpes e exortações do chicote, precipita-se numa corrida, causando todo tipo de problemas a seu companheiro e ao cocheiro, e obrigando ambos a aproximar-se do amado e lembrar-se dos prazeres do amor. Os dois, a princípio, resistem-lhe, indignados, como se fossem induzidos a praticar atos maus e imorais; mas, por fim, diante da persistência, eles cedem e concordam em fazer a vontade do mau cavalo. Então, correm na direção do amado para desfrutar de sua beleza resplandecente.

À visão do amado, a memória do cocheiro é transportada para a essência da beleza, que ele contempla em companhia da Temperança, sobre o seu pedestal sagrado. Ele vê a beleza, mas sente medo e recua em adoração, forçado a puxar as rédeas com tal violência que ambos os cavalos se detêm: o bom, voluntariamente e sem resistência; o mau, obstinado e muito a contragosto. Ao recuarem um pouco, um dos cavalos é tomado de vergonha e espanto, e toda a sua alma é banhada de suor; o outro, passada a dor causada pelo freio e a queda e tendo recuperado o fôlego com dificuldade, enche-se de ira e repreende energicamente o cocheiro e o outro cavalo, declarando que, por moleza e covardia, eles não cumpriram o acordo e desertaram. Passado apenas um breve intervalo, ele os lembra, a golpes, relinchos e puxões, do amado esquecido, obrigando-os novamente, contra a

2. Referência ao contexto do discurso de Sócrates, que busca opor a *philia* ou amizade filosófica ao *pathos* carnal (freqüentemente indicado, no texto, como "mania" ou "loucura") do outro pretendente do jovem Fedro, o mestre de retórica Lísias. (N.T.)

vontade, a se aproximarem dele. E, quando estão próximos de novo, o mau cavalo se precipita, estende a cauda, tensiona o freio e nele crava os dentes sem vergonha. Mas o cocheiro, agora mais em apuros do que nunca, arremessa-se para trás como um atleta diante de um obstáculo e, com um puxão ainda mais violento, comprime as rédeas do mau cavalo, cobrindo de sangue sua língua e mandíbulas, forçando ao mesmo tempo as pernas e ancas a tocarem o chão, castigando-o com veemência. Depois de repetidos castigos, o mau cavalo é domado e se submete, obedecendo aos comandos de seu condutor. Na presença da beleza do amado, ele quase morre de medo, e somente então a alma do amante segue, com modéstia e temor sagrado, aquele que ama.[3]

E assim o jovem que, como um deus, é servido e honrado verdadeiramente por aquele que o ama, não na aparência, mas em realidade, tendo ele também sido despertado para a necessidade de amar seu admirador, mesmo que antes tenha se envergonhado de sua paixão e recusado seu amante porque seus jovens amigos ou outros lhe disseram caluniosamente que cairia em desgraça; e agora a idade, o passar do tempo e a necessidade de amar e ser amado levam-no, de novo, a receber o amante. Porque o destino, ao prescrever que o mau não pode amar o mau, não impediu que o bom amasse o bom em amizade. E o amado, quando acolheu aquele que ama numa doce e íntima convivência, fica espantado com a boa vontade do amante e compreende que o afeto de um amigo inspirado vale pelo afeto de todos os outros amigos ou parentes; estes nada têm em si de comparável a uma amizade como esta. E quando o afeto persiste e ele vê, convive com o amante e o abraça no Ginásio durante os exercícios ou noutros lugares, então surge esta emanação a que Zeus, quando apaixonado por Ganímedes, deu o nome de Desejo [Eros].[4] Este desejo transborda

3. Esta passagem descreve um dos pontos essenciais da visão platônica sobre a excelência ao mesmo tempo ética e espiritual do ser humano: a educação do desejo para o domínio de si mesmo ou Temperança (*sophrosyne*). (N.T.)

4. Segundo a mitologia popular, Zeus teria se apaixonado pelo belo mancebo Ganímedes, tomando-o para si. Ademais, sobre essa passagem convém lembrar ao leitor que o desejo que nasce "durante os exercícios" é intensificado pelo fato de os dois estarem nus, como era costume entre os gregos (*gymnásion* significa

sobre o amante, uma parte penetrando em sua alma enquanto o resto, depois de preenchê-lo, flui para fora; e como a brisa ou o eco ressoa nas rochas lisas e retorna ao se chocar com elas, também a emanação da beleza, entrando pelos olhos – como é natural – e tocando a alma, retorna ao belo. E ali abre as asas da alma, irrigando-as e fazendo-as crescer, inundando também de amor a alma do amante. E assim ele ama, embora sem saber o quê; ele não compreende e não consegue explicar o que lhe aconteceu; ele se parece com aquele que contraiu de outrem a infecção da cegueira e não sabe a causa de sua doença; o amado é o espelho no qual o amante vê a si mesmo sem se dar conta disso. Quando ele está na presença do outro, ambos deixam de sofrer; mas quando está longe ele sente falta do amado assim como o amado sente dele, porque o amado carrega o reflexo do amor, o amor pelo amor [*Anteros*], alojado em seu peito, que ele diz e acredita não ser amor, mas apenas amizade [*phylia*], e seu desejo é igual ao desejo do outro, só que menos intenso; ele quer vê-lo, tocá-lo, beijá-lo, abraçá-lo e, assim, não tardará a ver seu desejo satisfeito.[5] Quando os dois se encontram, o corcel indócil do amante tem muitas coisas a dizer ao cocheiro; ele gostaria de ter ao menos um instante de prazer como recompensa pelos tantos sofrimentos por que tem passado; mas o corcel indócil do amado não diz uma palavra, uma vez que está explodindo de uma paixão que não compreende;[6] ele toma o amante nos braços e cobre-o dos mais ternos beijos; e, sempre que

---

literalmente "lugar onde se fica nu"), algo que, para o leitor original de Platão (mas não para o leitor contemporâneo), era nada menos que evidente. (N.T.)

5. Para Platão, o amante é o portador do Eros (o amigo "inspirado"), projetado sobre o amado como sobre um trampolim para a Realidade mais alta do mundo das idéias, governada pela idéia da Beleza/Bem, a Beleza ou o Bem em si; e o amado carrega o reflexo deste desejo do amante (por isso ele tem "menor intensidade"), amando também, de sua parte, o Amor. A tese de Platão é de que ambos os pólos – amante e amado – se beneficiam deste impulso incessante do Eros, que flui e reflui (emana da beleza, inunda e transborda a alma do amante, projeta-se e apodera-se do amado como se este o refletisse como um espelho e volta para "cima", para a Beleza da qual veio), tendendo sempre a "subir" de volta para a Beleza, cuja contemplação é a meta da atividade filosófica para Platão. (N.T.)

6. Porquanto vinda "do outro", do amante. (N.E.)

estão juntos, não tem forças para recusar nada que o amante lhe pede; ainda assim, o bom cavalo e o cocheiro lhe resistem, em nome do pudor e da razão. A partir daí, a felicidade deles depende do domínio de si mesmos; se a melhor parte da alma prevalecer, conduzindo-os a uma vida ordenada e filosófica, eles passarão suas vidas aqui felizes e em concórdia – senhores de si mesmos e ordenadamente –, escravizando a parte viciosa da alma e libertando a virtuosa; e quando a morte chegar, eles estarão leves e receberão asas, porque venceram um dos três combates celestiais ou verdadeiramente olímpicos,[7] conquistando o maior bem que a sabedoria humana ou a loucura divina podem conceder a um homem. Se, entretanto, eles abandonarem a filosofia, e ainda que vivam juntos honestamente, existe a possibilidade de suas almas serem surpreendidas, num momento de embriaguez ou de desordem, pelos corcéis libertinos de um e de outro, sendo levados a consumar o desejo de seus corações numa vida de prazeres, o que para o vulgo é a bem-aventurança; e uma vez tendo desfrutado dela, eles continuarão a desfrutá-la, ainda que cada vez mais raramente, pois estes mesmos prazeres não têm a aprovação da alma inteira. Eles continuarão a ter afeição um pelo outro, mas sempre com menos intensidade do que têm aqueles que verdadeiramente se amam.[8]

Estes, pelo contrário, mesmo acabado o delírio, consideram que fizeram e obtiveram um do outro as promessas mais sagradas e que elas não serão quebradas (sob pena de sacrilégio), transformando-os em inimigos.[9] Ao fim de seus dias, suas almas abandonam o corpo ainda sem asas, mas, ansiosos por adquiri-las, obtêm uma recompensa nada medíocre por seu delírio amoroso. Pois a lei divina não permite que aqueles que um dia iniciaram a viagem celeste sejam precipitados de novo nas trevas do mundo subterrâneo; eles vivem sempre

7. Nos jogos olímpicos, o vencedor de certos combates recebia o prêmio somente depois da terceira vitória. (N.T.)

8. Isto é, os "amigos" que vivem uma vida filosófica, que projetam seu *eros* para a busca da sabedoria ao invés dos prazeres. (N.T.)

9. A sugestão aqui é de que este é o fim daqueles que não se amam "filosoficamente", conforme descrito no parágrafo anterior. (N.T.)

na luz, felizes companheiros de peregrinação, e, quando chegar a hora de receberem as suas asas, estas terão a mesma plumagem, por causa do amor que os uniu na terra.

## AS MEDITAÇÕES de Descartes

René Descartes (1596-1650) é conhecido como um dos fundadores do pensamento moderno. Rejeitou a escolástica, devolvendo a filosofia à sua busca original pelo eu, e descobriu princípios de geometria, álgebra, ótica e ciências da terra. Sua importância filosófica resulta da originalidade de seu método, bem como do fato de ter trazido para o centro de tudo a sua própria experiência individual.

Ao questionar sua própria natureza, Descartes abre um caminho. Perguntar "Quem sou eu?" significa dar início a uma vasta investigação da própria experiência. Significa lançar dúvida sobre todas as suposições que se conserva sobre si mesmo e o mundo. Ao chegar neste ponto, Descartes faz a célebre descoberta: "Penso, logo existo". [10]

Já faz alguns anos que me dei conta de que, a partir de minha infância, considerara verdadeiras muitas opiniões equivocadas, e de que tudo o que construíra desde então sobre esta base só podia ser muito duvidoso e incerto. E a partir daquele tempo estava convencido de que deveria, uma vez em minha vida, assumir com seriedade a tarefa de me livrar de todas as opiniões que até então aceitara, e começar a reconstruir tudo desde a base, se quisesse estabelecer algo de sólido e duradouro nas ciências. Mas, como o empreendimento me parecia desmedido, esperei até atingir uma idade tão madura que não pudesse

10. A seleção corresponde à Primeira Meditação e ao início da Segunda Meditação de Descartes (publicadas pela primeira vez em 1641), em que o filósofo descreve resumidamente a sua descoberta do *cogito* ("Penso, logo existo") como princípio de toda filosofia. A descrição completa, passo a passo, desta descoberta – o "Método" –, assim como uma apreciação de sua importância, inclusive dentro do contexto filosófico da época, já tinha sido feita quatro anos antes (1637) no *Discurso do Método* (*De La Méthode*). (N.T.)

mais ter a expectativa de que, em alguma ocasião posterior, estivesse melhor preparado para executá-lo; o que me fez adiá-lo até o ponto de julgar que estaria em erro se desperdiçasse em deliberações o tempo que ainda me restava para agir.

Agora, portanto, e muito oportunamente para o plano que tenho em vista, que libertei minha mente de todas as precauções (e não sou, felizmente, perturbado por nenhuma paixão), e obtive um ócio garantido por uma tranqüila solidão, deverei finalmente, com seriedade e liberdade, dedicar-me a demolir completamente todas as minhas antigas opiniões. Mas, para tanto, não é necessário demonstrar que todas elas sejam falsas, o que talvez jamais pudesse realizar; porém, uma vez que a razão já me persuade de que devo com não menos cuidado evitar aquiescer a coisas que não são inteiramente certas e indubitáveis do que àquelas que parecem ser manifestamente falsas, se eu for capaz de encontrar em cada coisa alguma razão para duvidar, isso será suficiente para repeli-la por inteiro. E, para esse fim, não será necessário que eu examine cada opinião em particular, o que representaria um esforço incomensurável; considerando que a destruição dos alicerces traz necessariamente todo o edifício abaixo, aplicar-me-ei primeiramente apenas em atacar os princípios sobre os quais minhas antigas opiniões se assentavam.

Tudo o que até agora aceitei como mais verdadeiro e certo, aprendi-o com os sentidos ou por meio deles; mas por vezes me dei conta de que esses sentidos são enganosos, e de que é mais sensato não confiar inteiramente naquilo que uma vez já nos enganou.

Contudo, ainda que os sentidos por vezes nos enganem com respeito a coisas muito distantes ou difíceis de perceber, encontramos talvez muitas outras coisas que não podemos sensatamente pôr em dúvida, apesar de as conhecermos por meio deles. Por exemplo, há o fato de que estou aqui, sentado junto ao fogo, vestido num robe, com este papel em minhas mãos e outros objetos semelhantes. E como poderia negar que estas mãos e este corpo sejam meus? A menos que eu fosse, talvez, comparar-me a estas pessoas desprovidas de razão, cujos cerebelos estão tão perturbados e anuviados pelos vapores violentos da bile negra,[11] que amiúde nos asseguram que são reis quando na realidade são paupérrimos, ou que estão vestidas de púrpura quando na realidade estão despidas, ou que imaginam ter uma cabeça de barro ou não passarem de abóboras ou serem feitas de vidro. Mas estes são loucos, e eu não o seria menos se me regrasse por seus exemplos extravagantes.

Ao mesmo tempo, devo lembrar que sou um homem e que, conseqüentemente, tenho o hábito de dormir e de representar, em meus sonhos, as mesmas coisas, e por vezes mesmo coisas ainda menos prováveis do que aquelas imaginadas por estes dementes quando despertos. Quantas vezes não me ocorreu, durante a noite, sonhar que me encontrava neste mesmo lugar, vestido e sentado junto ao fogo, quando na realidade estava nu, deitado em minha cama? Neste momento, parece-me de fato que é com os olhos abertos que olho para este papel; que esta cabeça que movo não se encontra adormecida; que é deliberadamente e com propósito definido que estendo a minha mão e a percebo: o que sucede durante o sono não parece ser tão claro nem tão distinto quanto tudo isto. Porém, ao meditar diligentemente sobre estas coisas, recordo-me de que, em muitas ocasiões, fui enganado durante o sono por ilusões semelhantes; e, persistindo nesta meditação, vejo tão nitidamente que não existem quaisquer indícios categóricos por meio dos quais possa distinguir claramente a vigília do sono que fico assombrado; e meu assombro é tal que chega quase a me convencer de que estou sonhando.

Suponhamos, pois, que estamos dormindo e que todas estas particularidades, isto é, que abrimos os olhos, movemos a cabeça, estendemos as mãos, e coisas análogas, não passam de ilusões; e consideremos que possivelmente nem nossas mãos nem todo o nosso corpo são como os vemos. Ao mesmo tempo, temos de pelo menos admitir que as coisas que nos são representadas em sonho são como quadros e pinturas que podem apenas ter sido formadas à semelhança de algo real e verdadeiro; e que, ao menos dessa maneira, estas coisas

11. Referência à loucura como "melancolia", supostamente causada pela "bile negra", um tema clássico da medicina antiga. (N.T.)

genéricas, isto é, olhos, cabeça, mãos e o resto do corpo, não são imaginárias, mas verdadeiras e existentes. Porque, na verdade, os pintores, mesmo quando se empenham com o máximo de habilidade para representar sereias e sátiros nas formas mais estranhas e extraordinárias possíveis, não conseguem emprestar-lhes uma natureza totalmente nova, mas somente compor uma certa mistura com os membros de diferentes animais; ou, se sua imaginação for suficientemente extravagante para inventar algo tão novo que jamais tenha existido nada de semelhante, e que então sua obra nos represente algo puramente fictício e absolutamente falso, com certeza, da mesma forma, ao menos as cores que a compõem são necessariamente reais. E, pela mesma razão, embora tais coisas genéricas, a saber, um corpo, olhos, cabeça, mãos e similares, possam ser imaginárias, ao mesmo tempo nos inclinamos a admitir que há pelo menos algumas outras coisas bem mais simples e universais, que são reais e verdadeiras, a partir das quais são formadas, da mesma maneira que certas cores reais, todas as imagens das coisas que ocupam nossos pensamentos, sejam elas verdadeiras e reais ou falsas e fantásticas. A este gênero de coisas pertence a natureza corpórea em geral, e sua extensão, juntamente com a figura das coisas extensas, sua quantidade, grandeza e número, como também o lugar em que se encontram, o tempo que mede a sua duração e outras coisas semelhantes.[12]

Talvez seja por isto que não raciocinamos mal quando concluímos que a Física, a Astronomia, a Medicina e todas as outras ciências que têm por objetivo a consideração de coisas compostas são muito dúbias e incertas; mas que a Aritmética, a Geometria e outras

12. Estas são as idéias ou categorias fundamentais para Descartes, as quais, por sua "simplicidade" e "universalidade", "clareza e distinção", seriam capazes de fundar "sólida e indubitavelmente" as ciências. Vê-se que todas as categorias mencionadas pertencem à matemática ou à geometria, os próprios fundamentos da moderna ciência da natureza em oposição à ciência antiga e medieval originada de Aristóteles. Não por acaso, Descartes afirma a "incerteza" da Física, da Astronomia e da Medicina, precisamente as três disciplinas mais presentes na obra do filósofo grego, cuja celebridade e influência não se deveram, em absoluto, a um gosto acentuado pelas matemáticas, que Descartes privilegia acima de tudo. (N.T.)

ciências desta natureza que tratam somente de coisas muito simples e gerais, sem grande preocupação de apurar se elas realmente existem ou não na natureza, encerram algo de certo e indubitável. Pois, quer eu esteja dormindo ou acordado, dois mais três sempre serão cinco, e o quadrado jamais excederá quatro lados; e não parece possível que verdades tão claras e evidentes possam ser suspeitas de qualquer falsidade ou dúvida.

Não obstante, faz muito tempo que tenho fixa em minha mente a opinião de que existe um Deus todo-poderoso por quem fui criado tal como sou. Ora, mas quem poderá me garantir que esse Deus não tenha feito com que não exista nenhuma terra, nenhum céu, nenhum corpo extenso, nenhuma magnitude, nenhum lugar e que, não obstante, eu tenha a percepção de todas essas coisas de modo que elas me pareçam existir exatamente como as vejo agora? E, além disso, como às vezes suponho que os outros se enganam até mesmo sobre as coisas que julgam conhecer com maior certeza, como saber se não me engano eu a cada vez que somos dois e três, conto os lados de um quadrado ou julgo coisas ainda mais simples, se é que é possível imaginar algo mais simples do que isto? Mas é possível que Deus não tenha desejado que eu fosse enganado assim, uma vez que Ele é tido como sumamente bom. Todavia, se é contrário à Sua bondade fazer-me de modo que eu me engane sempre, também parece ser contrário à Sua bondade permitir que eu me engane de vez em quando. E, contudo, não posso duvidar de que Ele permite que isso ocorra.

Pode haver, com efeito, aqueles que acham melhor negar a existência de um Deus todo-poderoso do que acreditar que todas as outras coisas são duvidosas. Mas, por enquanto, não nos oponhamos a quem pensa assim, e suponhamos, em seu favor, que tudo o que aqui se diz a respeito de um Deus seja uma fábula; por qualquer que seja o meio que eles supõem ter eu chegado ao meu estado e ao meu ser atuais – quer atribuam isso ao destino ou ao acaso, ou concluam que foi por uma seqüência contínua de eventos anteriores ou por qualquer outro meio –, uma vez que errar e enganar-se é uma espécie de imperfeição, é evidente que, quanto menos poderoso for o Autor a quem atribuem minha origem, maior será a probabilidade de eu ser tão imperfeito que sempre me engane. A estas razões eu certamente nada tenho a responder, mas, enfim, sinto-me obrigado a confessar que, do que antes acreditava verdadeiro, não há nada de que eu não possa em alguma medida duvidar, e não por falta de consideração ou leviandade, mas por razões muito poderosas e refletidas; de modo que, de agora em diante, é necessário que eu não dê mais crédito a estas opiniões do que àquelas que são manifestamente falsas, caso eu pretenda encontrar algo de certo e indubitável nas ciências.

Mas não basta ter tecido estas considerações; é preciso, ainda, estar atento para mantê-las sempre em mente; porque estas opiniões antigas e comuns voltam com freqüência à minha mente, o hábito antigo e familiar tendo lhes dado o direito de ocuparem minha mente contra a minha vontade e se tornarem quase senhoras da minha convicção; também, nunca abandonarei o hábito de submeter-me a elas ou de nelas depositar minha confiança, enquanto considerá-las como realmente são, isto é, como opiniões em alguma medida duvidosas, conforme acabamos de mostrar, e, não obstante, muito prováveis, de modo que se tem muito mais razão em crer nelas do que em recusá-las. É por isso que penso não agir inoportunamente se, assumindo por um determinado propósito[13] uma crença contrária,[14] deixar-me enganar e fingir por um certo tempo que todas estas opiniões são inteiramente falsas e imaginárias, até que, por fim, tendo de tal modo contrabalançado meus preconceitos anteriores com este último, para que minhas opiniões não pendam mais para um lado do que para o outro, meu julgamento não seja mais, de agora em diante, dominado pelos maus hábitos ou desviado do caminho reto que leva

13. O "propósito" mencionado é, como disse o autor no princípio desta Primeira Meditação, chegar a algo de "certo e indubitável" sobre o que se possa fundar o edifício do pensamento ou das ciências. (N.T.)

14. Isto é, duvidar de todas as opiniões, mesmo as mais valiosas (aquelas que orientam a ação, as crenças ou "convicções" costumeiras e habituais), como estas que ele acaba de considerar. (N.T.)

ao conhecimento da verdade.[15] Pois tenho certeza de que não pode haver nem perigo nem erro neste caminho, assim como estou certo de que não tenho, no momento, como exagerar em minha aquiescência à dúvida, uma vez que no momento não se trata de agir, mas apenas de meditar e conhecer.[16]

Presumirei, portanto, não que Deus, que é o bem supremo e a fonte da verdade, mas que algum gênio maligno [*malin génie*], não menos ardiloso e enganador do que poderoso, empregou todas as suas energias para me enganar. Pensarei que o céu, a terra, as cores, as formas, o som e todas as outras coisas exteriores que vemos não passam de ilusões e engodos de que esse gênio se valeu para colocar armadilhas à minha credulidade. Considerar-me-ei a mim mesmo completamente desprovido de mãos, olhos, carne, sangue e quaisquer sentidos, mas falsamente dotado de todas essas coisas. Permanecerei obstinadamente apegado a este pensamento; e se, por essa via, não estiver em meu poder chegar ao conhecimento de qualquer verdade, poderei ao menos suspender o meu juízo, e com firme propósito evitar dar crédito a qualquer coisa falsa e preparar meu pensamento para enfrentar todas as artimanhas deste grande trapaceiro, de modo que, por mais poderoso e enganador, ele jamais conseguirá impor-me qualquer coisa.

---

15. Percebe-se, nesta passagem, a importância fundamental do Método para Descartes: para ele é essencial permanecer atento à falta de "fundamento seguro" da verdade contida nas crenças ou convicções morais, ainda que estas sejam necessárias, sublinhando a necessidade de um esforço progressivo e metódico para melhor fundamentá-las, atingindo, por fim, uma "certeza" matemática na ação. (N.T.)

16. Todo este parágrafo se refere à proposição de uma "moral provisória" (*morale par provision*): enquanto a ação não puder ser informada apenas por idéias claras e distintas (indubitáveis), correspondentes em sentido estrito à "verdade" (matemática), deve-se "provisoriamente" confiar, para agir, nos juízos ou opiniões que se tem por hábito e convicção, ainda que estes sejam duvidosos ou apenas "prováveis", como mostrou o autor. Não obstante, a vontade deve persistir na "resolução" que fundamenta o Método: "fingir" que estas opiniões duvidosas mas prováveis (que, no estágio presente, forçosamente fundamentam a ação) sejam "inteiramente falsas e imaginárias". (N.T.)

Mas esta tarefa é árdua e penosa, e uma certa apatia arrasta-me indolentemente na direção da minha vida ordinária. E, assim como um prisioneiro que em sonho goza de uma liberdade imaginária, quando começa a suspeitar que sua liberdade não passa de um sonho teme ser acordado e conspira com as ilusões agradáveis para ter seu engano prolongado, insensível a meu próprio propósito eu recaio em minhas antigas opiniões e evito despertar deste entorpecimento, por temor de que as laboriosas vigílias que se seguiriam à tranqüilidade de um tal repouso tivessem lugar não na claridade da luz do dia, mas na excessiva escuridão das dificuldades que acabaram de ser apontadas.

* * *

A Meditação de ontem deixou minha mente repleta de tantas dúvidas que não está mais em meu poder esquecê-las. E, contudo, não vejo como poderia dirimi-las; e exatamente como se eu tivesse subitamente mergulhado em águas muito profundas, estou de tal modo confuso que não consigo nem colocar meus pés no fundo nem nadar para, assim, manter-me na superfície. Empregarei, não obstante, todas as minhas forças e retomarei o mesmo caminho que percorri ontem, isto é, procederei de modo que coloque de lado tudo aquilo em que se pode supor a existência da menor dúvida, exatamente como se o tivesse descoberto absolutamente falso; e prosseguirei sempre neste caminho[17] até encontrar algo de certo ou, ao menos, caso nada mais seja possível, até descobrir com certeza que não existe absolutamente nada de certo no mundo. Arquimedes, para poder remover o globo terrestre de seu lugar e transportá-lo para outro, nada mais exigia que um ponto fixo e imóvel; da mesma forma, terei o direito de nutrir grandes esperanças se for feliz o bastante para descobrir uma única coisa que seja certa e indubitável.

Suponho, então, que todas as coisas que vejo são falsas; convenço-me a mim mesmo de que nada do que a minha memória repleta de enganos me representa jamais existiu. Penso que não tenho

17. "Este caminho" é precisamente o Método. (N.T.)

quaisquer sentidos; imagino que corpo, forma, extensão, movimento e lugar não passam de ficções da minha mente. O que, então, poderá ser considerado verdadeiro? Talvez absolutamente nada, senão o fato de que não há nada de certo no mundo.

Mas como posso saber se não há algo diferente destas coisas que acabei de considerar incertas, algo sobre o que não se possa ter a menor dúvida? Não haverá algum Deus, ou qualquer outra força que infunda estas reflexões em minha mente? Mas será isto necessário, uma vez que talvez eu seja capaz de produzi-las por mim mesmo? Então, eu não serei pelo menos alguma coisa? Mas já neguei que tivesse sentidos e corpo. Entretanto, hesito, pois quais as conseqüências disso? Serei tão dependente do corpo e dos sentidos que não possa existir sem eles? Mas estava convencido de que nada existia no mundo, de que não havia céu algum, terra alguma, de que não havia mentes e nem mesmo corpos: não estava, então, do mesmo modo convencido da minha própria inexistência? Decerto não; sem dúvida eu existia, pois me convenci de algo ou simplesmente pensei em algo. Mas existe alguém, não sei quem, um trapaceiro muito poderoso e astucioso, que usa todo o seu engenho para enganar-me continuamente. Não há, então, a menor dúvida de que eu existo, se ele me engana; e, enganando-me o quanto queira, ele jamais poderá fazer com que eu nada seja enquanto penso ser alguma coisa. De modo que, depois de ter refletido muito e examinado com cuidado todas as coisas, é necessário concluir em definitivo que esta proposição: "Eu sou, Eu existo", é necessariamente verdadeira a cada vez que a enuncio ou que a concebo em minha mente.[18] [...]

18. Aí está o "fundamento sólido", alheio a qualquer dúvida (pois mesmo a dúvida o atesta), de toda a investigação da verdade (as ciências) para Descartes: a evidência de que existe um pensamento e, através dele, um sujeito que pensa. Pois quem duvida pensa e, se pensa, existe. Eis o ponto de Arquimedes que procurava Descartes. (N.T.)

## O SONHO DE SIR LANCELOT

### de Howard Pyle

A lenda da busca do Santo Graal pelo Rei Artur é bem conhecida. O significado daquele cálice e do que nele está contido oferece-nos um símbolo vivo do mistério do nosso ser. Neste trecho, tomamos conhecimento do encontro de Sir Lancelot com o objeto de sua busca. Devido a uma traição que antes cometera, entretanto, ele se mostra incapaz de aproveitar a oportunidade e levar a bom termo sua jornada.

Sir Lancelot cavalgou pelo resto do dia sem dar com nenhuma outra aventura, até quase ao anoitecer, quando chegou a um morro deserto coberto apenas de moitas de tojo. Ali, em meio àquele ermo, avistou uma antiga capela em ruínas e disse para si mesmo: "Aqui vou descansar pelo resto da noite". Assim, cavalgou em volta de toda a capela, procurando por uma porta que o levasse para dentro, mas não conseguiu encontrar nenhuma, apenas janelas altas, muito acima do chão. Então, Sir Lancelot disse: "Muito estranha esta capela, que não tem porta alguma, apenas janelas tão altas que por elas não consigo entrar. Agora vou descansar aqui e descobrir qual é o significado deste lugar".

Assim dizendo, apeou do cavalo e deitou-se sob um espinheiro não muito longe dali.

Bem, enquanto Sir Lancelot ali jazia, uma sonolência começou a descer sobre ele e, apesar de ainda não conseguir dormir, era como se já estivesse adormecido, pois não conseguia mexer nem pés nem mãos. Entretanto, tinha consciência de tudo o que se passava à sua volta, como se estivesse completamente desperto, porque sabia dos vultos escuros e silenciosos no céu, completamente salpicado de um incrível número de estrelas; sabia também de seu cavalo remoendo o capim ao seu lado na escuridão, e do vento que soprava em seu rosto e ondeava a ponta de seu manto no silêncio da noite. De todas estas coisas ele sabia e, contudo, não conseguia mover por sua própria vontade nem um único fio de cabelo.

Em pouco tempo deitado naquele estado, ele sabia que algumas pessoas se aproximavam da capela na escuridão, pois ouvira vozes e o ruído das patas dos cavalos avançando pela estrada. Assim, em pouco tempo, chegaram ao lugar onde ele estava um cavaleiro e um escudeiro. E o cavaleiro estava gravemente ferido, pois sua armadura fora quebrada e despedaçada num combate. E o escudeiro o segurava na sela, pois, se não fosse pela força dos braços e mãos de seu criado, ele já teria caído, prostrado, no chão.

Então, enquanto dormia acordado, Sir Lancelot ouviu o cavaleiro dizer ao escudeiro:

– Floradaine, estamos perto da capela? Pois meus olhos estão falhando e não consigo ver...

E o escudeiro respondeu, lastimoso:

– Sim, meu senhor, ei-la ali! Agüentai mais um pouco e logo estareis lá.

Com isso, o escudeiro puxou as rédeas e, erguendo seu senhor da montaria, apeou-o do cavalo. O cavaleiro gemeu de dor ao ser desmontado. Respirando com dificuldade, perguntou:

– Floradaine, vês alguma luz?

E o escudeiro respondeu:

– Ainda não, meu senhor.

E, de novo, depois de algum tempo, o cavaleiro voltou a perguntar:

– Já vês alguma luz?

E o escudeiro voltou a responder:

– Ainda não, meu senhor.

E, de novo, passado um outro instante, o cavaleiro perguntou pela terceira vez:

– Floradaine, ainda não vês nenhuma luz?

E desta vez ele apenas murmurou as palavras, como fosse seu último suspiro. Então, num súbito arrebatamento, exclamou o escudeiro:

– Sim, senhor, agora vejo uma luz!

Tudo isso Sir Lancelot contemplou como se sonhasse acordado. E, apesar da escuridão da noite, viu tudo claramente, como estivesse em pleno sol do meio-dia. Pois viu que o rosto do cavaleiro estava branco como cera pura, e que o suor da morte lhe caía em gotas sobre a testa. E viu que o escudeiro era jovem e belo, e que dourados cachos de cabelo lhe caíam sobre os ombros. Então, quando o escudeiro disse ter avistado uma luz, Sir Lancelot viu que as janelas da capela estavam iluminadas desde dentro por uma luz azul pálida, como se o dia raiasse ali dentro. E ouviu vozes cantando, a princípio muito fracas e distantes, depois crescendo e crescendo à medida que a luz da capela se intensificava. E aquelas vozes entoavam uma melodia tão doce e arrebatadora que fazia o coração derreter-se, como em agonia.

Então as paredes da capela se abriram como uma porta, e uma luz brilhou com tamanha intensidade que iluminou a face daquele cavaleiro moribundo e do pajem que o secundava. Ao mesmo tempo, o canto irrompia em alto volume, como uma trovoada.

Em seguida surgiu da capela uma espada reluzente, e duas mãos brancas a empunhavam, mas Sir Lancelot não pôde ver o corpo a que pertenciam. E atrás da espada surgiu um cálice, e duas mãos belas e brancas o seguravam, mas Sir Lancelot tampouco pôde ver o corpo a que pertenciam. E o cálice parecia irradiar uma luz de brilho tão ofuscante que era como se olhasse para o sol brilhando, resplandecente em sua glória.

Então Sir Lancelot soube que era o Santo Graal, o objeto de sua busca, e lutou com todas as suas forças para despertar, mas não conseguiu. E lágrimas jorraram de seus olhos e escorreram como rios por sua face. Ainda assim, não conseguiu acordar; continuou aprisionado no sono.

E o cálice avançou na direção do cavaleiro, mas o cavaleiro não tinha forças para estender a mão e tocá-lo. O escudeiro agarrou o braço do cavaleiro e o ergueu, e ergueu também a mão do cavaleiro para que ela tocasse o cálice.

E então foi como se Lancelot contemplasse a virtude do Graal irromper e atravessar a mão do cavaleiro ferido, atravessar o braço e penetrar o corpo. Pois viu que o sangue parou de jorrar do cavaleiro ferido e que a cor retornou à sua face, e que a luz voltava a seus olhos, e o vigor a seu corpo.

E então o cavaleiro se levantou e ajoelhou diante do Graal, juntou as mãos e rezou diante do Graal.

Lentamente, a luz do Graal, tão intensa, começou a evanescer. Primeiro, desapareceu a espada. Depois, as mãos que a empunhavam. Depois, ainda por um breve instante, o Graal irradiou uma luz fraca e pálida, e depois também ele desapareceu, e tudo ficou escuro como antes.

Assim, Sir Lancelot contemplou a visão do Graal, mas como numa visão de sonho, conforme acabo de relatar. E as lágrimas continuaram a jorrar de seus olhos, pois ele não conseguia despertar para contemplá-lo com olhos despertos.

Depois disso, o cavaleiro e o escudeiro se aproximaram do local onde Sir Lancelot estava deitado, e o escudeiro perguntou a seu senhor:

– Meu senhor, quem é este homem e por que ele dorme com todos esses milagres à sua volta?

E o cavaleiro disse:

– Este cavaleiro é um grande pecador e seu nome é Sir Lancelot do Lago.

E o escudeiro perguntou:

– Como ele pecou?

Ao que o cavaleiro respondeu:

– Ele pecou assim: tinha uma linda e bondosa dama por esposa, mas preteriu-a por causa da Rainha Guinevere. Então, sua esposa o deixou e foi embora. Logo deu à luz Galahad. No parto, deu também sua vida. Assim, Sir Lancelot traiu sua esposa e, por causa dessa traição, jaz agora adormecido, e não mais pode despertar até irmos embora deste lugar.

O escudeiro disse então ao cavaleiro:

– Meu senhor, vede. Este cavaleiro tem um cavalo bom e forte. Pegai este cavalo e deixai o vosso no lugar dele. Pois este cavalo é forte e cheio de vida, e o vosso está gasto e cansado de tantas lutas.

E disse o cavaleiro:

– Tomarei para mim este cavalo.

Depois que foram embora, Sir Lancelot espreguiçou-se e acordou. Teria achado que tudo o que vira fora um sonho, se não visse ali o cavalo gasto e cansado do cavaleiro, e se não percebesse que seu cavalo tinha desaparecido. Então, gritou, em grande agonia de alma: "Senhor, meu pecado me traiu!" E, com isso, precipitou-se feito um louco, buscando encontrar uma entrada para a capela, mas em vão.

Assim, quando o dia amanheceu, ele montou o cavalo gasto e cansado que o cavaleiro lhe deixara e cavalgou para longe daquele lugar, de volta para a floresta. E sua cabeça estava baixa, caída sobre o peito. Quando entrou na floresta e na cela do eremitério, desfez-se da armadura e ajoelhou-se diante do Eremita da Floresta e a ele confessou todos os seus pecados. E o Eremita da Floresta absolveu-o desses pecados, e disse:

– Fica em paz, meu filho. Pois, ainda que não possas contemplar o Graal em tua carne, que Deus te perdoe por esses pecados que tanto pesam sobre tua alma.

Sir Lancelot ergueu-se, purificado de sua confissão. Deixou sua armadura onde estava e tomou para si o hábito de um anacoreta. E foi-se embora daquele lugar para os confins mais remotos da floresta, e ali viveu em cavernas e ermos, alimentando-se de bagas e frutas silvestres. E ali viveu por muito tempo, até sentir-se seguro de que Deus lhe havia perdoado. E só então retornou para seus pares. Mas jamais, depois daquele dia, foi visto sorrindo.

## KATHA UPANIXADE

O *Katha* é um dos principais *Upanixades*, os escritos de um movimento filosófico da Índia antiga, que teve início por volta do século VI a.C.. Neles, as grandes questões sobre o sentido da vida e a relação do indivíduo com o cosmos são examinadas com profundidade. Em seu conjunto, os *Upanixades* devem ser colocados entre as descobertas mais importantes na esfera do pensamento.

No *Katha Upanixade*, a imagem de uma carruagem e seu condutor é usada para indicar um caminho para o *Atman*, a alma. A mensagem é que o autoconhecimento envolve tanto uma ordenação exata e correta dos componentes da personalidade quanto um reconhecimento da falta de ordem que marca a nossa situação cotidiana.[19]

A ALMA REVELADA AO ELEITO DISCÍPULO DA NÃO-AÇÃO

20. Mais ínfima que o ínfimo, mais imensa que o imenso,
É a Alma [*Atman*] que é posta no coração de uma criatura.
Aquele que é desprovido da vontade ativa [*a-kratu*] a vê,
E é libertado do sofrimento.

A ALMA UNIVERSAL E A ALMA INDIVIDUAL

1. Há dois que bebem da retidão no mundo das boas obras;
Ambos são admitidos no lugar secreto [do coração],
E na esfera mais elevada.
Os que conhecem Brahma a eles se referem como "luz" e "sombra",
E assim também fazem os chefes de família, guardiões dos cinco
fogos sacrificiais,
Bem como os que acendem o triplo fogo de Naciketas.

O FOGO SACRIFICIAL DE NACIKETAS COMO UM SOCORRO

2. Esta que é a ponte para os que oferecem sacrifícios,
E que é o supremo Brahma imperecível.
Para os que procuram passar para a outra margem sem medo –
Dominemos o fogo de Naciketas!

---

19. Em sua obra introdutória ao pensamento religioso da Índia, *O Hinduísmo* (pp. 63-4, cf. Bibliografia), o orientalista Louis Renou fornece uma sucinta explicação dos *Upanixades* e de seu lugar na história das religiões hinduístas que pode servir como um esclarecimento suplementar ao leitor do excerto. Segundo Renou, os *Upanixades*, ou "Atitudes", são "coleções de textos que desenvolvem os dados rituais ou cosmogônicos dos Vedas numa direção especulativa e instalam sobre novos alicerces a antiga equivalência sentida entre os mundos humano e divino. Eles marcam o 'fim dos Vedas', ou seja, aquele ponto de acabamento das representações védicas que estava prenunciado pela identidade suposta entre o 'Atman', ou 'alma individual', e o Brahma, ou 'Alma Universal'. O ensinamento é transmitido em forma discursiva com o auxílio de parábolas, diálogos e máximas inspirados em sua forma pelos antigos *Brahmanas*. Os dois *Upanixades* principais são os chamados 'Grande Aranyaka' e 'Chandogya', e podem ser datados do século VI antes de Cristo". (N.T.)

## PARÁBOLA DA ALMA INDIVIDUAL EM UMA CARRUAGEM

3. Conhece a tua alma [*Atman*, o Grande Eu] como se andasse em uma carruagem,
O corpo como uma carruagem.
Conhece, pois, o intelecto [*buddhi*] como o cocheiro,
E a mente [*manas*] como as rédeas.
4. Os sentidos [*indriya*], eles dizem, são os cavalos;
Os objetos dos sentidos, o que eles alcançam.
O eu unido à mente e aos sentidos,
Os sábios o chamam de "aquele que goza" [*bhoktr*].
5. Aquele que não tem discernimento [*a-vijnana*],
Cuja mente não se mantém sempre firme –
Seus sentidos são descontrolados,
Como os cavalos indóceis de um cocheiro.
6. Entretanto, aquele que possui discernimento,
Cuja mente é constantemente mantida firme –
Seus sentidos estão sob controle,
Como os bons cavalos de um cocheiro.

## O CONTROLE INTELIGENTE DA ALMA
## É NECESSÁRIO PARA CHEGAR ALÉM DA REENCARNAÇÃO

7. Aquele, porém, que não tem discernimento,
Que é descuidado e sempre impuro,
Não alcança a meta,
Mas prossegue reencarnando [*samsara*].
8. Aquele que, ao contrário, tem discernimento,
Que é atento e sempre puro,
Alcança a meta
A partir da qual não mais se nasce.
9. Aquele que, entretanto, tem o discernimento de um condutor de carruagem,
Um homem que tem as rédeas em sua mente –
Chega ao fim de sua jornada,
Aquele cume supremo de Vishnu.

A ORDEM DE PROGRESSÃO ATÉ A PESSOA SUPREMA

10. Superiores aos sentidos são os objetos dos sentidos.
Superior aos objetos dos sentidos é a mente [*manas*];
E superior à mente é o intelecto [*buddhi*].
Superior ao intelecto é o Grande Eu [*Atman*].

11. Superior ao Grande Eu é o Não-manifesto [*avyakta*].
Superior ao Não-manifesto é a Pessoa.
Superior à Pessoa não há absolutamente nada.
Esta é a meta. Este é o supremo caminho.

A SUTIL PERCEPÇÃO DA ALMA QUE TUDO PERMEIA

12. Embora oculta em todas as coisas,
A Alma [*Atman*, o Grande Eu] não se manifesta.
Mas é vista por olhos refinados
De intelecto sutil, superior.

## DESESPERO, DOENÇA PARA A MORTE
### de Sören Kierkegaard

Para o filósofo dinamarquês Sören Kierkegaard (1815-1855), a filosofia é a expressão da existência individual. Kierkegaard, que escreveu sob diversos pseudônimos e foi anti-sistemático em todos eles, acreditava que as questões mais importantes ultrapassam a mera conceitualização. Embora tenha levado uma vida solitária e melancólica, seu pensamento transparece uma intensa paixão pelas grandes questões da condição humana.

Para Kierkegaard, assim como para Platão, a identidade básica do ser humano é dual. É uma combinação de opostos – a finitude e a infinitude, a eternidade e a transitoriedade. É a perfeita conformidade desses aspectos em uma verdadeira unidade. A atividade sintetizadora, acredita ele, só tem validade quando o homem toma consciência de que a fonte da síntese está acima dele mesmo, em um poder que confere a possibilidade efetiva de conhecer o eu.

O DESESPERO É A DOENÇA PARA A MORTE

A: *O desespero é uma doença do espírito, do eu e, como tal, pode assumir três formas: o estado de inconsciência no desespero de ter um eu (desespero inautêntico); não querer em desespero ser o que se é, e querer em desespero ser o que se é.*

O ser humano é espírito. Mas o que é espírito? O espírito é o eu. Mas o que é o eu? O eu é uma relação que se relaciona consigo mesma, ou aquilo que, na relação, se relaciona consigo mesmo. O eu não é a relação em si, mas a relação se relacionando consigo mesma. Um ser humano é uma síntese de infinito e finito, temporal e eterno, liberdade e necessidade. Em suma, uma síntese. Uma síntese é uma relação entre dois termos. Visto deste modo, o ser humano ainda não é um eu.

Numa relação entre dois termos, a relação é o terceiro termo que aparece sob a forma de uma unidade negativa; os dois se relacionam com a relação e na relação com aquela relação; isso é o que significa, do ponto de vista da alma, a relação entre o corpo e a alma. Se, por outro lado, a relação se relaciona consigo mesma, então essa relação é o terceiro termo positivo, e esse terceiro é o eu.

Essa relação, que se relaciona consigo mesma, um eu, deve terse estabelecido a si mesma ou ter sido estabelecida por alguma outra coisa.

Se a relação que se relaciona consigo mesma foi estabelecida por alguma outra coisa, então é claro que a relação é o terceiro termo; mas então esta relação, o terceiro termo, relaciona-se por sua vez com aquilo que estabeleceu todo o conjunto da relação.

Uma tal relação estabelecida por derivação é o eu humano, uma relação que se relaciona consigo mesma e que, ao relacionar-se de si para consigo, relaciona-se com alguma outra coisa. É por isso que pode haver duas formas de desespero autêntico. Se o eu humano tivesse estabelecido a si próprio, haveria apenas uma forma de desespero: não querer ser ele mesmo, querer livrar-se dele próprio. Não haveria então o problema de querer (em desespero) ser si mesmo. Porque esta última fórmula é a expressão da total dependência da relação (do eu), a expressão do fato de o eu não conseguir, por sua própria conta, alcançar equilíbrio e repouso ou permanecer nesse estado, mas somente (ao relacionar-se consigo mesmo) relacionando-se com Aquilo que estabeleceu o conjunto da relação.[20] Com efeito, no que diz respeito simplesmente à possibilidade de essa segunda forma de desespero (querer em desespero ser o que se é) adquirir uma forma própria, todo desespero pode, ao fim e ao cabo, ser reduzido a ela. Se uma pessoa em desespero está, como pensa, consciente de seu desespero e não se refere a ele precipitadamente como algo que simplesmente lhe acontece (à maneira de alguém que, sofrendo de vertigem, fala da causa interna de seu sofrimento como se fosse um peso na cabeça ou uma pressão sobre seu corpo etc., quando nem o peso nem a pressão são algo de externo, mas uma imagem invertida do estado interior) e quer pessoalmente, por sua própria conta e com todas as suas forças, remover o desespero, então ela ainda está em desespero e todo o seu aparente esforço serve apenas para atirá-la num desespero ainda mais profundo. A instabilidade no desespero não é uma mera instabilidade, mas uma instabilidade em uma relação que se relaciona consigo mesma e que é estabelecida por alguma outra coisa. Portanto, a falta de equilíbrio na relação "para consigo mesma" também se reflete infinitamente na relação com o poder que a estabeleceu.

Esta é, portanto, a fórmula que descreve o estado do eu quando o desespero é completamente erradicado: relacionando-se consigo mesmo e querendo ser ele mesmo, o eu está assentado de forma transparente no poder que o estabeleceu.

*B: Possibilidade e realidade do desespero*

Será o desespero um mérito ou um defeito? Do ponto de vista puramente dialético, ele é os dois. Se o desespero é considerado apenas do ponto de vista abstrato, sem referência a um desesperado em particular, é forçoso dizer que ele possui um mérito enorme. [...]

Cada momento real de desespero deve ser remetido à sua possibilidade: a cada vez que ele [o desesperado] se desespera, ele a atualiza; o tempo é sempre o tempo presente; nada real, passado e acabado vem ao caso; a cada momento de desespero real, o desesperado carrega

20. "Aquilo" que estabeleceu o conjunto da relação na qual se encontra o eu do homem é, para o autor, manifestamente Deus. (N.T.)

consigo tudo o que aconteceu anteriormente como algo presente sob a forma de possibilidade.

Isto ocorre porque o desespero é um aspecto do espírito e tem a ver com o eterno na pessoa. Mas o eterno é algo de que ele não pode se livrar, nem em toda a eternidade. Não pode livrar-se dele de uma vez por todas; nada é mais impossível. A cada momento sem ele, ele deve tê-lo afastado ou o estar afastando – mas o eterno retorna, isto é, a cada vez que ele desespera, atualiza o desespero em si mesmo. Porque o desespero não é um resultado do desequilíbrio, mas da relação que se relaciona consigo mesma. E a relação consigo mesmo é algo de que um ser humano não pode se livrar, assim como não lhe é possível livrar-se de si mesmo, o que, nesse sentido, é uma só e mesma coisa, uma vez que o eu, com efeito, é a relação da pessoa consigo mesma.

## MILINDAPAHNA

O *Milindapahna*, ou *As Perguntas do Rei Milinda*, é um texto do budismo clássico. O budismo é um corpus de teoria e prática que procura, pelo estudo ativo, libertar o indivíduo de tudo o que o impede de alcançar a plena expressão humana. O estudo começa pelo sofrimento e o transitório e termina com a conscientização de que nenhum eu individual é diferente do cosmos em geral.

Na passagem que segue, a própria existência de uma autêntica identidade do eu é questionada. O argumento é negativo. A conclusão é a de que nossa experiência é uma sucessão de diferentes impressões, mas não existe nenhuma unidade subjacente.

### 17. NÃO HÁ IDENTIDADE PESSOAL PERMANENTE

– Bhante Nagasena – disse o rei –, ao nascer, uma pessoa é aquela mesma pessoa, ou é alguma outra?

– Ela não é nem aquela pessoa – disse o ancião –, nem nenhuma outra.

– Ilustra esta afirmação.

– O que diz vossa majestade disto? Quando éreis uma criança pequena, delicada e frágil, deitada de costas, era aquilo o vosso eu presente, adulto?

– Não, deveras, Bhante. A criança pequena, delicada e frágil, deitada de costas, era uma pessoa; meu eu presente, adulto, é outra.

– Se é assim, vossa majestade, não pode haver nada como uma mãe, ou um pai, ou um professor, ou um homem instruído, ou um homem reto ou um homem sábio. Dizei-me, por obséquio, vossa majestade, se a mãe de *kalala* é uma pessoa, a mãe de *abbuda* outra pessoa, a mãe de *pesi* outra, a mãe de *ghana*[21] outra pessoa, a mãe do bebê outra e a mãe do homem adulto ainda outra? É uma a pessoa que é estudante e outra a que concluiu seus estudos? É uma a pessoa que comete um crime e outra a que tem os pés e mãos decepados?

– Não, deveras, Bhante. Mas o que, Bhante, responderias a estas questões?

O ancião respondeu:

– Era eu, vossa majestade, que era uma criança pequena, fraca e delicada, deitada sobre minhas costas, e sou eu que agora sou adulto. É pela conexão com o corpo embrionário que todos estes diferentes períodos são unificados.

– Dá-me um exemplo.

– Vossa majestade, é como se um homem tivesse de acender uma luz. Ela brilharia a noite toda?

– Por certo, Bhante, ela brilharia a noite toda.

– Dizei-me, vossa majestade, por obséquio, se a chama vista na primeira vez é a mesma que é vista na segunda vez.

– Não, deveras, Bhante.

– E a chama vista na segunda vez é a mesma que aquela vista na terceira vez?

– Não, deveras, Bhante.

– Dizei-me, pois, por obséquio, vossa majestade, havia uma luz na primeira vez, e outra na segunda vez e outra luz ainda na terceira vez?

– Não, deveras, Bhante. Pela conexão com a primeira luz, havia luz a noite toda.

– Exatamente da mesma maneira, vossa majestade, os elementos

21. Os termos em itálico designam os vários estágios do embrião humano em evolução. (N.T.)

do ser unem-se uns aos outros numa cadeia de sucessões: um elemento perece, outro surge, sucedendo-se um ao outro como que instantaneamente. Portanto, nem como a mesma nem como uma pessoa diferente chegais a vossa derradeira agregação de consciência.

– Fornece outro exemplo.

– Vossa majestade, é como se o leite fresco se transformasse, com o passar do tempo, em coalhada, e a coalhada em manteiga fresca, e esta em manteiga branca. E se alguém, vossa majestade, dissesse que a coalhada, a manteiga fresca e a manteiga branca eram cada uma delas o próprio leite – então, diria com acerto se dissesse isso?

– Não, deveras, Bhante. Elas vieram à existência pela conexão com aquele leite.

– Exatamente da mesma maneira, vossa majestade, os elementos do ser unem-se uns aos outros numa cadeia de sucessões: um elemento perece e outro surge, sucedendo um ao outro como que instantaneamente. Portanto, nem como a mesma pessoa nem como uma pessoa diferente chegais à vossa derradeira agregação de consciência.

– És um homem hábil, Bhante Nagasena.

## NINGUÉM REALMENTE SABE

de Idries Shah

Idries Shah é um intérprete contemporâneo do sufismo. O pensamento sufi se lança em um esforço de unificar a experiência que o homem tem de si mesmo e do mundo com a finalidade de comunicar-se diretamente com o Absoluto. A linguagem do sufismo deriva do Islam, embora provavelmente seja anterior ao profeta Muhammad (570-632).

Mulá Nasrudin é uma personificação popular médio-oriental da "louca sabedoria". Nesta passagem, ele aborda a questão do eu.

Subitamente, tomando consciência de que não sabia quem era, Mulá Nasrudin saiu correndo à procura de alguém que pudesse reconhecê-lo.

Havia uma grande multidão nas ruas, mas ele estava numa cidade estrangeira e não encontrou nenhum rosto familiar.

De repente, viu-se dentro de uma marcenaria.

– Em que posso ser útil? – perguntou o artesão, aproximando-se.

Nasrudin não disse nada.

– Talvez desejes algum objeto de madeira...

– Comecemos pelo começo, disse o Mulá. Então, viste-me entrar em tua marcenaria?

– Sim, eu vi.

– Bom. Agora, já me tinhas visto antes em tua vida?

– Nunca, em toda a minha vida.

– Então, como sabes que sou "eu"?

SEGUNDA PARTE

# POR QUE ESTOU AQUI?

"Chegava eu aos trinta anos e continuava preso ao mesmo lodo," escreve Santo Agostinho, "ávido de gozar os bens presentes que me fugiam e que me dissipavam. Enquanto isso, repetia: 'Amanhã encontrarei a sabedoria'." Em suas *Confissões* (VI, 8, 11), Santo Agostinho descreve o encontro com a questão do sentido da vida, e identifica os aspectos – repetição enfadonha, saciedade dos prazeres, a passagem vazia do tempo – que caracterizam a sua falta de propósito.

Há fortes indícios de que este tipo de conflito seja precedido por uma ruptura na maneira habitual como uma pessoa avalia sua própria vida, seus valores, desejos e sonhos. A maior parte das pessoas ainda não descobriu um propósito para a própria existência, mas agimos como se o problema não existisse. De acordo com o dramaturgo grego Sófocles, nossa vida é governada por forças exteriores e muito mais poderosas do que as que temos a nosso dispor, mas não as levamos em conta. Em momentos de especial importância, podemos até perceber algo como uma colisão fatal de influências que muda inteiramente o rumo dos acontecimentos; podemos perceber quão insignificantes, na escala cósmica, são os efeitos da vontade humana. Édipo foge de casa para evitar cometer os crimes terríveis que o oráculo previu; entretanto, quanto mais tenta escapar, mais se vê enredado nos acontecimentos que levam ao cumprimento da profecia, e mais é forçado a confrontar-se com a sua própria impotência. É apenas renunciando a todas as pretensões de escolha pessoal e seguindo o curso que já lhe fora traçado que Édipo alcança alguma medida de liberdade.

Na visão grega, a disparidade entre as exigências da necessidade e as esperanças, desejos e aspirações de um indivíduo dá origem ao sentido do trágico. O coro final de *Édipo Rei* proclama: "Não podemos dizer feliz ninguém de raça mortal, enquanto não tiver atravessado a fronteira da vida, livre da dor". Um sentido de propósito advém do reconhecer-se submetido a poderes superiores e de afirmar estes poderes no destino traçado para a própria existência; não o reconhecer é conduzir-se necessariamente à tragédia. A pessoa é deste modo arrastada involuntariamente para o seu destino, experimentando a dor como conseqüência. Ou pode ser que o sofrimento seja simplesmente a incapacidade de entender o lugar que se ocupa em meio ao desenrolar dos acontecimentos.

Nem todos os pensadores, entretanto, concordariam que esta falta de aceitação do próprio destino precisa significar, forçosamente, a tragédia; ou mesmo que o reconhecimento do próprio lugar na ordem das coisas conduz necessariamente a uma vida plena de sentido. No episódio "O Grande Inquisidor", de *Os Irmãos Karamázov* de Dostoiévski, Aliócha é apresentado a um mundo em que as pessoas renunciaram a seu poder de escolha. O episódio propõe ser a sede de sentido ela mesma uma causa de sofrimento, e que, embora não possa ser saciada, não podemos fugir dela. Em seu obstinado exame da propensão humana a fazer perguntas, Dostoiévski sugere que o universo não tem respostas. Se o objetivo de nossa busca é pôr termo ao questionamento, então estamos condenados ao desengano, a nos tornarmos a fonte da nossa própria infelicidade.

O simples ato de perguntar: "Qual é o sentido da minha vida?" perturba o equilíbrio. Prosseguir nesse sentido logo leva à conclusão de que, no plano maior das coisas, o indivíduo não tem nenhuma importância. Mas, se a questão não é levantada, a vida, do nascimento e infância até a velhice e a morte, transforma-se em um círculo fechado, condenado a repetir-se por todo o sempre, sem variações. Somente o impulso para a busca de sentido abre nossas vidas a algo distinto da mera repetição automática. Somente esse impulso permite que nos distanciemos, ao menos por um instante, da atividade mecânica de uma existência que não questiona. Mas o imperativo da busca de sentido deve abranger uma iniciativa positiva. Não basta simplesmente repetir as palavras aprendidas de outrem. É necessário que haja um esforço para transformar a pessoa inteira por meio do questionamento.

Quando deixamos de nos indagar sobre a fonte do sentido, nossa vida – os pensadores estão de acordo quanto a isso – é condenada a permanecer num certo nível; a vida que levamos continua a ser apenas uma realização parcial do nosso potencial. Há o perigo de jamais respondermos ao chamado, de sempre tomarmos as coisas como dadas. Mesmo que tenhamos, uma vez, sido despertados de nossas fáceis suposições, há sempre o perigo de incorrer novamente na modorra, na hipnose, no sono. Somos advertidos deste perigo pelo "Hino da Pérola", que narra a viagem do herói a um país estrangeiro em busca da pérola da sabedoria. Embora tenha a pérola a seu alcance, ele se torna distraído, desatento. O príncipe esquece sua missão e sua própria dignidade. Ele se perde nas preocupações despertadas por sua nova situação. A conclusão é a de que devemos exercer uma vigilância incansável sobre nós mesmos, a fim de evitar que nos desviemos do verdadeiro caminho. Assim como um atleta que começa a treinar para correr a milha – uma das analogias favoritas de Platão –, devemos praticar sem cessar para promover o "preparo" de nossas mentes. Compreender a necessidade de exercitar o rigor intelectual é outra maneira, mais positiva, de entender a discrepância entre a vida e o pensamento. Não é necessário que, como na tragédia clássica, o desespero resulte da inevitável desarmonia entre o que pensamos e o curso de nossas vidas. Para o trágico, o pensamento é essencialmente causa e expressão de nossa angústia. Para alguém que coloca a busca de sentido em primeiro lugar, o desespero se torna uma pista para a busca de um novo modo de pensar, um modo que corresponda mais plenamente à própria situação. O fato de que possamos estar profundamente envolvidos com a busca de sentido e, em seguida – como fez o príncipe –, voltarmos a cochilar, indica que nossa estrada passa por muitos lugares diferentes. Invariavelmente nos adaptamos às condições que nos desafiam – por vezes à custa do nosso compromisso com a investigação. Às vezes estamos mais próximos do entendimento; outras, distanciamo-nos. Nossa investigação não é contínua, mas um entre os muitos episódios de nossas jornadas.

Há uma outra questão estreitamente relacionada à questão deste capítulo: "O que faz a minha vida ter sentido?" A isso podemos responder: é a determinação de enfrentar com coragem a ameaça recorrente da falta de sentido, bem como a ansiedade que envolve essa falta. Raramente somos capazes de prever como reagiremos diante de qualquer seqüência de eventos, e menos ainda diante do sofrimento. Apenas persistindo na busca de sentido – não obstante o medo, a confusão, a desesperança e a paralisia – é possível fortalecer a capacidade de questionar. Como um caçador capaz de esperar pacientemente por horas a fio no mesmo lugar até que a sua presa apareça, a pessoa permanece aberta para o sentido de sua vida. É no momento em que tudo começa a "fazer sentido" – sem que haja qualquer alteração significativa nas circunstâncias externas – que o sentido surge efetivamente. Apesar de criarmos todos os tipos de fatos biográficos – carreiras, relações, passatempos, interesses –, não somos, naquilo que em nós há de mais fundamental, criadores de sentido. Acreditar que temos esse poder é re-encenar a arrogância que levou Édipo à sua reviravolta cataclísmica. O pensamento guia a pessoa para uma abertura básica, para uma posição que lhe permite receber uma resposta à indagação. A força desse tipo de conhecimento é muito grande. Ele pode mudar completamente o curso de uma vida.

O Grande Inquisidor diz a Aliócha que "o desejo de unidade universal é a terceira e última angústia dos homens". Quando despida de seu cinismo, esta é uma lição instrutiva. Independentemente da tensão emocional, dos problemas físicos ou do desafio intelectual, se a pessoa tem um sentido da própria inteireza, então a vida tem sentido. Expressamos esta idéia quando exclamamos entusiasmados, a respeito de um acontecimento trivial: "Isso foi muito significativo para mim". Se estamos conscientes da nossa própria integridade e da unidade que formamos com os outros, convencemo-nos de que vale a pena carregar o nosso fardo. Quando este *insight* é rejeitado por causa de uma dor excruciante, de um sofrimento humilhante (como nos campos de concentração) ou das opiniões que temos a nosso próprio respeito, podemos nos sentir privados da vida, isolados em crenças egoístas. Com efeito, é estranho que, precisamente no momento da recusa, seja-nos revelado o lugar da decisão, onde cumprimos o nosso papel. Mesmo Édipo, acorrentado a seu destino, acaba escolhendo enfrentar a realidade de sua falta de unidade e de sentido.

Indagar sobre o sentido de nossas vidas também envolve o aspecto racional de nossa inteligência. Mas o que é a racionalidade, e como ela se encaixa na busca pela integridade? Estaríamos aquém de nós mesmos se nos confinássemos apenas às nossas habilidades de cálculo, análise ou crítica. Nossa inteligência também sente. É perceptiva. Tem um caráter emocional que encontramos nos níveis mais elevados do pensamento integrado. O sentimento do pensamento vivo nos guia. É isto o que Aristóteles tem em mente quando fala do supremo bem do homem no que se refere ao cumprimento de sua função. Em nosso lugar – eis aonde chegamos quando nos vemos como somos. Aristóteles discute a excelência especial que experimentamos nesse momento. As coisas, o mundo transitório, nossa experiência imediata, tudo fica impregnado de importância. Chegamos então à questão para a qual somos intimados a dar uma resposta.

Finalmente, devemos nos perguntar o que, na condição humana, coloca a questão do sentido da vida. Nem a ansiedade nem o progresso do entendimento presentes numa busca como esta existem para os animais. Para nós, o sentido é tanto uma promessa quanto uma ameaça. Quando preparados, por diligência ou necessidade, para receber este conhecimento, um papel nos é prometido no cumprimento do nosso próprio destino. Diferentes dos animais, somos algo mais que marionetes da natureza (ou dos deuses, de acordo com a visão grega). Alcançamos uma consciência do que somos em relação ao mundo. Se não sucumbimos à arrogância de um Édipo, cujo erro foi sentir-se dono de seu próprio destino, essa consciência nos dá a oportunidade de tomar parte no desabrochar de uma vida de sentido.

Mas a tarefa do entendimento é ameaçadora quando nos subjuga com a sua enorme responsabilidade, quando sentimos que a estatura do homem é muito maior do que admitimos, quando permanecemos passivos e não questionamos. De certo modo, a própria questão surge como um desafio cósmico: eleva a tua situação ou vive com o remorso eterno de não ter tentado!

## ÉDIPO REI
### de Sófocles

Sófocles (496-405? a.C.), Ésquilo e Eurípedes foram os três maiores dramaturgos da tragédia grega antiga. Filho de uma família abastada, Sófocles se revelou desde jovem um mestre na técnica da tragédia. De suas 125 peças, somente sete sobreviveram. As mais conhecidas são as três que compõem a Trilogia Tebana.

*Édipo Rei* é a história de um homem que, ao tentar escapar de seu destino, acaba por encontrá-lo. O choque desse reconhecimento lhe revela a impossibilidade de fugir de si mesmo. Neste momento, sua condição é transformada: de rei ignorante, ele parte para a sabedoria e para o exílio. Nesta passagem, em pleno epicentro de sua crise, Édipo se pronuncia com uma sinceridade extraordinária.[22]

---

22. Representada pela primeira vez em Atenas (provavelmente por volta de 430 a.C.), *Édipo Rei* é a primeira peça da chamada *Trilogia Tebana* de Sófocles. É considerada por muitos a mais bela das tragédias gregas, e por certo a mais exemplar no uso de todos os recursos do gênero – a "tragédia por excelência", o "tipo" da tragédia, como parecia ser a opinião de Aristóteles em sua *Poética*. Para uma melhor compreensão da passagem que se segue (versos 1537-1676), talvez seja necessário um breve resumo do enredo e da lenda (ou ciclo de lendas) em que se inspira. Laio, filho de Lábdaco, apaixona-se quando jovem por Crísipo, filho do rei Pelops (da dinastia dos Átridas e avô de Agamenôn, outro herói trágico), e o rapta. Pelops lança sobre ele uma maldição: ele deverá morrer sem deixar descendentes. Laio casa-se então com Jocasta e se torna rei de Tebas, tendo com ela um filho, Édipo, apesar de ter sido avisado por um Oráculo que seu filho, se ele o tivesse, o mataria. Para fugir à profecia, Laio manda Jocasta entregar o recém-nascido a um pastor, depois de perfurar e amarrar os pés dele (daí o nome Édipo, *Óidipous*: "o de pés inchados"). O pastor deveria deixar o menino para morrer no monte Citeron, uma região inóspita na época. Movido pela pena, em vez de

CORO: Ó terrível destino à contemplação dos homens. Ó mais terrível destino que meus olhos já viram! Desgraçado, que loucura se abateu sobre ti? Quem é o inimigo inaudito que, com um golpe mais que mortal, fez de tua vida miserável sua presa?

Ai de ti, ai de ti, ó infeliz! Não, não posso nem olhar para ti, embora muito quisesse te perguntar, quisesse saber, muitas coisas que incitam meu olhar atento – tamanho é o arrepio que provocas em mim!

ÉDIPO: Infeliz de mim! Ai de mim, ai de mim, miserável que sou! Onde estou? Por que, por que nasceu em mim tanta miséria? Por onde levam minha voz as asas do vento? Ó meu Destino, até onde me levarás?

CORIFEU: A um lugar terrível de ver, e mesmo de ouvir!

ÉDIPO: Ó escuridão tenebrosa que me envolve, visitante invisível, irresistível, favorecida pelo vento que sopra!

---

cumprir o ordenado, ele entrega-o ao rei de Corinto, Pôlibo, que se lamentava de não ter filhos. Então, o rei e sua mulher, Mérope, criam Édipo como seu. Um dia, ao atingir a maioridade, Édipo é insultado por um súdito e chamado de filho adotivo. Ele segue para o oráculo de Apolo, em Delfos, a fim de saber sobre sua verdadeira origem. Ali, o deus lhe revela que um dia ele mataria seu pai e desposaria sua própria mãe. Apavorado, e pensando que Pôlibo e Mérope, na verdade seus pais adotivos, corriam perigo, Édipo decide jamais voltar a Corinto para frustrar a realização da profecia. Ao fugir de Corinto, Édipo passava pelos arredores de Tebas quando, numa encruzilhada de três caminhos, é insultado por um homem idoso numa carruagem e espancado por um dos criados da comitiva. Ele reage e mata o chefe da comitiva, sem saber que se tratava de Laio, seu verdadeiro pai. Nessa época, uma Esfinge aterrorizava a cidade de Tebas, devorando todos os que não conseguiam decifrar seu enigma. Édipo consegue decifrar o enigma da Esfinge, livra a cidade do perigo e se casa com a rainha Jocasta, sua mãe, fato que ambos ignoravam. A seu lado, ele governa a cidade por longos anos, gerando com Jocasta duas filhas, Antígona e Ismene, e dois filhos, Polinices e Etéocles. E então, os deuses enfurecidos mandam a Tebas uma peste para punir o hediondo crime de seu rei. Édipo, consternado, envia seu cunhado, Creonte, a Delfos, para descobrir as causas da calamidade e os meios de contê-la. *Édipo Rei* começa neste ponto, girando em torno da progressiva autodescoberta de Édipo, até agora ignorante de sua própria origem e da gravidade de seus atos passados. A passagem selecionada introduz o final da peça e relata a dura consciência que Édipo, agora cego, tem de si mesmo e de sua infeliz trajetória. (N.T.)

Ai de mim! E, outra vez, ai de mim!

Como ferem em minha alma os aguilhões e o pensar nas desventuras!

CORIFEU: Sim, entre tantos infortúnios uma dupla dor terás para lastimar e suportar.

ÉDIPO: Ó amigo, tu continuas firme me apoiando, tens ainda paciência para cuidar de um homem cego! Ai de mim! Tua presença não me é despercebida; na escuridão em que estou ainda reconheço a tua voz!

CORIFEU: Homem de feitos terríveis, como ousaste cegar teus próprios olhos? Que deus moveu-te o braço?

ÉDIPO: Foi Apolo, amigo. Pelas mãos de Apolo passaram essas maldições, esses meus doídos, doídos infortúnios; mas as mãos que feriram meus olhos não foram outras senão as minhas próprias, desgraçado que sou! De que me serviriam os olhos quando nada me resta de bom para ver?

CORO: Falas apenas a verdade.

ÉDIPO: Dize, amigo, que mais poderia eu ver, que poderia amar, que palavras poderiam tocar meu ouvido com alegria? Depressa, leva-me embora desta terra, amigo, leva daqui aquele que se perdeu, o três vezes maldito, sim, o mortal mais odiado por deuses e homens!

CORIFEU: Desgraçado tu és igualmente por tua sorte e por teu pensar. Ah! Se eu jamais te houvesse conhecido!

ÉDIPO: Pereça o homem, quem quer que seja, o homem que no ermo libertou meus pés dos cruéis grilhões, salvou-me da morte e trouxe-me de volta à vida – façanha ingrata! Tivesse eu morrido então, a meus amigos e à minha própria alma não teria eu causado tamanha mágoa.

CORIFEU: Eu também preferiria que assim fosse.

ÉDIPO: Então eu não teria derramado o sangue de meu pai, nem seria conhecido entre os homens como amante daquela de quem saí: mas agora estou abandonado pelos deuses, filho de uma mãe aviltada, sucessor em sua cama daquele que me deu meu próprio e desgraçado ser; e se existe um infortúnio ainda maior, é esse o quinhão de Édipo.

CORIFEU: Não sei como posso dizer que agiste bem: pois estarias melhor morto do que vivo e cego.

ÉDIPO: Não me venhas dizer que não foi melhor assim: não me dês mais conselhos. Pois se eu pudesse ver, com que olhos olharia para meu pai quando chegasse ao lugar dos mortos, sim, ou mesmo para minha desgraçada mãe, depois de ter contra ambos cometido tamanhos crimes que nem a forca seria capaz de punir-me? Mas consideras que a visão dos filhos, gerados como os meus foram gerados, seria bela de contemplar? Não, não, nada de belo para meus olhos, jamais! Não, nem tampouco esta cidade com suas muralhas, nem as imagens sagradas dos deuses, desde que eu, três vezes maldito que sou – eu, o mais nobre filho de Tebas –, condenei-me a nunca mais ver estas coisas, por mim mesmo fazendo com que tudo se abatesse sobre o ímpio, julgado impuro pelos deuses, da raça de Laio!

Depois de carregar tamanha mácula, como poderia ainda olhar nos olhos desta gente? Não, deveras: e se ainda houvesse algum meio de estancar a fonte dos ouvidos, eu não deixaria de vedar completamente esta triste carcaça, para não mais conhecer figura ou som; pois é doce perder-se em devaneios além da esfera da dor.

[Pausa]

Ai de mim, Citeron, por que me acolheste? Quando fui entregue a ti, por que não acabaste comigo ali mesmo? Assim eu jamais teria me revelado aos homens tal como sou! Ó Pôlibo! Ah, Corinto, terra minha, conhecida como a pátria de meus pais! Como eu parecia belo em teu seio, e quantos males se escondiam ainda em mim! Pois agora sou tido como mau e de mau nascimento. Ó encruzilhada, recanto secreto, matagal estreito onde se encontram três caminhos, tu que bebeste de minhas mãos o sangue de meu pai, que era o meu próprio, lembras por certo que coisas fiz na tua frente e, depois, dos novos atos que cometi ao chegar aqui, em Tebas?

Ó leito nupcial, tu me geraste, e quando me trouxeste à luz, de novo carregaste filhos de teu filho, criando uma linhagem incestuosa de pais, irmãos, filhos; noivas, esposas e mães – sim, a mais louca das vergonhas que se abatem sobre os homens! Não! É ilícito nomear o que não convém fazer. Apressai-vos, pelo amor dos deuses, a enfurnar-me longe daqui, ou matai-me de uma vez, ou lançai-me ao mar, onde jamais me vereis novamente! Aproximai-vos, dignai-vos a tocar num desgraçado com vossas mãos; aproximai-vos, não temais: minha praga não será de ninguém mais.

## O HINO DA PÉROLA
### adaptado de fragmentos siríacos e gregos encontrados em Nag Hamadi

O *Hino da Pérola*, de origem copto-gnóstica, remonta ao século III de nossa era. Ele narra a jornada arriscada de um príncipe a uma terra estrangeira. Enviado para recuperar um tesouro, acaba caindo no esquecimento. O Hino nos oferece uma imagem clara da luta para alcançar a sabedoria, assim como a lembrança de que o socorro nunca está longe demais.[23]

Quando criança, eu vivia no palácio de meu Pai, gozando de luxo e riquezas.

Meus pais enviaram-me de nossa pátria, o Oriente, junto com uma carga de tesouros. Ela era grande, mas tão leve que eu conseguia

23. Algumas informações sobre a simbologia presente no texto podem ser úteis para situar o leitor. Para isso, reproduzimos aqui um parágrafo introdutório da edição brasileira do *Hino da Pérola* (ver Bibliografia): "O Pai da Verdade, a Mãe da Sabedoria e o Filho, o Salvador, representam a Trindade. A pérola, símbolo da alma, é ao mesmo tempo a salvadora e aquela que é salva. A veste de glória, a glória celeste, precisa ser tirada e substituída pela roupa impura da terra, o corpo material, para andar na terra do Egito. A carta, lembrança do reino original do príncipe, transforma-se numa águia, mensageira da luz. A serpente simboliza o reino das trevas e da ignorância, e suas características são a astúcia e o desprezo. A gnose (conhecimento) é a redenção, da qual a alma precisa para voltar à jornada celeste. O lar do Pai e da Mãe, no Leste, é o céu. A aliança dos pais com o filho está escrita no coração do príncipe". (N.T.)

transportá-la sozinho: ouro da terra de Gilan, prata de Gazzak, o Grande, calcedônias da Índia, opalas cor de íris de Kushan e a pedra dura que corta ferro. Eles me despiram de minha túnica de glória, decorada em ouro, e de meu manto púrpura de esplendor, feito sob medida para mim. E fizeram uma aliança comigo, e a aliança foi escrita em meu coração, para que eu não me esquecesse. Ela dizia:

> Se tu desceres para o Egito
> E trouxeres de volta aquela Pérola
> A Pérola do Mar
> Guardada pela Serpente de respiração ruidosa
> Então poderás voltar a usar
> Tua túnica e Teu manto
> E serás, com teu irmão,
> Herdeiro do reino.

Parti do Oriente e, com dois enviados reais, viajei pela dura e arriscada estrada. Atravessei as fronteiras de Maishan, o mercado dos mercadores do Leste e cheguei à Terra de Babel e adentrei as muralhas de Sarbug. Desci então para o Egito e lá os enviados me deixaram. Fui imediatamente até a Serpente e sentei-me perto do buraco em que ela estava, esperando pegar minha Pérola, enquanto ela dormia. Sozinho estava eu ali, e solitário, um estrangeiro.

Mas então um compatriota aproximou-se de mim, um jovem e belo nobre do Leste, filho de reis – um ungido. Ele juntou-se a mim e tornou-se meu amigo. Nós tomávamos cuidado com os egípcios, e eu usava a mesma túnica que eles para que ninguém suspeitasse da minha missão e atiçasse a Serpente contra mim. Mas de algum modo fui descoberto e eles me ofereceram comida e me enganaram com sua amizade. Eu esqueci que era filho de reis e tornei-me escravo do rei deles. Esqueci-me da Pérola que meus pais tinham me enviado para buscar. E caí num sono profundo.

Porém, meus pais souberam do acontecido, entristeceram-se e apressaram-se em buscar conselho. Os reis e os grandes do Oriente foram até as portas do seu palácio e decidiram que eu não podia ser abandonado no Egito. Eles me escreveram uma carta:

> Do Rei dos Reis, teu Pai,
> E de tua Mãe, Rainha da terra da Alvorada,
> E de nosso segundo filho, teu irmão,
> Paz!
> Levanta, levanta e acorda do sono,
> E ouve as palavras de nossa carta.
> Lembra-te de que tu és filho de um rei.
> A quem serviste como escravo?
> Lembra-te da Pérola.
> Lembra-te de tua túnica de glória
> E do teu manto de esplendor,
> Que poderás usar quando teu nome
> Constar do Livro da Vida
> E, com teu irmão, herdares nosso reino.

A carta, selada contra os maus, os filhos de Babel e os demônios de Sarbug, voou na forma de uma águia, rainha de tudo o que voa. Ela voou e veio parar ao meu lado, e transformou-se em fala. A voz e o ruído do bater das asas despertaram-me do sono. Peguei a carta e beijei-a. Abri o selo e li. E lembrei-me de que era filho de reis. Lembrei-me da Pérola, pela qual fui enviado ao Egito.

Comecei a encantar a terrível Serpente. Eu a fazia dormir com meu canto, entoando o nome de meu Pai, de meu irmão e de minha mãe, a Rainha do Oriente. Enquanto a serpente dormia, arrebatei a Pérola e voltei para a casa de meu Pai. Voltei pelo mesmo caminho por onde vim, para a luz do meu lar, a Terra do Leste. Tirei aquela túnica suja e impura que vestira para me disfarçar. No caminho eu tinha a carta à minha frente. Assim como ela tinha me despertado com sua voz, agora sua luz me conduzia. Em seda brilhante e com letras vermelhas, ela viajava, luzindo, à minha frente. Atravessei Sarbug, a Terra de Babel e cheguei a Maishan, o grande ponto de encontro dos mercadores.

Para lá meus pais enviaram minha túnica de glória e meu manto de esplendor. Imediatamente, ao pôr os olhos na túnica, nela me reconheci. Parecíamos dois, mas éramos como um só. A túnica gloriosa, com seu esplendor de cores, ouro e berilos, calcedônias, opalas cor de íris e safiras a decoravam e cobriam com a imagem do Rei dos Reis. Por toda ela eu via reluzindo os movimentos da Gnose.

Sua música assim me falava:

Pertenço àquele que é mais valente que todos os homens
E minha estatura cresce de acordo com suas obras.

E o manto derramou-se em minha direção e eu também me precipitei na direção dele e me estendi para recebê-lo. Vesti-me a mim mesmo com sua beleza, e envolvi-me com o manto resplandecente. Vesti-me e subi ao portal das saudações e homenagens. Inclinei minha cabeça e louvei o resplendor daquele que o enviara.

Ali, no portal, juntei-me aos príncipes. E eles me receberam com alegria e prometeram-me que seria enviado aos portões reais e que, levando comigo minha pérola, eu seria recebido pelo Rei.

## O GRANDE INQUISIDOR
## de Dostoiévski

Fiódor Dostoiévski (1821-81), romancista e pensador russo, escreveu *Crime e Castigo* e *O Idiota* (ambos em 1866), *Os Demônios* (1871), e *Os Irmãos Karamázov* (1880). O último, especialmente, é considerado uma das obras-primas da literatura ocidental e, assim como *Hamlet* e *Édipo Rei*, narra a história de um parricídio. No capítulo "O Grande Inquisidor" de *Os Irmãos Karamázov*, Dostoiévski fala de três tentações. Cada uma delas desvia a pessoa da busca de sentido em sua vida. Cada uma é a deturpação de uma questão que, quando realmente colocada, pode servir de guia para o verdadeiro conhecimento. A terceira perversão, o desejo de unidade, descrito abaixo, encontrou claramente um lugar seguro no mundo moderno, marcado pelo conformismo, pelo patriotismo, pela presença de *slogans* e pela identificação de pessoas com organizações. Nesta passagem, o Grande Inquisidor se dirige ao Prisioneiro, sobre quem exerce seu poder.[24]

Ouve, então. Não estamos contigo, mas com ele – quer dizer, nosso mistério. Há muito tempo – oito séculos – que estamos do lado dele e não do Teu. Há exatamente oito séculos recebemos dele este derradeiro dom que Tu rejeitaste indignado, a última dádiva que ele Te ofereceu, mostrando-Te todos os reinos da terra. Aceitamos dele Roma e o gládio de César e nos proclamamos regentes únicos da terra, apesar de até hoje não termos sido capazes de concluir a nossa obra. Mas de quem é a culpa? Oh, o trabalho está apenas começando, mas já começou. Ele levará muito tempo para ser concluído e a terra tem ainda muito o que sofrer, mas haveremos de triunfar e haveremos de ser Césares e, então, haveremos de planejar a felicidade universal da humanidade. Mas Tu poderias ter tomado também o gládio de César.

Por que rejeitaste aquela última dádiva?

Se tivesses aceito esse terceiro conselho do poderoso espírito, Tu terias conseguido tudo o que o homem busca na terra – isto é, alguém para idolatrar, alguém para tomar conta de sua consciência e algum meio de unir tudo num formigueiro unânime e harmonioso, pois

24. "O Grande Inquisidor" corresponde ao capítulo 5 do Livro V de *Os Irmãos Karamázov*, e se trata de uma "parábola" (ou "poema") relatada por Ivan Karamázov – o protótipo do humanista cético – a seu irmão mais novo, Aliócha, de inclinação religiosa e mística. O protagonista da parábola é uma figura misteriosa, à frente de um dos tribunais da Inquisição Espanhola, em Sevilha, "na época mais terrível da Inquisição, quando todos os dias ardiam fogueiras à glória de Deus e em esplêndidos atos de fé queimavam-se horríveis heréticos". Os "oito séculos" mencionados no princípio do texto se referem ao tempo então (1868) decorrido desde o "Grande Cisma" (1055), a separação entre a Igreja Católica Romana e a Ortodoxa oriental, à qual Aliócha (e Dostoievski) está filiado. O "prisioneiro", destinatário silencioso do discurso do Grande Inquisidor, é Jesus Cristo, que, exatamente naquele momento de intenso "fervor religioso", teria voltado ao convívio dos homens, não em glória, como prevê o Apocalipse, mas na humilde figura humana de seus tempos de pregação. O "poderoso espírito" de que fala o conto é naturalmente o demônio, autor das três tentações enfrentadas por Jesus no deserto e desenvolvidas no decorrer do texto. (N.T.)

o desejo de unidade universal é o terceiro e último anseio da raça humana. A humanidade como um todo sempre buscou organizar-se sobre uma base universal. Existiram muitas grandes nações de história gloriosa, mas quanto mais desenvolvidas elas se tornaram, mais infelizes, uma vez que seus povos sentiam mais intensamente que os outros a necessidade vital de união mundial. Os grandes conquistadores, os Tamerlãos e Gengis Khans, arrastaram-se como furacões sobre a face da terra, procurando subjugar os povos; mas eles também não foram nada mais do que a expressão inconsciente do mesmo desejo de unidade universal. Se tivesses tomado o mundo e o manto púrpura de César, Tu terias fundado o império universal e terias promovido a paz universal. Pois quem pode governar os homens senão aquele que detém sua consciência e seu pão em suas mãos?

Nós tomamos o gládio de César e, ao fazê-lo, obviamente Te rejeitamos e seguimos a ele.

Oh! Ainda estão por vir eras de confusão do livre pensamento, de sua ciência vã e de canibalismo. Pois, tendo iniciado a construção de sua torre de Babel sem nós, eles acabarão, é claro, no canibalismo. Mas então a besta rastejará até nós, lamberá nossos pés e os regará com lágrimas de sangue. E nós haveremos de nos sentar sobre a besta e erguer a taça em que estará escrita a palavra: "Mistério". Mas, nesse momento, e somente aí, o reino da paz e da felicidade será alcançado pelos homens. Tens orgulho de Teus eleitos, mas tens apenas os eleitos, enquanto nós proporcionaremos paz a todos. E, além disso, quantos desses eleitos, daqueles poderosos que poderiam ser eleitos, tornaram-se fracos à espera de Ti e transferiram e transferirão a força de seus espíritos e o calor de seus corações para o outro lado, acabando por levantar seu estandarte de liberdade contra Ti! Tu mesmo lhes concedeste o estandarte. Mas conosco todos estarão felizes e não mais se rebelarão nem destruirão uns aos outros como sob a Tua liberdade.

Oh! Haveremos de persuadi-los de que somente se tornarão livres quando renunciarem à sua liberdade e se submeterem a nós. E estaremos certos ou estaremos mentindo? Eles se convencerão de que estamos certos, pois se lembrarão dos horrores da escravidão e da confusão em que Tua liberdade os mergulhou. A liberdade, o livre pensamento e a ciência os colocarão em tão grandes apuros e cara a cara com tantos prodígios e mistérios insolúveis que alguns deles, os inflamados e rebeldes, destruirão a si mesmos, e outros, rebeldes, porém fracos, se destruirão uns aos outros, enquanto os demais, fracos e infelizes, rastejarão aos nossos pés, lamuriando-se: "Sim, vós estáveis certos, pois só vós dominais Seu mistério, e nos voltamos para vós para salvar-nos de nós mesmos!".

Ao receberem pão de nós, eles verão claramente que tomamos deles o pão feito por suas próprias mãos e o damos de volta a eles, sem nenhum milagre. Perceberão que não transformamos pedras em pães, mas na verdade serão mais agradecidos por tomá-lo de nossas mãos do que pelo próprio pão! Pois eles se lembrarão muito bem de que nos velhos tempos, sem nossa ajuda, mesmo o pão que eles faziam se transformava em pedra em suas mãos, ao passo que, desde que se voltaram para nós, as próprias pedras se transformaram em pão. Conhecerão muito, muito bem o valor da submissão absoluta! E enquanto os homens não souberem isso, serão infelizes. Sobre quem recai a maior culpa por eles não saberem disso, fala? Quem dispersou o rebanho e o fez perder-se por caminhos desconhecidos? Mas o rebanho voltará a se reunir e se submeterá novamente, e dessa vez será para sempre. Então, haveremos de proporcionar-lhes a felicidade tranqüila e humilde das criaturas fracas, o que eles são por natureza. Oh! Havemos de persuadi-los, por fim, a não serem orgulhosos, pois Tu os ergueste e com isso os ensinaste o orgulho. Havemos de demonstrar-lhes que são fracos, que são apenas pobres crianças, mas que a felicidade dos inocentes é a mais sublime de todas. Eles ficarão tímidos, nos olharão e se aproximarão de nós com medo, como fazem os pintos com a galinha. Ficarão maravilhados diante de nós, demonstrarão respeito por nós e sentirão orgulho por sermos tão fortes e inteligentes, por termos sido capazes de dominar tamanho rebanho turbulento de milhões de criaturas. Tremerão de impotência diante de nossa ira, suas mentes se amedrontarão, não tardarão em derramar lágrimas como as mulheres e as crianças, mas estarão dispostos, a um mero sinal de nossa parte, a passar para o riso e o júbilo, para o riso radiante das crianças. Sim, por certo, havemos de fazê-los trabalhar; mas, em suas horas de lazer, organizaremos suas vidas como uma brincadeira infantil, com cantigas de roda e danças inocentes. Oh! E havemos de permitir até mesmo que pequem, pois, sendo fracos e impotentes, eles nos amarão feito crianças por permitirmos que pequem. Diremos a eles que todo pecado será redimido, desde que conte com a nossa permissão, que permitimos que pequem porque os amamos e tomamos sobre nós mesmos a punição por seus pecados. E a tomaremos para nós mesmos e eles nos adorarão como salvadores que assumiram para si, diante de Deus, os seus pecados. E eles não guardarão de nós nenhum segredo. Nós permitiremos ou proibiremos que vivam com suas esposas e amantes, que tenham ou não tenham filhos – de acordo com sua obediência ou desobediência –, e eles, alegres e contentes, se submeterão à nossa vontade. Participarão a nós os dramas mais dolorosos de sua consciência, e nós teremos uma resposta para cada um deles. E eles ficarão contentes por acreditarem na nossa solução, pois ela os salvará da enorme ansiedade e terrível aflição que uma decisão autônoma os obrigaria a suportar. E todos estarão felizes, todos os milhões de criaturas, salvo os cem mil que os governam. Pois somente nós, seus diretores, somente nós, que preservamos o mistério, seremos infelizes.

Haverá milhões de inocentes felizes e uns cem mil mártires que assumiram para si mesmos a maldição do conhecimento do bem e do mal. Tranqüilos eles morrerão, tranqüilos expirarão em Teu nome e, no além túmulo, nada encontrarão além da morte. Mas nós guardaremos o segredo e, para que sejam felizes, convencê-los-emos da recompensa do paraíso e da eternidade. Apesar de que, se existisse algo no outro mundo, decerto não seria para criaturas como eles.

Foi profetizado que Tu retornarás vitorioso, que virás com Teus eleitos, os fortes e imponentes, mas nós diremos que eles apenas salvaram a si mesmos, e nós salvamos a todos. Dizem-nos que a prostituta sentada sobre a besta, segurando nas mãos a taça do mistério, será exposta à vergonha, que os fracos se reerguerão, a despojarão de seu manto régio e deixarão nu seu corpo abjeto. Mas então eu me erguerei e Te mostrarei milhões de crianças felizes que não conheceram o pecado. E nós que tomamos sobre nós os seus pecados, por sua felicidade, nos levantaremos diante de Ti e diremos: "Julga-nos, se podes e ousas". Sabe que não tenho medo de Ti. Sabe que também eu estive no deserto, que também eu vivi de raízes e gafanhotos, que também eu prezei a liberdade que concedeste aos homens e que também eu me esforcei por estar entre Teus eleitos, entre os fortes e poderosos, no ardente desejo de "completar o número". Mas despertei e decidi que não serviria mais à insanidade. Dei a volta e juntei-me "aos que corrigiram a Tua obra". Abandonei os orgulhosos e me voltei para os humildes, para torná-los felizes. O que Te digo sucederá e nosso império será edificado. Repito: amanhã Tu verás o dócil rebanho que, a um sinal meu, se apressará a amontoar as cinzas quentes em torno da pilha em que Te queimarei por teres vindo nos obstruir. Pois se alguém algum dia mereceu essa fogueira, esse alguém és Tu. Amanhã hei de queimar-Te. *Dixi.*[25]

Ivan calou-se. Fora arrebatado pela excitação com que falara; ao concluir, sorriu subitamente.

Aliócha o escutara todo o tempo em silêncio; perto do final ficou muito excitado e, por várias vezes, esteve prestes a interrompê-lo, mas conteve-se. Agora suas palavras lhe saíam como uma torrente.

– Mas... Isso é absurdo! – exclamou ele, rubro. – Teu poema é um louvor a Jesus, não uma censura a Ele... como quiseste. E quem te acreditará sobre a liberdade? É esta a maneira de entendê-la? É esta a idéia que faz dela a Igreja Ortodoxa? Isso se aplica apenas a Roma, e mesmo assim nem toda Roma... São os piores entre os católicos, os inquisidores, os jesuítas!... E não poderia existir criatura tão fantástica quanto o teu Inquisidor. Quais os pecados da humanidade que o sobrecarregaram? Quem são esses guardiões do mistério que assumiram não sei que maldição em nome da felicidade humana? Onde foram vistos? Conhecemos os jesuítas, fala-se mal deles, mas, com certeza, são tais como os descreves? Absolutamente não, de maneira alguma... São

25. Em latim, "Tenho dito", fórmula comumente empregada no final de discursos. (N.T.)

simplesmente o exército romano pela possível soberania do mundo futuro, com o Pontífice de Roma à frente, como Imperador... É esse o seu ideal, mas não há nisso nenhum mistério, nenhuma melancolia sublime... É simplesmente desejo de poder, de vantagens mundanas vis, de dominação... Algo como uma servidão universal com eles como senhores... Eis tudo o que eles representam. Talvez nem sequer acreditem em Deus. Teu Inquisidor que sofre... é uma fantasia...

– Espera aí – disse Ivan, sorrindo. – Como te exaltas! Uma fantasia, dizes. Que seja! É claro que é uma fantasia. Mas permite-me perguntar: realmente achas que o movimento católico romano dos últimos séculos não é de fato nada mais que desejo de poder, de vantagens mundanas vis? Foi o Padre Paissi quem te ensinou essas coisas?

– Não, não, pelo contrário, o Padre Paissi me disse certa vez algo semelhante ao que disseste... Mas é claro que não é assim, nem um pouco – Aliócha apressou-se em corrigir.

– Preciosa confissão, apesar do "é claro que não é assim". Eu te pergunto: por que teus jesuítas e inquisidores só agiram visando bens materiais? Por que não pode haver entre eles um mártir subjugado pela dor e por um humanismo verdadeiro? Vê, supõe apenas que exista um tal homem entre aqueles que nada desejam senão os bens materiais – que existe somente um como o meu velho Inquisidor, que tenha ele próprio se alimentado de raízes no deserto e feito grandes esforços para subjugar a carne e se fazer livre e perfeito. Ao longo de toda a sua vida amou a humanidade, mas de repente ele abre os olhos e percebe quão medíocre é alcançar a perfeição e a liberdade, se ao mesmo tempo se chega à convicção de que bilhões de criaturas de Deus foram criadas como um arremedo, que jamais serão capazes de usar a própria liberdade, que esses pobres rebeldes jamais terão a força de gigante que é necessária para concluir a torre, que não foi para estes simplórios que o Grande Idealista sonhou seu sonho de harmonia. Compreendendo isso, meu Inquisidor volta atrás e reúne-se... aos homens de espírito. É impossível que isso tenha ocorrido?

– Reúne-se a quem, a que homens de espírito? – exclamou Aliócha, beirando o desespero. – Eles não possuem nenhum espírito, tampouco mistérios ou segredos... Talvez nada além do ateísmo, esse é todo o seu segredo. Teu Inquisidor não acredita em Deus: é esse o seu segredo!

– E mesmo que assim fosse! Enfim adivinhaste. É bem verdade que esse é todo o segredo. Mas isso não é um sofrimento para um homem como ele, que passou toda a sua vida no deserto e mesmo assim não conseguiu se ver livre de seu incurável amor pela humanidade. Na velhice, ele chegou à clara convicção de que nada, a não ser a orientação do grande e temível espírito, poderia erigir alguma espécie suportável de vida para os fracos, "essas criaturas empíricas, rebeldes e abortadas, criadas por escárnio". E assim, convencido disso, ele percebe que tem de seguir o conselho do espírito sábio, do terrível espírito da morte e da destruição e, com isso, aceitar a mentira e o engano e conduzir conscientemente os homens à morte e à destruição, enganando-os, contudo, todo o tempo, para que eles não percebam para onde estão sendo levados e possam, assim, essas pobres criaturas cegas, ao menos enquanto estão a caminho, sentir-se felizes. E observa que o embuste é perpetrado em nome d'Aquele em cujo ideal o velho tinha acreditado tão fervorosamente por toda a vida. Isso não é trágico? E se apenas um homem como esse estivesse no comando de todo o exército "tomado pelo desejo de poder com o propósito único de vantagens mundanas", não seria o suficiente para suscitar uma tragédia? Mais do que isso: um desses no comando é suficiente para encarnar a atual idéia dominante na Igreja Romana, com todos os seus exércitos e jesuítas, sua idéia máxima. Confesso-te que acredito firmemente que sempre existiu tal homem entre aqueles que estiveram à frente do movimento. Quem sabe se não existiram alguns desses mesmo entre os papas de Roma? Quem sabe se o espírito daquele execrável velho que ama, à sua própria maneira, tão obstinadamente a humanidade, não se encontra mesmo hoje em toda uma multidão de velhos, existindo não por acaso, mas numa aliança, como uma liga secreta formada há muito tempo para preservar o mistério, para protegê-lo dos fracos e infelizes, de maneira que os torne felizes? Não há dúvida de que seja assim e que realmente assim tem de ser. Eu imagino que mesmo entre os maçons exista no fundo algo do mesmo mistério e que seja esse o motivo de os católicos detestarem tanto os maçons, vendo-os como rivais, precisamente por romperem com a unidade da idéia de que o essencial é a existência de um único rebanho e um único pastor... Mas, pela maneira como defendo minha idéia, pareço um autor incapaz de suportar a tua crítica. Basta.

– Talvez tu próprio sejas um maçom! – saiu de repente de Aliócha. – Tu não acreditas em Deus – acrescentou, dessa vez muito lastimosamente. Parecera-lhe também que seu irmão o olhava com ironia. – Como termina o teu poema? – perguntou, baixando subitamente os olhos. – Ou é assim que termina?

– Eu pretendia terminá-lo assim: "Quando o Inquisidor pára de falar, ele espera ainda por algum tempo pela resposta. O silêncio do Prisioneiro o oprime. Ele sabe que o Prisioneiro o ouviu atentamente por todo o tempo, com uma expressão amável e sem desejo evidente de retorquir. O velho ansiava por uma resposta, por mais mordaz e cáustica que fosse. Mas, de repente, o Prisioneiro aproxima-se do velho em silêncio e beija suavemente seus lábios descorados pela velhice. Esta é a Sua resposta. O velho estremece. Seus lábios tremem. Ele encaminha-se até a porta, abre-a e diz: 'Vá embora e não voltes nunca mais... Não voltes de maneira alguma, nunca mais!' E ele deixa que o Prisioneiro se vá pelas vielas escuras da cidade. O Prisioneiro sai."

– E o velho?

– O beijo lhe queima o coração, mas ele persiste em sua idéia.

## CONFISSÕES

### de Santo Agostinho

Santo Agostinho (354-430), nascido no Norte da África, situa-se no ponto de encontro entre o mundo antigo e o mundo medieval. Viveu como um homem culto e refinado da Roma antiga até sua experiência de conversão, em 386. Foi batizado no ano seguinte, tendo descrito em detalhe suas experiências nas *Confissões* (400). Daí em diante, passou a se dedicar a uma ampla investigação das questões fundamentais, baseadas em grande parte na herança do pensamento platônico; suas idéias influenciaram muito os pensadores do milênio seguinte. Sua obra mais importante é A *Cidade de Deus*. A vida é tempo. A própria vida é tudo o que temos. Aqui, Santo Agostinho faz a pergunta: "Que é o tempo?" Ele observa que somos atraídos pelo passado (memória) e pelo futuro (expectativa), e que imaginamos muitas coisas sobre estes tempos; e que estamos em um processo de experimentação do presente, o que pode incluir muito mais do que uma simples "fatia" do tempo. Além disso, temos um sentido do eterno, do atemporal. À sua maneira mais íntima, Agostinho busca encontrar a relação entre esses dois aspectos distintos do tempo.[26]

## 13. O ETERNO HOJE

Mas se algum espírito leviano vagueia por imagens de tempos passados e admira-se de que Tu, Deus Todo-Poderoso, Criador e Mantenedor de tudo o que existe, Criador do céu e da terra, Te abstiveste por inúmeras eras de tão grandiosa obra, antes de criá-la, deixa que ele desperte e considere a imensa falsidade de sua admiração.

Pois como poderiam escoar-se as inumeráveis eras (e Tu sem fazeres nada), se Tu, Autor e Criador de todas as eras, ainda não as houvesse criado? Que tempos poderiam existir, a não ser os que tivesses estabelecido? E como eles poderiam passar, se nunca existiram?

Constatando, então, que Tu és o Criador de todos os tempos (se é que houve algum tempo antes que Tu tivesses criado o céu e a terra), por que razão se diz que Tu te abstiveste de trabalhar? Pois se Tu criaste o próprio tempo, os tempos não poderiam passar antes de Tu mesmo os criares. Mas se antes do céu e da terra não existia o tempo, por que perguntar o que fazias então? Pois não podia haver nenhum "então" quando não existia o tempo.

---

26. O trecho selecionado corresponde aos capítulos 13-21 do Livro XI das *Confissões*, inteiramente dedicado à reflexão sobre as relações entre Deus, homem e criação e o tempo. A reflexão reconhece três regimes ontológicos distintos (três modos de ser ou existir), com o tempo como fato central: o regime da Trindade Eterna, criadora do tempo, mas não submetida a ele, isto é, Imutável; o regime das criaturas inconscientes criadas a partir do nada e, portanto, sujeitas à mudança e à dissolução inerentes à passagem do tempo; e o regime do homem, submetido ao tempo e à dissolução como o resto das criaturas, mas ao mesmo tempo imagem divina, consciente tanto da passagem do tempo quanto de seu "segredo" – o "eterno hoje" de Deus. (N.T.)

Tampouco precederias o tempo no tempo, pois, se assim fosse, Tu não serias anterior a todos os tempos.

Precedes, todavia, todas as coisas passadas, pela sublimidade de Tua eternidade sempre presente; e excedes todas as coisas futuras porque são futuras e, quando chegarem, serão já passadas. Mas Tu, ao contrário, és sempre o mesmo, e Teus anos não se acabam.

Teus anos nem vêm nem vão; enquanto os nossos vêm e vão, para que todos venham. Todos os Teus anos permanecem parados, porque permanecem: nem os anos que vêm empurram os que vão, porque estes não decorrem. Mas os nossos anos só poderão existir "todos", quando não mais existirem. Teus anos são como um dia; e Teu dia não é "todos os dias", não se repete, mas um perpétuo Hoje, visto que Teu Hoje não dá lugar ao amanhã, pois tampouco substitui o ontem. Teu Hoje é a Eternidade. Por isso geraste Co-eterno o Teu Filho, a quem disseste: "hoje Eu te gerei".

Criaste todas as coisas, e antes de todos os tempos Tu és. Não se pode conceber, portanto, um tempo em que não havia tempo.

## 14. O QUE É O TEMPO?

Não houve tempo nenhum, portanto, em que não fizeste alguma coisa, pois o próprio tempo foi criado por Ti.

E nenhum dos tempos Te é co-eterno, porque Tu permaneces, sem mudança, como és; mas se eles assim permanecessem, como Tu permaneces, sem mudança, já não seriam tempos. Que é, pois, o tempo? Quem poderá clara e brevemente explicá-lo? Quem consegue, mesmo em pensamento, compreendê-lo de modo que possa expressar seu conceito em palavras? Mas a que, no discurso cotidiano, nos referimos com mais familiaridade e conhecimento do que ao tempo? E nós o compreendemos quando falamos nele; entendemos também quando dele nos falam. O que é, então, o tempo? Se alguém me pergunta, eu sei; se quero explicá-lo a quem me fez a pergunta, já não sei. Contudo, atrevo-me a declarar que sei que, se nada passasse, o tempo passado não existiria; e se nada viesse, o tempo vindouro não existiria; e se agora nada houvesse, o tempo presente não existiria.

E como podem, então, esses dois tempos, passado e porvir, existir, visto que o passado não existe mais e o futuro ainda não existe? E quanto ao presente, se fosse sempre presente e jamais passasse para o tempo passado, em verdade já não seria tempo, mas eternidade. Se o tempo presente, para ser tempo, só vem à existência porque passa para o tempo passado, como podemos dizer que ele existe, se a causa pela qual existe é a mesma pela qual cessará de existir? Então o tempo só é verdadeiramente porque tende a não ser?

## 15. PASSADO, PRESENTE E FUTURO

E, contudo, dizemos, "um longo tempo" e "um breve tempo", mas apenas com respeito ao tempo passado ou ao futuro. Cem anos passados ou cem anos por vir são, por exemplo, um tempo "longo", ao passo que dez dias passados ou dez dias por vir são um tempo "breve". Mas em que sentido é esse tempo longo ou breve, esse tempo que não existe? Pois o passado não existe mais e o futuro não existe ainda. Portanto não digamos: "ele é longo"; mas com respeito ao passado, digamos: "ele foi longo"; e ao futuro, "ele será longo". Ó Senhor, minha Luz, que a Tua Verdade não seja como um escárnio para o homem! Pois aquele tempo passado que foi longo, era ele longo quando passou para o passado ou quando ainda era presente? Porque então (nesse momento presente) ele podia ser longo, enquanto existia algo passível de ser longo; mas, quando passado, ele não era mais longo, porque não mais existia; por conseguinte, não podia ser longo o que já não existia absolutamente.

Não digamos, portanto, que "aquele tempo passado foi longo", uma vez que não encontraremos algo capaz de ser longo, visto que, como ele é passado, não existe mais; mas digamos: "aquele tempo presente foi longo", porque somente enquanto era presente foi "longo". Ele ainda não tinha acabado, de maneira que não existia, e, portanto, havia algo que podia ser longo; mas, depois de ter passado, ele também deixou de ser longo, porque deixou de ser.

Vejamos, então, ó espírito do homem, se o tempo presente pode ser longo: pois a ti é dado sentir e medir a extensão do tempo. Que me responderias? Cem anos presentes é um longo tempo? Considera primeiro se cem anos podem ser presentes. Pois se o primeiro desses anos estiver transcorrendo, ele constitui o presente, mas os outros noventa e nove estarão ainda por vir e, portanto, ainda não existem; mas se o segundo ano estiver transcorrendo, o primeiro já é passado, o segundo presente e os restantes, futuros. E, assim, se tomarmos qualquer ano dessa série para ser o presente, todos os anteriores a ele serão passado; todos depois dele, futuros; pelo que cem anos não podem ser presentes.

Mas vê pelo menos se aquele que agora está passando é ele próprio presente; pois se o mês corrente for o primeiro, os restantes estarão por vir; se for o segundo, o primeiro já é passado e os restantes ainda não são. Por isso, nem o ano em decurso é o presente; e se não é presente como um todo, então o ano não é o presente. Pois doze meses compõem um ano; destes, qualquer que seja o mês em decurso, é ele o presente e os restantes passado ou futuro. Embora sequer o mês em decurso seja na verdade o presente, mas somente um dia. Se for o primeiro dia do mês, os restantes ainda estarão por vir; serão passado se for o último dia; e, se for qualquer um dos dias intermediários, está entre dias passados e futuros.

Vês como o tempo presente, o único ao qual poderíamos nos referir como "longo", é reduzido à pequena extensão de um único dia. Mas examinemos também o dia, pois tampouco ele como um todo é inteiramente presente.

O dia e a noite juntos constituem-se de vinte e quatro horas, das quais a primeira tem as outras por vir; a última as tem passadas; e qualquer uma das intermediárias tem as anteriores como passadas e as posteriores como futuras. Sim, aquela hora esvai-se em instantes fugazes. E tudo o que nela já tiver transcorrido é passado; e tudo aquilo que restar é futuro. Se for concebível um instante de tempo que não possa ser dividido em partículas mínimas, somente esse será o que podemos chamar de presente. Mas este passa, entretanto, com tanta rapidez do futuro para o passado que não possui nenhuma duração. Pois, se possuísse, dividir-se-ia igualmente em passado e futuro.

Logo, o tempo presente não tem nenhuma extensão.

Onde, então, encontra-se o tempo que podemos chamar de "longo"? No futuro? Não dizemos que ele é longo, porque ele ainda não existe para ser longo; mas dizemos: "será longo". Quando, portanto, ele será? Pois mesmo então, quando ele ainda estiver por vir, ele não será longo, porque o que pode ser longo ainda não existe. Suponhamos, entretanto, que ele deverá ser longo. Mas assim só se dará quando, a partir do futuro que ainda não existe, ele começar a existir e se tornar tempo presente, para que possa existir o que pode ser longo. Mas quanto ao tempo presente, proclamam as palavras acima que ele não pode ser longo.

## 16. PODE-SE MEDIR O TEMPO?

E no entanto, Senhor, percebemos intervalos de tempo e os comparamos entre si, dizendo que alguns são mais curtos e outros mais longos. Medimos também o quanto um período de tempo é mais curto ou mais longo do que outro; e dizemos: "Este é o dobro ou o triplo daquele; ou aquele é tão grande quanto este."

Mas medimos o tempo enquanto ele está passando, pela percepção dele; mas o passado, que já não é mais, e o futuro, que ainda não é, quem pode mensurá-los? A menos que se suponha poder medir o que não existe. Quando o tempo está passando, ele pode, entretanto, ser percebido e mensurado; mas quando já passou, não se pode percebê-lo nem medi-lo, pois ele já não é mais.

## 17. A EXISTÊNCIA DO PASSADO E DO FUTURO

Apenas pergunto, ó Pai, não afirmo. Ajuda-me, meu Deus, meu soberano e meu guia!

Quem se atreveria a me afirmar que não há três tempos (conforme aprendemos quando meninos e ensinamos a outros meninos) – passado, presente e futuro –, mas somente o presente, uma vez que os outros dois não existem? Ou eles existem também, e quando o futuro torna-se presente, surge ele de algum lugar oculto e, ao retirar-se, o presente torna-se passado e entra o tempo em algum outro esconderijo?

Na verdade, onde os adivinhos viram as coisas futuras, se elas ainda não existiam? Aquilo que não existe não pode ser visto. E aqueles que relatam fatos passados não poderiam relatá-los se não os vissem com a alma. E se os fatos passados não existissem não poderiam de maneira alguma ser vistos. Daí se conclui que tanto o passado quanto o futuro existem.

## 18. COMO FALAR DO PASSADO OU PREDIZER O FUTURO?

Permite-me, Senhor, que prossiga na investigação. Ó minha esperança, não permitas que meu propósito seja destruído. Pois se existem coisas passadas e futuras, quero saber onde estão. E mesmo que eu ainda não saiba, onde quer que elas estejam, não estarão ali como futuras ou passadas, mas como presentes. Pois se elas também são futuras, ainda não estão ali; se também são passadas, não estão mais ali. Onde quer que se encontre, então, o que existe, é apenas como presente. Ainda que sejam relatados os fatos passados, a memória não relata os próprios fatos, mas sim palavras que exprimem as imagens que os próprios fatos imprimiram na mente através dos sentidos. Desse modo, a minha infância, que não é mais, encontra-se no tempo passado, que não é mais; mas agora, quando recordo sua imagem e dela falo, vejo-a no presente, porquanto ela persiste em minha memória.

Acaso existe também um meio de prever os acontecimentos futuros, de perceber antecipadamente como existentes coisas que ainda não existem? Confesso-Te, ó meu Deus, que não sei. Mas uma coisa eu sei com certeza: que em geral premeditamos nossas ações futuras e que essa premeditação é presente, mas a ação premeditada ainda não o é, porque está por vir. Quando nos dispomos a começar a fazer o que estivemos premeditando, essa ação então é, pois nesse momento já não será mais futuro, e sim presente.

De qualquer modo que se dê essa previsão secreta das coisas por vir, apenas o que existe pode ser visto. Mas o que existe agora não é futuro, e sim presente. Quando se diz ver as coisas por vir, não são elas próprias que são vistas, posto que ainda são inexistentes, mas suas causas possíveis ou indícios, que já existem. Portanto, elas não são futuras, mas presentes para aqueles que as vêem e para quem o futuro, sendo preconcebido na alma, é previsto. Tais predições, repito, já existem (na alma), e os que prenunciam tais coisas as vêem presentes diante de si.

Permite-me agora tirar da enorme variedade dos fenômenos algum exemplo.

Eu contemplo o alvorecer e prenuncio que o sol está prestes a nascer. O que vejo é presente; o que prefiguro, no entanto, é futuro; não o sol, que já existe, mas o nascer do sol, que ainda não existe. E, no entanto, se não imaginasse mentalmente o próprio nascer do sol (como agora falando dele), não poderia prenunciá-lo. Mas nem o amanhecer que percebo no céu é o nascer do sol, embora ele o antecipe, nem o que imagino mentalmente; ambos são vistos como presentes para que possa haver a previsão.

As coisas futuras, portanto, ainda não são; e, se ainda não são, não existem; e, se não existem, não podem ser vistas; entretanto, podem ser previstas a partir dos fatos presentes, que já existem e são vistos.

## 19. ORAÇÃO AO SENHOR DO FUTURO

Declara, então, ó Soberano das criaturas, de que modo revelas às almas os eventos futuros? Pois não pode haver dúvida de que fizeste revelações a Teus profetas. De que modo Tu, para quem nada é futuro, revelas fatos futuros; ou antes, de que modo revelas coisas presentes acerca dos eventos futuros? Pois o que não é também não pode, evidentemente, ser revelado.

Teu modo de agir está muito acima do alcance de minha inteligência; tão infinitamente distante que por mim mesmo não conseguirei apreendê-lo. Mas se me concederes, poderei fazê-lo por Ti, ó Luz Sublime e Doce dos olhos ocultos de minha alma!

## 20. CONCLUSÃO DESTA ANÁLISE: NOVA TERMINOLOGIA

O que está agora plenamente claro é que nem as coisas por vir nem as coisas passadas existem. Também, que não é correto afirmar que existem três tempos: passado, presente e futuro; entretanto, talvez seja correto dizer que existem três tempos: um presente de coisas passadas, um presente de coisas presentes e um presente de coisas futuras. Pois esses três tempos existem de algum modo no espírito, mas não os vejo em outra parte: o presente de coisas passadas é a memória; o presente de coisas presentes é a visão; o presente de coisas futuras é a espera. Se assim me permitem dizer, vejo três tempos, e confesso que eles são três.

Mas que se diga também, à nossa maneira ordinária e incorreta, que existem três tempos: passado, presente e futuro. Como vêem, não objeto, não me oponho nem considero errado tal uso, contanto que não se diga, com isso, existir o que já não existe ou o que ainda está por vir. Pois poucas são as coisas às quais nos referimos corretamente; da maioria delas falamos incorretamente, e ainda assim o que pretendemos dizer é entendido!

## 21. NOVAS DIFICULDADES: COMO SE PODE MEDIR O TEMPO

Eu disse há pouco que medimos os períodos de tempo enquanto passam, para podermos dizer que este é o dobro daquele, ou que este tem a mesma extensão que aquele, e assim com respeito a qualquer período de tempo capaz de ser mensurado. Por conseguinte, como dizia, medimos os períodos de tempo enquanto estão passando. E se alguém me pergunta: "Como sabes?", poderia responder: "Sei que os medimos. Sei também que não podemos medir o que não existe. E também que coisas passadas ou futuras não existem". Mas e o tempo presente, como o medimos, uma vez que ele não tem duração? Ele é medido enquanto está passando; pois, depois de passar, não haverá mais nada para ser medido.

Mas de onde vem ele, por onde passa e para onde vai enquanto está sendo medido? Não pode vir senão do futuro, não pode passar senão pelo presente e não pode acabar senão no passado. Nasce, portanto, do que ainda não é; passa pelo que não tem extensão e vai para aquilo que já não é mais. Não obstante, o que medimos senão o tempo em alguma extensão? Pois não dizemos o dobro, o triplo ou o mesmo, ou qualquer outra atribuição que damos ao tempo, a não ser com referência a períodos de tempo. Em que espaço, então, medimos o tempo ao passar? No futuro, de onde ele vem? Mas o que ainda não existe não pode ser medido. Ou no presente, por onde ele passa? Mas o que não tem extensão não pode ser medido. Ou no passado, para onde vai? Mas não é possível medir o que já não é mais.

## ÉTICA A NICÔMACO

### de Aristóteles

Pode-se dizer de Aristóteles (384-322 a.C.), o mais importante discípulo de Platão, que suas amplas incursões nos muitos aspectos do pensamento permeiam a história da filosofia desde o seu tempo até hoje. Mais de duzentas de suas obras foram preservadas. Seu método científico e analítico determinou os padrões de observação e de lógica por mais de um milênio. Livros sobre metafísica, ética, psicologia, história natural, política, estética e retórica compõem o *corpus aristotelicum*.

Para Aristóteles, questionar por que estamos aqui é questionar o propósito último da vida humana. Este, segundo ele, é a felicidade, pois "há um consenso" de que ser feliz é o que as pessoas mais buscam. Mas o que é a felicidade? Aristóteles rejeita as respostas que a equiparam ao prazer, à riqueza ou à fama e, em vez disso, situa-a na "boa vida", na vida marcada pelo bem-estar. Estamos bem quando estamos realizando a missão para a qual nos destina nossa natureza. Qualquer que seja esta missão, ela exige que nos empenhemos incansavelmente numa investigação prática, que o filósofo chamou de atividade virtuosa.[27]

4. Retomemos a nossa investigação e procuremos determinar, à luz do fato de que todo conhecimento e toda busca têm como propósito algum bem, o que afirmamos ser os objetivos da ciência política, e do bem supremo realizável pela ação. Verbalmente, há um consenso amplamente generalizado quanto a este ponto, pois tanto o vulgo quanto os homens mais qualificados consideram ser esse fim da ação a felicidade, e identificam o bem viver e o bem agir com o ser

27. O trecho a seguir corresponde a partes dos capítulos 4-9 do Livro I da *Ética*: 1095 a – 1100 a. (N.T.)

feliz; mas eles divergem com respeito ao que é felicidade, e o vulgo não a considera do mesmo modo que os sábios. Pois os primeiros a consideram algo tão comum e óbvio quanto o prazer, a riqueza ou a fama, mas mesmo aí existem divergências, e não é raro que a mesma pessoa a identifique com diferentes coisas: com a saúde quando está doente, com a riqueza quando está sem recursos; contudo, cônscios de sua própria ignorância, eles admiram aqueles que proclamam algum ideal inacessível à sua compreensão. Ora, alguns têm pensado[28] que, à parte esses muitos bens, há um outro, bom por si mesmo, e que também é a causa de todos os demais. Examinar todas as opiniões que foram colocadas seria talvez inútil; é suficiente examinar as mais difundidas ou aquelas que parecem mais defensáveis.[29]

5. Retomemos, porém, nossa discussão do ponto em que nos desviamos. A julgar pela vida que os homens levam, a maioria dos homens, e os homens de tipo mais vulgar, parecem (não sem algum fundamento) identificar o bem ou a felicidade com o prazer; e essa é a razão pela qual eles amam a vida de prazeres. Pois existem, podemos dizer, três tipos principais de vida: a que acabamos de mencionar, a vida política e a vida contemplativa. Bem, a imensa maioria dos homens é evidentemente muito semelhante aos escravos, com uma preferência acentuada pela vida própria aos animais, mas eles baseiam essa predileção no fato de que muitas pessoas em posições elevadas cultivam os mesmos gostos de Sardanapalo.[30]

Um exame dos principais tipos de vida demonstra que as pessoas de cultura superior e de índole ativa identificam a felicidade com a honra; pois essa é, por assim dizer, a finalidade da vida política. Mas isto parece demasiadamente superficial para ser o que estamos

---

28. Aristóteles se refere à escola de Platão. (Nota do tradutor inglês, sir W.D. Ross)

29. O exame crítico e minucioso das opiniões, as *endoxa* (principalmente as opiniões dos sábios – "as que parecem mais defensáveis"), é a base do método dialético de Aristóteles. Toda a sua filosofia, mesmo a sua *Física*, é construída sobre este método. (N.T.)

30. Rei mítico da Assíria, conhecido por sua extrema sensualidade. (N.T.)

procurando, pois a honra depende mais de quem a confere do que de quem a recebe, enquanto o bem nos parece ser algo próprio de um homem e que dele não é facilmente arrebatado.

Além disso, parece que os homens buscam a honra para certificarem-se de que são bons. Ao menos, é pelos homens de sabedoria prática que eles buscam ser honrados, e entre aqueles que os conhecem, e em razão de suas virtudes; está claro, então, que, para eles ao menos, a virtude é mais excelente [do que a honra]. E talvez chegue-se mesmo a supor que a excelência ou virtude, mais do que a honra, é a finalidade da vida política. Mas mesmo isto parece ainda insuficiente, uma vez que a posse da virtude parece de fato compatível com o estar dormindo ou com uma inatividade duradoura e, além disso, com os maiores sofrimentos e desgraças; mas a um homem que vivesse de tal maneira ninguém chamaria de feliz, a não ser que estivesse defendendo uma tese a todo custo.

Mas, quanto a isso, basta, pois o assunto já foi suficientemente tratado, até mesmo nas discussões correntes. Em terceiro lugar vem a vida contemplativa, que consideraremos mais adiante.

Quanto à vida consagrada ao ganho, ela é assumida por compulsão e a riqueza não é, evidentemente, o bem que estamos buscando; pois ela é importante apenas em vista de outra coisa. E, assim, poder-se-ia antes tomar os objetos acima mencionados como fins, pois eles são amados por si mesmos. Mas é evidente que nem mesmo eles são fins; não obstante, muitos argumentos foram desperdiçados em defesa deles. Deixemos, portanto, este assunto de lado.

7. Voltemos ao bem que estamos procurando e indaguemos o que ele é, uma vez que não parece igual nas diferentes ações e artes; é diferente na medicina, na estratégia e nas outras artes igualmente. Que é, então, o bem de cada uma delas? Certamente aquilo em vista de que tudo o mais é feito.[31] Na medicina, a saúde; na estratégia, a

31. É a famosa doutrina aristotélica do *telos*, ou finalidade do bem: toda atividade é desenvolvida em vista de algo, seu "bem", finalidade ou perfeição, que expressa de modo prático – isto é, dinâmico – sua razão de ser ou "natureza". Vista de outra

vitória; na arquitetura, a casa; em qualquer outra esfera alguma outra coisa, e em todas as ações e propósitos ele [o bem] é a finalidade, pois é com ele em vista que os homens fazem tudo o que fazem. Por conseguinte, se existe uma finalidade para todas as coisas que fazemos, esta será o bem realizável pela ação e, se houver mais do que uma, serão os bens alcançáveis mediante ela. Vemos que, por um caminho diferente, o argumento chegou ao mesmo ponto; mas temos de tentar colocá-lo de maneira ainda mais clara.

Como há evidentemente mais do que uma finalidade, e nós escolhemos algumas dentre elas (por exemplo, riqueza, flautas e instrumentos em geral)[32] em vista de outra coisa, é óbvio que nem todas as finalidades são absolutas; mas o bem supremo é evidentemente uma finalidade absoluta. Portanto, se existe apenas uma finalidade absoluta, ela será o que estamos buscando.

Dizemos que aquilo que por si mesmo merece ser buscado é mais absoluto do que aquilo que merece ser buscado em vista de outra coisa, e aquilo que jamais é desejável em vista de outra coisa é mais absoluto do que as coisas desejáveis tanto em si mesmas quanto em vista de outra coisa e, por isso, dizemos ser absoluto e incondicional aquilo que é sempre desejável em si mesmo e nunca em vista de outra coisa.

Ora, esse é o conceito que preeminentemente fazemos da felicidade. Ela é escolhida sempre por si mesma e não por qualquer outra coisa. Embora também a fama, o prazer, a razão e qualquer outra virtude sejam escolhidas por elas mesmas (pois, mesmo que de nada resultassem, ainda assim as escolheríamos), as escolhemos também visando a felicidade, julgando que por meio delas seremos felizes. Mas ninguém procura a felicidade em vista dessas virtudes, e tampouco, em geral, por qualquer coisa que não seja ela própria.

---

perspectiva, a finalidade é também "causa" da atividade ou da ação, aquilo que o filósofo chama de "causa final", isto é, aquilo em vista de que uma ação ou atividade é realizada, e que leva a essa realização. Aristóteles aplica essa doutrina não somente à ética e à política, mas também à física, à biologia, à psicologia, à poética e à metafísica, ou seja, a todos os campos da investigação filosófica tal como ele a concebia. (N.T.)

32. Referência a Platão, *Eutidemo*, 289. (N.T.)

Quanto à auto-suficiência (*autarquia*), parece ocorrer a mesma coisa, pois o bem absoluto é considerado auto-suficiente. Porém, com auto-suficiente não nos referimos a um homem como se bastasse a si próprio, levando uma vida solitária, mas também aos pais, filhos, esposa e, em geral, seus amigos e concidadãos, uma vez que o homem nasceu para viver em sociedade.[33] Mas algum limite tem de ser posto nesse sentido, pois se ampliarmos nossa necessidade para os ancestrais e descendentes e amigos de amigos, estaremos diante de uma sucessão infinita.

Examinaremos, portanto, essa questão numa outra ocasião; por ora, definimos como auto-suficiente aquilo que em si mesmo torna a vida desejável e sem carências. E assim entendemos ser a felicidade; além disso, a consideramos como a mais desejável de todas as coisas, não apenas uma coisa boa entre outras – pois se assim fosse ela tornar-se-ia obviamente mais desejável pelo acréscimo do mais insignificante dos bens; pois o que é acrescentado torna-se um excesso de bens, e quanto maior o bem mais desejável ele será. A felicidade é, portanto, algo absoluto e auto-suficiente, sendo também a finalidade [última] da ação.

Presumivelmente, entretanto, dizer que a felicidade é o bem supremo parece uma banalidade, e uma explicação mais clara do que ela seja se faz necessária. Esta explicação talvez fosse possível se antes pudéssemos determinar a função do homem. Pois, exatamente como ocorre com o flautista, o escultor ou qualquer outro artista – e em geral com tudo o que tem uma função ou atividade em que o bem e o "bem feito" residem na função –, o mesmo ocorreria com o homem se ele tivesse uma função. Teriam, então, o carpinteiro e o curtidor certas funções e atividades e o homem nenhuma? Terá o homem nascido sem nenhuma função? Ou como os olhos, as mãos, os pés e, em geral, todas as partes do corpo têm evidentemente sua função própria, poder-se-ia afirmar que o homem tem, de modo semelhante, uma função à parte de todas essas? Qual poderá, então, ser ela?

33. Para Aristóteles, além de "animal racional", o homem é essencialmente um "animal político" (ou "animal de cidade", da pólis), e político exatamente porque racional, como se vê mais abaixo. (N.T.)

A vida parece ser comum até mesmo às plantas, mas estamos buscando o que é peculiar ao homem. Excluamos, portanto, a vida vegetativa. A seguir, haveria a vida da percepção, mas essa também parece ser compartilhada pelo cavalo, pelo boi e por todos os animais. Resta, pois, a vida ativa do elemento que tem um princípio racional; desta, uma parte tem tal princípio no sentido de ser-lhe obediente, e outra no sentido de possuí-lo e de exercer o pensamento. E como a "vida do elemento racional" também tem dois sentidos, temos de esclarecer que a vida no sentido da atividade é a que nos interessa aqui;[34] pois esta parece ser o sentido mais apropriado do termo. Ora, se a função do homem é uma atividade da alma que segue ou implica um princípio racional, e se dizemos que "fulano" tem uma função e que "tal pessoa boa" tem uma função, que é a mesma em espécie, como [dizemos] por exemplo um tocador de lira e um exímio tocador de lira, e assim incondicionalmente em todos os casos, sendo a eminência com respeito à excelência acrescentada ao nome da função (pois a função do tocador de lira é tocar lira e a de um exímio tocador de lira é tocá-la bem); se é realmente assim (e afirmamos que a função do homem é um certo tipo de vida e que essa é uma atividade ou ações da alma que implicam um princípio racional; e que a função de um bom homem é desempenhá-las bem e com nobreza, e que uma ação é bem realizada quando é realizada de acordo com a excelência que lhe é própria; se realmente assim é), o bem humano se nos afigura como uma atividade da alma em consonância com a excelência e, se houver mais de uma excelência, de acordo com a melhor e mais acabada.[35]

34. Isto é, a ética. (N.T.)

35. "Excelência" é o termo usado modernamente para traduzir a palavra grega *areté*, tradicionalmente traduzida por "virtude". A escolha, em alguns casos, de "excelência" pelos tradutores modernos, de preferência a "virtude", busca realçar exatamente o caráter "funcional", "prático" ou "político" da *areté* grega, como é o caso aqui na *Ética* aristotélica. Não obstante, "excelência" e "virtude" são geralmente utilizadas de modo intercambiável, ora para transmitir o aspecto funcional, ora para salientar o aspecto moral do grego *areté*, cujo significado, na realidade, comporta ambos os aspectos. (N.T.)

Mas temos de acrescentar "numa vida plena". Pois uma andorinha só não faz verão, nem tampouco um só dia; e assim também um só dia ou um curto período de tempo não faz um homem feliz e venturoso.

### A felicidade é alcançada pela aprendizagem ou pelo hábito? É enviada por Deus ou ocorre por acaso?

9. Por esse motivo também se pergunta se a felicidade é alcançada pela aprendizagem, pelo hábito ou por algum outro tipo de adestramento, ou se ela é adquirida por obra de alguma providência divina ou, ainda, pelo acaso. Bem, se há alguma dádiva dos deuses aos homens, é possível que a felicidade seja uma dádiva divina, e a mais divina, considerando que dentre todas as coisas humanas ela é a melhor. Mas essa questão é talvez mais apropriada a outra investigação; entretanto, mesmo que a felicidade não seja uma dádiva divina, resultando da virtude [excelência] ou de um processo de educação ou adestramento, ela parece estar entre as coisas mais divinas; pois aquilo que é o prêmio e o propósito da virtude parece ser a melhor coisa do mundo, além de algo divino e abençoado.

Ela será, nesse sentido, também muito comum a todos; pois todos os que não foram prejudicados em seu potencial para a virtude podem alcançá-la por meio de certa disciplina e diligência. Mas, se é preferível ser feliz dessa maneira a ser feliz por acaso, é possível que os fatos sejam assim, uma vez que tudo o que depende da ação da natureza é por natureza tão bom quanto pode ser e, de modo semelhante, tudo o que depende da arte ou de qualquer causa racional, especialmente se depende da melhor de todas as causas.[36] Confiar ao acaso aquilo que é melhor e mais nobre seria um arranjo muito imperfeito.

A resposta à pergunta que estamos fazendo é evidente também pela definição de felicidade; pois foi dito que ela é uma atividade vir-

36. Quer dizer, do "intelecto" ou *nous*, o elemento "divino" no homem segundo Aristóteles. (N.T.)

tuosa da alma, uma atividade de certo tipo. Quanto aos outros bens, alguns têm necessariamente de preexistir como condições para a felicidade, e outros são naturalmente co-operantes e úteis como instrumentos. E pode-se constatar como isso é consoante com o que dissemos no princípio, a saber, que o objetivo da vida política é o melhor dos fins, e que a ciência política empenha-se sobretudo em fazer com que os cidadãos tenham um certo caráter, a saber, bom e capaz de praticar ações nobres.

É natural, portanto, que não chamemos o boi, o cavalo ou qualquer outro animal de feliz, uma vez que nenhum deles é capaz de participar de tal atividade. Por essa razão, tampouco um menino é feliz, pois ele não é ainda capaz de tais atos, devido à sua pouca idade; e os meninos que são considerados felizes estão sendo congratulados em razão das esperanças que depositamos neles. Porque é preciso, como dissemos, não apenas a virtude completa, mas também uma vida completa, uma vez que muitas mudanças ocorrem na vida, bem como todo tipo de acidentes, e os mais afortunados podem cair em grandes desgraças na velhice, como se diz ter ocorrido com Príamo no Ciclo Troiano. E ninguém que tenha vivido tais vicissitudes e tido um fim tão desditoso é considerado feliz.

TERCEIRA PARTE

# DEUS EXISTE?

Fazer uma pergunta implica uma relação entre quem a faz e o objeto da interrogação. Interrogar também envolve uma comunicação, pois a pessoa que faz uma pergunta expressa sua disposição de receber uma resposta. No campo da investigação filosófica, podemos nos perguntar se todas as perguntas se referem ao mesmo nível de realidade ou se algumas se situam em algum nível superior; se as respostas dadas provêm do mesmo plano da vida humana ou se existem planos mais elevados além daquele que comumente habitamos.

No mundo antigo e nas sociedades tradicionais de todos os tempos, o homem era submetido à autoridade de poderes dotados de uma ordem de inteligência superior à dele, e atribuía-se uma importância particular às experiências que aparentemente confirmavam esta visão de mundo. O universo criado compreendia uma cosmologia ordenada na qual os diferentes seres ocupavam seus próprios lugares no funcionamento das coisas. A humanidade não estava nem no topo nem na base deste esquema. A ciência moderna, iniciada nos séculos XVI e XVII, veio alterar completamente este quadro. Ela tendia a acreditar num universo "plano", rejeitando a noção de diferentes níveis de investigação, experiência e ordenamento da realidade. Ela favoreceu a representação do universo como o mecanismo de um relógio, com algumas peças mais importantes que outras, mas nenhuma mais real, mais perfeita, mais inteligente ou mais valiosa que as demais. Ela supôs que as mesmas leis valem igualmente para todos os fenômenos deste universo "plano", e até que (como reza a segunda lei da termodinâmica) as diferenças de energia entre as coisas tendem, em última instância, a se nivelar, produzindo um universo ainda mais plano no futuro.

Esta idéia de um universo inteiramente unívoco vai contra as intuições de homens e mulheres de todas as épocas. O conhecimento intuitivo só é possível se a pessoa "está sob" uma realidade cuja inteligência é muito superior à mente humana, à mesma proporção em que esta última é superior ao intelecto da aranha. A "prova" desta intuição pode ser feita de três modos: "Quando tinha dez anos de idade," escreve Tatanka-Ohitika, "eu olhava para a terra e os rios, o céu e os animais a meu redor, e não podia deixar de perceber que eles tinham sido feitos por algum grande poder". Este é o *argumento do desígnio*; o fato de que a constituição do universo parece obedecer a algum desígnio levou muita gente a concluir que ele deve ter tido um criador. Muitos pensadores também argumentaram que uma causa primeira ou, para usar a expressão de Aristóteles, um "primeiro motor", deve ter colocado o cosmos em movimento, desencadeando o *big bang* original. Este é o *argumento cosmológico*, baseado na conhecida idéia de que todo efeito deve ter uma causa. (Maimônides apresenta este argumento de forma clara no texto reproduzido mais abaixo.) A terceira "prova" se dá pelo argumento de que, uma vez que temos uma imagem, conceito ou experiência de um ser pertencente a uma ordem superior, este fato em si já é uma comprovação suficiente de sua existência. Este, o *argumento ontológico*, deriva a realidade de níveis superiores de existência da nossa própria capacidade de concebê-los, o que implica entender a mente humana como um aparelho sensor ou uma antena, capaz de receber sinais de um plano mais sutil de existência. Prosseguindo na metáfora, quando a mente está devidamente sintonizada, ela se comunicaria com uma inteligência superior à nossa.

Muitas pessoas tiveram experiências que parecem apontar para o conhecimento de uma outra realidade. Uma profunda e silenciosa comunhão com a natureza, o amor que sentimos por uma criança ou um amigo, a súbita concentração causada por um grande perigo: tudo isto aponta para um outro modo de conhecer. "Há dois conhecimentos a conhecer," diz-nos o *Mundaka Upanixade*, "um superior e um inferior". Enquanto o inferior está sujeito à análise sistemática, o superior toca o limiar do mistério. Do ponto de vista religioso, nele está implicado o elemento da fé. Tanto a filosofia quanto a religião falam em termos de um ser divino ou deus (teísmo), de muitos deuses (politeísmo) ou de um princípio vital que tudo permeia (pampsiquismo); ambas sustentam que por trás de nossa percepção e reflexão ordinárias se encontra um conhecimento superior, mais sutil. Nem todos os filósofos, entretanto, concluem que uma percepção mais aguçada seja indício de uma realidade superior à realidade humana. Kant, por exemplo, sustenta que "o prodígio supremo, quando devidamente considerado, e para o qual a admiração não é apenas legítima, mas também enaltecedora", é o nosso compromisso com a ação moral. A fonte de nossa sensibilidade exaltada reside em nossa própria consciência, e conhecemos os planos superiores quando estamos em harmonia com seus ditames. O que mais possa existir para além disto, não podemos saber. Segundo Kant, devemos permanecer em silêncio no que tange à existência ou inexistência de níveis superiores à realidade humana.

Será o conceito ou experiência de uma realidade superior uma garantia válida da ordem do universo? Por que o momento da certeza é tantas vezes sucedido por um momento de dúvida? A ciência moderna estimula este nosso ceticismo natural. Ela encontra falhas em qualquer abordagem que tente passar de um universo unívoco para um mundo com diversos planos de realidade. A filosofia empírica, sempre em consonância com o raciocínio da ciência moderna, estabelece uma visão do mundo derivada unicamente da experiência sensorial ordinária – visões, sons e sensações táteis. A percepção, sustenta esta escola, constrói uma imagem complexa e elaborada de como são as coisas, mas em nenhum lugar encontra uma entidade ou força que corresponda a uma realidade superior; esta idéia deve, portanto, ser uma mera invenção da própria mente.

A plausibilidade da visão do universo sustentada pela ciência moderna deriva do caráter inequívoco da experiência sensorial.

Nossos órgãos sensoriais são nossas únicas janelas para o mundo. Mas será mesmo uma verdade absoluta que os sentidos funcionam apenas desse modo, ou nós pensamos que eles funcionam assim simplesmente porque é assim que estamos acostumados a usá-los? Plotino, o pai do neoplatonismo, sustentava que, por uma espécie de reeducação dos sentidos, é possível tornar-se sensível a impressões de outra ordem. Novas impressões, diz ele, "surgem, ao contrário, de dentro, diferentemente dos objetos dos sentidos, conhecidos desde fora". Nosso condicionamento sensorial se dá por imitação e aprendizagem mecânica, durante a infância; um recondicionamento mais disciplinado requer o exercício intencional, muito semelhante à maneira como um atleta prepara seu corpo. Deste modo, nossa consciência do que nos vem pelos sentidos pode ser aprimorada. Vemos as coisas com novos olhos.

Se admitimos que a percepção sensorial ordinária é apenas uma das formas possíveis de percepção, a visão que fala da existência de múltiplas camadas de realidade parece mais plausível. A questão agora tem a ver com o alcance ou a precisão de nossa recepção. Quando estamos melhor "sintonizados", quando estamos mais atentos às mensagens captadas por nossos sentidos, podemos ter acesso a um nível de realidade superior àquele que, acriticamente, supúnhamos ser o único. Este ponto de vista não contraria a ciência moderna. Expressa, em vez disso, uma relação entre o que vemos e o que fomos levados a esperar ver. A este respeito, devemos lembrar de como nos tornamos conscientes de uma nova realidade quando nos deparamos com o inesperado; então, além das impressões, sons e sensações familiares do nosso mundo cotidiano, somos confrontados com a vívida sensação de algo mais real, mais vivo e mais verdadeiro.

O problema da expectativa exerce um papel preponderante na questão dos múltiplos níveis de realidade. Operando de modos sutis, a expectativa tende a achatar a dimensionalidade da visão. O inesperado na experiência e no pensamento, ao contrário, mergulha a pessoa na torrente de eventos e serve para lembrá-la de que a fonte da vida lhe transcende, está fora dela. A chegada súbita da felicidade ou da morte, da boa sorte, da ironia ou da fatalidade serve para abalar a densa crosta de hábitos arraigados. Mas se existe um outro nível, superior, de realidade, o que isto significa para nós? Esta pergunta, despertada nas profundezas do pensamento, indica que a única realidade é o caminho pelo qual se procura por uma autêntica autoridade superior. Ao embarcarmos numa jornada desconhecida, confrontamo-nos com a timidez habitual do nosso pensamento. Attar, um visionário persa, em sua narrativa clássica sobre o modo como homens e mulheres respondem à realidade da busca, faz com que um de seus personagens declare: "Jamais antes tentei realizar tal façanha. / Este vale é infinito; há perigos adiante; / Na primeira parada que fizermos para descansar, cairei morto." Uma realidade plural é um desafio. "Vimos e ouvimos tantas coisas – o que aprendemos?", Attar nos pergunta. O verdadeiro aprendizado é a conjunção do inteiramente novo com a mente que está pronta para recebê-lo. Outros sons e percepções são apenas repetições do que já sabemos ou esperamos. Só uma consciência resoluta pode começar a discernir os elementos novos que emergem do que percebemos. Esta consciência faz lembrar a infância de Tatanka-Ohitika: "Eu estava tão ansioso para compreender esse poder que fazia perguntas às árvores e arbustos. Era como se as flores me olhassem e eu quisesse perguntar-lhes: 'Quem vos fez?'"

## AS ENÉADAS
### de Plotino

Plotino (205-270 d.C.), nascido e educado no Egito, foi desde cedo atraído pela filosofia de Platão. Em seu resgate das idéias platônicas, ele deixou um vasto sistema filosófico com profundos insights metafísicos sobre a natureza do cosmos. A relação entre o autoconhecimento e o conhecimento do todo foi o tema que o levou, em suas *Enéadas*, a uma visão da amplidão de todas as coisas.

Plotino descreve uma realidade que está acima daquela em que vivemos ordinariamente como a realidade própria a uma alma purificada. Uma alma pura é aquela sensível à sua relação interior com o Bem universal. Plotino nos ensina como purificar nossas almas com um novo tipo de visão. Quando começamos a discernir em nosso ser as marcas de nossa origem superior, podemos então avançar na direção de um sentido vivo desta outra realidade. Então, para usar da simplicidade da linguagem de Plotino, vemos a beleza dentro de nós.[37]

6. Pois, como dizia o antigo ensinamento, a disciplina moral, a coragem e todas as virtudes, sem exceção nem mesmo da Sabedoria, tudo é purificação.

Por isso os Mistérios, com boa razão, prenunciam a imersão do impuro na sujeira, mesmo no Mundo inferior, uma vez que o impuro ama a sujeira por sua própria impureza, assim como os porcos, cujos corpos são impuros, tiram sua alegria da imundície.

O que, senão isso, é tão bem denominado *Sophrosyne* [temperança], senão o não participar dos prazeres do corpo, o romper com eles porque são impuros e indignos dos puros? Assim, também, a Coragem nada mais é que não ter medo da morte, que nada mais é do que a alma partindo do corpo, um acontecimento que ninguém, cujo prazer resida em seu ser purificado, é capaz de temer. E a Magnanimidade nada mais é que a indiferença ao engodo das coisas terrenas. E a Sabedoria nada mais é que o Ato do Princípio Intelectual recolhido dos lugares inferiores, conduzindo a Alma para o Alto.

Assim purificada em toda Idéia e Razão, totalmente livre do corpo, intelectiva, a Alma é inteiramente daquela ordem divina da qual provém a fonte da Beleza e de todos os seres belos.

Uma vez elevada ao Princípio Intelectual, a Alma é bela em toda a sua potência. Pois a Intelecção e todas as coisas que provêm da Intelecção constituem a beleza da Alma, graça que nasceu na Alma e não lhe é estranha, pois somente com essas coisas ela é verdadeiramente Alma. E é justo dizer que transformar a Alma em algo bom e belo é assemelhá-la a Deus, pois do Divino provêm toda a Beleza e todo o Bem que há nos seres.

37. O texto selecionado corresponde ao primeiro tratado das *Enéadas*, "Do Belo" – *Enéadas* I, 6-9. (N.T.)

Podemos mesmo dizer que a Beleza é a Existência Autêntica e que a Feiúra é o Princípio contrário à Existência; e que o Feio é também o mal primordial; então, seu contrário é ao mesmo tempo bom e belo, ou Bem e Beleza. Portanto, o mesmo e único método nos revelará o Belo-Bem e o Feio-Mal.

E a Beleza, essa Beleza que é também O Bem, deve ser dita A Primeira: diretamente derivado dessa Primeira é o Princípio Intelectual, que é a manifestação primordial da Beleza; pelo Princípio Intelectual, a Alma é bela. A beleza, nas coisas de uma ordem inferior – ações e objetivos, por exemplo –, vem pela operação da Alma que dá forma e que é também a autora da beleza que encontramos no mundo dos sentidos. Porque a Alma, uma coisa divina, um fragmento da Beleza Primordial, torna maximamente belo tudo aquilo que apreende e molda.

7. Portanto, temos de ascender novamente na direção do Bem, o desejado por toda Alma. Todo aquele que O tenha percebido, sabe o que quero dizer quando digo que é belo. Mesmo seu desejo é para ser desejado como um Bem. Alcançá-Lo é para aqueles que tomam o caminho ascendente, que dispõem de todas as suas forças para alcançá-Lo, que se despem de tudo o que vestiram na descida – do mesmo modo que, para aqueles que se aproximam das Sagradas Celebrações dos Mistérios, existem certas purificações, o despojamento das vestes usadas anteriormente e, por fim, a entrada na nudez –, até que, passando, no caminho para cima, por tudo o que não seja o Deus, cada um na solidão de si mesmo deverá contemplar aquela Existência solitária, o Separado, o Sem Mistura, o Puro, aquilo do Qual tudo depende, pelo Qual todos procuram, vivem, agem e sabem, a Fonte da Vida, da Intelecção e do Ser.[38]

E aquele que conhecer essa visão – por que paixão e amor não será tomado, por que aguilhão de desejo, por que anseio de ser fundido com

38. Por estes adjetivos negativos ("separado, sem mistura, puro, solitário"), Plotino se refere ao Uno – *Hen* –, princípio máximo e espiritual do cosmos segundo sua filosofia. (N.T.)

Ele, que maravilhoso deleite! Se aquele que jamais viu esse Ser deve ansiar por Ele como por todo o seu bem-estar, aquele que O conheceu deve amá-Lo e reverenciá-Lo como a Beleza mesma; ele será tomado de espanto e júbilo, tomado de um terror salutar; ele ama com um amor verdadeiro, com desejo intenso; ele deve desprezar todas as outras vidas que não esta e desdenhar tudo o que um dia lhe pareceu belo.

Tal é, com efeito, o estado de espírito mesmo daqueles que, tendo presenciado a manifestação de deuses ou de entidades sobrenaturais, jamais poderão voltar a sentir o antigo prazer na beleza das formas materiais: que pensar, então, daquele que contempla a Beleza Absoluta em sua integridade essencial, sem nenhum acúmulo de carne e matéria, de nenhum habitante da terra ou do céu – tão perfeita é a Sua pureza –, muito acima de todas essas coisas, porque elas são supérfluas, compostas, não primordiais, mas derivadas d'Ele?

Contemplando esse Ser – o *Koragos*[39] de toda Existência, a Auto-Intenção que sempre dá e nunca toma –, em repouso, arrebatada pela visão e pela possessão de tão sublime encanto, crescendo em Sua semelhança, que Beleza pode ainda faltar à alma? Pois Ele, a Beleza suprema, o absoluto e o primordial, modela Seus amantes conforme a Beleza e os torna também dignos de amor.

E, por Ele, o mais extremo e aguerrido combate se apresenta diante das Almas; todo o nosso empenho é por Ele, a fim de que não deixemos de participar dessa nobre visão, pois alcançá-la é ser abençoado na visão beatífica, e não alcançá-la é fracassar por completo.

Pois não fracassou aquele que não alcançou o júbilo em cores ou formas visíveis, nem aquele que não conquistou o poder ou as honras do reino, mas somente aquele que fracassou apenas Nisto, por cuja aquisição ele renunciaria a reinos e ao domínio da terra, do mar e do céu, se ao menos, tirando o mundo dos sentidos de baixo de seus pés e buscando-O, ele pudesse ver.

8. Mas o que devemos fazer? Qual é o caminho? Como chegar à visão da Beleza Inacessível, habitando como que em recintos sagrados,

39. Literalmente, "regente do coro". (N.A.)

separada dos caminhos comuns que todos podem ver, mesmo os profanos?

Aquele que tem a força, que ele desperte e se recolha em si mesmo, renunciando a tudo o que é conhecido pelos olhos, desviando-se para sempre da beleza material que um dia foi sua alegria. Quando ele percebe aquelas formas graciosas que se mostram no corpo, que não queira possuí-las: deve conhecê-las como cópias, vestígios, sombras e afastar-se delas, apressando-se na direção d'Aquele que elas sugerem. Pois se alguém seguisse o que parece uma bela forma ondulando sobre a água – não existe um mito que fala em símbolos de um tal incauto, de como ele afundou nas profundas correntezas e foi tragado para o nada? –, assim também aquele que é aprisionado pela beleza material e não consegue se libertar será precipitado, não no corpo, mas na Alma, para as profundezas detestáveis do Ser Intelectivo onde, cego mesmo no Mundo Inferior, ele há de ter apenas sombras para conversar, aqui como lá [no Hades].

"Fujamos, então, para a Pátria amada": este é o conselho mais seguro. Mas o que é essa fuga? Como ganharemos o mar aberto? Pois Ulisses é certamente uma parábola para nós, quando ele comanda a fuga dos feitiços de Circe ou de Calipso – descontente de permanecer ali, mesmo com todos os prazeres oferecidos a seus olhos e todo o deleite dos sentidos preenchendo seus dias.

A Pátria para nós é Lá de onde viemos, e Lá está o Pai.

Qual, então, é o nosso rumo, e como haveremos de fugir? Essa não é uma jornada para os pés; os pés nos levam somente de terra a terra. Também não é preciso que penses em carruagem ou navio para transportar-te; deves pôr de lado e recusar-te a ver toda essa ordem de coisas; deves fechar os olhos e invocar uma outra visão que está para ser despertada em teu interior; a esta visão todos herdam o direito, mas poucos se valem dele.

9. E essa visão interior, qual é sua operação?

Recém-despertada, ela é demasiado fraca para agüentar o mais alto esplendor. Portanto, a Alma deve ser treinada – para o hábito de observar, primeiro, todos os propósitos nobres e, em seguida, as obras de beleza produzidas não pelo trabalho das artes, mas pela virtude dos homens conhecidos por sua bondade. Por fim, terás de procurar as almas daqueles que modelaram essas belas formas.

Mas como podemos ver o interior do espírito virtuoso e divisar sua graça?

Recolhe-te no interior de ti mesmo e observa. E se ainda não te achares belo, age como o criador de uma estátua que deve ser feita bela: ele lapida aqui, alisa ali, suaviza uma linha, purifica outra, até que um belo rosto tenha resultado de seu trabalho. Faz assim também: elimina tudo o que for excessivo, endireita o que estiver torto, projeta luz sobre o escuro, trabalha para conceder a tudo um brilho de beleza e jamais deixa de cinzelar tua estátua,[40] até que irradie em ti o esplendor divino da virtude, até que vejas a bondade perfeita firmemente assentada no santuário imaculado.[41]

Quando descobrires que te tornaste essa obra perfeita, quando estiveres recolhido na pureza de teu ser, nada mais restando agora que possa abalar essa unidade interior, nada exterior apegado ao homem autêntico, quando te encontrares inteiramente fiel à tua natureza essencial – apenas àquela única Luz verdadeira que não se mede pelo espaço, não se reduz a nenhuma forma fixa e nem se difunde como algo sem limite, mas sempre imensurável, porque maior que toda medida e toda quantidade – quando perceberes isso, tu te tornaste isso, tu te tornaste então a própria visão: reúne agora toda a tua confiança, dá mais um passo à frente – já não precisas de um guia –, concentra-te e vê.

Este é o único olho que vê a Beleza poderosa. Se o olho que se aventura na visão estiver obscurecido pelo vício, impuro ou fraco e incapaz, em seu recuo covarde, de ver o esplendor máximo, então ele nada vê, ainda que outro aponte para aquilo que está evidente diante de seus olhos. A qualquer visão deve-se trazer um olho adaptado ao que é para ser visto, um olho que tenha alguma semelhança com a

40. Referência ao *Fedro*, de Platão, 252 D 7. (N.T.)

41. Outra referência ao *Fedro*, 254 B 7. (N.T.)

visão. O olho jamais veria o sol se não tivesse antes se tornado semelhante ao sol; assim, jamais poderá a alma ter uma visão da Beleza Primeira, a menos que ela própria seja bela.[42]

Portanto, primeiro que cada um se torne semelhante a Deus, e belo todo aquele que deseja ver Deus e a Beleza. Então, ascendendo, a Alma chegará primeiro ao Princípio Intelectual, e examinará todas as Idéias belas no Supremo, e reconhecerá que isto é a Beleza, que as Idéias são a Beleza. Pois é por sua eficácia que surge toda outra Beleza,[43] pela prole e essência do Ser Intelectual. Afirmamos que o que está além do Princípio Intelectual é a natureza do Bem irradiando Beleza diante dele. Assim, considerando o Cosmos Intelectual como uno,[44] o primeiro é o Belo: se introduzimos uma distinção, o Reino das Idéias constitui a Beleza da Esfera Intelectual; e O Bem, que se encontra além, é ao mesmo tempo a Fonte e o Princípio da Beleza: o Bem Primordial e a Beleza Primordial têm uma única morada e, portanto, sempre, Ali reside a Beleza.

## O GUIA DOS PERPLEXOS
## de Maimônides

Maimônides (1135-1204), nascido na Espanha e exilado no Egito, foi o mais célebre filósofo judeu da Idade Média. Além de sua *magnum opus*, *O Guia dos Perplexos*, escreveu tratados de medicina e de direito. Fortemente influencia-

42. Plotino enuncia neste parágrafo de forma exemplar o princípio básico de sua teoria do conhecimento, presente na verdade em grande parte do pensamento antigo: "Somente o semelhante conhece o semelhante". Sobre este princípio se baseia todo o raciocínio do parágrafo seguinte, principalmente a idéia platônica da filosofia como "assimilação a Deus". Com efeito, este último parágrafo da seleção é quase um resumo das principais idéias de Platão sobre o objeto e a finalidade da atividade filosófica, com diversas citações de argumentos, idéias e mesmo expressões do filósofo ateniense. (N.T.)

43. A idéia da beleza como "causa do belo" é um tema platônico por excelência. Ver *Banquete* 206 c-e, 211 a-c. (N.T.)

44. Referência a Platão, *República* VII 517 b5. (N.T.)

do pelo pensamento de Aristóteles, ele estava interessado em demonstrar que o acesso à verdade essencial da ordem suprema se dá pelo estudo da filosofia, e não pela fé.

Maimônides tenta provar a existência de Deus, o nível supremo de realidade, por meio de um método clássico: o uso do argumento dedutivo. (Assim como a geometria faz uso de axiomas e proposições para provar, por exemplo, o teorema de Pitágoras.) Partindo de idéias simples e irrefutáveis, como movimento e causa, Maimônides constrói cuidadosamente um edifício que demonstra a necessidade de uma causa primeira. Aquilo que traz toda mudança à existência e não é levado a mudar por nenhuma outra causa corresponde, necessariamente, acredita o filósofo, ao nível supremo da realidade.[45]

## INTRODUÇÃO

Em Nome de YHWH,[46] Deus eterno:[47]

Vinte e cinco das proposições empregadas na demonstração da existência de Deus, ou nos argumentos que demonstram que Deus não é nem corpóreo, nem uma força vinculada a um ser material, e que Ele é Um, foram plenamente comprovadas, e sua certeza está além de toda dúvida. Aristóteles e os peripatéticos que o seguiram provaram cada uma destas proposições. Há, entretanto, uma proposição que não aceitamos – a saber, a que afirma a Eternidade do

45. O *Guia dos Perplexos* é o mais célebre texto da filosofia judaica medieval. Como explica Uri Lamp no prefácio à edição brasileira (ver Bibliografia), a obra consiste de uma introdução e três partes, "cujos temas centrais são os seguintes: Primeira Parte: exposição das idéias esotéricas (*sodót* – segredos) contidas nos livros dos Profetas; Segunda Parte [introduzida pelo excerto apresentado aqui]: defesa da teoria da Criação em contraposição à teoria da eternidade do universo de Aristóteles e seus seguidores, os peripatéticos, e caracterização dos conceitos de Profeta e Profecia; e Terceira Parte: exame e refutação do sistema e do método do *Kalam*, a teologia racional ou escolástica do Islam, e análise do Maassê Merkavá, o texto esotérico denominado 'Relato das Carruagens Divinas' (Livro de Ezequiel I)". (N.T.)

46. Tetragrama inefável, nome impronunciável de Deus segundo a tradição judaica. (N.T.)

47. Referência a Gen. 21:33: "Abraão plantou um tamariz em Bersabéia e invocou ali o nome do Senhor Deus eterno". (N.T.)

Universo –, mas iremos admiti-la por enquanto como verdadeira, porque, assim fazendo, seremos capazes de demonstrar claramente nossa própria teoria.

PROPOSIÇÃO I

A existência de uma magnitude infinita é impossível.

PROPOSIÇÃO II

A coexistência de um número infinito de magnitudes finitas é impossível.

PROPOSIÇÃO III

A existência de um número infinito de causas e efeitos é impossível, mesmo que não se trate de magnitudes; se, por exemplo, uma Inteligência fosse causa de uma segunda, a segunda a causa de uma terceira, a terceira a causa de uma quarta e assim por diante, a série não poderia ser prolongada *ad infinitum*.

PROPOSIÇÃO IV

Quatro categorias estão sujeitas à mudança:

- Substância: as mudanças que afetam a substância de uma coisa são denominadas gênese e destruição.[48]
- Quantidade: as mudanças que se referem à quantidade são de aumento e diminuição.
- Qualidade: as mudanças nas qualidades das coisas são transformações.
- Lugar: a mudança de lugar é denominada movimento.

O termo "movimento" é aplicado em sentido próprio à mudança de lugar, mas é também usado em sentido genérico para todos os tipos de mudança.

PROPOSIÇÃO V

Movimento implica mudança e passagem de potência a ato.

48. Ou, para usar a terminologia de Aristóteles na qual se baseia o mestre judaico, "geração e corrupção". (N.T.)

PROPOSIÇÃO VI

O movimento de uma coisa é ou essencial ou acidental; deve-se ou a uma força externa ou à participação da coisa no movimento de uma outra coisa. Este último tipo de movimento é semelhante ao acidental. Um exemplo de movimento essencial pode ser encontrado no deslocamento de uma coisa de um lugar para outro. Diz-se que o acidente de uma coisa – como, por exemplo, sua cor preta – está em movimento quando a própria coisa [à qual o acidente está associado] muda de lugar. O movimento ascendente de uma pedra, devido a uma força a ela aplicada nessa direção, é um exemplo de movimento resultante de uma força externa. O movimento de um prego num barco pode servir para ilustrar o movimento em conseqüência da participação de uma coisa no movimento de outra; pois quando o barco se move, diz-se que o prego se move também. O mesmo ocorre com tudo o que é composto de várias partes: quando a própria coisa se move, diz-se que todas as suas partes também se movem.

PROPOSIÇÃO VII

Coisas mutáveis são, ao mesmo tempo, divisíveis. Portanto, tudo o que se move é divisível e, conseqüentemente, corpóreo; mas o que é indivisível não pode mover-se e não pode, portanto, ser corpóreo.

PROPOSIÇÃO VIII

Uma coisa que se move acidentalmente deve chegar ao repouso, pois não se move por iniciativa própria; assim, o movimento acidental não pode continuar indefinidamente.

PROPOSIÇÃO IX

Um objeto corpóreo que coloca outro objeto corpóreo em movimento pode apenas fazê-lo colocando-se a si mesmo em movimento no instante em que causa o movimento do segundo objeto.

PROPOSIÇÃO X

Uma coisa que se diz estar contida em um objeto corpóreo deve satisfazer ao menos uma das duas condições seguintes: ou ela existe por meio desse objeto, como é o caso dos acidentes, ou ela é a causa da existência daquele objeto, como, por exemplo, sua propriedade essencial. Em ambos os casos, é uma força existente num objeto corpóreo.

PROPOSIÇÃO XI

Entre as coisas que existem por meio de um objeto material, há algumas que participam da divisão desse objeto e são, portanto, acidentalmente divisíveis, como por exemplo sua cor e todas as outras qualidades contidas em suas partes. Por outro lado, entre as coisas que formam os elementos essenciais de um objeto, há algumas que não podem ser divididas de modo algum, como, por exemplo, a alma e o intelecto.

PROPOSIÇÃO XII

Sendo o próprio objeto finito, uma força que ocupa todas as suas partes é também finita.

PROPOSIÇÃO XIII

Nenhum dos vários tipos de mudança pode ser contínuo, salvo o movimento de um lugar a outro, desde que seja circular.

PROPOSIÇÃO XIV

Na ordem natural dos vários tipos de movimento, a locomoção é a primeira de todas. Pois a geração e a corrupção são precedidas da transformação, a qual, por sua vez, é precedida da aproximação do agente transformador do objeto a ser transformado. Outrossim, o aumento e a diminuição são impossíveis sem que antes sobrevenham geração e corrupção.

PROPOSIÇÃO XV

O tempo é um acidente relacionado e vinculado ao movimento, de tal modo que um jamais é encontrado sem o outro. O movimento só é possível no tempo, e a idéia de tempo não pode ser concebida senão em relação com o movimento; coisas que não se movem não têm relação com o tempo.

PROPOSIÇÃO XVI

Corpos contíguos só podem ser contados quando são forças situadas em um corpo; as várias forças devem então ser consideradas em conjunto com as substâncias ou objetos nos quais existem. Por isso, os seres puramente espirituais, que não são nem corpóreos nem forças situadas em objetos corpóreos, não podem ser contados, a não ser quando considerados enquanto causas e efeitos.

PROPOSIÇÃO XVII

Quando um objeto se move, deve haver algum agente que o esteja movendo desde fora, como, por exemplo, uma pedra posta em movimento pela mão; ou desde dentro, como quando o corpo de um ser vivo se move. Os seres vivos encerram em si mesmos, ao mesmo tempo, o agente do movimento e a coisa movida; portanto, quando um ser vivo morre e o agente do movimento – a alma – deixa o corpo – isto é, a coisa movida –, o corpo permanece por algum tempo na mesma condição em que estava antes, mas sem poder mover-se como se movia antes. Quando está encerrado na coisa movida, o agente do movimento permanece oculto e imperceptível aos sentidos. Este fato deu origem à crença de que o corpo de um animal se move sem a participação de um agente. Quando, portanto, afirmamos, sobre uma coisa em movimento, que ela é seu próprio agente de movimento – ou, como em geral se diz, que ela se move por iniciativa própria –, queremos dizer que a força que realmente colocou o corpo em movimento existe naquele mesmo corpo.

PROPOSIÇÃO XVIII

Tudo o que passa de um estado de potência para o de ato tem como causa deste movimento algum agente externo; porque, se esse agente existisse na própria coisa e nenhum obstáculo impedisse a transição, a coisa jamais existiria num estado de potência, mas sempre no de ato. Por outro lado, se existisse algum obstáculo enquanto a própria coisa contivesse o agente e, num dado momento, o obstáculo fosse removido, a mesma causa que removeu o obstáculo seria indubitavelmente descrita como a causa da transição de potência a ato [e não a força situada no interior do corpo]. Considere-se este fato.

PROPOSIÇÃO XIX

Uma coisa que deve sua existência a certas causas tem, em si mesma, apenas a possibilidade de existência; pois só existe se essas causas existirem também. Ela não existe se as causas não existirem, ou se deixaram de existir, ou ainda se houver ocorrido uma mudança na relação que implica na existência daquele ser como uma conseqüência necessária daquelas causas.[49]

PROPOSIÇÃO XX

A coisa que possui a necessidade intrínseca de existência não pode ter nenhuma outra causa para sua existência.

PROPOSIÇÃO XXI

Uma coisa composta de dois elementos tem necessariamente sua composição como a causa de sua existência presente. Sua existência não é, portanto, uma existência de sua própria essência; ela depende da existência das duas partes que a compõem e de sua combinação.

PROPOSIÇÃO XXII

Objetos materiais são sempre compostos de dois elementos [no mínimo] e são, sem exceção, sujeitos a acidentes. Os dois elementos que compõem todos os corpos são substância e forma. Os acidentes atribuídos aos objetos materiais são a quantidade, a forma geométrica e a posição.

PROPOSIÇÃO XXIII

Tudo o que existe em potência e cuja essência inclui um certo estado de possibilidade pode, em algum momento, ficar sem existência real.

49. Esta proposição, como se vê, inicia a afirmação, desenvolvida nas proposições seguintes, da contingência de todas as coisas existentes, e com elas do mundo, em relação à "Causa" suprema da existência, Deus. (N.T.)

PROPOSIÇÃO XXIV

Aquilo que em potência é uma determinada coisa é necessariamente material, pois o estado de possibilidade está sempre relacionado com a matéria.

PROPOSIÇÃO XXV

Cada substância composta consiste de matéria e forma e necessita de um agente para existir – isto é, de uma força que a coloque em movimento e possibilite, assim, que ela receba uma determinada forma. A força que prepara a substância de um determinado ser individual é denominada motor imediato.

Aqui, o necessário emerge da investigação das propriedades do movimento, do agente do movimento e do objeto movido. Mas isto já foi suficientemente explicado; e a opinião de Aristóteles pode ser expressa na seguinte proposição: a matéria não se move por si mesma – uma proposição importante que levou à investigação do Primeiro Motor (o primeiro agente do movimento).

Das vinte e cinco proposições anteriores, algumas podem ser comprovadas com uma pequena reflexão e a aplicação de algumas proposições passíveis de prova, ou de axiomas ou teoremas de força quase igual, como já foi por mim explicado. Outras requerem muitos argumentos e proposições, que foram todos, não obstante, estabelecidos com provas conclusivas, expostas em parte na *Física*[50] e seus comentários e em parte na *Metafísica* e seu comentário. Já afirmei que, nesta obra, não é minha intenção copiar os livros dos filósofos ou explicar problemas difíceis, mas simplesmente mencionar aquelas proposições que estão estreitamente relacionadas com nosso assunto, as quais visamos para nosso propósito.

Às proposições acima, deve-se acrescer uma outra, que enuncia ser o universo eterno. Ela é sustentada por Aristóteles como verdadeira e é inclusive mais aceitável que qualquer outra teoria. Pelo momento nós a admitimos, a título de hipótese, somente com o propósito de demonstrar nossa teoria. A proposição é a seguinte:

---

50. O autor se refere à *Física* e à *Metafísica* de Aristóteles. (N.T.)

PROPOSIÇÃO XXVI

O tempo e o movimento são eternos, constantes e existem em ato.

Em consonância com esta proposição, Aristóteles é compelido a supor que existe realmente um corpo em movimento constante, qual seja, o quinto elemento. Por isso, ele diz que o céu não está sujeito à gênese ou à destruição, porque seu movimento não pode ser gerado nem destruído. Ele também sustenta que todo movimento deve necessariamente ser precedido de um outro movimento, seja ele da mesma espécie ou de uma diferente. A crença de que a locomoção de um animal não é precedida de outro movimento não é verdadeira, pois, após ter estado o animal em repouso, seu movimento é causado pela intenção de obter as mesmas coisas que causam aquela locomoção. Uma mudança no seu estado de saúde, alguma imagem ou alguma nova idéia podem causar um desejo de procurar aquilo que leva a seu bem-estar e evitar aquilo que lhe é contrário. Cada uma destas três causas coloca o ser vivo em movimento e cada uma delas é produzida por várias espécies de movimento. Aristóteles também afirma que tudo o que é criado deve, antes de sua verdadeira criação, ter existido *in potentia*. Por inferências tiradas desta afirmação, ele procura comprovar sua proposição, a saber, a coisa que move é finita e seu curso finito; mas ela repete o movimento em seu curso um número infinito de vezes. Isso só pode ocorrer quando o movimento é circular, como foi afirmado na Proposição XIII. Conseqüentemente, segue-se a existência de um número infinito de coisas que não coexistem, mas sucedem-se umas às outras.

Com freqüência Aristóteles tenta comprovar essa proposição, mas creio que ele não considera suas provas conclusivas. Parecia-lhe apenas a proposição mais provável e aceitável. Entretanto, seus seguidores e os comentadores de seus livros sustentam que ela contém não apenas uma verdade provável, mas também demonstrável, e que ela foi, com efeito, plenamente comprovada. Por outro lado, os *Mutakálemin*[51] tentam provar que a proposição não pode ser verdadeira,

51. Teólogos do Islam (praticantes do *Kalam* ou "teologia"), freqüentemente mencionados, como aqui, em oposição aos *falasifa*, os pensadores islâmicos adeptos da

uma vez que, segundo eles, é impossível conceber como um número infinito de coisas poderia mesmo chegar a existir sucessivamente. Eles tomam essa impossibilidade como um axioma. Todavia, penso que essa proposição é admissível, mas nem demonstrativa, como afirmam os comentadores de Aristóteles, nem, de outro lado, impossível, como dizem os *Mutakálemin*. Não temos nenhuma intenção de explicar aqui as provas fornecidas por Aristóteles ou de expor nossas dúvidas com relação a elas ou de manifestar nossas opiniões sobre a criação do universo. Desejo simplesmente mencionar aqui aquelas proposições das quais necessitaremos para provar os três princípios afirmados acima.[52] Tendo assim citado e admitido estas proposições, passarei agora a explicar o que delas se pode inferir.

## A RELIGIÃO NOS LIMITES DA SIMPLES RAZÃO de Kant

Immanuel Kant (1724-1804), filósofo prussiano, ressaltou o papel do conhecimento empírico na determinação dos limites do pensamento. Seu desejo de abrir espaço para a fé levou-o a atribuir ao pensamento moral uma posição central. Escreveu sobre evolução e astronomia antes de voltar-se para A Crítica da Razão Pura, na qual viria a negar a pertinência de um pensamento meramente especulativo.

No trecho selecionado, Kant encontra duas dimensões em nossa natureza: uma mecânica e outra moral. Comumente, a predominância da primeira nos torna insensíveis ao nosso elevado destino, aquele que nos dá acesso a uma realidade mais vasta do que nossa concepção ordinária das coisas. Kant postula que por meio de uma revolução, uma completa reviravolta em nossa maneira de pensar, podemos nos situar sob o império da lei moral. Neste caso, nossas ações darão testemunho de nossa relação com o que está acima de nós.

---

*falsafa* ou "filosofia" em árabe, e seguidores de Aristóteles. Por isso eles são assimilados, no contexto, aos "peripatéticos", um termo mais apropriado aos comentadores de Aristóteles na Antiguidade, ou mesmo aos alunos do Liceu, a escola fundada pelo filósofo na Grécia (Atenas) antiga. (N.T.)

52. Ou seja, que "Deus não é nem corpóreo, nem uma força vinculada a um ser material, e que Ele é Um". (N.T.)

Mas se o homem é corrompido no fundamento mesmo de suas máximas, como poderia dar início a esta revolução por suas próprias forças e por si mesmo tornar-se um homem bom? E, no entanto, o dever nos obriga a iniciá-la, e o dever não nos exige nada que não possamos fazer. Não há qualquer reconciliação possível aqui, a não ser pela afirmação de que o homem necessita de uma revolução em sua maneira de pensar, e é portanto capaz de realizá-la, mas somente por meio de uma reforma gradual de sua natureza sensória (que impõe obstáculos àquela realização). Isto é, se um homem reverte, por uma única decisão irreversível, aquela base principal de suas máximas que dele fazia um homem mau (assumindo assim a postura do novo homem), ele se torna, ao menos no que diz respeito a seu caráter e modo de pensar, um sujeito capaz de fazer o bem, mas apenas com trabalho e crescimento contínuos ele se torna um homem bom. Quer dizer, ele pode esperar, à luz daquela pureza e estabilidade de princípio que ele adotou como máxima suprema de sua vontade, encontrar-se no bom (porém estreito) caminho do contínuo "progresso do mau para o melhor. Para Aquele que penetra no fundo inteligível do coração (o fundamento de todas as máximas da vontade) e vê esse processo interminável como unidade, isto é, para Deus, agir desse modo significa ser de fato um homem bom (agradável a Ele); e, desta perspectiva, essa mudança pode ser vista como uma revolução. Mas no julgamento dos homens, capazes de avaliar a si mesmos e à força de suas máximas somente pela ascendência que adquirem, no tempo, sobre sua natureza sensória, esta mudança deve ser vista simplesmente como uma luta permanente em direção ao melhor e, por conseguinte, como uma reforma gradual da propensão para o mal, da mentalidade pervertida.[53]

53. A tese de Kant é a de que o mal moral tem origem numa inversão da ordem original e racional dos "motivos" ou "estímulos" no entender ético ("juízo prático") do sujeito que age: em vez de cumprir o dever pelo dever, o homem busca cumprir o dever em nome do prazer (epicurismo), do sucesso mundano, da recompensa da vida eterna (religiões), da felicidade ("eudaimonismo" derivado de Aristóteles) ou de qualquer outra coisa que não o dever mesmo, conforme lhe "ordena" a razão. Esta prática moral "mercenária" que não se determina a si mesma, Kant a chama de "heteronomia" (*hetero*: outro, estranho, exterior; *nomos*:

Segue-se que o crescimento moral do homem começa necessariamente não pelo aperfeiçoamento de suas práticas, mas antes pela transformação de sua mentalidade e pela edificação de um caráter: ainda que o homem costume abordar o problema de outra maneira, lutando contra os vícios um por um, pontualmente, e deixando inalterada sua raiz comum. E, não obstante, mesmo o homem mais limitado é capaz de se deixar impressionar pelo respeito inspirado por uma ação conforme ao dever – um respeito tanto maior quanto mais isolado, em pensamento, de outros estímulos capazes de influenciar, por intermédio do amor próprio, a máxima de conduta. Mesmo as crianças são capazes de detectar o menor vestígio da presença de estímulos impróprios; pois uma ação com essa motivação perde de uma só vez, a seus olhos, todo valor moral. Não há melhor meio de cultivar esta disposição que aduzir o verdadeiro exemplo de homens bons (naquilo que concerne a conformidade destes com a lei) e permitir que jovens estudantes da moral julguem da impureza de muitas máximas com base nos estímulos reais que motivam a conduta destes homens bons. A predisposição é assim gradualmente transformada numa mentalidade, e o dever pelo dever começa a ter uma importância notável em seus corações. Mas ensinar um discípulo a somente admirar as ações virtuosas, por maiores que sejam os sacrifícios que estas tenham exigido, não está em harmonia com a preservação de

---

lei, norma, "norma exterior"), em contraste com a verdadeira ética da liberdade, que ele enuncia como "autonomia" – a liberdade ou razão moral legislando sobre si mesma. A "revolução" de que ele fala ao longo do texto consiste precisamente no abandono destas atitudes ou "modos de pensar" heterônomos, que tomam o dever em vista de alguma outra finalidade (ver o texto da *Ética* de Aristóteles no capítulo anterior), portanto "equivocadamente" ou "imoralmente" (pois a moral teria assim um objetivo e um resultado não moral, exterior – *hetero* – a si própria – *auto*), em favor do "respeito" ao dever pelo dever, com a lei moral concebida *a priori* (isto é, sem nenhuma consideração pela experiência interior, sentimentos, expectativas e motivações do agente ou sujeito da moral) pela razão prática (por isso Kant é o primeiro a falar numa razão "pura" prática) como um absoluto, um "mandamento divino". O filósofo desenvolve esta doutrina no sentido de uma "religião nos limites da simples razão", representando a "sociedade ética", baseada unicamente nestes princípios, como o caminho para a realização do reino de Deus na terra: a utopia da "república universal" e da "paz perpétua". (N.T.)

seus sentimentos pela bondade moral. Pois não importa quão virtuoso seja o homem, toda a bondade que ele pode chegar a realizar é ainda o seu simples dever; e realizar seu dever não é nada mais do que fazer o que está na ordem moral comum e, portanto, algo que de modo algum é merecedor de admiração. Tal admiração é antes um rebaixamento de nosso sentimento de dever, como se agir em conformidade com ele fosse qualquer coisa de extraordinário e meritório.

Entretanto, há algo em nossa alma que não podemos deixar de considerar com a máxima admiração, quando o vemos corretamente, algo diante de que a admiração não é apenas legítima, mas também enaltecedora, e esse algo é a nossa propensão natural à moralidade. O que é isso (podemos nos perguntar) que faz com que nós, seres sempre dependentes da natureza por tantas necessidades, sejamos ao mesmo tempo elevados tão acima dessas necessidades pela idéia de uma propensão natural (em nós) que as julgamos todas como se não fossem nada e a nós próprios como indignos da existência se nos entregamos à sua satisfação (embora somente isso já possa tornar a vida desejável) em oposição à lei – lei que leva nossa razão a nos comandar poderosamente, sem no entanto fazer promessas nem ameaças? A força desta pergunta todo homem, mesmo o menos capaz, deve sentir mais profundamente – isto é, todo homem a quem já tenha sido ensinada a santidade inerente à idéia de dever, mas que ainda não tenha chegado a uma investigação do conceito de liberdade, que antes e acima de tudo emerge desta lei. E a incompreensibilidade mesma desta propensão, que anuncia uma origem divina, atua forçosamente sobre o espírito ao ponto de exaltá-lo, fortalecendo-o e preparando-o para qualquer sacrifício que o respeito do homem para com seu dever possa exigir dele. Mais freqüentemente, provocar no homem este sentimento da sublimidade de seu destino moral é especialmente recomendável como um método para despertar nele sentimentos morais. Pois trabalhar nesse sentido vai diretamente contra a propensão inata a inverter os motivos das máximas de nossa vontade[54] e na direção do restabelecimento no

54. A esta "propensão inata" Kant dá o nome, nesta mesma obra, de "mau radical". (N.T.)

coração do homem, sob a forma de um respeito incondicional pela lei como condição última da adoção das máximas, da ordem moral original entre os incentivos e da disposição para o bem em toda a sua pureza.

## A LINGUAGEM DOS PÁSSAROS
## de Farid ud-Din Attar

Farid ud-Din Attar († circa 1230 d.C) converteu-se às idéias do sufismo quando um dervixe itinerante entrou na perfumaria de seu pai e lhe perguntou: "Como poderá a sua mente algum dia se voltar para a morte e renunciar a todos esses bens terrenos?" Em seguida, o dervixe deitou-se e morreu. Conhecido como o maior sábio sufi de seu tempo, Attar compôs cerca de duzentos mil versos.

A *Linguagem dos Pássaros* é uma epopéia que descreve um caminho para a realidade superior. Os diferentes pássaros personificam os diferentes aspectos da natureza humana. Expõem, em sua maioria, as razões da impossibilidade de empreender a busca de conhecimento. No trecho selecionado, a Poupa, que representa uma visão clara do caminho, repreende o pássaro covarde, argumentando que se lançar no caminho é de interesse para os homens. É preciso, diria Attar, reconhecer as muitas distrações a que estamos sujeitos para fortalecer a vontade e determinar-se nesta busca.[55]

### MAHMUD E O LENHADOR

Certa vez em que foi caçar, o rei Mahmud perdeu-se de seu exército e encontrou um velho lenhador que conduzia seu burro carregado de espinheiros. Porém, naquele mesmo momento, o burro tropeçou, derrubando os arbustos sobre a cabeça do velho. Ao ver os feixes no chão, o burro de cabeça para baixo e o homem esfregando a cabeça, o sultão perguntou: "Ó desafortunado!, gostarias de ter um amigo para ajudar-te nesta circunstância?" – "Sim", disse o lenhador, "é esse o meu desejo, ó generoso cavaleiro! Se me ajudas, trarás bene-

55. A Attar Editorial publicou em português a versão integral de *A Linguagem dos Pássaros*, hoje em sua segunda edição (Cf. Bibliografia). É o texto desta tradução, correspondente aos capítulos XVII-XIX do livro, que reproduzimos aqui. (N.T.)

fício sem que tenhas prejuízo, pois vejo que tens o comando de tua parte da graça. Teu feliz semblante é um bom augúrio para mim. Não é de admirar a benevolência da parte de pessoas de feliz fisionomia". O rei desceu de seu cavalo e, com sua mão delicada como uma rosa, apanhou os arbustos espinhosos, colocando-os ele mesmo sobre o asno; depois montou de novo e partiu. Mais tarde, encontrando seu exército, o rei disse aos soldados: "Um velho lenhador aproxima-se daqui com um asno carregado de espinheiros; obstruam o caminho de forma que ele tenha de encontrar-se frente a frente comigo".

O exército bloqueou, pois, o caminho do velho lenhador, que se viu assim obrigado a passar diante do rei: "Como poderei atravessar este tirânico exército com meu fraco animal?", disse o velho para si mesmo. Nesse momento percebeu a tenda real tremulando sob o sol, e viu que o caminho que tomara conduzia-o justamente para lá. O lenhador fez então seu asno avançar para perto do rei; porém, quando reconheceu Mahmud, disse, perplexo: "Ó Deus, em que situação me encontro! Hoje fiz um rei carregar lenha para mim!"

Quando o rei viu o embaraço do lenhador, disse-lhe com benevolência: "Meu pobre amigo, dize-me, qual é tua ocupação?" – "Não brinques comigo, tu já o sabes. Sou apenas um pobre velho, lenhador de profissão. Dia e noite recolho espinheiros no deserto para vendê-los, e no entanto meu asno morre de fome. Podes, se quiseres, dar-me um pedaço de pão". – "Pobre homem", respondeu Mahmud, "quanto queres pelo teu feixe de lenha?" O lenhador respondeu: "Já que não o queres de graça e eu não quero vendê-lo, dá-me uma bolsa de ouro". Ao escutar essas palavras, os soldados gritaram: "Cala-te, insensato! Isso não vale nem dois grãos de cevada, deverias dá-lo por nada". O velho disse: "De fato, isso não vale nem dois grãos de cevada. Mas, devido ao excelente comprador, seu valor mudou. Quando um homem afortunado como o rei põe as mãos em meus espinhos, eles se tornam cem vezes preferíveis às rosas. Se ele quer, pois, comprar estes espinheiros, deverá pagar ao menos um dinar, e mesmo este preço está aquém de seu valor. O rei involuntariamente deu, pelo contato de suas mãos, preço a meus espinheiros. Eles não tinham valor algum, mas, agora que ganharam dignidade, valem mais que cem vidas."

## CAPÍTULO XVIII: DISCURSO DE UM SEGUNDO PÁSSARO

Outro pássaro disse à poupa:

– Ó guardiã do exército de Salomão! Sou impotente para empreender esta viagem e muito fraco para tomar este caminho. É necessário percorrer um grande vale e o caminho é difícil; morreria antes do primeiro descanso. Sei que há muitos vulcões nessa rota; não convém a todos comprometer-se nessa jornada. Milhares de cabeças têm rolado ali, como bolas no jogo de pólo, pois muitos dos que foram em busca do Simorg sucumbiram, e seu sangue ainda encharca aqueles vales. Num tal caminho, onde os homens sinceros escondem por temor a cabeça sob a mortalha, o que será de mim, um desgraçado que não é mais que pó?

– Ó tu que estás tão desanimado! – respondeu a poupa –, por que teu coração está tão oprimido? Já que te atribuis tão pouco valor e tens tão pouco tempo neste mundo, que diferença faz que sejas jovem e valente ou velho e fraco? O que poderias temer? O mundo verdadeiramente não é mais que excremento; as criaturas perecem nele a cada porta; os homens entram nele sem abrigo e assim devem deixá-lo, sem abrigo. Milhares de pessoas perecem, como a seda amarelece, em lágrimas e aflição. Mais vale perder miseravelmente a vida nessa busca que definhar na infâmia. Se não triunfarmos nessa busca e morrermos de dor, está bem!, foi má sorte; porém, mesmo que sejam inúmeros os erros deste mundo, para que engendrar mais um? O amor pode ser considerado por alguns como loucura; no entanto, é melhor entregar-se a ele que a uma vida de vergonha. Milhares de criaturas estão astuciosamente ocupadas em perseguir o cadáver do mundo. Mesmo supondo que podes fazer isso ingenuamente, não tomes parte nisso. Como farás de teu coração um oceano de amor se te entregas a esse comércio, sobretudo com astúcia? Há quem diga que o desejo das coisas espirituais é mera presunção e que não saberíamos chegar onde ninguém jamais chegou. Contudo, não é melhor sacrificar a vida no orgulho desse desejo que deixar o coração afeiçoar-se a uma feira? Vi e ouvi tudo e nada me fez vacilar em minha resolução; vivi muito tempo entre os homens e vi quão poucos há verdadeiramente desapegados das riquezas. Enquanto não morrermos para nós mesmos e não formos indiferentes às criaturas, nossa alma não será livre. Mais vale um morto que aquele que não está morto para as criaturas, pois este último não pode ser admitido detrás do véu. O *mahram* desse véu deve ter uma alma inteligente. Quando se está envolvido na vida exterior, não se é homem da vida espiritual. Se és um homem de ação, põe o pé no caminho e retira tuas mãos das artimanhas femininas. Saiba que mesmo que essa busca se prove ímpia ao final, ainda assim seria necessário empreendê-la, e isso não é fácil. O fruto da grande árvore do amor é a pobreza, e quem quer que o experimente conhece a humildade. Não tomes por fruto o que são folhas. Dize ao que tem folhas que renuncie a elas. Quando o amor se apodera de uma pessoa, rouba-lhe o coração. O amor afoga o homem em sangue e atira-o de cabeça para baixo fora do mundo; não o deixa tranqüilo consigo mesmo nem um instante, mata-o e ainda cobra o preço do sangue. A água que o amor dá para beber são lágrimas, o pão que dá para comer tem sangue como fermento. Porém, se em sua enfermidade, o amante está mais fraco que a formiga, o amor empresta-lhe forças a cada instante. De que forma o homem que se debate no oceano do perigo poderá alcançar o pão que lhe salvaria a vida se lhe falta coragem para tanto?

## HISTÓRIA DE UM HOMEM CONTEMPLATIVO

Um louco, idiota de Deus, andava nu entre a multidão. Olhando as finas roupas dos homens à sua volta, disse aos céus: "Ó Deus! dá-me belas roupas e faze-me feliz como os outros homens". Uma voz do mundo invisível fez-se ouvir: "Para isso te dei um cálido sol; senta-te e regala-te com ele". O *majnun* disse: "Meu Senhor, por que castigar-me? O sol veste a Ti, não a mim. Não podes dar-me algo mais adequado?" A voz lhe disse: "Espera pacientemente por dez dias e dar-te-ei outra vestimenta".

O sol queimou o homem durante oito dias até que ele obtivesse uma roupa; porém, como o indivíduo que a havia dado era pobre, a veste que lhe coube era um manto com cem mil remendos. O louco disse então a Deus: "Ó Tu, que conheces os segredos! Passaste oito dias costurando estes remendos? Por acaso queimaram-se as roupas de Teu tesouro? Costuraste juntos cem mil vestidos. De quem aprendeste esta arte? Não contaste a Teu servidor onde aprendeste a cerzir tão bem?"

Não é fácil relacionar-se com a corte de Deus. Para isso há que se converter no pó do caminho que conduz a Ele. Muitos dos que chegaram a essa corte vieram de longe, e foram queimados pelo fogo ao mesmo tempo em que eram iluminados pela luz. Após uma longa batalha pensa-se ter atingido o objetivo, somente para descobrir que ele ainda está para ser alcançado.

## OUTRA HISTÓRIA SOBRE RABI'AH

Rabi'ah, ainda que mulher, era a coroa que cingia a cabeça dos homens de seu tempo. Certa vez, ela se demorou oito anos em peregrinação à Caaba, medindo o caminho com o comprimento de seu corpo. Quando, por fim, chegou à porta do templo sagrado, disse: "Afinal cumpri o rito de peregrinação". No dia consagrado, quando estava para entrar na Caaba, Rabi'ah viu-se sozinha e sucumbiu às reclamações de suas companheiras que desertavam. Voltando então sobre seus passos, disse: "Ó Deus! Tu que possuis a glória! Arrastei meu corpo no caminho durante oito anos e, quando o ansiado dia chegou em resposta a minhas preces, colocas espinhos em meu caminho. Permite-me repousar em Tua casa (a Caaba) e não me deixes na agitação de minha própria morada".

Para compreender a importância deste incidente, terias de encontrar um amante de Deus como Rabi'ah. Enquanto flutuares no oceano do mundo, as ondas te repelirão e te aceitarão, alternadamente. Haverá vezes em que serás admitido na Caaba e outras em que suspirarás ante um ídolo. Se desvias a cabeça deste abismo, gozarás de uma felicidade constante, e a tranqüilidade tomará o lugar do terror. Mas, se continuas neste abismo, tua cabeça girará como a roda do moinho, e não encontras em nenhum instante o perfume da paz; uma só mosca bastará para turbar-te.

### O LOUCO DE AMOR A DEUS

Era costume de um homem louco de amor a Deus parar em determinada esquina. Certo dia, passando por ali, o célebre rei do Egito lhe disse:

– Vejo em ti uma espécie de habilidade: é a de gozar o repouso e a tranqüilidade.

O louco replicou:

– Tranqüilidade? Como poderia eu encontrar repouso ou tranqüilidade se não posso livrar-me das moscas e das pulgas? Durante todo o dia as moscas me atormentam, e à noite as pulgas impedem o meu descanso. Um pequeno mosquito entrou no ouvido de Nemrod e seu zumbido deixou-o louco. Quem sabe seja eu o Nemrod deste tempo, pois tenho por herança, da parte de meu amigo, moscas, mosquitos e pulgas.

## CAPÍTULO XIX: DISCURSO DE UM TERCEIRO PÁSSARO

Um terceiro pássaro disse à Poupa:

– Estou coberto de pecados; assim, como posso pôr-me a caminho? Uma mosca impura seria digna do Simorg do Cáucaso? Aquele que, arrastado pelo pecado, desvia a cabeça da via espiritual, como poderia aproximar-se do Rei?

A poupa respondeu:

– Ó pássaro desesperado! Não te desanimes; pede o perdão e a graça eterna! Joga fora o teu escudo e não busques abrigo em tuas faltas, do contrário tua tarefa será ainda mais difícil. Arrepende-te, pois mesmo que teu arrependimento não seja aceito, ele seria mais útil que a culpa que tomaria seu lugar. A porta permanece aberta para o caminho do arrependimento. Não importa que pecado cometeste, adentra esta porta enquanto podes, pois ela não está fechada para ti. Se entrares com sinceridade neste caminho, a vitória te será fácil.

### HISTÓRIA DE UM CRIMINOSO

Um homem culpado de muitos pecados arrependeu-se amargamente e voltou ao caminho reto. Porém, uma vez mais sua alma concupiscente recuperou as forças; anulou sua penitência e entregou-se às suas más inclinações. O homem abandonou novamente o bom caminho e caiu em todo tipo de ações criminosas. Mais tarde a dor apertou-lhe o coração e a vergonha reduziu-o – uma segunda vez – ao estado mais penoso. Desde que o pecado não lhe trouxe mais que desespero, quis arrepender-se de novo; mas não teve forças. Dia e noite, como um grão de trigo na panela quente, tinha o coração cheio de fogo, e com suas lágrimas de sangue lavava o pó que havia manchado seu caminho.

Uma manhã uma voz misteriosa lhe falou:

– Eis o que diz o Senhor do Mundo: "Quando te arrependeste pela primeira vez, perdoei-te e aceitei a penitência; poderia castigar-te, mas não o fiz. Outra vez, quando novamente caíste em pecado, te concedi trégua e, apesar de minha Ira, não te deixei morrer. Pois bem, hoje que reconheces, ó insensato, tua deslealdade, desejas voltar a Mim pela terceira vez. Volta, pois, de boa vontade; abro-te Minha porta e te espero. Quando pagares tuas ofensas com teu arrependimento, teus pecados serão perdoados".

## TATANKA-OHITICA

Tatanka-Ohitika (1838-1911), filho de um proeminente curandeiro, nasceu em uma tribo Sioux de Dakota do Norte. Para ele, um aspecto importante do caminho que leva ao conhecimento era a busca de uma visão – ou um grande sonho – em que se estabelece algum tipo de comunicação com um ser superior [Wakan Tanka]. Tatanka nos oferece a visão de um mundo impregnado desta misteriosa força superior.

Nesse mundo, os objetos que encontramos diariamente adquirem um sentido oculto, como se fossem envolvidos por uma aura invisível. Seguindo esses pensamentos, chegamos à questão fundamental acerca de nosso lugar na terra.

Quando tinha dez anos, eu olhava para a terra e para os rios, o céu e os animais ao meu redor e não podia deixar de perceber que tinham sido criados por algum grande poder. Eu estava tão ansioso por compreender esse poder que fazia perguntas às árvores e arbustos. Era como se as flores me olhassem e eu quisesse perguntar-lhes: "Quem vos fez?" Eu olhava as pedras cobertas de musgo; algumas pareciam ter formas humanas, mas não podiam me responder. Então, tive um sonho, e no meu sonho uma daquelas pedrinhas redondas me apareceu e disse que o criador de tudo era Wakan Tanka e que, para reverenciá-lo, era preciso reverenciar suas obras na natureza. A pedra disse que, por minha busca, eu me mostrara merecedor de uma ajuda sobrenatural. E disse que, se eu fosse curar uma pessoa doente, poderia pedir sua ajuda, e todas as forças da natureza me socorreriam nessa cura.

É significativo que certas pedras não sejam encontradas enterradas, mas em cima de montes elevados. Elas são redondas, como o sol e a lua, e sabemos que todas as coisas esféricas estão relacionadas umas às outras. As coisas semelhantes em sua natureza tornam-se semelhantes entre si, e aquelas pedras estão lá há muito tempo, olhando para o sol. Muitos seixos e pedras foram moldados na correnteza de um riacho, mas essas pedras foram encontradas longe da água e foram expostas somente ao sol e ao vento. A terra contém milhares de pedras assim, escondidas por baixo da superfície. Dizem que o trovão é parente dessas pedras e que, quando um homem ou animal está para ser punido, é fulminado pelo raio; e se fosse possível seguir o caminho do relâmpago até o fim, se encontraria uma dessas pedras encravada na terra. Alguns crêem que essas pedras descem com o raio, mas eu creio que elas estão no chão e são empurradas para baixo pelo raio. Por toda a minha vida tenho sido fiel às pedras sagradas. Tenho vivido de acordo com suas exigências e elas têm me ajudado em todas as minhas dificuldades. Tenho procurado me tornar digno de manusear essas pedras sagradas, apesar de saber que não sou digno de falar com Wakan Tanka. Faço meus pedidos às pedras e elas intercedem por mim junto a ele.

# MUNDAKA UPANIXADE

O Mundaka é um dos principais *Upanixades*, os escritos de um movimento filosófico da Índia Antiga que teve início por volta do século VI a.C. Neles, as grandes questões sobre o sentido da vida e a relação do indivíduo com o cosmos são examinadas com grande profundidade e originalidade. Em seu conjunto, os *Upanixades* devem ser considerados como uma das mais importantes descobertas na esfera do pensamento.

No trecho selecionado, tudo o que existe remonta à pessoa suprema, Purusha. Por uma série de manifestações progressivamente inferiores, o cosmos conhecido é chamado ao ser. De acordo com esse modo de pensar, o eu interior é misteriosamente idêntico ao Todo. Sustentando que o que nos impede de perceber a unidade é a parcialidade da visão, o *Upanixade* propõe um caminho para uma maior integridade da existência.

## PRIMEIRO MUNDAKA

*Saunaka procura uma pista para o entendimento do mundo*

3. Saunaka, um grande chefe de família, aproximou-se de Angiras, de acordo com os preceitos, e perguntou:
   – Pelo entendimento de quê, rogo-te, senhor, todo este mundo se torna conhecido?

*Dois tipos de conhecimento:*
*as tradições da religião e o conhecimento do eterno*

4. Então, ele disse:
   – Há dois conhecimentos a alcançar, como diriam os que conhecem Brahma: um superior [*para*] e também um inferior [*apara*]. [...]

*A fonte imperecível de todas as coisas*

6. Aquilo que é invisível, inapreensível, sem família,
   sem casta [*a-varna*] –
   Sem visão ou audição, sem mãos nem pés,
   Eterno, que tudo permeia, onipresente, extraordinariamente sutil;
   Isto é o Imperecível, que o sábio percebe como a fonte dos seres.

7. Assim como uma aranha dispara e recolhe [sua teia],
Como ervas erguem-se da terra,
E os pêlos da cabeça e do corpo de uma pessoa viva,
Assim do Imperecível provém tudo o que existe.

8. Pela austeridade [*tapas*], Brahma é formado.
E então o alimento é produzido.
Do alimento – sopro de vida, mente, verdade,
Os mundos, imortalidade também em obras.

9. Aquele que tudo conhece, tudo sabe,
Cuja austeridade consiste no conhecimento –
d'Ele são produzidos o Brahma deste mundo,
[A saber], nome e forma,[56] e alimento. [...]

*A conseqüência da ignorância*

8. Aqueles que vivem em meio à ignorância,
Seguros de si, achando-se doutos,
Inflexíveis, seguem iludidos,
Como cegos conduzidos por um cego.

9. Vivendo em vária ignorância,
Pensam consigo mesmos, infantilmente: "realizamos nosso propósito!"
Como os realizadores de façanhas [*karmin*], não compreendem, por causa da paixão [*ira*].
Então, quando seus mundos se exaurem, eles caem em profunda miséria.

10. Pensar em sacrifício e mérito é [para eles] o principal,
Nada melhor conhecem – iludidos!
Tendo desfrutado do topo do céu, conquistado com boas ações,
Entram de novo neste mundo, ou num inferior.[57]

56. Correspondente sânscrito do termo moderno "individualidade". (N.A.)

57. Referência à reencarnação como resultado do Karma, aqui claramente associado à ação. (N.T.)

*Mas os sábios reclusos, discípulos da não-ação,*
*alcançam, sem sacrifício, a Pessoa eterna.*

11. Aqueles que praticam a austeridade [*tapas*] e a fé [*sraddha*] na floresta,
Os plácidos [*santa*] que vivem de esmolas,
Partem impassíveis [*vi-raga*] pela porta do sol,
Para onde está aquela Pessoa imortal [*Purusha*], e mesmo o Espírito imperecível [*Atman*].

*Esse conhecimento de Brahma deve ser buscado*
*junto a um mestre qualificado*

12. Após examinar os mundos que são erigidos pelo trabalho,[58] um brâmane
Deveria alcançar a indiferença. O [mundo] que não foi feito não é [conquistado] pelo que é feito.[59]
Por amor a esse conhecimento, que ele vá, de lenho na mão,[60]
Procurar um mestre espiritual [guru] erudito nas escrituras e estabelecido em Brahma.

13. Tal conhecedor [mestre], àquele que se aproximou com propriedade,
Cujo pensamento está tranqüilo, que alcançou a paz,
Ensina em toda a sua verdade o conhecimento de Brahma
Pelo qual se conhece o Imperecível, a Pessoa, o Verdadeiro.

## SEGUNDO MUNDAKA: A DOUTRINA DE BRAHMA-ATMAN

### Primeiro Khanda

*O Imperecível, a fonte e a meta de todos os seres.*

1. Esta é a verdade:
Como, das labaredas de um fogo,

---

58. Ou pela "ação", como foi dito mais acima. (N.T.)

59. Quer dizer, não depende da ação do homem refazer um mundo que não foi feito por ele. (N.T.)

60. Sinal distintivo do pupilo. (N.T.)

Milhares de faíscas semelhantes são lançadas,
Assim, do Imperecível, meu amigo, múltiplos seres
São produzidos que para Ele retornam.

*A Pessoa Suprema*

2. Celestial [*divya*], informe [*a-murtta*] é a Pessoa [*Purusha*].
Ela está fora e dentro, não gerada,
Sem respiração [*a-prana*], sem mente [*a-manas*], pura [*subhra*],
Superior ao alto Imperecível

*A fonte da pessoa humana e dos elementos cósmicos*

3. A partir d'Ela são produzidos a respiração [*prana*],
A mente [*manas*] e todos os sentidos [*indriya*],
O espaço [*kha*], o vento, a luz, a água
E a terra, que tudo suporta.

*A Pessoa macrocósmica*

4. Fogo em Sua cabeça: Seus olhos, a lua e o sol;
As regiões do espaço, Suas orelhas; Sua voz, os Vedas revelados;
O vento, Seu sopro [*prana*]; Seu coração, o mundo inteiro.
Saída de Seus pés,
A terra. Em verdade, Ela é a alma interior [*Atman*] de tudo.

*A fonte do mundo e do indivíduo*

5. D'Ela [procede] o fogo, cujo combustível é o sol;
Da lua [*Soma*], a chuva; as ervas sobre a terra.
O macho despeja a semente na fêmea.
Muitas criaturas são geradas na Pessoa [*Purusha*]. [...]

*A origem do mundo – a alma imanente das coisas*

9. D'Ela, todos os mares e montanhas.
D'Ela correm rios de todo tipo.
E d'Ela procedem também todas as ervas, e a essência
Através da qual aquela Alma Interior [*antaratman*] habita os seres.

*A Pessoa suprema encontrada no coração*

10. A Pessoa [*Purusha*] é, ela própria, tudo neste mundo:
Trabalho [*karman*] e austeridade [*tapas*] e Brahma além da morte.
Aquele que A conhece, posto no lugar secreto [do coração] –
Este aqui mesmo na terra, meu amigo, desata o nó da ignorância.

## Segundo Khanda

*O Brahma que tudo abarca*

1. Manifesto, [porém] oculto; chamado [aquele que] "se move em segredo";
A grande Abóbada! Ali está Aquilo
Que se move, respira e pisca.
O que é Aquilo, conhecei, amigo, como Ser [*sad*] e Não-ser [*a-sad*],
Como o objeto do desejo, mais alto que o entendimento.
Como o que é o melhor das criaturas!

2. Aquilo que flameja, que é mais sutil que o sutil,
Sobre o qual os mundos são fundados, e seus habitantes –
Este é o Brahma imperecível.
Ele é vida [*prana*], e Ele é fala e mente.
Ele é o real. É imortal.
É [um limite] a ser transposto; transpõe-no, meu amigo...

*A alma imortal, a urdidura do mundo e do indivíduo.*

5. Aquele no qual o céu, a terra e a atmosfera
São urdidos, e a mente, junto com todos os sopros de vida [*prana*],
Somente Ele é conhecido como a única Alma [*Atman*]. Outras
Palavras são desnecessárias. Ele é a ponte para a imortalidade.

*A grande Alma a ser encontrada no coração*

6. Quando os canais estão juntos
Como os raios no eixo de uma roda –
Ali Ele se move,
Tornando-se múltiplo.

*Om!* – Desse modo meditai, amigo, sobre a Alma [*Atman*].
Sucesso em tua travessia para a margem além da escuridão!

7. Aquele que tudo conhece, que tudo sabe,
A quem pertence esta grandeza sobre a terra –
Ele está na cidade divina de Brahma
E assentado no céu! A Alma [*Atman*]!
Consistindo de mente, regente dos sopros vitais e do corpo,
Ele se assenta no alimento, controlando o coração.
Por esse conhecimento o sábio percebe
O Bem-aventurado Imortal que surge de repente.[61]

*A libertação alcançada pela visão d'Ele*

8. O nó do coração é desatado,
Todas as dúvidas são desfeitas,
E cessam os feitos [*karman*] da pessoa.
Quando Ele é visto – tanto o superior como o inferior.

*A luz do mundo que ilumina a si mesma*

9. Na mais alta camada dourada
Está Brahma, sem mácula, sem partes.
Luminoso Ele é, a luz das luzes –
Aquele que os conhecedores da Alma [*Atman*] conhecem!

10. O sol não brilha ali, nem a lua ou as estrelas:
Esses raios não reluzem, muito menos este fogo [terreno]!
Quando Ele brilha, tudo brilha com Ele.
Todo este mundo é iluminado por Sua luz.

*O Brahma onipresente*

11. Brahma é, na verdade, este imortal. Brahma adiante,
Brahma atrás, à direita e à esquerda.
Estendido abaixo e acima,
Brahma é, com efeito, todo este mundo, esta extensão máxima.

61. Referência à iluminação súbita que se atinge pela prática da Ioga. (N.T.)

QUARTA PARTE

# A MORTE COMO UM FATO

Indubitavelmente, o fato de que todas as coisas chegam a um fim nos faz parar para pensar. Tudo o que acontece tem um desfecho e deixa, assim, de estar sujeito à mudança.

Toda experiência, seja mental, emocional ou física, dura apenas um tempo limitado. Por mais intensa que seja enquanto dura, sempre desvanece quando acaba seu efeito. Algumas experiências são tão vívidas que acreditamos jamais poder esquecê-las; não obstante, também elas submergem nas profundezas da memória e só são lembradas acidentalmente, pela ação de algum fato desencadeador. Todos os finais apontam para um fim específico; o correr de cada momento é comparável ao correr de toda uma vida. Sem dúvida, o fim que provoca a reflexão mais profunda é o nosso próprio fim – a morte.

Por que existe a morte? Qual o significado da morte para os vivos? O que acontece depois da morte, se é que algo de fato acontece? Qual a atitude apropriada para se ter consciência da presença da morte na vida? Questões como estas exigem um exame mais completo da existência humana à luz de seu fim inevitável.

Uma circunstância inevitável (uma tarefa difícil, um prazo para concluir um trabalho) quase sempre causa ansiedade, apreensão e medo. Podemos nos sentir oprimidos ao ponto de sermos temporariamente levados à imobilidade, à incapacidade de fazer o que quer que seja. Da mesma maneira, a universalidade da morte nos faz parar tudo de repente, o que nos dá uma oportunidade de examinar nossas próprias vidas de modo mais imparcial. A universalidade da morte nos proporciona um sentido de objetividade para com o nosso eu. O perigo, aqui, é que o sentido de fatalidade se torne acachapante, fazendo com que, diante da morte, tudo o mais pareça destituído de sentido. Existe o risco de ficar imobilizado, desanimado, paralisado. Mas esse risco mesmo, segundo Heidegger, lança-nos um desafio. Por meio daquilo que ele chama de "resolução antecipatória", podemos estar a cada momento mais autenticamente presentes em nossas vidas. E então a morte não é tanto uma força que marca o fim da vida, mas um agente de seu novo começo. Quando levamos em conta o fato de que vamos morrer, tendemos a renovar nossa busca de entendimento. Não podemos tratar a morte como mera estatística como algo que ocorre com os outros, mas não conosco. Não podemos despersonalizar a morte. A consciência de nossa morte pessoal, postula Heidegger, deriva, em última instância, do mistério da consciência – concebida não como uma faculdade moral, mas como a fonte do conhecimento de como ser plenamente o que se é. Estar atento a esta consciência confere à pessoa um profundo conhecimento sobre como conviver com sua própria mortalidade. A morte pode ser vista, conforme propõe Heidegger, como uma criadora, ou pelo menos como um despertar de possibilidades reais. A morte não é para ser combatida, mas constatada e usada com proveito; podemos cooperar com sua cooperação, e mesmo consultá-la como uma aliada.

Segundo uma outra visão, entretanto, não é a morte a destruidora? Ela nos rouba nossos entes queridos; todos os dias ouvimos falar das devastações causadas pela morte – calamidades, catástrofes, acidentes monstruosos ou matanças premeditadas. Para Sartre, a morte é um encerramento, uma porta que se fecha. Na morte, tudo "escorregou inteiramente para o passado". Uma vez que o passado é um depósito de possibilidades congeladas, de escolhas exauridas, o reino da morte é, necessariamente, aquele em que não há nada a ser feito. Tudo o que a morte toca é impenetrável à ação humana. A morte ameaça trair o âmago mesmo do sentido na vida, a capacidade de questionar. Uma pessoa imbuída do sentido da morte é, para Sartre, alguém acorrentado ao passado por uma força desumana.

Mas, quer nos torne conscientes de outras possibilidades, quer restrinja nosso raio de ação, a morte está inexoravelmente vinculada ao sofrimento e à dimensão dolorosa da existência humana. Não obstante, numa época em que somos ostensivamente expostos ao sofrimento alheio pelas lentes da mídia, em que a tecnologia nos forneceu os meios de prolongar a vida biológica em meio à mais terrível agonia física, a morte decerto pode vir como uma libertação. Mesmo que não saibamos, como nos lembra Hamlet, o que nos espera do outro lado, a libertação propiciada pela morte ainda parece preferível ao prolongamento indefinido de uma dor insuportável. A dificuldade de se desvincular da vida é descrita de modo comovente na novela "A Morte de Iván Ilitch", de Tolstói. Iván Ilitch sofre terrivelmente de uma doença incurável. Através de um comovente mergulho na sua vida interior, Tolstói sugere que sua dor resulta de certas ilusões que ele cultiva sobre si mesmo e sobre o que os outros pensam a seu respeito. Quando Ivan consegue abandoná-las, sente o conforto de uma nova e imensa liberdade, ao confrontar a realidade daquilo que até então evitara, ou seja, a sua própria morte.

A compreensão da própria morte como um poderoso agente de libertação é o tema de muitas escolas filosóficas antigas e tradicionais. A existência de uma pessoa, afirmam elas, passa por uma série de fases, sempre retornando a seu ponto de partida. Para a mente primitiva, a natureza parece ser rítmica, impelida por acessos de criação e destruição inseparavelmente limitados um pelo outro: a mudança do dia para a noite, das estações do ano, das fases da lua, das marés, a migração de pássaros e animais. Dessa perspectiva, se a morte sucede a vida, então a vida terá de suceder a morte. Aqui a idéia dominante sobre a morte não é nem a aniquilação nem a libertação, mas o renascimento, a regeneração e a ressurreição. A morte é a porta de entrada para um novo ciclo de vida.

A visão cíclica da vida também pode ser aplicada à escala mais ínfima possível: cada momento tem seu próprio ciclo: ele surge, amadurece, envelhece e perece com a chegada do momento seguinte. Para algumas correntes budistas, a vida que sucede a morte é uma continuação e uma elaboração das reações automáticas e dos traços de caráter que se formam antes da morte. À medida que avançamos no entendimento da vida, nossa identidade pessoal tende a crescer mais ou menos independente deste tipo de renascimento mecânico. Como, segundo essa visão, perder-se no emaranhado dos impulsos inconscientes da ação é a causa do sofrimento, somente uma morte à qual não se siga o renascimento constitui a libertação: "com a cessação do nascimento, envelhecimento e morte, cessam a tristeza, a dor, o sofrimento, a lamentação e o desespero". Viver sabiamente é a melhor maneira de preparar-se para uma boa morte. Tornamo-nos livres da dor da mortalidade quando finalmente nos livrarmos do fardo de nossa ignorância. Uma boa morte pode, assim, ser comparada ao apagar de uma vela de boa qualidade: não deixa nenhum vestígio, enquanto o apagar de uma vela mal feita deixa atrás de si um rastro de fumaça e fuligem.

O que significa dizer, como diz Platão, que nossa vida, quando motivada pela filosofia, é uma preparação para a morte? A idéia é que cada momento, quando chega, contém a totalidade de nossa existência quando nele estamos presentes. Nascer, envelhecer, morrer: são fenômenos que só podemos experimentar no presente, e não no passado ou no futuro. Quanto mais habitamos nosso tempo de vida, mais nos tornamos conscientes das expectativas, medos e apegos com que nos confrontamos com as experiências, e mais realista é a nossa postura frente à morte. Ao final, diante da nossa própria mortalidade, a mesma atitude persiste, ainda mais acentuada: "Vence tua ignorância; liberta-te!", exorta-nos o budista. No essencial, recomenda-se simplesmente uma maior atenção ao processo da vida para evitar a repetição mecânica e irrefletida. A idéia de preparação para a morte é transmitida por Platão no mito de Er, que retorna após a morte e faz um relato do que viu. Platão sugere que o mérito das ações de uma pessoa nesta vida determina o tipo de vida que ela terá a seguir. Embora a escolha seja "em grande medida determinada pelos hábitos de sua vida anterior", aqueles que buscam o conhecimento teriam, segundo o relato, circunstâncias mais favoráveis na vida vindoura.

A narrativa é, claro, alegórica, e não significa necessariamente que renasceremos no sentido literal do termo.

Do ponto de vista individual, a mortalidade representa ou a libertação e a preparação para a libertação ou o fato bruto do aniquilamento. Mas que dizer da perspectiva cósmica, segundo a qual a morte de um ser humano representa apenas a perda de um membro de uma espécie que conta cerca de cinco bilhões de indivíduos, em meio a uma imensidão de outras quatro bilhões de espécies? O que é a morte em tal escala, na qual planetas, sóis e mesmo universos inteiros vivem e perecem? Lewis Thomas nos lembra de que a reciclagem dos materiais da vida é um princípio necessário da criação. "Tudo o que vem à vida parece vir à custa de algo que morre, célula por célula." A conservação da matéria e da energia significa que a reivindicação de qualquer entidade a um determinado agrupamento de partículas é relativa a um tempo e a um espaço determinados, uma vez que o mesmo agrupamento acaba em algum outro lugar em algum outro tempo, como uma entidade completamente diferente. As partículas consideradas em si mesmas têm uma imortalidade relativa, mas qualquer combinação particular entre elas tem um tempo de vida estritamente limitado.

Ainda que algum intercâmbio de material seja necessário para a manutenção do universo, nem todos os pensadores concordariam que a identidade de uma pessoa possa ser equiparada à sua composição bioquímica. A questão pode ser assim resumida: é o todo maior que a mera soma das partes? Mesmo um composto simples, como a água, tem propriedades bastante diferentes do hidrogênio e do oxigênio, os elementos que a compõem. Aquilo a que chamamos "vida" não é apenas a soma dos componentes do corpo vivo – órgãos, tecidos etc. "Vida" não é exatamente o mesmo que vida física, a vida do corpo. Ela passa a existir sob a forma de uma atividade ou processo que relaciona, momento a momento, os componentes entre si. Platão, no *Fédon*, diálogo que descreve a morte de Sócrates, compara o processo de regulação à afinação de um instrumento musical: "nossa alma", diz ele, "é um temperamento [mistura = *krasis*] ou ajuste desses mesmos extremos, quando combinados na justa e exata proporção".

A inteligência, que reside no corpo e regula os milhões de delicados equilíbrios bioquímicos ali presentes, poderia ser considerada a sede da vida. Esta interpretação deixa em aberto a questão de se algum aspecto da alma sobreviveria à morte do corpo.

Indagar se existe algo em nós que a morte não destrói esclarece, de fato, o sentido da "vida". É justo perguntar: o sentido primário de "morte" é encontrado no fato ou processo que corresponde ao nosso fim biológico? Pode-se dizer que os enunciados de Platão e dos budistas referem-se à vida dentro de nossa vida, que existe sempre que participamos conscientemente do equilíbrio de nossos componentes. Essa "vida interior" é dissipada sempre que nos preocupamos com outras coisas. A vida interior não é um dado, mas um potencial, que podemos cultivar se assim quisermos. O poder do pensamento é uma das ferramentas mais eficazes para a consciência de nosso potencial. Neste sentido, nossa morte é como um esquecimento. Sempre que o projeto de criar uma vida interior cai no esquecimento, nós morremos junto com ele. Uma vida sem consideração pela vida é uma espécie de morte em vida – em cujo interior a questão da morte não surge de modo significativo.

## O MITO DE ER
## de Platão

Nas últimas páginas de sua obra mais extensa e célebre, *A República*, Platão faz um relato alegórico da existência de um indivíduo após a morte. Por razões desconhecidas, Er, um soldado, volta à vida depois de ter morrido há doze dias e relata sua visão do outro mundo e da justiça que ali se pratica. A escolha da "próxima vida" de uma pessoa será superior ou inferior, conforme a qualidade de seus atos em vida. Platão nos deixa com a questão de como entender a alma, a portadora da imortalidade, e sua capacidade de ter uma identidade relativamente permanente. Glauco, o interlocutor de Sócrates, era uma personalidade política da Atenas da época.[62]

62. O trecho selecionado corresponde ao último discurso de Sócrates a Glauco, o discurso que fecha o grande clássico de Platão, a *República* (615 A – 621 D). (N.T.)

Bem, como eu disse, vou te contar uma história. Não é uma das histórias de Alcino, embora a minha também seja a história de um herói, Er, filho de Armênio, natural da Panfília. Er foi morto em combate e, dez dias depois, quando foram recolhidos os cadáveres já putrefatos, seu corpo foi encontrado intacto e transportado para casa a fim de ser sepultado. No décimo segundo dia, quando jazia sobre a pira funerária, ele retornou à vida e relatou o que tinha visto no outro mundo. Contou que, assim que a alma deixou seu corpo, seguiu numa jornada com muitas outras almas, e juntas elas chegaram a um lugar divino onde havia dois buracos na terra, um ao lado do outro e, acima deles, duas outras aberturas correspondentes no céu. No meio, entre o céu e a terra, estavam sentados juízes, que, uma vez pronunciadas as sentenças, ordenavam aos justos que avançassem pelo caminho da direita, em direção ao céu, com a sentença visível à frente, e aos maus que tomassem o caminho descendente à esquerda, mas com a sentença atada às costas, indicando todas as suas ações. Quando Er se aproximou, os juízes disseram-lhe que deveria ser o mensageiro a levar aos homens o conhecimento do outro mundo, e ordenaram-lhe que prestasse atenção a tudo o que ali se passava. Então, ele viu as almas partindo pelas aberturas do céu e da terra, conforme as sentenças lhes ditavam; e, pelas duas outras aberturas, viu outras almas chegando, algumas saindo da terra sujas e cansadas da viagem, outras descendo do céu puras e luminosas. E, chegando a intervalos regulares, elas pareciam estar chegando de uma longa viagem e prosseguiam felizes até a campina, onde acampavam como numa grande festividade, e as que se conheciam abraçavam-se e conversavam. Enquanto as almas que vinham do seio da terra indagavam, curiosas, sobre o que se passava no céu, as que vinham do céu indagavam sobre o que se passava debaixo da terra. E elas contavam umas às outras o que lhes sucedera no caminho, as almas vindas de baixo chorando e gemendo ao lembrar do que tinham visto e suportado em sua jornada subterrânea (pois a viagem durara mil anos), e as que vinham do céu descrevendo prazeres e visões celestiais de beleza inimaginável. Reproduzir tudo o que foi relatado por essas almas, amigo Glauco, nos tomaria um tempo demasiado longo; mas eis o resumo, segundo Er. Por cada injustiça cometida contra alguém, as almas eram obrigadas a pagar dez vezes a sua punição, e cada punição durava cem anos – ou seja, a duração de uma vida humana. A expiação, portanto, era feita dez vezes ao longo de mil anos. Se, por exemplo, alguém tivesse causado a morte de muitas pessoas – seja por ter traído ou subjugado cidades ou exércitos, seja por ter levado muitos homens à escravidão, seja por qualquer outro tipo de infâmia –, recebia por cada uma dessas ofensas um castigo multiplicado por dez; e se, ao contrário, tivesse praticado boas ações e sido justo e piedoso, suas recompensas eram calculadas na mesma proporção. Não é necessário lembrar o que ele disse a respeito das crianças pequenas que morrem ao nascer ou de outros que morreram muito jovens. Por piedade ou impiedade para com os deuses e os pais e por crimes de homicídio, as penas e recompensas eram ainda muito maiores, conforme ele descreveu.

Ele contou, com efeito, que estava presente quando uma alma perguntou: "Onde está Ardieu, o Grande?" Ora, esse Ardieu vivera mil anos antes de Er; fora o tirano de alguma cidade da Panfília e assassinara o pai idoso e o irmão primogênito, além de ser culpado, segundo se dizia, de muitos outros sacrilégios. A resposta foi a seguinte: "Não veio e nem poderá vir jamais a este lugar. E essa, disse a alma que respondia, foi uma das visões mais terríveis que nós mesmos testemunhamos: estávamos perto da abertura e, tendo já expiado todas as nossas culpas, estávamos prontos para subir, quando, de repente, Ardieu apareceu acompanhado de muitos outros, a maioria tiranos como ele – além dos tiranos, outros indivíduos que tinham sido grandes criminosos; todos eles estavam prestes, conforme imaginavam, a retornar ao mundo superior, mas a abertura, em vez de deixá-los passar, soltava um mugido a cada vez que algum desses malfeitores imperdoáveis ou mais alguém que não tivesse expiado suficientemente sua culpa tentava subir. E então, homens ferozes de aspecto ígneo, que estavam ali parados e que escutavam o mugido, agarraram alguns e os levaram. Mas Ardieu e os outros de que falo tiveram a cabeça, os pés e as mãos amarrados, foram lançados ao chão, açoitados e arrastados pela margem do caminho, sobre plantas espinhosas, com seus algozes denunciando seus crimes aos passantes, para justificar o tratamento que lhes dispensavam, e dizendo que iam precipitá-los no Tártaro". E dentre os muitos horrores que ali se suportava, contava o homem, não havia nenhum igual ao horror que se sentia quando se estava prestes a passar pela abertura, o horror de ouvir aquele mugido; e, quando fazia silêncio, as almas ascendiam com grande alívio e júbilo. Tais eram, declarou Er, *grosso modo*, as penas e os castigos, assim como as recompensas correspondentes.

Por sete dias permanecia cada grupo na campina. No oitavo, eram obrigados a levantar acampamento para chegar, no quarto dia da viagem, a um lugar de onde se podia ver, partindo de cima e estendendo-se por todo o céu e toda a terra, um grande facho de luz, reto como uma coluna, em cores que lembravam as do arco-íris, mas ainda mais brilhantes e puras. Mais um dia de marcha e eles lá chegaram. E ali, no meio da luz, eles viram, pendendo do céu, as extremidades de suas correntes – pois essa luz é o laço do céu que suporta o firmamento em sua revolução, como as vigas mestras de uma trirreme. Dessas extremidades pendia o fuso da Necessidade, que faz girar todas as esferas. A haste e a agulha do fuso eram de aço; a roca, em parte de aço e em parte de outros materiais. Quanto à sua forma, essa roca era semelhante às usadas neste mundo, mas, segundo Er, deve-se representá-la como uma grande roca oca contendo na cavidade outra roca menor e, da mesma forma, mais outra e mais outra, e mais quatro, formando oito ao todo, como vasos que se encaixam um no outro. Do alto, via-se as bordas circulares, e todas juntas apresentavam exteriormente a superfície contínua de uma única roca em torno da haste, que passava pelo centro da oitava. A primeira roca, vista de fora, tinha a borda maior e as sete rocas internas tinham bordas mais estreitas, na seguinte proporção: na segunda posição vinha a borda da sexta roca; na terceira, a quarta; na quarta posição, a oitava borda; na quinta, a sétima; na sexta, a quinta borda; na sétima, a terceira; na oitava posição, a segunda borda. O primeiro círculo, o maior deles, era reluzente [as estrelas fixas]; o sétimo era o mais esplendoroso [o Sol]; o oitavo era colorido pela luz refletida do sétimo [a Lua]; o segundo e o quinto eram da mesma cor e mais amarelados que o anterior [Saturno e Mercúrio]; o terceiro era o mais branco de todos [Vênus]; o quarto era avermelhado [Marte], e o sexto era o segundo em brancura [Júpiter]. O fuso inteiro fazia o mesmo movimento circular, mas, como o todo girava na mesma direção, os sete círculos internos realizavam lentas revoluções no sentido contrário. O movimento do oitavo era o mais rápido; seguiam-se os do sétimo, do sexto e do quinto, na mesma velocidade; o quarto círculo pareceu-lhes ocupar a terceira posição nesse movimento de rotação invertida; o terceiro, a quarta posição; e o segundo, a quinta. O fuso girava sobre os joelhos da Necessidade, e no topo de cada círculo estava sentada uma sereia, girando com ele e produzindo com ele um único som, uma só nota. Juntas, as oito notas compunham uma harmonia; e ao redor do fuso, eqüidistantes, havia outro conjunto de três mulheres, cada qual sentada num trono; eram as Parcas, as filhas da Necessidade, vestidas com mantos brancos e as cabeças coroadas de grinaldas. Laquesis, Cloto e Átropos eram seus os nomes, e elas cantavam acompanhando a harmonia das sereias: Laquesis cantava o passado, Cloto o presente e Átropos o futuro. De vez em quando, Cloto tocava com sua mão direita no círculo exterior do fuso, fazendo-o girar, enquanto Átropos, com a mão esquerda, fazia girar os círculos internos. Laquesis, alternadamente, tocava o fuso ora com uma mão e ora com a outra, sucessivamente no círculo externo e nos internos.

Quando Er e as almas chegaram, tiveram de apresentar-se imediatamente diante de Laquesis. Mas, à frente de todos, chegou um profeta que os dispôs em ordem; em seguida, tirando dos joelhos de Laquesis destinos e modelos de vida, subiu num estrado elevado e assim falou: "Declaração de Laquesis, filha da Necessidade: almas efêmeras, recomeçareis um novo ciclo de renascimento para a condição mortal. Não vos escolherá um gênio, mas vós mesmas escolhereis vosso próprio gênio.[63] Aquela que a sorte designar será a primeira a escolher a vida a

63. Em grego, *daimon*, posteriormente traduzido, com um sentido bem diverso, por "demônio". Para os gregos, o *daimon* era a divindade ou semidivindade que determinava o caráter pessoal, algo mais próximo de nosso anjo da guarda do que daquilo que conhecemos como "demônio". Neste sentido, é célebre o *daimon* de Sócrates que o levava à prática da filosofia. (N.T.)

que ficará ligada pela Necessidade. A virtude não tem senhor e, conforme a honre ou desonre, cada uma de vós terá mais ou menos dela. A responsabilidade é de quem escolhe – Deus é isento de toda culpa!"[64]

Dito isto, o adivinho arrojou os destinos sobre todas as almas e cada uma recolheu a que caiu junto de si, exceto Er, que não teve permissão para isso; e cada uma ficou conhecendo a posição que lhe cabia por sorte. Em seguida, o profeta colocou no chão diante delas amostras de todos os modelos de vida; e havia ali muito mais vidas, e de todos os tipos, do que o número de almas presentes. Eram vidas de toda espécie: vidas de animais e de homens de todas as condições. E havia vidas de tirania entre elas, das quais algumas deviam durar até a morte; outras deviam interromper-se no caminho e terminar em pobreza, exílio e mendicância; havia também vidas de homens ilustres,

64. "A virtude não tem senhor", isto é, o princípio de que não se pode falar de virtude (*areté-virtus*) sem liberdade, ou "escolha" (*airesis*), como diz Platão, fez uma longa carreira na história da filosofia e da ética considerada de uma maneira geral (uma vez que também os teólogos e místicos cristãos, islâmicos e judeus repetiram amiúde esta mesma frase com referência às virtudes teológicas), atingindo inclusive a época moderna. É, sem dúvida, um dos temas fundantes da ética ocidental. Neste contexto específico, ele está intimamente ligado ao tema da teodicéia, ou justificação dos caminhos da Sabedoria divina – no texto em questão, da Sabedoria cósmica, a idéia de que a ordem geral das coisas é governada pelo Bem –, pois Deus não deve ter culpa pelas desgraças e infelicidades humanas; num universo "justo", o homem deve ter ao menos alguma responsabilidade sobre seu destino. Com efeito, não pode haver ética, em sentido estrito, fora de uma admissão deste princípio em maior ou menor grau. No caso específico da Teodicéia, é importante perceber a maneira como Platão ata o destino e a liberdade do homem à necessidade da natureza. Esta relação estreita e essencial entre os dois termos, ética e natureza, é um aspecto fundamental da visão de mundo essencialmente orgânica de Platão, e da preeminência de uma noção ampla de *physis* ou "natureza" em seu pensamento, no qual natureza física e biológica e natureza humana devem fazer parte de uma mesma "Natureza" e de uma mesma "Necessidade Natural". Com algumas variações, esta noção platônica de uma "Harmonia" entre necessidade e liberdade, ordem natural e ordem moral, viria a persistir, no pensamento ocidental, até o advento da filosofia moderna, e mesmo no interior desta até meados do século XVIII. As graves conseqüências da cisão entre estas duas dimensões – a rígida oposição entre natureza/necessidade e liberdade/ética – promovida pela moderna filosofia do sujeito, notadamente no pensamento de Kant, ainda hoje se fazem sentir com toda a sua força. (N.T.)

uns por seus dotes físicos, beleza, força e sucesso nos jogos, outros por sua condição de nascimento, nobreza e pelas qualidades de seus antepassados; e ainda outros que tiveram fama oposta por apresentarem qualidades opostas, e o mesmo quanto às mulheres. Entretanto, não havia nessas vidas nenhuma disposição de caráter definido para a alma, porque esta, quando escolhe uma vida nova, deve necessariamente mudar em conformidade com ela.[65] Todos os outros elementos que formam a vida estavam misturados com a riqueza e a pobreza, a saúde e a doença, além de todos os meios-termos entre elas. Aqui, meu caro Glauco, parece residir o grande perigo para o homem; por isso, deve-se tomar o máximo cuidado. Que cada um de nós se desfaça de qualquer outro tipo de conhecimento para buscar apenas um objetivo, se, por acaso, ele tem a possibilidade de descobrir e encontrar alguém que seja capaz de fazê-lo aprender a ciência de discernir entre o bem e o mal, as melhores e piores condições, e portanto a escolher, sempre que tiver oportunidade, a melhor vida. Considerando todos os elementos que acabamos de mencionar, tomados juntos e depois separadamente, sobre a virtude, ele saberá qual é o efeito da beleza quando misturada com a pobreza ou a riqueza numa determinada alma e suas disposições, e quais são as conseqüências positivas e negativas de ter nascido nobre ou humilde, de uma vida aplicada à magistratura ou aos negócios privados, da força ou da fraqueza, da perspicácia ou da estupidez e de todos os dons semelhantes da alma, naturais ou adquiridos, bem como de sua atuação em conjunto.

65. Aqui, Platão afirma a preeminência do *ethos*, do modo (habitual) de vida, sobre uma noção abstrata de caráter, desvinculada das ações ou atividades (da "vida") do indivíduo. A idéia é a de que o caráter é formado ou educado por estas ações ou atividades, resultando delas. Baseando-se neste princípio, Platão considerava a filosofia eminentemente como "modo de vida" – como "filosofia viva" –, um estado habitual e contínuo – quer dizer, "prático" – de escolha consciente e exercício da razão, e jamais como uma disciplina ou um mero conjunto mais ou menos enciclopédico ou abstrato de conhecimentos. Os que primavam pela posse destes conhecimentos, a que hoje chamaríamos informação, eram conhecidos no tempo de Platão como "retóricos" ou "sofistas". Foi exatamente em oposição a estes que Platão concebeu seu projeto de uma educação filosófica, e mesmo o próprio termo "filosofia", ao que se sabe inventado por ele. (N.T.)

E então ele examinará a natureza da alma e, a partir da consideração de todos esses elementos, poderá fazer sua escolha entre uma vida boa e uma vida má, chamando de má a vida que torne sua alma mais injusta e de boa aquela que a torne mais justa. Tudo o mais ele deverá desconsiderar. Pois vimos e sabemos que esta é a melhor escolha possível, tanto em vida quanto após a morte. O homem tem de levar consigo para o mundo subterrâneo esta opinião inflexível a respeito da verdade e da justiça, pois ali também ele poderá ser confundido pelo desejo de riqueza ou outras tentações vis, para que, defrontando-se com tiranias e vilanias semelhantes, não cometa crimes irremediáveis contra os outros e sofra ele próprio ainda mais. Mas que ele saiba, na medida do possível, como escolher o meio-termo e evitar os extremos de ambos os lados, nesta vida como em toda a vida futura, pois este é o caminho da felicidade.

E, segundo o relato do mensageiro do outro mundo, foi isso o que o profeta disse naquela ocasião, ao lançar ao chão os destinos: "Mesmo o último a chegar, se escolher sensatamente e viver diligentemente segundo o modelo escolhido, terá uma existência feliz e não indesejável. Que nem o primeiro deixe de escolher com prudência nem o último lhe deixe faltar a coragem".

Quando ele acabou de falar assim, disse Er, o primeiro a escolher seu destino por impulso escolheu a maior das tiranias. Tendo sua mente obscurecida pela loucura e a avidez, não considerou com cautela todas as conseqüências de sua escolha, e a fez sem perceber à primeira vista que estava fadado, entre outros horrores, a devorar os próprios filhos. Mas, quando teve tempo para refletir e percebeu qual seria sua sorte, começou a bater no peito e lamentar sua escolha, esquecendo-se da proclamação do profeta; pois, em vez de responsabilizar-se por sua má escolha, ele acusou a sorte, os deuses e tudo o mais que não fosse a si mesmo[66]. Ora, esta alma viera do céu, e na vida anterior vivera numa cidade bem governada, onde aprendera a

66. Exatamente a atitude de quem não conhece a própria alma e que, por isso, não assume a responsabilidade sobre suas próprias escolhas. Em suma, para Platão, acusar a Deus é a atitude do homem que não tem consciência ética. (N.T.)

virtude apenas por hábito e sem nenhuma filosofia. E o mesmo valia para outros que estavam igualmente surpresos, pois que o maior número deles vinha do céu e, por isso, jamais tinha aprendido pela experiência e pelo sofrimento, ao passo que os viajantes que vinham da terra, na sua maioria, tendo eles próprios sofrido e visto outros sofrerem, não tinham pressa em escolher. E por causa da inexperiência das almas celestes, e também porque o sorteio era feito ao acaso, muitas das almas trocavam um bom destino por um mau ou um mau por um bom. Pois se, sempre que chegasse a este mundo, o homem se dedicasse desde o início à salutar filosofia e fosse razoavelmente afortunado na ordem do sorteio que antecede o nascimento, ele não só seria feliz neste mundo, conforme relatou o mensageiro, mas também em sua passagem para a outra vida e no retorno a esta – retorno que, ao invés de árduo e subterrâneo, seria suave e sublime.[67]

O mais curioso, disse Er, era o espetáculo – triste, cômico e estranho na verdade, pois a escolha das almas era feita, na maioria das vezes, com base nos hábitos da vida anterior. Ali ele disse ter visto a alma que um dia fora de Orfeu escolher a vida de um cisne com base na hostilidade às mulheres e na recusa a nascer de uma delas, pois elas lhe haviam causado a morte; viu também a alma de Tâmiras escolher a vida de um rouxinol; por outro lado, também viu pássaros, como o cisne e outras aves amantes da música, buscando trocar sua condição pela de homem. A alma que fora sorteada em vigésimo lugar escolheu a vida de um leão: era a alma de Ajax, filho de Télamon, que não queria voltar a ser homem por lembrar-se da injustiça que

67. Enunciação da filosofia, "amor à sabedoria", como ao mesmo tempo "preparação para a morte" e "cuidado da alma" (*therapsiquê*), dois temas platônico-socráticos por excelência. Vê-se que, nesta passagem, Sócrates deixa tão claro quanto possível que o "cuidado da alma" não consiste apenas no conhecimento da própria alma e suas disposições (autoconhecimento), por mais fundamental que este seja, mas também no conhecimento da ordem maior – a natureza ou *physis*, da qual a alma participa, uma ordem que implica, além da liberdade, a Necessidade, a "sorte", o acaso ou, como se queira, a graça divina. A filosofia para ele consiste exatamente na aquisição e posse destes dois conhecimentos, sem os quais não pode haver uma "escolha" razoável da vida a ser vivida e, portanto, nenhuma ética propriamente filosófica ou racional. (N.T.)

contra ele haviam cometido no julgamento das armas. A seguinte era a alma de Agamenon, que assumiu a condição de águia, porque, como Ajax, odiava o gênero humano por conta das desgraças passadas. A alma de Atalanta, chamada a escolher na metade do sorteio, considerando a grande honra desfrutada pelos atletas, foi incapaz de resistir à tentação de assumir tal condição. Depois dela, foi a vez da alma de Epeu, filho de Panopéia, que assumiu a condição de mulher cultivada em matéria de arte; e bem adiante, entre os últimos que escolheram, estava a alma do bufão Tersites, revestindo-se da forma de um macaco. Chegou, por fim, a vez da alma de Ulisses, que no sorteio tirara o último lugar. Pela memória dos trabalhos passados e já livre de ambições, andou buscando por longo tempo a condição de seu agrado e, a custo, acabou por encontrar, largada num canto pelo desdém dos outros participantes do sorteio, a vida pacata e sem preocupações do homem comum.[68] E, ao vê-la, declarou que sua escolha não teria sido outra, mesmo que tivesse sido o primeiro a escolher. Do mesmo modo, os animais passavam à condição de homens ou de outros animais, os injustos passavam a animais ferozes, e os justos, a espécies domesticadas, numa variedade de combinações. Tendo já todas as almas escolhido suas próximas vidas, avançaram, pela ordem que lhes destinou a sorte, até Laquesis, que deu a cada uma o gênio escolhido para lhes servir de guardião e ajudar na realização de seu destino. O gênio as guiou uma a uma primeiro até Cloto, e as fez passar por baixo das mãos desta e sob o turbilhão do fuso em movimento, ratificando o destino que cada um escolhera. Depois de lhes fazer tocar o fuso, o gênio as levou até Átropos, que trançava os fios, tornando

68. Aqui, com grande astúcia e presença de espírito, Platão sugere que Ulisses, o herói da *Odisséia*, modelo de virtude para toda a Grécia, escolheria ao reencarnar uma vida própria ao exercício da filosofia – uma vida tranqüila, contemplativa, livre de ocupações. Com efeito, este era, segundo Platão, o novo modelo de virtude disponível para os gregos de seu tempo. A sugestão faz parte do projeto platônico de uma reinterpretação dos valores da antiga civilização grega, heróica, mítica e trágica, nos moldes do novo conhecimento racional da natureza e da ética filosófica nele fundada, que Platão buscava, desse modo, alicerçar sobre o passado e a tradição de seu próprio povo. (N.T.)

irreversível o que Cloto tinha fiado. Em seguida, não lhes sendo possível voltar atrás, todas as almas passavam sob o trono da Necessidade; e quando todas já estavam do outro lado, encaminharam-se sob um calor sufocante para a planície do Lete (Esquecimento), um deserto estéril destituído de árvores e plantas. Depois, ao cair da noite, acamparam à margem do rio Ameles [Negligência], cujas águas nenhum vaso consegue conter; daquelas águas, todas as almas são obrigadas a beber uma certa porção, e as imprudentes e irrefletidas bebem mais do que a quantidade necessária. E cada uma delas, ao beber daquela água, esqueceu-se de tudo. Enquanto dormiam, por volta da meia-noite, ressoou um espantoso trovão, ao qual se seguiu um tremor de terra, e as almas foram lançadas para o alto para nascerem cada uma de um modo diferente, cintilando como estrelas. Quanto a Er, ele foi impedido de beber da água. Mas de que maneira e por que caminho ele retornou ao corpo, ele mesmo não sabia; somente pela manhã, ao acordar subitamente, viu-se deitado sobre a pira.

E assim, caro Glauco, o relato foi salvo e não pereceu. E poderá nos salvar também se lhe dermos crédito, e ele nos fizer atravessar em segurança o rio do Letes sem macular nossas almas. Por isso, se crês em mim, acreditando que a alma é imortal e capaz de suportar todo tipo de bem e de mal, meu conselho é que permaneçamos fiéis aos ditames do céu e, sempre no caminho do alto, dediquemo-nos à justiça e à virtude, tornando-nos caros a nós mesmos e aos deuses, seja enquanto permanecermos aqui, seja quando, como os vitoriosos nos jogos que dão voltas a recolher os prêmios da multidão, recebermos nossa recompensa. E assim, nesta vida como ao longo da viagem de mil anos que acabamos de descrever, seremos felizes.

## O SER E O NADA
### de Sartre

Jean-Paul Sartre (1905-1980) foi um importante pensador e romancista francês, laureado com o Prêmio Nobel. A preocupação com as questões da consciência e da existência humanas, temas que muito lhe interessaram, pode ser encontrada em obras tão diversas quanto *A Náusea* (um romance), *As Palavras* (uma autobiografia) e *O Ser e O Nada* (sua obra-prima filosófica).

Sartre vê a vida como o processo de diminuição da nossa fonte de possibilidades, e de sua transformação gradual em necessidades. Cada ato, cada escolha, nas palavras de Sartre, transforma o Ser para-si (possibilidade humana) no Ser em-si (necessidade mecânica). A morte é a conversão final. Depois dela, nada mais resta a ser decidido. Diante da morte, uma pessoa é toda passado. Presente e futuro já não são mais. Neste sentido, a morte é também uma conversão para a finalidade absoluta.

Considero antes de mais nada que o termo "era" é um modo do ser. Nesse sentido, eu sou o meu passado. Não o tenho, sou ele. Uma observação feita por alguém com respeito a um ato que pratiquei ontem ou a um estado de espírito em que estive não me deixa indiferente: fico magoado ou lisonjeado, protesto ou deixo passar, mas sou tocado imediatamente. Não me dissocio do meu passado. É claro que, com o tempo, posso tentar essa dissociação; posso declarar que "não sou mais o que era", argumentar que houve uma mudança, um progresso. Mas isto é uma questão de reação secundária, que se dá enquanto tal. Negar minha solidariedade de estar com meu passado neste ou naquele ponto particular é afirmá-lo com relação ao todo da minha vida. No meu limite, naquele instante infinitesimal de minha morte, não serei nada mais que meu passado. Somente ele me definirá. É isso o que Sófocles busca exprimir em *As Traquíneas*, quando Dejanira diz: "Há um provérbio em voga há muito tempo entre os homens que diz que não se pode julgar se a vida de nenhum mortal foi feliz ou infeliz antes de sua morte". É também esse o significado daquela frase de Malraux que já citamos: "A morte transforma a vida em Destino". Por fim, é isso que surpreende o Crente quando, aterrorizado, ele se dá conta de que na hora da morte as cartas estão todas na mesa, nenhuma ainda por jogar. A morte nos reúne com nós mesmos. A eternidade nos transformou em nós mesmos. No momento da morte, nós somos; isto é, estamos indefesos diante do julgamento alheio. Os outros podem decidir o que somos "em verdade"; por fim, não temos mais nenhuma chance de escapar daquilo que uma inteligência onisciente poderia fazer. Um arrependimento de última hora é um esforço desesperado de quebrar todo esse ser que aos poucos se congelou e se solidificou "em torno de nós", um último salto para dissociar-nos do que somos. Em vão. A morte imobiliza esse salto com o repouso; este nada mais faz que combinar-se com o que o precedeu, como um fator entre outros, como uma determinação particular que é compreendida apenas no quadro da totalidade. Pela morte, o para-si é transformado para sempre num em-si, uma vez que "escorregou inteiramente para o passado". Assim, o passado é a totalidade sempre crescente do em-si que somos.

Não obstante, não somos esse em-si no modo de identidade enquanto ainda não morremos. "Temos" de sê-lo. Comumente, o rancor contra um homem desaparece com a sua morte. Isto ocorre porque ele foi reunido com seu passado; ele "é" esse passado sem, no entanto, ser responsável por ele. Enquanto ele vive, é objeto do meu rancor; isto é, eu o reprovo por seu passado, não apenas porque ele "é" esse passado, mas porque ele o reassume a cada instante e o mantém no ser, pelo fato de que é responsável por ele. Não é verdade que o rancor fixa o homem no que ele era; se assim fosse, ele sobreviveria à morte. Ele é dirigido ao homem vivo que em seu ser é (ainda) livremente o que era. Sou meu passado e, se não o fosse, meu passado não existiria mais "nem para mim nem para ninguém". Ele não guardaria mais nenhuma relação com o presente. Isto certamente não significa que ele não existiria, mas apenas que sua existência não poderia ser descoberta. Sou aquele por intermédio de quem meu passado chega a este mundo. Mas é preciso deixar claro que não lhe dou a condição de ser. Em outras palavras, ele não existe como "minha" representação. Meu passado não existe porque eu o "represento". Ele entra no mundo porque eu o sou, e é em relação ao seu estar-no-mundo que eu posso, aplicando um determinado processo psicológico, representá-lo para mim mesmo.

O passado é o que tenho de ser, e no entanto sua natureza é diferente da natureza dos meus possíveis. O possível, que também tenho de ser, permanece como meu possível concreto, aquele cujo oposto é igualmente possível, ainda que em menor grau. O passado, pelo contrário, é aquilo que não tem qualquer tipo de possibilidade: é aquilo que consumiu suas possibilidades. Tenho de ser aquilo que não mais depende da minha capacidade de ser, aquilo que em si mesmo já é tudo o que pode ser. O passado que sou, tenho de ser sem nenhuma possibilidade de não sê-lo. Assumo a total responsabilidade por ele como se eu pudesse mudá-lo, e, contudo, não posso ser nada além dele. Veremos adiante que preservamos continuamente a possibilidade de mudar o significado do passado pelo fato de que ele é um ex-presente que tem um futuro. Mas, do conteúdo do passado enquanto tal, nada posso remover nem acrescentar. Em outras palavras, o passado que eu fui é o que é; é um em-si como as coisas do mundo. A relação de ser que devo manter com o passado é uma relação do tipo do em-si – ou seja, uma identificação consigo mesmo.

[...]

O Para-si que espremeu e jogou fora todo o seu nada e foi reapreendido pelo Em-si, um Para-si se dissolvendo no mundo – tal é o Passado que tenho de ser, tal é o avatar do Para-si. Mas este avatar é produzido em unidade com o surgimento de um Para-si que se anula a si próprio como Presença no mundo e que tem de ser o Passado que transcende. Qual é o significado desse surgir? Devemos evitar ver aqui o surgimento de um novo ser. Tudo ocorre como se o Presente fosse um buraco perpétuo no ser – imediatamente preenchido e perpetuamente renascido –, como se o Presente fosse uma fuga perpétua da armadilha do "Em-si" que o ameaça, até aquela vitória final do Em-si que o arrastará para um passado que não é mais o passado de nenhum Para-si. A morte é essa vitória, pois a morte é a suspensão final da Temporalidade pelo tornar-passado todo o sistema, ou, se preferirem, pela recaptura da Totalidade humana pelo Em-si.

# SER E TEMPO

## de Heidegger

Martin Heidegger (1889-1984), filósofo alemão, assumiu como seu grande projeto a questão do ser. Para lembrar-nos do chamado do ser em oposição a todos os tipos de fazer, Heidegger reexaminou as raízes do pensamento ocidental na filosofia pré-socrática. *Ser e Tempo* é sua obra mais importante e um dos livros mais influentes do século XX.

Heidegger investiga um nível mais profundo da condição humana (ou *Dasein*, em sua terminologia), em que estamos atentos ao chamado da consciência. Sua linguagem é o silêncio. Ele nos chama de volta à nossa posição essencial no mundo, enquanto seres suscetíveis de esquecimento e sempre prestes a nos perder em aparências impessoais. Neste chamado de volta, encontramo-nos, acredita Heidegger, com o fato de nossa morte. O fato de sermos mortais e transitórios nos incita a ser resolutos no enfrentamento de nossa existência, e essa nova atitude cria, por sua vez, uma força interior, que nos torna menos propensos a perder o contato com a questão de quem somos realmente.[69]

O que no chamado da consciência é referido, em outras palavras, a quem é dirigido o chamado? Manifestamente ao próprio ser-aí [*Dasein*]. Esta resposta é tão incontestável quanto indefinida. Se o chamado tem um alvo tão vago, ele se presta ao menos a dar ocasião para o ser-aí prestar atenção em si mesmo. Mas é essencial ao ser-aí que, com o desvelamento de seu mundo, ele tenha se desvelado para si mesmo, de modo que ele sempre compreenda a si mesmo. O chamado alcança o ser-aí nesta compreensão de si mesmo que ele sempre tem, e que se dá de modo mediano, cotidiano. Isto é, o chamado alcança o próprio-impessoal do ser-com os outros.

E ao que se é chamado quando se é assim chamado? Para seu próprio si-mesmo. Não para aquilo que o ser-aí vale, pode fazer, ou se preocupa no ser-com os outros, publicamente, muito menos para aquilo de que ele se ocupa, em que se engajou ou pelo que se deixou

69. O texto selecionado corresponde a partes dos parágrafos 56 e 57 do que é, na edição brasileira, o segundo volume de *Ser e Tempo*. (N.T.)

arrastar. A espécie de ser-aí que é entendida mundanamente, tanto para os Outros quanto para si mesma, é ultrapassada nesse chamado; isto é algo do qual o chamado para si-mesmo não toma o menor conhecimento. E porque apenas o próprio do próprio-impessoal é chamado e forçado a ouvir, o "impessoal" e o modo como o ser-aí foi publicamente interpretado, de modo algum significa que o impessoal não tenha sido alcançado também (pelo chamado). Precisamente ao ultrapassar o impessoal (feito como ele é para os olhos do público), o chamado o empurra para a insignificância [*Bedeutungslosigkeit*]. Mas o Si-mesmo, roubado de seu refúgio e esconderijo pelo chamado, é trazido para si mesmo pelo mesmo chamado.

[...]

O chamado dispensa qualquer verbalização. Ele não se coloca de modo algum dentro de palavras e, não obstante, ele em nada permanece obscuro e indeterminado. A experiência fala única e constantemente ao se manter em silêncio. Desse modo, ela não somente nada perde de sua perceptibilidade, como força o ser-aí que foi chamado e intimado à reserva sobre si mesmo. O fato de que o que foi chamado no chamado não se formulou em palavras não dá a esse fenômeno a indefinição de uma voz misteriosa, mas simplesmente indica que o nosso entendimento do que é "chamado" não deve estar atado à expectativa de nada semelhante a uma comunicação.

O que o chamado desvela é, não obstante, inequívoco, mesmo que possa ser submetido a uma interpretação diferente no ser-aí individual em consonância com suas próprias possibilidades de entendimento. E, apesar de o conteúdo do chamado ser aparentemente indefinido, a direção que ele toma é segura e não deve ser menosprezada. O chamado não nos pede para buscar às apalpadelas aquele para quem ele chama, nem requer qualquer sinal pelo qual possamos reconhecer que ele não é aquele que é significado (pelo chamado). Quando "ilusões" despertam na consciência, não é porque o chamado tenha sido descuidado (chamando por engano), mas somente porque o chamado é "ouvido" de tal modo que, em vez de se tornar autenticamente compreendido, ele é atraído pelo próprio-impessoal a um solilóquio no qual se barganha, sendo assim desviado de sua tendência a desvelar.

[...]

O chamado não relata acontecimentos; ele chama sem emitir uma única palavra. Estranhamente, o chamado fala em silêncio. E ele o faz somente porque, ao chamar aquele a quem o chamado é dirigido, ele não o chama segundo o falatório do próprio-impessoal, mas o chama de volta dali para a reserva de seu poder-ser. Quando o que chama alcança aquele a quem o chamado é dirigido, ele assim faz com uma certeza fria que é estranha, mas de modo algum óbvia. Onde está a base desta certeza se não no fato de que, quando o ser-aí foi individualizado até si mesmo em sua estranheza, ele é para si mesmo algo que simplesmente não pode ser tomado erroneamente por qualquer outra coisa? O que é que tão radicalmente destitui o ser-aí da possibilidade de não se compreender a si mesmo por qualquer tipo de álibi ou falha em se reconhecer, se não o completo desamparo [*Verlassenheit*] com que ele foi abandonado [*Uberlassenheit*] a si mesmo?

Estranheza é, com efeito, o tipo básico de ser-no-mundo, mesmo que, na cotidianidade, ele tenha sido encoberto. Das profundezas deste tipo de Ser, o próprio ser-aí, enquanto consciência, chama. O "ele me chama" [*es ruft mich*] é um tipo privilegiado de discurso para o ser-aí (*Dasein*). O chamado cujo tom foi afinado pela angústia é o que primeiro, e principalmente, torna possível ao ser-aí projetar-se em seu poder-ser absolutamente próprio. O chamado da consciência, entendido existencialmente, torna conhecido pela primeira vez aquilo que antes nós meramente afirmávamos: que a estranheza segue o ser-aí e é uma ameaça ao desamparo em que ele esqueceu a si mesmo .

A proposição de que o ser-aí é, ao mesmo tempo, tanto aquele que chama quanto aquele a quem o chamado se dirige, perde agora seu caráter vazio e formal, assim como sua obviedade. A consciência se manifesta como o chamado para a cura: o que chama é o ser-aí que, em seu estar lançado (já-ser-em), angustia-se com o seu poder-ser. Aquele a quem o chamado se dirige é esse mesmo ser-aí, intimado a seu poder-ser absolutamente próprio (à frente de si mesmo). O ser-aí está decaindo no próprio-impessoal (ao já ser-com o mundo das ocupações), e é intimado para fora dessa decadência pelo chamado. O chamado da consciência – isto é, a consciência mesma – tem sua possibilidade ontológica no fato de que, no melhor e mais fundo de seu ser, o ser-aí é cura.

## VINAYA-PITAKA, MAJJHIMA-NIKAYA, SAMYUTTA-NIKAYA

*Vinaya-pitaka, Samyutta-nikaya* e *Majjhima-nikaya* são textos clássicos da tradição Hinayana do budismo. O *Vinaya-pitaka* é um texto clássico da vida monástica. O budismo é um corpo de teoria e prática que procura, por meio do estudo e da rigorosa disciplina, libertar o indivíduo de todos os impedimentos à plena expressão humana. O estudo começa com o sofrimento e o transitório e acaba com a consciência de que não existe nenhum "eu" diferente do cosmos como um todo. A Hinayana é a mais antiga e minuciosa interpretação dos ensinamentos do Buda. Ela enfatiza a auto-realização do indivíduo acima de suas relações com seus semelhantes.

De modo resumido, estes três textos curtos do *corpus* budista adotam uma abordagem diferente sobre a morte. A morte é a fase final de um processo que se estende do nascimento à velhice. De acordo com essa idéia, a duração de uma vida simplesmente repete em larga escala o que ocorre, em menor escala, num instante. Sempre que tentamos nos agarrar a algum elemento do momento transitório, damos início à frustração, à negatividade e ao sofrimento que marcam nossas vidas. Para transformar essa condição básica, o budismo sugere o relaxamento da vontade, e uma abertura dessa faculdade aos poderes benévolos que a sustentam.

### DO VINAYA-PITAKA, I, I

41. Condicionadas pela ignorância são as formações cármicas;[70] condicionada pelas formações cármicas é a consciência; condicio-

70. Os Samkhara são formações cármicas, no sentido de "formar", como oposto de "formado". Como tais, pode-se considerá-las representações da atividade volitiva [*cetana*] do corpo [*kaya*], do discurso [*vaci*] e da mente [*mano*]. (Nota da tradução inglesa)

nada pela consciência é a mente-corpo; condicionados pela mente-corpo são os seis campos dos sentidos; condicionada pelos seis campos dos sentidos é a impressão; condicionada pela impressão é a sensação; condicionado pela sensação é o desejo; condicionado pelo desejo é o entendimento; condicionado pelo entendimento é o vir a ser; condicionado pelo vir a ser é o nascimento; condicionados pelo nascimento vem à existência o envelhecimento e a morte, a dor, a mágoa, o sofrimento, a lamentação e o desespero. Assim é a origem de todo esse sofrimento.

Mas da cessação da ignorância vem a cessação das formações cármicas; e da cessação das formações cármicas vem a cessação da consciência; da cessação da consciência vem a cessação da mente-corpo; da cessação da mente-corpo vem a cessação dos seis campos dos sentidos; e da cessação dos seis campos dos sentidos vem a cessação da impressão; da cessação da impressão vem a cessação do vir a ser; da cessação do vir a ser vem a cessação da sensação; da cessação da sensação vem a cessação do desejo; da cessação do desejo vem a cessação da avidez; da cessação da avidez vem a cessação do nascimento; a cessação do nascimento traz o fim do envelhecimento e da morte, da mágoa, da dor, do sofrimento, da lamentação e do desespero. Assim se dá o fim de todo esse sofrimento.

DO MAJJHIMA-NIKAYA, I, 49-54

43. E o que é o envelhecimento e a morte? O que quer que seja para esta ou aquela classe de pessoas, o envelhecimento é decrepitude, decaída, embranquecimento dos cabelos, enrugamento da pele, diminuição do tempo de vida, entorpecimento das faculdades sensoriais: isso é o que se chama envelhecer. O que quer que seja para este ou aquele ser desta ou daquela classe de seres, é a queda e a decadência, a dissolução, o desaparecimento, a mortalidade e a morte, a despedida, a ruptura dos *khandhas*, a falência do corpo: isso é o que se chama morrer. Isto é o que se chama envelhecer e morrer.

E o que é o nascimento? O que quer que seja para este ou aquele ser desta ou daquela classe de seres, é a concepção, o nascimento, a descida, a produção, o surgimento dos *khandhas*, a aquisição dos campos dos sentidos: isso é o que se chama nascer.

E o que é vir a ser? Há estes três modos: vir a ser sensual, vir a ser de matéria sutil e vir a ser imaterial.

E o que é avidez? Há estes quatro tipos de avidez: por prazeres sensuais, pela visão especulativa, pelos ritos e costumes, pela teoria do eu.

E o que é desejo? Há seis classes de desejo: por formas materiais, sons, odores, gostos, toques e objetos mentais.

E o que é sensação? Há seis classes de sensação: sensações causadas pelo impacto visual, auditivo, olfativo, gustativo, físico e mental.

E o que é impressão? Há seis tipos de impressão: visual, auditiva, olfativa, gustativa, física e mental.

E o que são os seis campos dos sentidos? O campo do olho, o dos ouvidos, o do nariz, o da língua, o do corpo e o da mente.

E o que é mente-corpo? Sensação, percepção, volição, impressão, atenção consciente: isso é o que se chama mente.[71] Os quatro grandes elementos (terra, água, fogo e ar) e as formas materiais derivadas deles: isso é o que se chama corpo. Assim é a mente e assim é o corpo. Isto é o que se chama mente-corpo.

E o que é a consciência? Há seis classes de consciência: consciência visual, auditiva, olfativa, gustativa, física e mental.

E o que são as formações cármicas? Existem três: formações cármicas do corpo, da fala e do pensamento.

E o que é ignorância? O que quer que seja ignorado com respeito ao sofrimento, seu despertar, sua cessação e o caminho que leva à cessação – isso é o que se chama ignorância.

DO SAMYUTTA-NIKAYA, II, 65-6

48. Aquilo que queremos e pretendemos fazer e aquilo com que estamos ocupados, isso é um objeto para a sustentação da consciência.

71. ... O que é mente? O conjunto das sensações, o das percepções, o dos impulsos, o da consciência e o elemento não composto: isso é o que se chama, em sentido próprio, "mente". (Nota da tradução inglesa)

Se existe um objeto, existe uma base para a consciência. Com a consciência crescendo sobre essa base, há o renascimento e o recorrente vir a ser no futuro. Se existe renascimento e vir a ser recorrente, envelhecimento, morte, mágoa, dor, sofrimento, lamentação e desespero vêm à existência no futuro. Assim é o despertar de todo esse sofrimento.

Mas se nem queremos nem pretendemos fazer algo e, no entanto, continuamos ocupados com algo, a mesma seqüência ocorre.

Mas se nem queremos nem pretendemos fazer algo e não estamos ocupados com algo, não há qualquer objeto para a sustentação da consciência; portanto, nenhuma base para ela; com a consciência sem nenhuma base ou crescimento, não há renascimento nem vir a ser recorrente no futuro. Nesta ausência, nascimento, envelhecimento e morte, mágoa, dor, sofrimento, lamentação e desespero cessam. Assim se dá a cessação de todo esse sofrimento.

Aquilo que queremos e pretendemos fazer e aquilo com que estamos ocupados são objetos para a sustentação da consciência. Se existe um objeto, existe uma base para a consciência. Com a consciência crescendo sobre esta base, há a descida da mente-corpo.

Condicionados pela mente-corpo são os seis campos sensoriais. [...] Condicionada por estes é a impressão. [...] Assim tem origem todo esse sofrimento.

Mas se nem queremos nem pretendemos fazer algo e nem estamos ocupados com algo, não há objeto para a sustentação da consciência; conseqüentemente, não há nenhuma base para ela. Com a consciência sem base nem crescimento, não há descida da mente-corpo. Da cessação da mente-corpo vem a cessação dos seis campos sensoriais. [...] E assim é o fim de todo esse sofrimento.

## A MORTE EXPOSTA

### de Lewis Thomas

Lewis Thomas (nascido em 1913-1993), biólogo e ensaísta norte-americano, dedicou toda a sua vida à busca do sentido profundo dos diversos fenômenos vitais. Seus estudos revelaram novas maneiras de abordar as grandes questões da sobrevivência, da morte e da evolução. Entre seus livros mais célebres estão *As vidas da célula* (1974) e *A medusa e o caracol* (1979).

Lewis Thomas aborda a morte como um acontecimento natural no âmbito de um ecossistema. Nunca vemos um animal morto jazendo no bosque, diz ele, porque o material orgânico é imediatamente reciclado para voltar para os vivos. Em certo sentido, nosso planeta é um organismo vivo. Dessa perspectiva cosmológica, sua vida depende do intercâmbio e da reciprocidade entre os vivos e os mortos. Deste modo, a morte é despersonalizada e assume uma importância extraordinária.

A maior parte dos animais mortos que se vê nas estradas próximas às cidades são cães, e também alguns gatos. No campo, as formas e cores dos cadáveres são estranhas, pois são cadáveres de animais selvagens. Vistos da janela de um carro, eles parecem fragmentos que lembram marmotas, texugos, gambás, ratos silvestres, cobras e, às vezes, a misteriosa carcaça de um veado.

É sempre um choque de estranheza, em parte pelo súbito ataque de tristeza e em parte pela perplexidade indescritível. É simplesmente espantoso ver um animal morto numa estrada. Não é o lugar em si, meramente, o que causa a indignação, mas a impropriedade de uma morte tão visível em qualquer lugar. Ninguém espera ver animais mortos expostos publicamente. É da natureza dos animais morrer na solidão, em um lugar afastado, escondido. É errado vê-los estirados na estrada; é errado vê-los expostos em qualquer lugar.

Tudo no mundo morre, mas só conhecemos esse fato como uma espécie de abstração. Se você for a uma campina, à beira de uma encosta, e olhar atentamente ao seu redor, quase tudo o que conseguir avistar estará morrendo, e a maior parte terá morrido muito antes de você. Se não fosse pela constante renovação e reposição que acontecem diante dos seus olhos, todo o lugar se transformaria em pedra e areia sob seus pés.

Há algumas criaturas que parecem não morrer em absoluto; elas simplesmente desaparecem por completo em sua própria progênie. As células simples são assim. A célula se subdivide em duas, em seguida em quatro e assim por diante, e depois de um tempo desaparece o último vestígio. Isto não pode ser visto como morte; excetuando a mutação, os descendentes são simplesmente a célula original, vivendo todo o processo novamente. Os ciclos do limo vegetal têm episódios que parecem tão conclusivos quanto a morte, mas a lesma seca, com seu pedúnculo e corpo fecundo, é evidentemente o tecido transitório de um animal em desenvolvimento; os amebócitos nadadores fazem uso coletivo desse organismo para produzir mais espécimes de si mesmos.

Considera-se que a qualquer instante há um trilhão de insetos na terra, a maioria deles com uma expectativa de vida muito curta, de acordo com os nossos padrões. Alguém estimou que existem vinte e cinco milhões de espécies de insetos suspensos no ar de cada milha quadrada de clima temperado, numa coluna que se eleva por milhares de metros, flutuando pelas camadas da atmosfera como plânctons. Eles estão morrendo constantemente, alguns sendo devorados, outros simplesmente caindo de seus vôos, toneladas deles por toda a terra, desintegrando-se ao morrer, invisíveis.

Quem já viu pássaros mortos, considerando a quantidade avassaladora passível de ser estipulada pela certeza da morte de todos os pássaros? Um pássaro morto é uma incongruência, mais surpreendente que um encontro inesperado com um pássaro vivo, um indício confiável para a mente humana de que algo deu errado. Os pássaros morrem isolados, atrás das coisas, embaixo das coisas, nunca em pleno vôo.

Os animais parecem ter um instinto para morrer sozinhos, escondidos. Mesmo os maiores e mais notáveis encontram meios de se esconder a tempo. Se um elefante tropeça e morre num lugar aberto, a manada não o deixará ali: os outros elefantes o pegarão e arrastarão o cadáver de um lugar a outro, colocando-o finalmente nalgum local inexplicavelmente apropriado. Quando elefantes encontram a carcaça de outro elefante exposta, eles a recolhem metodicamente, osso por osso, e os espalham pelas proximidades, numa pesada cerimônia.

É um prodígio da natureza. Toda a vida da terra morre, o tempo todo, na mesma proporção com que a vida nos surpreende a cada manhã, a cada primavera. Tudo o que percebemos disto é a estranha perplexidade, a mosca debatendo-se no chão da varanda da casa de veraneio em outubro, o fragmento de um corpo na auto-estrada. Vivi toda a minha vida sendo perturbado pelos esquilos no meu quintal, que estão por toda parte, durante todo o ano, e jamais vi um esquilo morto em parte alguma.

Talvez seja melhor assim. Se a terra não fosse como é e todas as mortes ocorressem abertamente, com os cadáveres ali para serem olhados, jamais pararíamos de pensar na morte. Podemos esquecê-la durante a maior parte do tempo, ou pensar nela como um acidente a ser de algum modo evitado. Mas isso faz com que o processo da morte pareça mais excepcional do que é na realidade, e mais difícil de aceitar nos momentos em que nós próprios temos de aceitá-lo.

À nossa maneira, nós nos conformamos o melhor possível ao restante da natureza. As páginas dos obituários nos informam que estamos desaparecendo, enquanto os anúncios de nascimento, melhor impressos, no canto da página, informam-nos que estamos sendo substituídos, mas por aí não podemos fazer nenhuma idéia da enormidade da escala. Existem três bilhões de nós sobre a terra e todos os três bilhões devem morrer, na sua devida hora, em algum momento da vida. A enorme mortalidade, envolvendo algo acima de cinqüenta milhões de pessoas por ano, ocorre em relativo sigilo. Só podemos saber realmente das mortes que ocorrem em nossas famílias ou em círculos de amizade. Estas, separadas em nossas mentes de todas as demais, tomamos como eventos anormais, anomalias, afrontas. Falamos de nossos mortos em voz baixa; abatidos, falamos evasivamente, como se a morte visível pudesse apenas ocorrer por uma causa particular, uma doença ou um ato de violência, sempre algo evitável. Saímos para levar flores, lamentamos, fazemos cerimônias, espalhamos ossos, alheios aos outros três bilhões que estão na mesma condição. Toda essa imensa massa de carne, ossos e consciência desaparecerá, absorvida pela terra, sem ser reconhecida pelos sobreviventes provisórios.

Em menos de meio século, nossos substitutos terão mais do que duplicado esses números. É difícil imaginar como poderemos continuar mantendo o sigilo, com tamanha profusão de falecimentos. Precisaremos abandonar a noção de que a morte é uma catástrofe, ou algo abominável, detestável, evitável ou mesmo estranho. Precisaremos aprender mais sobre o ciclo da vida no resto do sistema, e sobre nossa relação com o processo. Tudo o que vem à vida parece vir à custa de algo que morre, célula por célula. Deve haver algum consolo no reconhecimento da sincronia, na informação de que todos cairemos juntos, na melhor das companhias.

## A MORTE DE IVÁN ILITCH
de Tolstói

Leon Nikoláievich Tolstói (1828-1910) foi romancista, contador de histórias, pensador e reformador moral da Rússia. Antes de sua grande crise espiritual de 1876-1879, Tolstoi escreveu algumas das melhores obras da literatura mundial, inclusive os dois grandes romances, *Guerra e Paz* e *Ana Karennina.* Descrevendo suas experiências em *Uma Confissão* (1879-1882), ele dedicou sua vida à formulação de uma simplicidade voluntária, baseada nos ensinamentos do Evangelho, que abarcava a não-violência, o trabalho manual e a propriedade comunal.

Nesta novela, Tolstói descreve o advento da morte na vida de um homem, Iván Ilitch, um sujeito completamente egoísta. O personagem é afetado por uma doença terminal e vai gradualmente sendo confinado a uma cama pela dor e pela debilidade. A narrativa mostra a recusa de Iván Ilitch em aceitar o fato de sua morte. O terrível e interminável sofrimento ao qual é submetido acaba lhe dando a oportunidade de aceitar a morte e ganhar uma compreensão do que ele teve de suportar.

IX

Sua esposa voltou tarde da noite. Ela entrou na ponta dos pés, mas ele a ouviu. Ele abriu os olhos e apressou-se em fechá-los novamente. Ela quis afastar Gerasim e sentar-se com ele. Ele abriu os olhos e disse:

– Não, vai embora.

– Estás sofrendo muito?

– Não faz diferença.

– Toma um pouco de ópio.

Ele consentiu e tomou um pouco. Ela afastou-se.

Até por volta das três horas da manhã, ele permaneceu num agonizante torpor. Parecia-lhe que, com sua dor, estava sendo jogado nalgum lugar para dentro de um saco preto, estreito e fundo, cada vez mais para o fundo sem chegar ao fim. E esse processo terrível vinha acompanhado de igual sofrimento. E ele se debatia, tinha medo de atravessar o saco, debatendo-se e ajudando-se ao mesmo tempo. E, de repente, ele desprendeu-se e deixou-se cair e despertou. Gerasim continuava sentado a seus pés, ao lado da cama, cochilando calma e pacientemente. Enquanto isso, Iván Ilitch estava deitado, seus pés emaciados e enfiados em meias, descansando sobre os ombros de Gerasim. Viu a mesma vela com seu quebra-luz e sentiu a mesma dor ininterrupta.

– Vai embora, Gerasim – sussurrou.

– Não se preocupe, senhor, ficarei aqui sentado.

– Não, pode ir.

Ele tirou os pés dos ombros de Gerasim, deitou-se de lado sobre o braço e começou a sentir pena de si mesmo. Apenas esperou Gerasim ir embora para o quarto contíguo e não mais se conteve, irrompendo em lágrimas como uma criança. Chorou por seu desamparo, sua terrível solidão, pela crueldade dos homens, pela crueldade de Deus, pela ausência de Deus.

– Por que fizeste tudo isto, Senhor? Por que me causaste tudo isto? Por que, por que me atormentas tão terrivelmente?

Ele não esperava nenhuma resposta, e chorava porque não havia e nem poderia haver nenhuma resposta. A dor voltou, mas ele não se mexeu e não chamou ninguém. Disse para si mesmo:

– Vai, golpeia-me! Mas para quê? O que foi que eu Te fiz? Pelo quê?

Em seguida, ficou em silêncio e parou não só de chorar, mas também de respirar, e tornou-se todo atenção: era como se ele escutasse não a voz que falava emitindo sons, mas a voz de sua alma, o fluxo de pensamentos que despertou nele.

– O que queres? – foi a primeira expressão clara, capaz de ser posta em palavras, que ele ouviu.

– O que queres? O que queres? – repetia ele para si mesmo. – O que eu quero? Não mais sofrer. Viver! – respondeu.

E novamente pôs-se a escutar tão atentamente que nem a dor que sentia o distraiu.

– Viver? Viver como? – perguntou a voz de sua alma.

– Viver como eu costumava viver antes, bem, com prazer.

– Como vivias antes, bem e com prazer? – perguntou a voz. E ele começou a ver na imaginação os melhores momentos de sua vida de prazeres. Mas, estranhamente, todos aqueles melhores momentos de sua vida de prazeres eram agora diferentes do que tinham sido antes. Todos, menos suas primeiras recordações da infância. Lá, na infância, houve algo realmente agradável, com que seria possível viver se a vida voltasse atrás. Mas o homem que experimentara aquelas sensações agradáveis não mais existia; era como se as memórias fossem de outra pessoa.

Desde que começou tudo aquilo que resultou no Iván Ilitch atual, tudo o que um dia lhe parecera alegria passava agora a coisa insignificante e mesmo abominável.

E, quanto mais distantes da infância e mais próximas do presente, mais insignificantes e duvidosas eram suas alegrias. Isso começara na faculdade de Direito. Havia, ali, algo de genuinamente agradável: alegria, amizade, esperança. Mas, mais para o final do curso, esses momentos tornavam-se cada vez mais raros. Mais tarde, quando trabalhava para o governador durante os primeiros anos de sua carreira oficial, houve outro tipo de lembranças: eram as do amor de uma mulher. Então tudo se confundiu, e passou a existir ainda menos do que era agradável. Mais adiante, havia ainda menos de bom e, quanto mais avançado no tempo, cada vez menos.

– O casamento, tão de repente, e o desencantamento, e o mau hálito na boca de minha mulher, e a sensualidade e a hipocrisia! E esse trabalho sem sentido, e essas preocupações com o dinheiro, e assim passou um ano, e dois, e dez, e vinte: sempre a mesma coisa. Quanto mais o tempo avançava, mais morto ficava. Era como se eu estivesse descendo sempre mais uma montanha, imaginando que subia. E assim era. Para a opinião pública, eu subia a montanha e, exatamente na mesma proporção, minha vida desaparecia sob mim. E agora tudo acabou: vai e morre!

– Então, o que é isto? Por quê? Impossível! Não pode ser que a vida seja tão sem sentido e tão abominável! E, se ela foi de fato tão sem sentido e miserável, que sentido há em morrer e em morrer sofrendo? Algo está errado.

– Talvez eu não tenha vivido de modo apropriado – ocorreu-lhe de repente. – Mas como pode ser isso se fiz tudo o que se esperava de mim? – perguntou-se, e imediatamente repeliu esta única solução de todo o enigma da vida e da morte como algo totalmente impossível.

– O que queres agora? Viver? Viver como? Viver como vivias no tribunal, quando o meirinho anunciava: "O julgamento vai começar, o julgamento vai começar, o julgamento vai começar!", repetiu para si mesmo. – Eis o julgamento! Mas não sou culpado! – berrou furioso. – Do quê? – E parou de chorar, e, voltando o rosto para a parede, não pôde pensar em nada senão na mesma pergunta: "Por que, por que todo esse terror?"

Mas, por muito que pensasse, não encontrou resposta. E quando lhe ocorria – com certa freqüência – o mesmo pensamento de que tudo isso se devia ao fato de ele não ter vivido da maneira correta, imediatamente se lembrava de toda a regularidade de sua vida, afastando de si o pensamento estranho.

## X

Mais duas semanas se passaram. Iván Ilitch não mais se levantava do divã. Ele não queria mais ficar deitado na cama, e por isso deitava-se no divã. Deitado quase o tempo todo com o rosto encostado na parede, ele sofria na solidão os mesmos sofrimentos insolúveis e, solitário, pensava os mesmos pensamentos insolúveis.

– O que é isto? Será realmente a morte? – E uma voz interior lhe respondia: "Sim, é". – Para que todos esses tormentos? – E a voz respondia: "Por nenhum motivo em especial".

Depois disso e além disso não havia mais nada.

Desde o início da doença, desde a primeira vez em que fora ao médico, sua vida estava dividida em dois estados de ânimo opostos que se sucediam um ao outro: ora o desespero e a expectativa de uma morte incrivelmente terrível, ora a esperança e uma absorção contemplativa nas atividades de seu próprio corpo. Ora ele não percebia mais nada além do próprio rim ou intestino, que agora abandonavam as funções que lhes cabiam, ora a incompreensível, terrível morte, de que era impossível libertar-se como quer que fosse.

Estes dois estados de espírito alternavam-se desde o começo de sua doença; e, quanto mais seu estado piorava, mais duvidosa e fantástica tornava-se sua imaginação em relação ao rim e mais real a consciência de uma morte iminente.

Bastava-lhe recordar como era três meses antes e o que se tornara agora para lembrar-se do quão direta fora sua queda e destruir toda e qualquer possibilidade de esperança.

Durante o último estágio da solidão em que estava, deitado com o rosto voltado para as costas do divã, daquela solidão em meio a uma cidade agitada e seus inúmeros conhecidos e familiares – solidão mais completa não se encontraria em parte alguma, nem nas profundezas do mar, nem nas entranhas da terra –, durante o último estágio dessa terrível solidão, Iván Ilitch viveu, em sua imaginação, apenas das lembranças do passado. Surgiam diante dele as imagens do passado, uma após a outra. Elas sempre começavam pelo que lhe era mais próximo no tempo, e retrocediam às mais remotas, à infância, e ali cessavam. Se Iván Ilitch pensava nas ameixas cozidas que lhe foram trazidas hoje, lembrava-se das ameixas francesas de sua infância, cruas e enrugadas de sua infância, de seu sabor especial e da abundância de saliva que sentia quando finalmente chegava ao caroço. Com as lembranças do sabor, vinha-lhe toda uma série de recordações daquele tempo – da babá, do irmão, dos brinquedos.

– Não devo pensar nisso: é doloroso demais – pensava Iván Ilitch, e de novo se transportava para o presente. Um botão nas costas do divã e as dobras do marroquim.

– O marroquim é caro e frágil, até brigamos por causa dele. Mas não, era um tipo diferente de marroquim, uma outra discussão, quando rasgamos o portifólio do pai e fomos castigados, e mamãe nos trouxe pasteizinhos.

E de novo seu pensamento deteve-se na infância, e de novo ele sentiu dor e tentou afastá-la pensando em outra coisa.

E novamente, junto com esse fluxo de recordações, uma outra leva de memórias atravessou sua alma, lembranças da progressão de sua doença, de sua piora. Era de novo a mesma coisa: quanto mais distante no passado, mais vida. Havia mais coisas boas na vida e mais da própria vida. Ambas misturavam-se.

– Assim como meu sofrimento, também minha vida foi se tornando cada vez pior. Havia um ponto luminoso lá atrás, no começo da vida, e depois tudo foi ficando cada vez mais escuro e marchando cada vez mais rápido, em proporção inversa à distância da morte – pensou Iván Ilitch. E a representação de uma pedra descendo com uma velocidade cada vez maior abateu-se sobre sua alma. A vida, uma série de sofrimentos crescentes, avançava cada vez mais rápido na direção do fim, um sofrimento terrível.

– Estou caindo – ele tremeu e estremeceu e quis resistir; mas sabia ser inútil. De novo, olhou para as costas do divã com os olhos cansados, que não conseguiam deixar de olhar para o que estava à sua frente. Esperou e esperou, aguardando para qualquer momento a terrível queda, o empurrão, a destruição.

– É impossível resistir – disse para si mesmo. – Se ao menos eu pudesse entender para que serve tudo isso... Mas é impossível. Deveria ser possível explicar. Se ao menos alguém pudesse me dizer que não vivi da maneira certa... Mas isso não pode, absolutamente, ser afirmado –, disse de novo para si mesmo, enquanto recordava a retidão, a regularidade e a decência com que conduzira sua vida.

– É impossível admitir isso – concluiu, sorrindo, como se alguém pudesse ver esse sorriso e ser por ele iludido. – Não há nenhuma explicação! Tormento, morte... Por quê?

XI

[...]

O médico chegou na hora habitual. Iván Ilitch respondeu-lhe "Sim, não", sem tirar seu olhar de fúria de cima dele. Por fim, disse:

– Sabes que nada pode me ajudar. Então, deixa estar.

– Podemos aliviar teu sofrimento – disse o médico.

– Não podes fazer isso também, deixa estar.

O médico foi para a sala de visitas e informou Praskovia Fiedorovna que o estado de seu marido era muito grave e que havia um meio – o ópio – de aliviar o sofrimento, que devia ser terrível.

O médico disse que seu sofrimento físico era terrível, o que era verdade; mas mais terrível ainda era o sofrimento moral, e aí residia sua principal agonia.

Seu sofrimento moral consistia nisso: que naquela noite, ao olhar para o rosto sonolento de Gerasim, aquele rosto bondoso de maxilares proeminentes, subitamente lhe ocorrera: "E se, de fato, minha vida inteira, toda a minha vida consciente, não foi o que deveria ser?".

Ocorreu-lhe que o que antes se apresentara a ele como uma total impossibilidade, a saber, que tivesse passado toda sua vida no erro, poderia, afinal, ser a verdade. Ocorreu-lhe que aqueles pálidos esforços para lutar contra o que era visto como certo pelas pessoas de posição superior, esforços que imediatamente afastara de si mesmo, podiam ser a única coisa verdadeira, enquanto tudo o mais podia ser um erro. Ele tentou defender tudo aquilo para si mesmo. E, subitamente, sentiu a fragilidade de tudo o que estava defendendo e que não havia nada a defender.

– E se é assim – pensou –, se deixo a vida com a consciência de ter arruinado tudo o que me foi dado, e que me é impossível repará-lo, qual será então o sentido?

Ele deitou-se de costas e começou a passar sua vida em revista de uma maneira inteiramente nova. Quando, pela manhã, viu o criado, depois a mulher, a filha, o médico, cada um dos movimentos deles, cada palavra deles confirmava para si a terrível verdade que lhe fora revelada na noite anterior. Neles, ele viu a si mesmo, tudo aquilo por que vivera, e viu claramente que tudo estava errado e não passara de um enorme e terrível engano que ocultou tanto a vida quanto a morte. A consciência dessas coisas aumentou e multiplicou por dez seus sofrimentos físicos. Ele gemeu, agitou-se e reclamou de suas roupas. Parecia-lhe que as roupas o apertavam e sufocavam. E por isso as odiou.

Deram-lhe uma grande dose de ópio e ele ficou inconsciente; mas, durante o jantar, tudo recomeçou. Afastou de si a comida, levando o prato de um lado para outro.

Sua mulher aproximou-se e disse:

– Jean, meu querido, faz isso por mim. – Por mim? – Não pode fazer mal e muitas vezes ajuda. As pessoas saudáveis fazem isso com freqüência.

Ele arregalou os olhos.

– O quê? Comunhão? Para quê? Não é necessário! Eu ainda...

Ela irrompeu a chorar.

– Sim, meu querido, por favor. Vou mandar chamar nosso padre, ele é um homem tão bom.

– Certo, muito bem – ele gaguejou.

Quando o padre chegou e ouviu sua confissão, ele abrandou-se. Parecia sentir-se aliviado de suas dúvidas e também de seus sofrimentos, e por um momento foi tomado de esperança. Começou outra vez a pensar em seu apêndice estragado e na possibilidade de curá-lo. Tomou a comunhão com lágrimas nos olhos.

Quando, após a comunhão, foi colocado na cama, por um momento sentiu-se melhor e, de novo, voltou-lhe a esperança de vida. Começou a pensar na operação que lhe fora proposta.

– Quero viver, viver – disse a si mesmo. Sua mulher voltou para congratulá-lo; disse-lhe as palavras costumeiras e acrescentou:

– De verdade, não te sentes melhor?

Sem olhar para ela, ele respondeu:

– Sim.

A roupa dela, sua figura, a expressão de seu rosto, o som de sua voz, tudo lhe dizia uma única e mesma coisa: “Não. Tudo pelo que viveste é uma mentira, um engodo, que oculta de ti tanto a vida quanto a morte".

No momento em que pensou isso, seu ódio retornou, e com ele os terríveis sofrimentos físicos, e com eles a inevitável consciência da perdição iminente. Algo de novo tinha ocorrido: algo começou a enroscar e apertar e sufocar.

A expressão de seu rosto quando disse "sim" era terrível. Tendo dito este "sim", ele olhou direto para o rosto dela e, com rapidez incomum para a sua fraqueza, abaixou a cabeça e gritou:

– Vai embora, vai embora e deixa-me em paz!

XII

Deste momento em diante começou a gritar durante três dias, um grito tão terrível que não se podia ouvi-lo sem horror mesmo a duas portas de distância. Quando respondeu à mulher, compreendeu que estava perdido, que não havia volta, que o fim havia chegado, o verdadeiro fim, e que mesmo assim sua dúvida ainda não estava resolvida – era exatamente a mesma dúvida de antes.

– Ai, ai, ai! – gritava, em várias entonações. Tinha começado a gritar: "Não quero!", e continuou a gritar: "Ai, ai, ai...".

Durante os três dias, nos quais o tempo não existiu para ele, ele debateu-se naquele saco preto para dentro do qual uma força invisível e invencível o empurrava. Debatia-se como um prisioneiro condenado à forca nas mãos do carrasco, sabendo que não pode ser salvo; e a cada minuto sentia que, apesar de todos os esforços, aproximava-se cada vez mais daquilo mesmo que o aterrorizava. Sentira que seu sofrimento provinha de estar sendo enterrado naquele buraco negro, mas também de sua incapacidade de entrar nele por completo. O que o impedia de arrastar-se para o outro lado era a insistência em que sua vida tinha sido boa. Essa justificação de sua própria vida o agarrava e não deixava que ele prosseguisse, atormentando-o mais do que qualquer outra coisa.

De repente, uma força o empurrou pelo peito e pelos lados e comprimiu ainda mais sua garganta. Ele caiu no buraco, e no fundo do buraco havia uma luz. O que aconteceu com ele é o que lhe acontecia de vez em quando num vagão de trem, ao ter a sensação de que o trem anda para frente quando na verdade anda para trás, e descobrir de repente a verdadeira direção.

– Sim, foi tudo errado – disse a si mesmo. – Mas isso não é nada. É possível, é possível fazer a coisa certa. Qual é a coisa certa? – perguntou-se e, subitamente, ficou tranqüilo.

Isso ocorreu ao final do terceiro dia, duas horas antes de sua morte, exatamente na hora em que o pequeno garoto de ginásio foi furtiva e silenciosamente até seu pai e aproximou-se da cama. O moribundo chorava de dar dó e agitava as mãos. Sua mão recaiu sobre a cabeça do menino. O garoto a colheu e a pressionou contra os lábios, irrompendo em lágrimas.

Exatamente aí Iván Ilitch tombou e viu a luz, e foi-lhe revelado que sua vida não tinha sido o que deveria ser, mas que ainda era possível repará-la. Ele se perguntou:

– O que é a coisa certa? – e ficou em silêncio, prestando atenção. Então sentiu que alguém estava beijando a sua mão. Abriu os olhos e enxergou seu filho. Teve pena do menino. A esposa aproximou-se. Ele olhou para ela. Ela olhou para ele com uma expressão de desespero, com a boca bem aberta e as lágrimas não recolhidas escorrendo pelo nariz. Teve pena dela.

– Sim, eu os estou atormentando – pensou. – Eles estão tristes, mas ficarão bem melhor quando eu estiver morto.

Era isso que ele quis lhes dizer, mas não teve forças para expressá-lo.

– Mas de que serve falar? Tenho de fazer – pensou.

Apontou na direção do filho para a mulher com o olhar, e disse:

– Leva-o embora... sinto muito... e vai-te, também.

Ele quis dizer ainda: "Perdão", mas disse: "Deixa estar"[72] e, incapaz de corrigir-se, acenou com a mão, sabendo que quem precisasse entenderia.

De repente, tornou-se claro para ele que aquilo que o afligia e

72. Tatiana Belinki, em sua tradução, indica que *prostí*, em russo, significa "perdoa" e *propustí*, "deixa estar".

que não conseguia sair, estava agora saindo tudo de uma vez, de dois lados, de dez lados, de todos os lados. Eles é que mereciam pena; era preciso fazer alguma coisa para minimizar a dor deles, libertá-los e libertar a si mesmo de todo esse sofrimento.

– Que bom e que simples! – pensou. – E a dor? – perguntou-se. – Que foi feito dela? Bem, dor, onde estás?

Ele começou a ouvir.

– Sim, ei-la aqui. Bem, deixa doer... E a morte? Onde está?

E ele procurou por seu velho e costumeiro medo da morte e não conseguiu encontrá-lo.

– Onde está? Que morte?

Não havia medo algum, porque também não havia morte alguma.

No lugar da morte, uma luz.

– Então é assim! – e, de repente, disse em voz alta – Que alegria!

Para ele tudo isso ocorreu num instante e o significado desse instante não mudou mais. Mas para os que estavam presentes, a agonia prolongou-se por mais duas horas. Algo palpitava em seu coração e seu corpo emaciado se contraía. Em seguida, as palpitações e contrações tornaram-se cada vez mais raras.

– Acabou! – alguém disse sobre ele.

Ele ouviu essas palavras e as repetiu em sua alma.

– A morte acabou – disse para si mesmo. – Não existe mais.

Inspirou o ar, deteve a respiração, estirou-se e morreu.

QUINTA PARTE

# O ANIMAL INACABADO

Conflito armado, angústia pessoal, culpa coletiva, indecisão moral e auto-suspeição – tudo isto faz parte da condição humana. Mas reconhecê-la assim não implica necessariamente uma visão pessimista do mundo: podemos simplesmente aceitar que certas tendências humanas nos mostram o quanto ainda precisamos mudar. A evolução futura de homens e mulheres – e não uma sombria predeterminação – é o problema a ser confrontado. Devemo-nos lembrar, tão bem quanto dos aspectos desprezíveis, insensíveis e cruéis do comportamento humano, do incontável número de pessoas que alcançaram um nível de compreensão e de ser impermeável à influência desses traços negativos. Todos nós já vivemos situações em que ambos os lados de uma questão encontram-se vivamente presentes ("Devo evitar machucar alguém ou deixar que isso aconteça?"). Mesmo que a opção menos prejudicial seja recusada, ao menos há a chance de entrever uma alternativa melhor, uma possibilidade mais nobre.

Quando não conseguimos satisfazer nossas expectativas ou traímos nosso verdadeiro eu, tomamos consciência da presença de uma deficiência em nós mesmos. Surgem imediatamente dois tipos de pergunta. Primeiro, se a deficiência pode ser corrigida, ao menos em algum grau, ou se ela é inerente (o preço, diria o fatalista, de ser humano). E, segundo, qual a natureza da deficiência? Pertence ela ao lado ativo e volitivo de nossa natureza, ou ao lado reflexivo e racional? Podemos nos livrar de uma vontade fraca e vacilante ou dos grilhões da ignorância que nos impedem de ver claramente nossa situação?

Dentre os pensadores modernos, Nietzsche oferece uma das respostas mais claras. Segundo ele, deixamo-nos oprimir por uma idéia de moralidade que opõe o que devemos fazer ao que somos. Mas a referência a um estado ideal nos coloca em contradição com a nossa natureza ativa. O resultado, para Nietzsche, é que uma pessoa "tem de ter-se tornado não apenas calculadora, mas calculável, regular até para a sua própria percepção". Tornamo-nos excessivamente analíticos, medindo incessantemente todas as conseqüências, discutindo as alternativas possíveis e avaliando as decisões passadas. O intelecto foi estimulado em uma única direção, em vez de o ser de um modo equilibrado, e agora estamos ofuscados pelo barulho ensurdecedor de seu tagarelar incessante. Do mesmo modo que um corpo pode ter seus músculos desenvolvidos exageradamente pelo fisiculturismo, perdendo o equilíbrio e a flexibilidade que lhe são naturais, a mente pode ser constrangida por categorias e classificações que impedem o desenvolvimento de novas linhas de pensamento. Não surpreende a nossa consciência do conflito em tantos aspectos de nossas vidas. Somente uma nova maneira de pensar, que supere as preocupações habituais da mente com suas próprias invenções, pode liberar a dimensão ativa da natureza humana, até então suprimida.

Existe alguém que não tenha sido atingido por esta deficiência? Segundo Platão, não existe. Para ele, quem quer que tenha chegado à idade do questionamento sente a mesma aflição, a mesma deficiência. A conclusão é a de que cabe a nós nos tornarmos completos – somos, adaptando uma expressão de Nietzsche, um caso de "negócio inacabado". Para "ser" mais do que aquilo que nascemos para ser, é fundamental saber mais. A melhor espécie de saber não é decerto o conhecimento factual, adquirido por meio de análise, mas a sabedoria que vem de dentro de nós mesmos. Ali, para usar a imagem instigante da alegoria da caverna de Platão, "o instrumento pelo qual cada um de nós apreende é um olho que não consegue passar da escuridão para a luz a não ser levando o corpo inteiro consigo". Um giro de 180 graus é necessário para reeducar a pessoa em sua totalidade – mente, corpo e emoções. O primeiro passo para adquirir uma visão interior envolve o relaxamento da rigidez de nossos hábitos; cada passo subseqüente passa então a extrair força da superação dos obstáculos que se colocam no caminho.

Para fazê-lo, precisamos tomar uma direção bem diferente daquela que o ego, presunçoso de sua importância, deseja seguir. "Não sedes sábios a vossos próprios olhos", adverte o Livro dos Provérbios, como se dissesse que a ilusão da sabedoria teria o efeito de nos impedir de alcançar um estado superior. O chamado conhecimento só alimenta a nossa competitividade, nosso desejo de conquistar mais territórios, nossa sede de supremacia. Mas, para que a sabedoria penetre em nosso coração, o centro de nosso ser, é preciso dar as costas ao amor-próprio e à vaidade. Assim, nos daremos conta de que o conhecimento recém-descoberto, como tem origem fora e além de nós mesmos, traz consigo a responsabilidade de comunicá-lo aos outros. Depois de deixar a caverna e fazer suas descobertas, o filósofo, explica Platão, passa a se dedicar à tarefa de compartilhá-las com o mundo. Neste trabalho – continuamente ameaçado pelo ego – há também um sentimento de bem-estar. "Feliz do homem que encontrou a sabedoria", diz o Livro dos Provérbios, "daquele que alcançou o entendimento!"

O fato de não sermos tudo o que podemos ser se deve a uma falta de equilíbrio, uma desproporção em nossos atributos. Somos exatamente como um dispositivo mecânico, como, por exemplo, um sistema de engrenagens, que não funciona devidamente quando as partes estão desajustadas. Nosso pensamento se volta para o conhecido e estabelecido, nossos sentimentos parecem muitas vezes estagnados e nossa existência física cheia de tensão. Chuang Tsé incorpora a idéia de um estado habitual de desequilíbrio em suas reflexões sobre as insuficiências da condição humana. Para ele, o estado natural é a harmonia, na qual os opostos – o bom e o mau, o superior e o inferior, o simples e o complexo, o móvel e o imóvel – estão sutilmente combinados. Assim que a mente se apega a um único elemento ("isto é bom"), rejeitando, implícita ou explicitamente, o seu contrário ("isto é mau"), perdemos nossa integridade e o seu fino equilíbrio. Quanto mais confiamos nesses julgamentos parciais, mais nos tornamos isolados de nossa própria natureza e mais nos lançamos a explorar o restante do mundo natural. Se, entretanto, cultivamos uma atitude de relaxamento fundamental, na qual idéias opostas podem coexistir, então deixamos que nosso equilíbrio natural se reafirme por si mesmo. "Portanto, fala-nos Chuang Tsé, o sábio harmoniza o certo com o errado e repousa no equilíbrio da natureza. Isso se chama tomar ambos os lados de uma só vez".

O perigo de alienar-se da própria natureza é discutido por Heráclito, cujo ponto de vista coincide em muitos aspectos com o de Chuang Tsé. A tendência a viver a vida segundo os ditames de uma "inteligência privada", que fantasia, esquematiza e cria planos baseados em evidências parciais é responsável pelas desarmonias de nosso comportamento. "Deveríamos nos deixar guiar pelo que é comum a todos", assevera ele. O elemento comum, o *lógos*, é difícil de discernir: "os homens são incapazes de compreendê-lo – não apenas antes, mas ainda depois de tê-lo ouvido pela primeira vez". Nosso pensamento tornou-se passivo, como o estado onírico no qual vagueamos antes de adormecer. Abrindo nossos olhos e ouvidos, torna-se possível, acredita Heráclito, desenvolver uma consciência do quão relativos são, na realidade, nosso pensamento e nossa percepção. Experimentar essa relatividade não é em si mesmo nada relativo. É um passo para nos tornarmos conscientes de como a nossa subjetividade obstrui a recepção dos dados do mundo real.

O primeiro passo é a consciência de que algo está faltando. Mas, e depois? Alguns defenderiam uma abordagem nova, empírica, uma vez que o respeito excessivo por autoridades do passado obscurece a mente para a realidade presente, levando-nos a tirar conclusões que se referem apenas aproximadamente às circunstâncias atuais. Devemos, portanto, incentivar o desenvolvimento de uma atitude flexível e sensível à mudança, e suprimir todos os preconceitos subjetivos.

Isto, entretanto, ainda não responde à pergunta que fizemos no início, a saber, se o que nos falta é conhecimento ou vontade. Pode ser que nenhum deles, por si mesmo, consiga satisfazer nossa necessidade, mas somente algo vindo do mais profundo de nossa natureza, em que ambos, conhecimento e vontade, encontrem-se em harmonia. Este algo pode ser chamado de centro ou, como faz Rumi, coração. A não ser que o impulso para conhecer ou fazer provenha das proximidades deste centro, sempre faltará um ingrediente essencial. Este centro tem a ver com o lugar do homem no grande plano das coisas, e serve para integrar a pessoa com seu próprio interior e também com o conjunto do universo. Se pudéssemos alcançar esta integração, não estaríamos mais em desacordo com a natureza, explorando os recursos naturais, destruindo outras formas de vida e desrespeitando o equilíbrio ecológico. "O conhecimento dos homens de coração os sustenta", diz Rumi. Este é o grande conhecimento. É conhecimento tanto da natureza de nossos poderes pessoais quanto de seus limites. O conhecimento que se tem de seu verdadeiro lugar, no sentido cósmico, traz consigo uma autoridade inaudita em relação aos modos vulgares do pensar.

Nisto reside a "cura" para a nossa condição. Agora, podemos ver que nossa condição é a da semente que espera o germinar. A reiterada experiência de nossas próprias deficiências serve para nos lembrar da nossa tarefa: cultivar dentro de nós o desconhecido, para que ele possa dar frutos.

## A ALEGORIA DA CAVERNA
### de Platão

Nesta célebre alegoria, apresentada em forma de diálogo, Platão descreve nossa condição ordinária como o aprisionamento numa caverna escura. Nossa falta de visão é tamanha que não somos capazes de reconhecer a nossa própria condição. Não nos damos conta de que as formas que vemos são simplesmente sombras das coisas, ou projeções de uma fonte de luz situada atrás de nós. No relato alegórico, um homem é capaz de romper seus grilhões e avançar direto para a luz. Por um momento, ele vê as coisas como são. Mas, ao retornar, nenhum de seus antigos companheiros quer acreditar quando ele lhes fala da ilusão em que vivem. Desta analogia, Platão tira algumas conclusões poderosas a respeito da educação e do bom governo.[73]

73. O trecho selecionado corresponde ao trecho 514 A – 518 A da *República*. Sócrates é o narrador do diálogo, falando, portanto, em primeira pessoa. Seu interlocutor é Glauco, um dos irmãos mais velhos de Platão. (N.T.)

– E agora – eu disse – permite-me demonstrar com uma imagem como é nossa natureza com ou sem educação. Imagina homens vivendo numa caverna subterrânea, que tem uma abertura para a luz em toda a sua extensão. Eles estão ali desde a infância, com as pernas e os pescoços acorrentados, de modo que não conseguem mover-se e só podem ver o que está à sua frente, impedidos que estão de voltar as cabeças por causa dos grilhões. Acima e a certa distância atrás deles, há um fogo queimando que lhes serve de iluminação e, entre o fogo e os prisioneiros, um caminho íngreme. E verás, se para ali olhares, um muro baixo erigido ao longo do caminho, ao modo das divisórias que os manipuladores de títeres colocam entre si e os espectadores a fim de ocultar as articulações de sua arte.

– Sim, eu os vejo – disse ele.

– E vês também – disse eu –, ao longo deste muro, homens passando, carregando todos os tipos de vasos, estátuas e figuras de homens e animais feitos de madeira, pedra e vários outros materiais, que aparecem atrás do muro? Alguns deles conversam, enquanto outros se mantêm em silêncio.

– Mostraste-me, ó Sócrates, um quadro muito estranho e prisioneiros igualmente estranhos – observou Glauco.

– Como nós próprios – respondi –, eles vêem apenas suas próprias sombras ou as sombras uns dos outros, que o fogo projeta na parede da caverna.

– Certo – ele disse –, como poderiam ver outra coisa além de sombras, se não podem mover as cabeças?

– E com os objetos transportados não se passa a mesma coisa?

– Sem dúvida – ele disse.

– E se eles pudessem conversar uns com os outros, não poderiam supor que estavam dando nomes a objetos reais às sombras que veriam?

– Sem dúvida.

– E se no fundo da caverna um eco lhes reproduzisse as palavras dos passantes, não julgariam eles corretamente se achassem que as vozes que ouviam eram das sombras que passavam?

– Por Zeus, claro que sim!

– Para eles – afirmei –, a realidade não seria nada mais que as sombras das figuras.

– Isso é certo.

– Considera agora – continuei – o que aconteceria se os prisioneiros fossem libertados a um só tempo das correntes e do erro em que persistiam. No início, quando cada um fosse libertado e obrigado, de repente, a colocar-se de pé, girar a cabeça e caminhar olhando para a luz, sentiria fortes dores. O brilho da luz o ofuscaria e ele não conseguiria enxergar as coisas das quais, em seu estado, vira apenas as sombras. Então, imagina alguém dizendo-lhe que o que ele vira era apenas uma ilusão, mas que agora, mais perto da realidade e da verdade, ele tinha uma visão mais clara do que é real. Qual seria sua resposta? E podes imaginar ainda se lhe apontassem os objetos que passam e o forçassem com perguntas a dizer o que estes eram[74] – não ficaria ele perplexo? Não acreditaria que as sombras que antes vira eram mais reais que os objetos agora mostrados?

– Não há dúvida, Sócrates.

– E se ele é compelido a olhar diretamente para a luz, não terá dores na vista que o obrigarão a virar-se para se refugiar nos objetos que podia olhar, os quais ele então conceberá em verdade como mais nítidos do que os que se lhe mostram?

– Isso mesmo.

– E supondo novamente que ele fosse arrastado por uma estrada íngreme e acidentada e mantido preso até ficar diante do sol, não é natural que ele sentisse dor e ficasse irritado e, ao se aproximar da

74. Precisamente o método dialético de Sócrates: perguntas a respeito do "que é", ou da "essência/realidade/verdade" das coisas. Como ficará claro na seqüência do texto, o objetivo do método (em grego, "caminho") de Sócrates é análogo à passagem da escuridão da caverna à plena luz do sol: fazer com que o discípulo deixe por si mesmo o reino das aparências e ilusões, as "sombras" da "opinião", em que está mergulhado pelo modo empírico de conhecer o mundo por meio das imagens que lhe fornecem os sentidos, para a claridade do "conhecimento" da realidade, que, para Platão, corresponde ao mundo das idéias dirigido pela idéia do "Bem", signo do conhecimento intelectual e filosófico. (N.T.)

luz, seus olhos ficassem ofuscados e ele não conseguisse enxergar absolutamente nada do que agora dizemos ser os objetos reais?

– Isso é certo, ao menos de início – disse.

– Ele teria de se acostumar com a claridade da região superior. E, a princípio, ele veria melhor as sombras; em seguida, os reflexos dos homens e objetos na água, e somente depois os próprios objetos. Aí, então, ele seria capaz de contemplar a luz da lua e das estrelas e o céu reluzente, e ele veria o céu e as estrelas à noite melhor do que a luz do sol em pleno dia. Não achas?

– Com certeza.

– Por último, penso que ele seria capaz de olhar para o sol e não apenas para seus reflexos na água, mas o contemplaria em seu próprio lugar e não em outro; e o veria como ele é.

– Fora de dúvida.

– E então não compreenderia ele que é o sol quem produz as estações do ano e é o guardião de tudo o que existe no mundo visível e, em certo sentido, a causa de tudo aquilo que ele e seus companheiros estavam habituados a ver?[75]

– Certamente – ele disse –, primeiro ele veria o sol e depois chegaria a essas conclusões.

– E quando ele se lembrasse de sua antiga morada, de seus companheiros de prisão e da idéia que lá faziam da sabedoria, não se felicitaria pela mudança e sentiria pena dos que lá ficaram?

– Com certeza ele faria isso.

– E se eles tinham o hábito de conferir honras àqueles que eram mais rápidos para observar as sombras que passavam e para discernir quais delas iam na frente, quais iam atrás e quais andavam juntas; e a quem estava em melhores condições de predizer e tirar conclusões quanto ao futuro, achas que ele se preocuparia com tais honras e

75. Nesta última série de perguntas, Sócrates representa a passagem ou "ascensão" das trevas à luz (a "ascensão para o inteligível") como um processo constituído de várias etapas; em outras palavras, como um processo de "educação". Esta descrição da elevação do homem, a princípio ignorante, para o conhecimento, é peça fundamental do projeto platônico de transformar a antiga Paidéia (educação) grega numa educação filosófica. (N.T.)

glórias ou invejaria seus detentores? Não concordaria ele com o dito de Homero: "Melhor ser servo de pobre, como servo da gleba"[76] e não preferiria suportar qualquer coisa a voltar a pensar como os outros e viver como vivem?

– Sim – disse Glauco –, acho que ele preferiria sofrer qualquer coisa a acreditar em tais idéias falsas e viver daquele modo miserável.

– Atenta ainda para este ponto – disse eu. – Supõe que nosso homem retorne à caverna e à sua antiga condição. Não teria ele a certeza de ter seus olhos submersos nas trevas depois de ter visto a luz do sol?

– Evidentemente – respondeu.

– E se houvesse uma discussão e ele tivesse de argumentar com os companheiros que nunca tinham saído da caverna, enquanto sua vista ainda permanecia confusa (e o tempo necessário para acostumar de novo o olho às trevas poderia ser considerável), não é evidente que se tornaria motivo de riso aos olhos deles? Não diriam os companheiros que, por ter subido à região superior, ele ficara cego e que, portanto, não valia a pena tanto esforço? E se alguém quisesse fazer o mesmo com eles, dando-lhes a liberdade e levando-os à luz, não seria esse alguém, se lhes fosse dada a oportunidade, capturado e morto?

– Por certo o matariam – disse ele.[77]

– Toda essa imagem[78] – acrescentei – poderás aplicá-la, meu caro Glauco, a tudo o que já foi dito. A caverna subterrânea é o mundo visível, o fogo que ilumina é a luz do sol. E tu não terás me entendido mal se interpretares a subida como a ascensão da alma ao mundo inteligível, segundo meu modesto modo de pensar, que por tua vontade expressei. O Deus sabe se ele é verdadeiro ou falso. Mas seja ele certo ou errado, penso que no mundo inteligível a idéia do Bem aparece por

76. *Odisséia* XI, 489-490. (N.T.)

77. Esta passagem é uma clara alusão de Platão à condenação de seu mestre, Sócrates, à pena capital pelo povo de Atenas, assim como às razões que teriam motivado a sentença: a sabedoria de Sócrates e a ignorância de seus algozes. (N.T.)

78. Literalmente, em grego, *mythos*. Costuma-se, entretanto, no caso de Platão, traduzir "imagens" por "alegorias", como se fez no título do texto selecionado. (N.T.)

último e é vista apenas a muito custo; quando percebida, impõe-se à razão como a causa universal de tudo o que é belo e justo, criadora da luz e do sol no mundo visível, senhora da razão e da verdade no mundo inteligível; e é sobre este poder que aquele que age racionalmente, tanto na vida pública quanto na privada, deve fixar os olhos.

– Concordo plenamente – ele disse –, depende de quanto sou capaz de compreender teu modo de pensar.

– Admitindo isso – acrescentei –, não é de surpreender que os que chegaram àquela visão desistam de se ocupar dos assuntos humanos, pois suas almas aspiram à permanência nas alturas que alcançaram. E sua aspiração é muito natural, se pudermos confiar na imagem que pintamos.

– Sim, muito natural.

– E há realmente algo de surpreendente naquele que, passando da contemplação das coisas divinas às humanas, veja-se perplexo e pareça ridículo, porque seus olhos pestanejam para se acostumar às trevas circundantes, e é obrigado a participar de litígios em tribunais ou em qualquer outro lugar acerca das imagens ou sombras de imagens de justiça, e a empenhar-se em contrariar as concepções dos que jamais viram a justiça mesma e supõem coisas sobre o que ela seja?[79]

– Não é nada surpreendente – ele respondeu.

– Qualquer homem sensato – continuei – se lembrará de que as perturbações dos olhos são duas, e se originam de duas causas opostas: a passagem da luz à escuridão e a passagem da escuridão à luz, o que vale tanto para a visão da alma quanto para a visão do corpo. E aquele que se lembra disso, ao ver alguém cuja visão está fraca e confusa, não se apressa a rir, mas antes procura saber se a alma daquele homem veio de uma vida mais luminosa e não consegue enxergar por não se ter acostumado às trevas ou se veio das trevas para a luz e ficou ofuscado pelo excesso de luz. E ao primeiro, considerará feliz em sua condição, enquanto terá pena do outro, e, se tivesse a intenção

79. Mais uma justificação de Sócrates. Aqui, da célebre excentricidade de seu comportamento, motivo de riso para seus concidadãos atenienses. (N.T.)

de rir à custa da alma que veio das trevas para a luz, haveria mais motivo em sua zombaria que na de quem recebe o que veio da luz para a escuridão da caverna.

## FRAGMENTOS CÓSMICOS
## de Heráclito

Heráclito de Éfeso, filósofo e sábio pré-socrático dos séculos VI e V a.C., foi apelidado de "o obscuro", entre outras razões pelo pouco que se sabe sobre sua vida. Seu estilo se caracteriza por um vocabulário poético, com pouco uso de termos técnicos ou abstratos. Suas concepções foram suficientemente importantes para receber menção e revisão crítica da parte de Platão e Aristóteles.

Heráclito não deixou nenhum escrito, mas, depois de sua morte, discípulos compilaram fragmentos de seus ensinamentos. A partir deles, podemos ter uma idéia da ampla e profunda visão da realidade que cultivava. Para Heráclito, o que é real está oculto, e por isso devemos abordar a realidade indiretamente. Primeiro, confrontamos nossos sonhos e nossa inteligência pessoal. Somente após este confronto percebemos o que é comum a todas as coisas, o verdadeiro entendimento, ou o Logos, como ele o chama. Nesse esforço, somos chamados a nos dar conta de que vivemos em um universo que também é vivo e muda continuamente, no qual um elemento é logo substituído por seu oposto e vice-versa, e que também precisamos encontrar esta fluidez perfeita em nós mesmos.

1. Apesar deste Logos ser eternamente válido, os homens são incapazes de compreendê-lo, não apenas antes, mas também depois de tê-lo ouvido pela primeira vez. Isso quer dizer que, embora todas as coisas aconteçam de acordo com este Logos, os homens parecem não ter dele nenhuma experiência – ao menos se forem considerados à luz das palavras e fatos a que me refiro aqui. Meu próprio método é distinguir cada coisa de acordo com sua natureza e especificar como ela se comporta; os outros homens, pelo contrário, são tão desatentos e negligentes em seus momentos de vigília ao que se passa ao redor e dentro deles quanto o são durante o sono.

2. Deveríamos nos deixar guiar pelo que é comum a todos. Mas, a despeito de o Logos ser comum a todos, a maioria dos homens vive como se cada um tivesse uma inteligência própria que lhe pertence.
3. Os homens que amam a sabedoria devem familiarizar-se com muitas especificidades.
4. Aqueles que procuram ouro cavam muita terra e pouco encontram.
5. Não façamos conjeturas arbitrárias sobre as questões maiores.
6. Muito aprendizado não ensina o entendimento.
7. Daqueles de quem ouvi os discursos, não há um sequer que compreenda que a sabedoria está separada de tudo o mais.
8. Eu me procurei a mim mesmo.
9. A todos os homens concerne conhecer a si mesmos e a moderação.[80]
10. A moderação é a maior das virtudes. A sabedoria consiste em dizer e praticar a verdade, prestando ouvidos à natureza das coisas.
11. Aquilo que pode ser visto, ouvido e apreendido – são estas as coisas que eu prezo.
12. O testemunho dos olhos é mais apurado que o dos ouvidos.
13. Os olhos e os ouvidos são maus testemunhos para os homens de alma bárbara.
14. Um homem não deve falar nem agir como se estivesse dormindo.
15. Para os que estão acordados há um mundo em comum; os que dormem têm cada qual o seu próprio mundo.
16. O que quer que vejamos quando acordados é morte; quando adormecidos, sonhos.
17. A natureza ama ocultar-se.
18. O Senhor, cujo oráculo está em Delfos, não fala nem esconde, mas ele dá sinais.
19. A não ser que esperes o inesperado, jamais encontrarás [a verdade], pois ela é difícil de descobrir e difícil de alcançar.
20. Tudo flui e nada permanece; tudo muda e nada é fixo.

80. Ou "temperança", *sophrosyne*, em grego. (N.T.)

21. Não se pode entrar duas vezes no mesmo rio, pois outras águas estão sempre fluindo [para dentro dele].
22. As coisas frias se tornam quentes e as quentes, frias; o úmido seca e o seco se torna úmido.
23. É na mudança que as coisas encontram repouso.
24. O tempo é uma criança brincando com as fichas de um jogo; o poder Real[81] é de uma criança.
25. A guerra[82] é pai e rei de todas as coisas; de alguns ela fez deuses e de outros, homens; de alguns ela fez escravos e de outros, homens livres.
26. Deve-se entender que a guerra é a condição comum; que a discórdia é justiça e que todas as coisas acontecem pela pressão da discórdia.
27. Homero estava errado quando disse: "A guerra poderia acabar entre os homens e os deuses". Pois, se isso acontecesse, todas as coisas deixariam de existir.
28. Há uma transformação de todas as coisas em fogo e do fogo em todas as coisas, assim como se trocam mercadorias por ouro e ouro por mercadorias.
29. Este universo, que é o mesmo para todos, não foi feito por nenhum deus ou homem, mas sempre existiu, existe e existirá – é um fogo sempre vivo, que regularmente se acende e regularmente se apaga.
30. [As fases do fogo são] carência e saciedade.
31. Ele separa e volta a reunir; ele avança e se retira.
32. As transformações do fogo são: primeiro, em mar; e, de mar, metade em terra e metade no relâmpago.
33. Quando a terra se dissolve em mar, a quantidade resultante é a mesma que havia antes do mar endurecer-se em terra.

81. "Real" no sentido de realeza, majestade, governo. (N.T.)

82. *Polemos*, "conflito", é masculino em grego. Traduzir no feminino, como seria natural, "rainha" e "mãe", concordaria com "guerra", mas trairia a realidade histórica da Grécia, onde as mulheres não governavam; traduzir por "conflito" em vez de "guerra" tiraria completamente a pregnância da imagem original. Assim, que o leitor nos perdoe o barbarismo. (N.T.)

34. O fogo vive na morte da terra, o ar na morte do fogo; a água na morte do ar e a terra na morte da água.
35. O relâmpago controla todas as coisas.
36. O sol é novo a cada dia.
37. O sol tem a largura de um pé humano.
38. Se não existisse o sol, as outras estrelas não bastariam para impedir que houvesse noite.
39. A linha que divide a noite da manhã é a Ursa; e, oposta à Ursa, está a fronteira de Zeus resplandecente.
40. A mais bela harmonia cósmica não passa de um monte de lixo atirado ao acaso.
41. Toda besta é levada ao pasto por um golpe.
42. Não descobririas os limites da alma, mesmo que viajasses todas as estradas para isso; tal é a profundidade de seu Logos.
43. [A alma] é a vaporização da qual se origina tudo o mais; além disso, ela é a menos corpórea das coisas e é fluxo incessante, pois o mundo que se move só pode ser conhecido pelo que está em movimento.
44. As almas são transformadas em vapor a partir do úmido.
45. A alma tem seu próprio princípio de crescimento.
46. Uma alma seca é mais sábia e melhor.
47. Tornar-se úmida, para a alma, é prazer...

[...]

57. A maioria das pessoas não presta atenção nas coisas que encontra, nem as compreende mesmo quando aprenderam sobre elas, ainda que suponham compreendê-las.
58. Se todas as coisas existentes fossem fumaça, poderíamos discerni-las pelas narinas.
59. No Hades, as almas apreendem pelo cheiro.[83]
60. Cadáveres são mais apropriados para serem lançados fora do que os excrementos.
61. A natureza humana não tem nenhum verdadeiro entendimento; apenas a natureza divina o tem.

83. Isto porque as almas dos mortos eram compreendidas pelos gregos como “vapores”. (N.T.)

62. O homem não é racional; só o que o envolve é inteligente.
63. Ao homem escapa o que é divino, por conta de sua incredulidade.
64. Ainda que intimamente conectado ao Logos, os homens continuam opondo-se a ele.
65. Assim como, à noite, o homem acende para si uma luz, também quando um homem vivo jaz morto, com a visão extinta, apega-se ao estado da morte; da mesma forma, aquele que esteve acordado se deita com a visão extinta e se entrega ao estado do sono.
66. Os imortais tornam-se mortais e os mortais tornam-se imortais; eles vivem na morte uns dos outros e morrem na vida uns dos outros.
67. Esperam os homens, após a morte, coisas tais que eles nem esperam e sobre as quais não têm qualquer concepção.
68. Eles despertam e se tornam guardiões dos vivos e dos mortos.
69. O caráter de um homem é sua divindade protetora [*daimon*].
70. As maiores maldições conquistam maiores destinos.
71. A Justiça surpreenderá os urdidores de mentiras e as falsas testemunhas.
72. O fogo em seu avanço julgará e surpreenderá todas as coisas. [Pois tudo o fogo, aproximando-se, julgará (e condenará)].
73. Como pode alguém esconder-se do que nunca pára?

[...]

98. A oposição traz a concórdia. Da discórdia surge a mais bela harmonia.
99. É pela doença que a saúde é agradável; pelo mal que o bem é agradável; pela fome, a saciedade; pela fadiga, o repouso.
100. Os homens não teriam conhecido o nome da justiça se estas coisas [as injustiças] não tivessem ocorrido.
101. A água do mar é ao mesmo tempo muito pura e muito impura; ela é potável e saudável para os peixes, mas não potável e fatal para os homens.
102. Os asnos prefeririam a palha ao ouro.
103. Os porcos tomam banho na lama e as aves domésticas em poeira ou cinzas.

104. O mais belo símio é feio comparado ao homem; o mais sábio dos homens parece um macaco quando comparado a um deus – em sabedoria, em beleza e em todos os outros aspectos.
105. O homem é considerado infantil pelo espírito, assim como um garoto o é pelo homem.
106. Para Deus todas as coisas são belas, boas e justas; os homens, contudo, julgam algumas coisas justas e outras injustas.
107. Os médicos cortam, queimam e torturam os doentes, e depois exigem deles pagamento imerecido por tais serviços.
108. O caminho para cima e para baixo são um único e mesmo caminho.
109. No círculo, o princípio e o fim são o mesmo.
110. Entramos e não entramos nos mesmos rios.
111. Para os cardadores de lã, o caminho reto e o tortuoso são o mesmo.
112. Os ossos ligados pelas articulações ao mesmo tempo são e não são um todo unitário. Estar de acordo é divergir; o concordante é o discordante. De todas as muitas particularidades vem a unidade, e da unidade vêm todas as muitas particularidades.
113. É uma única e mesma coisa estar vivo ou morto, acordado ou dormindo, jovem ou velho. O primeiro aspecto de cada caso torna-se o último e o último volta a tornar-se o primeiro, por uma súbita e inesperada inversão.
114. Hesíodo, a quem muitos aceitam como sábio professor, não compreendia nem a natureza do dia e da noite; pois ela é uma.
115. O nome do arco é vida, mas sua obra é morte.
116. A harmonia oculta [invisível] é melhor do que a óbvia [visível].
117. As pessoas não compreendem como aquilo que diverge de si mesmo concorda consigo mesmo. Há uma harmonia na tensão [dos contrários], como no caso do arco e da lira.
118. Ouvindo não a mim, mas ao Logos, é sábio reconhecer que todas as coisas são uma.
119. A sabedoria é uma e única; ela quer, e mesmo assim não quer, ser chamada pelo nome de Zeus.

120. A Sabedoria é uma – conhecer a inteligência pela qual todas as coisas são governadas através de todas as coisas.

[...]

123. Todas as coisas surgem em seu devido tempo.
124. Mesmo os que dormem participam e colaboram com o que ocorre no universo.

## CAPÍTULOS INTERIORES

### de Chuang Tsé

Chuang Tsé (nascido por volta de 369 a.C.) foi um pensador chinês discípulo de Lao Tsé. Em sua interpretação do caminho (Tao), atribui-lhe um sentido de incessante transformação, conferindo, assim, movimento a todas as relações que ele compreende. A compreensão de uma unidade essencial era, para ele, o caminho que leva à liberdade e à paz.

Como Heráclito, Chuang Tsé fala de um princípio oculto da verdade, o Tao. Por que ele permanece oculto e, no entanto, parece tão óbvio quando somos capazes de nos abrir para ele? Chuang Tsé sugere que somos enganados por uma compreensão parcial. Não pensamos, não sentimos e não vemos com a totalidade de nós mesmos. Tendemos a basear nossos julgamentos em distinções que não submetemos a exame prévio. Diante disso, Chuang Tsé nos aconselha a relaxar, a tentar não fazer nada e deixar que o entendimento venha por si mesmo, em vez de fazer um enorme esforço para apreendê-lo.

– Se não sabes o que é benéfico e o que é prejudicial – disse Nieh Ch'ueh –, isto significa que o homem perfeito também não sabe?

– O homem perfeito é um ser espiritual – disse Wang I. – Mesmo que os grandes oceanos incendiassem, ele não sentiria calor. Se os grandes rios congelassem, ele não sentiria frio. E ainda que um raio terrível quebrasse as montanhas e o vento revolvesse as águas do mar, ele não teria medo. Sendo assim, ele se eleva sobre as nuvens e as forças do céu, cavalga sobre o sol e a lua e vagueia para além dos quatro oceanos. Nem a vida nem a morte o afetam. Que dizer de coisas de pouca monta, como perdas e ganhos?

Ch'u-ch'iao Tsé perguntou a Ch'ang-wu Tsé:

– Ouvi de meu grande mestre [Confúcio] que o sábio não se devota aos negócios do mundo. Ele não vai atrás de vantagens nem evita as perdas. Ele não gosta de buscar nada e não adere propositadamente ao Tao. Fala sem falar e não fala quando fala. Assim ele flutua acima deste mundo coberto de pó. Meu grande mestre considerava essa uma descrição grosseira do sábio, mas eu a considero o modo como opera o maravilhoso Tao. O que pensas disto, senhor?

– O que disseste teria deixado perplexo até mesmo o Imperador Amarelo – respondeu Ch'ang-wu Tsé. – Como Confúcio pode ser competente o bastante para saber? Além do mais, tiraste uma conclusão precipitada. Vês um ovo e queres logo um galo cantando; vês um estilingue e logo queres assar a pomba. Supõe que eu te diga algumas palavras pelo que elas significam e tu as ouças pelo que elas significam. Que dizes disso?... O sábio tem o sol e a lua a seu lado. Ele segura o universo debaixo do braço. Ele mistura tudo num todo harmonioso, põe de lado tudo o que é confuso e obscuro e considera nobre o humilde. Enquanto a multidão labuta, ele parece estúpido e incapaz de discriminar. Ele harmoniza as disparidades de dez mil anos numa completa pureza. Todas as coisas são assim harmonizadas e se envolvem mutuamente.

Como posso saber se o amor à vida não é uma ilusão? E como posso saber se o ódio à morte não é como um homem que perdeu seu lar quando jovem e não sabe mais onde ele fica para poder retornar? Li Chi era filha do guarda da fronteira de Ai. Quando o Duque de Chin a raptou pela primeira vez, ela chorou até o colo de seu vestido ficar ensopado de lágrimas. Mas quando chegou à residência real, dividiu com o duque seu luxuoso leito e provou das iguarias, arrependeu-se de ter chorado. Como posso saber se os mortos não se arrependerão de ter desejado ardentemente a vida enquanto vivos?

Aqueles que sonham com o banquete podem lamentar na manhã seguinte, e aqueles que sonham com o choro podem sair para caçar ao amanhecer. Quando sonhamos não sabemos que estamos sonhando. Em nossos sonhos podemos até mesmo interpretar nossos sonhos. Somente depois que acordamos é que sabemos que estávamos sonhando. Finalmente, chega o grande despertar e, então, sabemos que a vida é um grande sonho. Mas os estúpidos acham que estão despertos o tempo todo e acreditam que o sabem perfeitamente. Somos nós governantes [honrados]? Somos pastores [humildes]? Que vulgaridade! Tanto Confúcio quanto tu estão sonhando. Quando digo que estiveste sonhando, eu também estou sonhando. Esse modo de falar pode ser considerado perfeitamente estranho. Se, depois de dez mil gerações, fôssemos capazes de encontrar um grande sábio que pudesse explicar isso, seria como encontrá-lo em um intervalo tão breve de tempo como uma única manhã ou tarde.

Suponha que tu e eu discutíssemos. Se tu me derrotasses em vez de eu te derrotar, estarias tu realmente certo e eu realmente errado? Se eu te vencesse em vez de tu me venceres, estaria eu realmente certo e tu realmente errado? Ou estamos ambos em parte certos e em parte errados? Ou estamos ambos totalmente certos e totalmente errados? Como nenhum de nós sabe o que é certo, os outros estão naturalmente no escuro. A quem devemos chamar para arbitrar a disputa? Se chamássemos alguém que concordasse contigo, uma vez que já está de acordo contigo, como poderia ele arbitrar? Se chamássemos alguém que concordasse comigo, uma vez que já está de acordo comigo, como poderia ele arbitrar? Se chamássemos alguém que não concordasse com nenhum de nós dois para arbitrar, uma vez que já está em desacordo tanto comigo quanto contigo, como poderia ele arbitrar? Se chamássemos alguém que concordasse tanto comigo quanto contigo, uma vez que já está de acordo tanto comigo quanto contigo, como poderia ele arbitrar? De modo que, entre mim, tu e os outros, ninguém sabe o que é certo. Devemos esperar por outros ainda? Os sons imensamente variados são tão relativos uns aos outros quanto não são relativos uns aos outros. Harmonizá-los com o funcionamento da Natureza e deixá-los seguir o processo de evolução infinita é o caminho para completar nosso tempo de vida.

– O que significa harmonizá-los com o funcionamento da Natureza?

– Dizemos que isto é certo ou errado e que é assim ou não é assim. Se o certo é realmente certo, então o fato de ser diferente do errado não deixa nenhuma margem para discussão. Se o que é assim for realmente assim, então o fato de ser diferente do que não é assim não deixa nenhuma margem para discussão. Esquece a passagem do tempo (vida e morte) e esquece a distinção entre certo e errado. Relaxa no reino do infinito e, assim, permanece no reino do infinito.

O vulto pergunta à sombra: "Há um instante te movias e agora estás parada. Há um instante estavas sentada e agora te levantas. Por que esta instabilidade de propósito?"

"Dependo eu de alguma outra coisa para ser assim?", respondeu a sombra. "Esse algo de que dependo também depende de outro algo? Dependo mais desse algo do que a cobra depende da pele que descartou ou a cigarra de suas novas asas? Como posso te dizer por que sou assim ou por que não sou assim?"

Certa vez, eu, Chuang Tsé, sonhei que era uma borboleta e estava feliz como borboleta. Estava consciente de que estava bem satisfeito comigo mesmo, mas não sabia que eu era Tsé. De repente, acordei e eis-me ali, visivelmente o Tsé. Eu não sei se era o Tsé sonhando que era uma borboleta ou uma borboleta sonhando que era o Tsé. Entre Tsé e a borboleta, deve haver alguma distinção. [Mas um pode bem ser o outro.] Isto se chama transformação.

## A GENEALOGIA DA MORAL
## de Nietzsche

Friedrich Nietzsche (1844-1900), filósofo e poeta alemão, foi um dos pensadores mais influentes do século XX. A falta de reconhecimento da genialidade de suas primeiras obras, desde *O Nascimento da Tragédia* (1872) até *O Anticristo* (1895), forçou-o a adotar uma forma mais impetuosa e pungente de pensamento. Não obstante, ele foi capaz de estudar as grandes questões metafísicas e morais, estéticas e religiosas antes de sofrer um colapso mental que o deixou inutilizado (1889), talvez causado pela sífilis.

Nietzsche escreve sobre a perda de uma certa presença com a qual vimos a este mundo. Esta presença nos permite viver no momento presente, mas, assim que começamos a desenvolver outras faculdades mentais, particularmente a memória, nossa capacidade de viver no tempo presente é sacrificada. Esse momento passa a ser obscurecido por nossas associações e experiências passadas. Num interessante aparte, Nietzsche propõe que o que comumente chamamos de moralidade deriva na verdade desta servidão à memória e serve para perpetuá-la.

I

Criar um animal com o direito de fazer promessas – não é este o problema paradoxal que a natureza colocou para si mesma com respeito ao homem? E não é este o verdadeiro problema do homem? Que o problema tenha de fato sido resolvido a um grau notável parecerá ainda mais surpreendente se fizermos plena justiça à intensa força contrária, a faculdade do esquecimento. O esquecimento não é meramente uma *vis inertiae*,[84] como se afirma freqüentemente, mas um dispositivo ativo de seleção – uma peneira –, responsável pelo fato de que aquilo que experimentamos e digerimos psicologicamente não vem mais à consciência, no estágio da digestão, do que o que ingerimos fisicamente. O papel desse esquecimento ativo é o de um zelador: fechar temporariamente as portas e as janelas da consciência; proteger-nos dos ruídos e da agitação que emitem nossos órgãos inferiores ao trabalharem contra ou a favor uns dos outros; introduzir um pouco de tranqüilidade em nossa consciência de modo que dê lugar às funções e funcionários mais nobres de nosso organismo, responsáveis pelo controle e pelo planejamento. Esse zelador mantém a ordem e a etiqueta na casa da psique, o que de imediato indica que não pode haver felicidade, serenidade, esperança, orgulho e de modo geral nenhum "presente" sem o esquecimento. O homem em que essa peneira está estragada e inoperante é como um dispéptico (e não meramente "como" um): ele não consegue dar conta de nada. [...] Ora, este animal naturalmente desmemoriado, para quem o esquecimento representa um poder, uma

84. Vida de inércia. (N.T.)

forma vigorosa de saúde, criou para si mesmo uma potência oposta, a de lembrar, com a ajuda da qual, em certos casos, o esquecimento pode ser suspenso – especificamente quando é uma questão de promessas. Com isso não me refiro a um sucumbir puramente passivo às impressões passadas, à indigestão de ser incapaz de dar conta da promessa uma vez feita, mas antes a um ativo não querer fazer nada, um continuar a desejar o que um dia foi desejado, uma verdadeira "memória da vontade"; de modo que, entre a determinação original e o desempenho real da coisa que é objeto da vontade, todo um mundo de novas coisas, condições e mesmo atos volitivos pode ser interposto sem danificar a longa cadeia do querer. Mas o quanto tudo isso pressupõe! O homem que deseja dispor de seu futuro dessa maneira deve antes ter aprendido a separar a necessidade dos atos acidentais, a pensar de modo causal, a ver coisas distantes como se estivessem próximas, à mão, a distinguir meios de fins. Em resumo, ele deverá ter-se tornado não apenas calculador, mas ele próprio calculável, regular até para a sua própria percepção, se quiser garantir seu próprio futuro como faz o fiador.

II

Isto nos remete à longa história da origem ou gênese da responsabilidade. A tarefa de criar um animal capaz de fazer promessas envolve, conforme já vimos, a tarefa preliminar de tornar o homem até certo ponto regular, uniforme, igual entre iguais, calculável. A tremenda realização à qual me referi em *Aurora* como "o caráter costumeiro da moral", aquele trabalho que o homem realizou sobre si mesmo por um longo período de tempo, recebe seu sentido e justificação aqui – mesmo apesar da brutalidade, tirania e estupidez associadas ao processo. Com a ajuda dos costumes e da camisa de força social, o homem foi, de fato, tornado calculável. Entretanto, se nos colocarmos no ponto final desse longo processo, em que a sociedade e o costume finalmente revelam seu verdadeiro propósito, descobriremos que o fruto mais maduro daquela árvore é o indivíduo soberano, igual apenas a si mesmo, com todos os costumes morais deixados bem para trás.

Este indivíduo autônomo, mais que moral[85] (os termos "autônomo" e "moral" são mutuamente excludentes), desenvolveu sua vontade própria e independente de longo alcance, que ousa fazer promessas; ele tem uma consciência orgulhosa e vigorosa do que logrou alcançar, um sentido de poder e de liberdade, de absoluta realização. Este homem plenamente emancipado, mestre de sua vontade, que ousa fazer promessas – como não teria ele consciência de sua superioridade sobre aqueles que são incapazes de se garantir por si mesmos? Pense em quanta confiança, quanto medo e quanta reverência ele inspira (todos os três totalmente "merecidos") e em como, tendo esse governo soberano sobre si mesmo, ele legisla também sobre todas as criaturas de vontade mais fraca e menos confiável! Sendo realmente livre e possuidor de uma vontade persistente e de longo alcance, ele possui também uma escala de valores. Vendo os outros desde o centro de seu próprio ser, ele os honra ou desdenha. É natural para ele honrar seus pares fortes e confiáveis, todos aqueles que prometem como soberanos, rara e relutantemente; que são zelosos de sua própria confiança, cuja confiança é uma marca de distinção, cujas promessas de fato se sustentam, porque eles sabem que as cumprirão a despeito de todos os acidentes e a despeito do destino mesmo. Entretanto, ele reservará inevitavelmente um chute àqueles fanfarrões desprezíveis que prometem de maneira irresponsável e um soco àqueles mentirosos que quebram suas promessas no momento mesmo em que as proferem. Sua orgulhosa consciência do privilégio extraordinário que a responsabilidade confere penetrou profundamente e se tornou um instinto dominante. Do que ele chamará este instinto dominante, se algum dia se sentir compelido a dar-lhe um nome? Com certeza, ele o chamará de "sua consciência".

85. A referência ao termo "autonomia" indica que o objeto da crítica (exclusão entre "autonomia" e "moralidade") ao indivíduo soberano é a ética racional de Kant. Ver, a propósito, o capítulo 3. (N.T.)

# MASNAVI

## de Rumi

Jalal ud-Din Rumi (1207-73), grande poeta místico da Pérsia, encontrou seu mestre num dervixe errante, Shams al-Din, em 1244. A partir de então, sua monumental produção literária refletiu seu aprendizado. Além do *Masnavi*, constituído de cerca de 25 mil dísticos rimados, Rumi compôs o *Rubayat*, cerca de 1.600 quadras, e o *Divã de Shams de Tabriz*, uma coleção de 2.500 odes místicas.

Rumi compôs o *Masnavi* com base em sua experiência pessoal. Não é de estranhar, portanto, que ele postule uma volta à própria experiência como o único meio de conhecer a realidade. Neste sentido, o retorno ao próprio centro, ao coração, deve ser muito mais valorizado que a mera coleta de informações sobre o mundo exterior.

Certa vez, um homem veio bater à porta de seu amigo.
Seu amigo disse: "Quem és tu, ó homem fiel?"
Ele disse: "Sou eu".
O outro respondeu: "Não podes entrar,
Não há lugar para o "cru" em meu bem cozido banquete.
Nada senão o fogo da separação e da ausência
Pode cozinhar o cru e livrá-lo da hipocrisia!
Já que teu "eu" ainda não te deixou,
Deves ser queimado em chama ardente".

O pobre homem se foi, e por um ano inteiro
Viajou ardendo de dor pela ausência do amigo.
Seu coração ardeu até estar cozido;
Então ele voltou e aproximou-se da casa do amigo.
Bateu à porta com temor e agitação,
De medo que alguma palavra descuidada lhe saísse dos lábios.
Seu amigo gritou: "Quem está à minha porta?"
Ele respondeu: "És tu que estás à porta, ó Amado!"
O amigo disse: "Já que sou eu, que eu entre;
Não há lugar para dois "eus" em uma só casa".

# O LIVRO DOS PROVÉRBIOS

## Antigo Testamento

No Livro dos Provérbios, uma coletânea de ditos sapienciais tradicionalmente atribuídos ao Rei Salomão, encontramos uma comovente formulação do caminho da sabedoria. Esse caminho começa e termina com a necessidade de adquirir um grande conhecimento. Todas as distrações da vida cotidiana são vistas como desprovidas de sentido, uma vez que estes prazeres efêmeros não podem ser comparados à verdadeira confiança que o conhecimento é capaz de trazer.

### CAPÍTULO III

[...]

13. Feliz do homem que encontrou a sabedoria, daquele que alcançou o entendimento!
14. Pois ela vale mais que a prata, e o fruto que se obtém é melhor do que o fino ouro.
15. Ela é mais preciosa que as pérolas, jóia alguma a pode igualar.
16. Na mão direita ela sustenta uma longa vida; na esquerda, riqueza e glória.
17. Seus caminhos estão semeados de delícias, suas veredas são pacíficas.
18. É árvore de vida para os que a colhem; felizes são os que a retêm.
19. Foi com sabedoria que o Senhor criou a terra, foi com entendimento que ordenou os céus.
20. Pela ciência se fenderam os abismos, por ela as nuvens destilam o orvalho.
21. Meu filho, guarda a sabedoria e a prudência, não as percas de vista.
22. E elas serão vida para a tua alma, adorno para o teu pescoço.
23. Então caminharás com segurança, sem tropeçar.
24. Se te deitares, não sentirás medo algum. Uma vez deitado, teu sono será doce.

25. Não terás a recear nem terrores repentinos nem a tempestade que cai sobre os ímpios.
26. Porque o Senhor é tua segurança e preservará teu pé de toda armadilha.
27. Não negues um favor a quem precisa, quando puderes fazê-lo.
28. Não digas a teu próximo: "Vai, volta depois, eu te darei amanhã", quando tiveres a coisa na mão.
29. Não trames o mal contra teu vizinho, pois ele mora a teu lado e confia em ti.
30. Não litigues sem motivo contra alguém, se esse alguém não te fez nenhum mal.
31. Não invejes ao homem violento, nem adotes o seu procedimento.
32. Porque o perverso é uma abominação para o Senhor; mas com o homem reto está Sua boa vontade.
33. A maldição do Senhor recai sobre a casa dos ímpios; mas a morada do justo Ele abençoa.
34. Se Ele escarnece dos zombadores, aos humildes concede a graça.
35. Os sábios receberão a glória, mas a vergonha será a herança dos insensatos.

## CAPÍTULO IV

1. Ouvi, meus filhos, a instrução paterna, e prestai atenção para adquirir a inteligência.
2. Porque bons ensinamentos eu vos dou: ao contato comigo não deveis renunciar.
3. Pois fui um verdadeiro filho para meu pai, e um filho terno e amado para minha mãe.
4. Deu-me ele este conselho: "Que teu coração conserve firmemente minhas palavras: observa meus preceitos e viverás.
5. Adquire sabedoria, adquire prudência: não te esqueças de nada, não te afastes de meus conselhos.
6. Não abandones a sabedoria e ela cuidará de ti: ama-a e ela te protegerá.

7. Eis o princípio da sabedoria: Adquire a sabedoria; adquire a inteligência em troca de tudo o que possuis.
8. Tem-na em alta estima e ela te exaltará, ela te glorificará quando a abraçares.
9. Ela ornará tua cabeça com uma coroa graciosa; um magnífico diadema ela te ofertará".

[...]

CAPÍTULO V

[...]

12. E tiveres de dizer: "Por que odiei a disciplina e meu coração recusou a exortação?
13. Por que não dei ouvidos aos meus mestres nem dei atenção aos meus educadores?
14. Por um pouco eu não chegava ao cúmulo da desgraça no meio da assembléia do povo."
15. Bebe a água da tua própria cisterna e a água corrente do teu próprio poço.
16. Assim tuas fontes transbordarão; e correrão em plena rua teus regatos de água.
17. Eles serão somente teus, e não dos estranhos que estarão contigo.
18. Bendita seja a tua fonte!

[...]

SEXTA PARTE

# O ESPECTRO DO AMOR

Vivemos numa época em que as idéias convencionais sobre as relações humanas são cada vez mais questionadas; confrontamo-nos diariamente com os problemas do divórcio e da separação, da dissolução do núcleo familiar, da violência doméstica, da mentira e da falsidade nas amizades e da traição em todos os estratos sociais. A insegurança nas relações pessoais pode privar-nos dos benefícios da companhia de outras pessoas e nos tornar vulneráveis às forças de desintegração. Tendemos ao pessimismo nas questões de afeto, sinceridade, respeito, amor e comunicação com os outros. Subestimamos o valor das relações de intimidade para o progresso do nosso próprio entendimento.

São as relações realmente necessárias para nós? Ou é o homem, por natureza, uma criatura solitária que apenas por fraqueza se volta para os outros? Alegar que as pessoas não são animais sociais, mas que se unem umas às outras, a exemplo de certos mamíferos predatórios, apenas por razões de defesa ou procriação, é dizer que todas as relações são apenas uma questão de conveniência. Aristóteles rejeita este ponto de vista. Ao examinar as necessidades do indivíduo, ele diz: "sem amigos ninguém escolheria viver, ainda que possuísse todos os outros bens". Para ele, viver é uma questão de obedecer os ditames do "elemento de maior autoridade" no nosso caráter individual. Somente quando as diversas qualidades individuais e desejos concorrentes recebem a devida prioridade é que se pode viver do modo correto. Outrossim, diz Aristóteles, é de nossa natureza "viver com outros", e não movidos pelo medo ou pelo desejo de dominar, mas em termos de igualdade, sem nenhum conflito entre a amizade e o amor-próprio. Amamos nossos amigos pela mesma razão que amamos a nós mesmos – para cultivar aquilo que acreditamos ser mais digno de admiração. Aristóteles remete a questão das relações humanas à constituição interna da própria pessoa: aquele que não é ele próprio, governado por bons princípios, será incapaz de apreciar as qualidades positivas dos outros.

Como, então, nossa "constituição interna" afeta o modo como nos relacionamos com as pessoas à nossa volta? Para Platão, a resposta é direta. Uma sociedade se organiza segundo as mesmas leis que criam a ordem interior de um indivíduo. Ambos são constituídos de três partes: intelecto, apetite e emoção; ambos têm um potencial para o conflito e a desarmonia ou, em sentido inverso, para a concórdia e a harmonia; ambos, para funcionar devidamente, exigem uma educação cuidadosa, que leve em conta as diferenças entre as três partes. Para funcionar corretamente uma pessoa precisa, portanto, ter respostas harmônicas – da mente, do corpo e das emoções – que sejam apropriadas à situação que se apresenta. Um Estado, para funcionar corretamente, precisa ensejar uma comunicação perfeita com seus membros e promover relações amistosas entre eles, cada um desempenhando o papel que lhe cabe na conservação do todo. Em sua versão de uma sociedade idealmente justa, Platão enfatiza não a igualdade natural das pessoas, mas as diferenças de suas aptidões naturais. Ele defende que as relações só funcionam realmente quando cada pessoa está "no lugar certo". Para usar uma de suas metáforas preferidas, se cada instrumento de uma orquestra não estiver devidamente afinado e não tocar o que lhe compete, a música será dissonante e desagradável aos ouvidos.

Na visão de Platão, quando as pessoas se engajam numa relação, fazem-no em consonância com suas verdadeiras naturezas, uma vez que tenham descoberto em que elas consistem. Além de nos envolvermos com outras pessoas, também nos relacionamos com animais, obras de arte, objetos e com a própria natureza. Por vezes parece que realmente nos unimos com o outro; por um momento uma conexão entre todas as coisas parece possível e o ego se encolhe a ponto de desaparecer. A pessoa é sustentada por uma sensação de pertencimento. Mas, em seguida, com a dissolução do momento e o retorno à identidade ordinária, a experiência (de um pôr-do-sol, de uma sinfonia ou de uma pessoa amada) é submetida à análise, classificação e avaliação. Colocamo-nos novamente fora dela. É como um obscurecimento de nossa visão. Como diz Tagore, "o medo assume dimensões ilimitadas no escuro, porque ele é a sombra do eu que perdeu sua sustentação no todo..."

À questão de se o relacionamento é ou não uma possibilidade real para as pessoas, damos uma anuência vacilante. Oscilamos entre a comunhão gratuita e silenciosa com nosso meio e a apropriação de uma experiência com vista aos nossos próprios objetivos. Ao mesmo tempo em que fazemos parte de um tecido sem costuras, estamos separados dele pelo modo como interpomos o pensamento entre a realidade e nós mesmos. Valorizar mais profundamente uma relação é também cultivá-la, da mesma forma como se cultiva o amor pela grande arte. Esta dualidade no homem é retratada de outra maneira por Gabriel Marcel. Para ele, num extremo está a experiência de sentir-se constrangido, como, por exemplo, entrar num lugar onde não se conhece ninguém. A situação cria uma tensão física e intelectual que impede o estabelecimento de qualquer relação. Vemo-nos como definidos por um passado ao qual o outro impõe uma ameaça imaginária. Compare-se esta situação com aquela em que se dá a verdadeira "intersubjetividade", como Marcel a denomina, cheia de imagens, pressuposições, fantasias ou expectativas compartilhadas ocupando o espaço intermediário entre as pessoas. A luta para encontrar um ponto de encontro, contra a negação, pelo ego, da realidade do outro é a "luta pela existência", a luta para ampliar o sentido do eu de modo que inclua nele o direito dos outros à existência. É preciso incluir a experiência do outro, seja ela agradável ou desagradável para nós.

Isto nos remete a uma outra questão: qual o papel do desejo no âmbito de nossas relações? De ordinário, é fácil perceber a preponderância que atribuímos a ele. Procuramos estabelecer laços com pessoas que nos fazem sentir bem e evitar aquelas que nos causam desconforto. Encaramos uma certa emoção (uma "sensação agradável") como um sinal positivo em uma relação, e mesmo como sua finalidade, e tendemos a esquecer que um relacionamento também pode nascer a partir da oposição e da resistência. Mas a evolução do entendimento é capaz de, no curto prazo, divergir da busca da felicidade; o preceito "Amai vossos inimigos", apresentado por Jesus de Nazaré, pode significar que se deve procurar no adversário o que ele tem em comum conosco. Não que o prazer não seja importante, mas fazer dele o centro da vida é amesquinhar a própria existência, ao invés de ampliá-la. Na tocante fábula de Assaradão, Rei da Assíria, Tolstói observa: "Somente podes tornar melhor tua vida interior pela destruição das barreiras que separam tua vida da vida dos outros seres, encarando os outros como encaras a ti mesmo, amando-os". Inclinado a uma atitude de vingança, Assaradão percebe que executar seu inimigo significaria destruir também a si próprio.

Raramente temos uma experiência intensa de unidade com aqueles que achamos irritantes, repulsivos, perigosos ou sem graça; existem, entretanto, situações em que a compreensão pode coexistir com emoções negativas. Isto aponta para a possibilidade do vínculo, a despeito da oposição. O fato de a intimidade poder ser alcançada pelo antagonismo sugere que precisamos estar mais atentos a todas as coisas que, em nós, apresentam resistência ao estabelecimento de relações com os outros.

Um ingrediente básico de qualquer relacionamento – seja com uma criança, um professor, um sócio, um adversário, um animal, ou mesmo com uma idéia – é a atenção. A atenção é necessária para o próprio surgimento da relação. Seu contrário, a falta de atenção, a atitude de não levar o outro a sério, ergue um obstáculo. Quando nossa atenção esmorece, deixamos de considerar todos os aspectos daquilo em que estamos envolvidos. Deixamos, por exemplo, de ver o que a outra pessoa está tentando nos comunicar realmente e reagimos de acordo com nossas noções preconcebidas. Mas dar atenção não é necessariamente uma questão de fazer a outra pessoa "sentir-se bem".

Como bem sabe todo pai e professor, há momentos em que um choque abrupto e desagradável na sensibilidade do outro é muito mais proveitoso. Preocupar-se de verdade com o bem do outro demanda tanto um bom conhecimento da pessoa em questão quanto dos seres humanos em geral. O fato de que raramente estamos preparados para a tarefa só vem ressaltar o tamanho da responsabilidade que o cuidado com o outro implica. Não será o caso de nossa leviandade generalizada se colocar muito freqüentemente como obstáculo para o estabelecimento de relações mais profundas e intensas?

Explorar mais atentamente as exigências inerentes às relações é o que faz o Sermão da Montanha. Nele, Jesus enfatiza a necessidade de estarmos vazios de nós mesmos ("pobres de espírito") para que possamos ser preenchidos pela substância de uma relação; e a necessidade de sermos equânimes ("pacíficos") para evitar a agressão. Uma sutil predisposição ao julgamento está no cerne de todo estado de isolamento; em todas as nossas tentativas de estabelecer relações com os outros, temos de aprender a superar esta limitação e seguir para além dela.

## AS TRÊS PARTES DA ALMA

### de Platão

No seguinte trecho da *República*, Platão traça uma comparação entre as qualidades de que necessitamos para estabelecer boas relações sociais e as qualidades necessárias para viver internamente em harmonia. Na vida interior, na alma, ele distingue três elementos diferentes. Existe a dimensão racional (a razão), a dimensão apetitiva (o corpo) e a dimensão sensível (as emoções). Comumente, encontramo-las em conflito mútuo, o que dificulta e desequilibra nossas relações com o outro. Conseqüentemente, para Platão, a investigação sobre como equilibrar as diferentes dimensões da alma humana deve ser realizada sempre em conjunto com a investigação sobre o modo de produzir relações estáveis e justas dentro do Estado.

Como sempre, Platão expõe seus argumentos em forma de diálogo.[86]

---

86. O diálogo que segue, constante do livro IV da *República*, se dá entre Sócrates, o narrador do diálogo, e Glauco, seu interlocutor. (N.T.)

– Não sejamos ainda tão categóricos – eu disse –, mas se, em juízo, esta concepção de justiça for verificada tanto no indivíduo quanto na cidade, não haverá mais nenhum lugar para a dúvida; se ela não for verificada, então devemos iniciar uma outra investigação. Concluamos primeiro a que iniciamos, como te lembras, sob a impressão de que, se pudéssemos examinar previamente a justiça em escala mais ampla, haveria menos dificuldade de discerni-la no homem. Este exemplo mais amplo pareceu-nos ser a cidade, e por isso fundamos uma cidade tão perfeita quanto possível, sabendo bem que na boa cidade a justiça seria encontrada. Apliquemos, portanto, o que aí encontramos ao indivíduo e, se as duas noções de justiça estiverem de acordo, ficaremos satisfeitos; se, porém, descobrirmos que a justiça é outra coisa no indivíduo, faremos outro julgamento da teoria. Talvez a fricção das duas concepções faça brilhar a luz da justiça; e, quando ela tiver se manifestado, nós a fixaremos em nossas almas.

– Tua proposição é metódica, Sócrates, façamos como dizes.

Continuei, então, a perguntar: – Quando duas coisas, uma maior e outra menor, são chamadas pelo mesmo nome, são elas semelhantes ou diferentes pelo fato de serem chamadas pelo mesmo nome?

– Semelhantes – respondeu Glauco.

– O homem justo será, então, se considerarmos apenas a idéia de justiça, igual à cidade justa?

– Sim, será.

– E uma cidade foi por nós considerada justa quando as três classes que a compõem desempenham rigorosamente as funções que lhe são próprias; e a consideramos também como sendo moderada, corajosa e sábia em razão de certas outras qualidades e tendências dessas mesmas três classes?

– É verdade – ele disse.

– E assim com respeito ao indivíduo; podemos supor que sua alma encerra os mesmos três princípios encontrados na cidade; e ele poderia ser corretamente descrito nos mesmos termos, se os articulamos da maneira devida?

– Certamente – ele respondeu.

– Mais uma vez, então, meu amigo, voltamos a nos deparar com uma questão fácil: saber se a alma tem ou não esses três princípios.

– Uma questão fácil? Não, Sócrates, de modo algum; é mais certo dizer, como diz o provérbio, que o caminho do bem é o mais difícil.

– Assim é – eu disse –, e não acho que o método que estamos empregando seja absolutamente adequado à solução precisa desse problema; o caminho verdadeiro é outro, e mais longo.[87] Contudo, talvez cheguemos a uma solução em nada inferior ao nível da investigação anterior.

– Não podemos nos contentar com ela? – ele perguntou –; na presente circunstância, sinto-me bastante satisfeito.

– Eu também – respondi – ficarei extremamente satisfeito.

– Pois então não desanimes, Sócrates, em tua investigação – ele disse.

– Não é necessário convir – prossegui – que em cada um de nós encontram-se os mesmos princípios e hábitos que há na cidade? Com efeito, é a partir do indivíduo que eles passam à cidade, pois de que outra maneira teriam chegado ali? Tomemos a qualidade da paixão ou do gênio: seria ridículo imaginar que esta qualidade, quando encontrada nas cidades, não seja derivada dos indivíduos que supostamente a possuem, como, por exemplo, os trácios, os citas e, em geral, as nações do Norte. E o mesmo pode ser dito do amor ao conhecimento, que é a característica especial da nossa parte do mundo,[88] ou do amor pelo dinheiro, que pode, com igual verdade, ser atribuído aos fenícios e egípcios.

– Exatamente – ele confirmou.

– Não há nenhuma dificuldade para se entender isso.

– Absolutamente nenhuma.

– Mas a questão não é assim tão simples quando passamos a questionar se esses princípios são três ou somente um; quer dizer, se existe em nós um princípio pelo qual conhecemos, outro pelo qual

87. *Methodos* significa "caminho" em grego. (N.T.)

88. Quer dizer, da Jônia e da Ática, considerando que a filosofia – "amor à sabedoria" – teve origem nestas duas regiões. (N.T.)

nos irritamos e um terceiro pelo qual desejamos satisfazer nossos apetites naturais, ou se toda a alma intervém em cada uma dessas operações – determinar isto é que é difícil.

– Sim – concordou –, aí reside a dificuldade.

– Busquemos, portanto, determinar se estes princípios são um só ou três diferentes.

– Como? – ele perguntou.

Respondi como se segue: – É evidente que a mesma coisa não pode, a um só tempo, na mesma parte e em relação ao mesmo objeto, agir ou sofrer uma ação com efeitos contrários. De sorte que, sempre que esta contradição ocorrer em coisas aparentemente idênticas, sabemos que elas não são realmente idênticas, mas diferentes.

– Muito bem.

– Por exemplo – prossegui –, pode uma mesma parte de uma coisa estar em repouso e em movimento ao mesmo tempo?

– Impossível.

– Coloquemos o problema em termos mais precisos – continuei –, para que não nos desviemos de nosso argumento. Supõe o caso de um homem que esteja parado, movendo somente as mãos e a cabeça, e supõe que alguém diga que este mesmo homem está em movimento e em repouso ao mesmo tempo – a este modo de falar deveríamos objetar, dizendo que apenas uma parte dele está em movimento enquanto a outra está em repouso.

– Muito verdadeiro.

– E supõe que se nos lançassem uma contra-objeção ainda mais refinada e sutil, traçando a requintada distinção de que não apenas partes dos piões, mas os piões inteiros girando com as pontas fixas no mesmo lugar, estariam em repouso e em movimento ao mesmo tempo (e poder-se-ia dizer o mesmo com respeito a qualquer coisa que gire em torno de si no mesmo lugar), essa objeção não seria por nós admitida, uma vez que em tais casos não é nas mesmas partes que tais coisas estão em repouso e em movimento; dos piões, diríamos que possuem tanto um eixo quanto uma circunferência e que o eixo permanece imóvel, visto que não se inclina para nenhum lado, e somente a circunferência gira. Mas se, enquanto gira, o eixo se inclina ou para a direita ou para a esquerda, para frente ou para trás, então os piões não estão em repouso sob nenhum aspecto.

– É exato – ele respondeu.

– Portanto, nenhuma destas objeções deverá nos confundir, ou nos levar a crer que a mesma coisa, na mesma parte ou em relação ao mesmo objeto, possa ao mesmo tempo agir ou sofrer uma ação com efeitos contrários.

– Com certeza não, de acordo com meu modo de pensar.

– Não obstante – eu disse –, para que não sejamos compelidos a examinar todas as objeções deste tipo e provar exaustivamente que são falsas, por agora consideremo-nas absurdas e prossigamos com nosso entendimento; se, futuramente, este se mostrar falso, então nos afastaremos de todas as conclusões a que por ventura tivermos chegado a partir dele.

– Sim – ele disse –, este é o caminho mais apropriado.

– Bem – prossegui –, não admitirias que aprovação e desaprovação, desejo e aversão, atração e repulsão sejam todos opostos entre si, quer se trate de atos ou estados (uma vez que isso não faz nenhuma diferença)?

– Sim – ele concordou –, são opostos.

– Bem – prossegui –, a fome, a sede e os apetites em geral, e ainda querer e desejar, tudo isso não situarias entre os primeiros termos dos pares de opostos já mencionados? Tu não dirias que a alma daquele que deseja está à procura do objeto de seus desejos, ou que ele está atraindo para si mesmo a coisa que deseja possuir, ou ainda que, quando alguém quer que algo lhe seja dado, sua mente, ansiando pela realização de seus desejos, intima seu desejo a alcançá-lo por um sinal de aprovação, como se lhe tivesse feito uma pergunta?

– É bem verdade.

– E que dirias da má vontade, da aversão e da ausência de desejo? Estas coisas não deveriam ser referidas à classe oposta, isto é, de repulsão e rejeição?

– Certamente.

– Admitindo que isso seja verdadeiro a respeito dos desejos em geral, suponhamos uma classe particular de apetites e, dentre estes, selecionemos a fome e a sede, como são chamados, que são os mais óbvios dentre eles. O que achas?

– Consideremos esta classe – disse ele.

– O objeto de um é a comida e o do outro a bebida?

– Sim.

– Aqui chegamos ao ponto principal: não é a sede o desejo que a alma tem de beber, e apenas de beber; não da bebida com qualquer outra qualificação, como quente ou fria, muita ou pouca ou, em uma palavra, bebida de uma determinada espécie: mas se a sede estiver acompanhada de calor, então o desejo será de beber algo frio; ou, se acompanhada de frio, de alguma bebida quente; ou, se a sede for excessiva, a quantidade de bebida desejada será grande; ou, se não for grande, a quantidade de bebida desejada será pequena: mas a sede pura e simples desejará pura e simplesmente a bebida, que é a satisfação natural da sede, assim como a comida é a da fome?

– Sim – ele confirmou –, o simples desejo é, como dizes, em todo caso pelo simples objeto, e o desejo qualificado pelo objeto qualificado.

– Mas aqui pode surgir uma confusão; e eu gostaria de me precaver contra um oponente que argumentasse que nenhum homem deseja somente bebida, mas uma boa bebida, nem simplesmente comida, mas uma boa comida, uma vez que o bom é o objeto universal do desejo e que, sendo a sede um desejo, necessariamente ela será o desejo de uma boa bebida; o mesmo sendo verdadeiro para todos os outros desejos.

– Sim – ele concordou –, o oponente poderia ter algo a dizer com isso.

– Entretanto, eu seria obrigado a sustentar que, em se tratando de relações, algumas têm uma qualidade associada a cada termo da relação, a cada coisa particular; outras são simples, sendo ambos os termos que a compõem também simples. Adverte, porém, que as coisas que têm com outras uma relação de quantidade ou de qualidade se referem a seu objeto sob este aspecto relativo, ao passo que, tomadas em si mesmas, referem-se aos objetos tomados também em si mesmos e despidos de suas qualidades acidentais.

– Não sei a que te referes.

– Bem, certamente sabes que o maior é relativo ao menor?

– Certamente.

– E que o muito maior é relativo ao muito menor?

– Certo – ele anuiu.

– E que o tempo mais longo é relativo ao tempo mais curto, e que o maior que há é relativo ao menor que há?

– Certamente – disse ele.

– E que o mesmo se dá com mais e menos e outros termos correlatos, como dobro e metade, ou ainda o mais pesado e o mais leve, o mais rápido e o mais lento; e também com frio e quente e quaisquer outros termos relativos. Isso não é verdade para todos eles?

– Sim, é.

– E o mesmo princípio não se aplica às ciências? O objetivo da ciência é o conhecimento (supondo-se que esta seja a definição verdadeira), mas o objetivo de uma ciência em particular é um tipo particular de conhecimento; quero dizer, por exemplo, que a ciência da construção de casas é um tipo de conhecimento definido e distinto dos outros tipos de conhecimento e que, por isso, é chamado de arquitetura.

– Certamente.

– Será porque ela tem alguma qualidade particular que nenhum outro tipo de conhecimento tem?

– Deve ser.

– E ela tem essa qualidade particular porque tem um objeto determinado; será isso verdadeiro a respeito das outras artes e ciências?

– Sim, é.

– Bem, então, se eu me fiz entender com clareza entenderás o que eu disse antes sobre os termos relativos. Afirmei que, se um dos termos de uma relação é tomado isoladamente, o outro também o será; se um termo é qualificado, o outro também o será. Com isto, não estou afirmando que termos relativos sejam necessariamente semelhantes entre si, isto é, que a ciência da saúde seja saudável, que a da doença seja necessariamente enferma ou que as ciências do bem e do mal sejam, portanto, boa e má; mas apenas que, quando o termo ciência deixa de ser usado de modo absoluto, e passa a ter um objeto determinado que, neste caso, é a natureza da saúde e da doença, ele se torna determinado também, e é por isso chamado não apenas de ciência, mas de ciência da medicina.

– Compreendo o teu raciocínio e concordo com ele.

– Não dirias que "sede" é um destes termos essencialmente relativos, que têm nitidamente uma relação com...

– Sim, a sede é relativa à bebida.

– E um certo tipo de sede é relativo a um certo tipo de bebida; mas a sede tomada isoladamente não é de muita nem de pouca bebida; nem de bebida boa nem ruim e nem de nenhum outro tipo determinado de bebida, mas de bebida simplesmente?

– Com certeza.

– Então a alma de quem tem sede, na medida em que está com sede, deseja apenas bebida; é isto o que ela anseia e busca obter.

– É evidente.

– E se supuseres algo que afasta a alma sedenta da bebida, esse algo deve ser diferente do princípio que a impele a beber como um animal; pois, como dizíamos, a mesma coisa não pode ao mesmo tempo, com uma mesma parte de si, agir de maneiras contrárias com referência a um mesmo objeto.

– É impossível.

– Não mais do que se poderia dizer que as mãos do arqueiro puxam e distendem o arco ao mesmo tempo, mas antes se diz que uma mão puxa e a outra distende.

– Exatamente – ele respondeu.

– E poderia um homem ter sede e não ter vontade de beber?

– Sim – ele respondeu –, isso ocorre constantemente.

– E em tal caso, o que dirias? Não dirias que algo na alma do homem o estava impelindo a beber e alguma outra coisa o estava proibindo, uma coisa diferente e mais forte do que o princípio que o impele a beber?

– Sim, é precisamente o que eu diria.

– E que o princípio proibitivo tem origem na razão e o que impele e atrai procede do desejo ou outras disposições apetitivas?

– Claramente.

– Então, com razão podemos dizer que os princípios são dois, e que eles diferem um do outro; àquele pelo qual o homem raciocina, podemos chamar de princípio racional da alma; ao outro, pelo qual ele ama, sente fome e sede e é arrebatado por quaisquer outros desejos, podemos chamar princípio irracional ou apetitivo, o aliado dos diversos prazeres e satisfações?

– Sim – ele disse –, podemos com razão supor que eles são diferentes.

– Então, determinemos finalmente que são dois os princípios existentes na alma. E o princípio irascível, seria ele princípio ou se situaria em uma das classes anteriores?

– Inclino-me a acreditar que seja semelhante ao desejo.

– Bem – prossegui –, ouve uma história que me lembro de ouvir falar e na qual acredito. Ela conta que Leôncios, filho de Aglaion, vindo certo dia do Pireu, percebeu, do lado de fora da muralha norte, alguns cadáveres estendidos no chão no local das execuções. Ele sentiu desejo de vê-los e também terror e repugnância diante deles; por um momento resistiu e tapou os olhos, mas, com o tempo, o desejo foi vencendo o que nele havia de melhor. Depois de muita luta, esforçando-se para abrir os olhos, ele precipitou-se diante dos cadáveres e disse, indignado, àquilo que o impelia: "Olhai, desgraçado, tirai proveito de tão bela figura!"

– Eu também já tinha ouvido essa história – ele disse.

– A moral da história é que, às vezes, a cólera declara guerra ao desejo, como se os dois fossem duas coisas distintas.

– Sim, é este o sentido da história – ele disse.

– E não existem ainda muitos outros casos em que observamos que, quando os desejos de um homem prevalecem violentamente sobre sua razão, ele se vilipendia a si mesmo, fica furioso com a violência que encontra dentro de si e, nesta luta, semelhante à luta entre facções no interior de uma cidade, tem sua ira ao lado da razão? Mas o elemento apaixonado ou irascível ficar do lado do desejo quando a razão determina que não deve ser contrariada, este é o tipo de coisa que creio jamais teres observado em ti mesmo, nem, imagino, em ninguém mais. Não é verdade?

– Com certeza, não.

– Supõe que um homem acredite que fez mal a outro. Quanto mais nobre ele for, menos capaz será de se sentir indignado diante de um sofrimento como a fome, o frio ou qualquer outra dor que a pessoa injuriada possa infligi-lo; estes males ele os julga justos e, como eu disse, sua ira recusa-se a ser despertada por eles.

– Verdade – ele disse.

– Mas, quando ele acha que ele é a vítima do mal, exalta-se, enfurece-se e fica do lado do que acredita ser a justiça; e o fato de sofrer de fome ou frio ou de qualquer outra dor o torna ainda mais decidido a perseverar e vencer. A ira de seu espírito nobre não será abrandada enquanto ele não matar ou for morto; ou enquanto não ouvir a voz do pastor, isto é, da razão, mandando seu cão parar de latir.

– O exemplo é perfeito – ele respondeu. – E em nossa cidade, como dizíamos, os auxiliares seriam cães que ouviriam a voz dos governantes, seus pastores.

– Eu vejo – continuei –, que me compreendeste muito bem; há, entretanto, um outro ponto que gostaria que considerasses.

– Que ponto?

– Tu te lembras que a cólera pareceu à primeira vista ser uma espécie de desejo; mas agora devemos afirmar o contrário; pois no combate da alma ela está engajada do lado do princípio racional.

– Muito certamente.

– Mas ainda há uma outra questão: a cólera é diferente também da razão ou é somente um outro tipo de razão? Nesse último caso, em vez de três princípios na alma, haveria apenas dois, o racional e o apetitivo. Mas assim como nossa cidade foi composta de três classes, comerciantes, auxiliares e conselheiros, também não poderia haver na alma individual um terceiro elemento, a cólera ou impulso irascível que, quando não corrompido por uma má educação, é o auxiliar natural da razão?[89]

## O MISTÉRIO DO SER
## de Gabriel Marcel

Gabriel Marcel (1889-1972), filósofo e dramaturgo francês, esteve profundamente envolvido com uma abordagem experimental da filosofia. Seu método foi concebido com a finalidade de manter um estreito contato com a realidade; sua obra centra-se na existência – nas dimensões do ser e do conhecer. Entre seus livros mais notáveis estão *O Mistério do Ser, Diário Metafísico* e *Fidelidade Criadora.*

Na minuciosa investigação de nossa vida cotidiana que empreende, Marcel levanta a questão do ego. Em que medida nossa tendência a nos proteger, possuir e separar de nós mesmos e dos outros obstrui o verdadeiro relacionamento? É somente quando somos capazes de relaxar e deixar de nos preocupar conosco que surge a abertura para o outro. É só então, nas palavras de Marcel, que podemos estar com o outro e não contra ele. Uma vez que continuamos apegados ao nosso velho conceito de eu, nos isolamos, nos alienamos e desumanizamos. A idéia proposta por Marcel poderia, assim, levar-nos a descobrir uma saída para nos sentirmos menos tensos e menos apreensivos diante de outras pessoas.

Para começar, deveríamos notar que o ego, enquanto tal, mostra-se de maneira extraordinariamente vívida e agressiva no universo mental

89. Platão quer com isso apontar que a educação, a boa Paidéia, deve se ocupar primordialmente da educação das paixões, intermediárias entre o desejo biológico puro e simples (sede, fome etc.) e o elemento racional, de modo que elas possam sempre servir de auxiliares da razão, não se opondo a ela. A idéia de fundo é que as paixões podem em si mesmas, naturalmente, tender à razão ou desrazão, tudo dependendo de como sejam educadas. Como sugere o autor, o homem nobre é aquele que tem as paixões ou o elemento irascível da alma ao lado de sua razão; aqueles que não são nobres, os homens "mal-educados", pelo contrário, têm suas paixões ao lado de seus desejos e acima de sua razão, transformando-se, segundo Platão, em animais. (N.T.)

da criança; e pode-se mesmo dizer que essa vivacidade e agressividade persistem, nos anos posteriores, pelo fato de que aquele mundo mental sobrevive no adulto. A criança, digamos, corre para a mãe e oferece-lhe uma flor. "Olha", ela diz, "fui eu, eu a colhi". Seus gestos e tom de voz são bastante significativos; ela aponta para si mesma como para alguém que merece a admiração e a gratidão dos adultos. "Olha, fui Eu, Eu em pessoa, Eu inteiramente presente e ereto aqui, quem colheu esta flor! Sobretudo, não acredite nem por um momento que foi Jim ou Lucy quem a colheu." O "eu fiz isso" da criança na verdade exclui de maneira definitiva o deplorável mal-entendido pelo qual meu feito poderia ser atribuído a outros. Mas encontramos adultos portando-se da mesma maneira em defesa dos direitos do ego. Tomemos o exemplo do compositor amador que acabou de cantar, com uma voz expressiva, uma canção cuja música ele compôs. Um ouvinte incauto pergunta se é de Debussy. "Oh, não," responde o compositor, controlando-se e sorrindo afetadamente, "é uma coisinha de minha própria autoria". Eis novamente o ego tentando atrair para si elogios e comentários de surpresa e admiração por algo que não é ele próprio, mas que ele usa como meio de autopromoção. Em qualquer caso deste tipo, pode-se dizer que o ego está presente na carne, apelando ou protestando, em variados tons de voz, para que ninguém infrinja seus direitos, ou, se preferir, pise nos seus calos. Note-se, também, que em todos os casos similares um fator essencial é o que chamarei, com algum pedantismo, de *ecceidade*: isto é, um estar "aqui-e-agora", ou, melhor, um "estar presente"; podemos considerar o ego nesse sentido, com efeito, como uma espécie de personificação do aqui-e-agora que tem de defender-se ativamente das outras personificações do aqui-e-agora que parecem ameaçar o que chamei de seus direitos. Estes direitos, entretanto, têm um caráter essencialmente pré-jurídico, pois estão desde o princípio inseparavelmente ligados ao próprio fato de existir e, portanto, constantemente expostos a todos os tipos de infrações mais ou menos mortificantes. Uma vez que me sinto em perigo de ser passivamente desconsiderado ou ativamente desprezado de uma centena de maneiras diferentes, todas elas ferindo-me até a medula, poder-se-ia dizer, de fato, que não tenho absolutamente nenhuma pele para me proteger, que minha medula já está exposta.

O exemplo óbvio a ser considerado neste caso é o do jovem tímido que vai pela primeira vez a uma boate da moda ou a uma festa. Esse jovem é, como expressa admiravelmente bem a língua inglesa, *self-conscious* no mais alto grau. Ele se sente o centro, e um centro extremamente vulnerável, dos olhares de todos à sua volta. Parece-lhe que todas as outras pessoas ali presentes, nenhuma das quais ele conhece, estão olhando para ele, e com que olhares significativos! É óbvio que estão zombando dele, talvez do *smoking*, que não lhe cai tão bem quanto deveria, talvez do laço de sua gravata preta, que estava bem quando se olhou pela última vez no espelho, mas que agora, ele tem quase certeza, entortou. E depois, é claro, ele se cortou enquanto fazia a barba. E todo mundo deve ter notado o modo desajeitado como acabara de pegar o copo e derramara um pouco de xerez. E por aí vai... A um jovem como esse lhe parece que foi literalmente lançado (como os cristãos eram lançados às feras) à malévola lucidez dos olhares dos outros. Conseqüentemente, ele está preocupado ao extremo consigo próprio, ao mesmo tempo em que extremamente hipnotizado pelos outros, por aquilo que imagina estarem pensando dele. É esta tensão paradoxal que o vosso excelente termo *self-consciousness*[90] expressa de modo tão compacto.

Mas, por outro lado, essa tensão ocupa o pólo completamente oposto daquilo a que me referi várias vezes, e vou repetir aqui, como "intersubjetividade". E nunca é demais enfatizar a natureza contrária das duas coisas. Suponhamos que alguma pessoa desconhecida apresente-se em nossa festa ao jovem tímido para lhe dirigir algumas palavras e deixá-lo à vontade. Para começar, o tímido rapaz não se vê travando uma relação direta com aquele que acabou de conhecer, expresso pelo pronome "tu", mas, ao contrário, pensa nele como sendo "ele". "Por que 'ele' está falando comigo? O que 'ele' está querendo? Estará 'ele' tentando satisfazer alguma sinistra e zombeteira curiosidade? De todo modo, é melhor mantermos nossa guarda.

90. Constrangimento ou, literalmente, consciência de si. (N.T.)

Não nos comprometamos absolutamente nas respostas que damos às suas perguntas." Assim, completamente na defensiva diante desse outro convidado, nosso jovem desfruta o mínimo possível daquilo que pode ser descrito como um verdadeiro encontro ou diálogo com ele. Ele realmente não está com o outro mais do que lhe seria possível evitar. Mas, de um modo muito geral, pode-se com efeito dizer que a relação expressa pela preposição "com" é a relação eminentemente intersubjetiva. A relação que o "com" expressa aqui, a propósito, não se aplica realmente ao mundo dos objetos, o qual, tomado como um todo, é um mundo de mera justaposição. Uma cadeira está ao lado da mesa, ou perto dela, ou a colocamos junto da mesa, mas a cadeira jamais está realmente "com" a mesa nesse sentido.

Mas voltemos ao nosso exemplo e suponhamos que o gelo seja afinal quebrado e que a conversa assuma um caráter mais íntimo. "Prazer em conhecê-lo", diz o estranho. "Um tempo atrás eu conheci seus pais." E de repente um laço se cria e, o que é especialmente importante, dá-se um relaxamento da tensão. A atenção do jovem deixa de estar concentrada nele mesmo, é como se algo fortemente emaranhado dentro dele pudesse se soltar. Ele é alçado daquele sufocante aqui-e-agora no qual, se me permitem uma comparação vulgar, seu ego se grudava nele como um *band-aid* sobre um corte. Ele é alçado diretamente para fora do aqui-e-agora e, o que é certamente muito estranho, essa pessoa desconhecida que ele acabou de encontrar o acompanha nessa espécie de viagem mágica. Eles estão juntos no que temos de chamar de alhures, um alhures, entretanto, que possui um caráter misteriosamente íntimo. Digamos, se assim preferirem, que eles estão ligados um ao outro por um segredo em comum. Retornarei, sem nenhuma dúvida, à noção do segredo como a mola propulsora da intersubjetividade, mas observemos, antes de abandonar nosso exemplo, que laços de natureza bem diversa podem ter-se desenvolvido entre o desconhecido e o jovem tímido. Um homem com quem topei algumas vezes totalmente ao acaso descobre que sou louco por café, um produto raro na França da época, e me dá uma dica de como conseguir um pouco no mercado negro. Não se pode dizer que este incidente seja bastante em si mesmo para estabelecer um laço entre mim e o dito homem; tudo o que temos em comum é um gosto, e isso não é suficiente para nos aproximar num nível ontológico, isto é, enquanto seres. E nem, por outro lado, o gosto pelo café, mesmo quando associado a uma certa liberalidade nos meios de consegui-lo, é suficiente para criar o sentimento de cumplicidade e camaradagem no vício que pode despertar da revelação, feita a alguém que compartilha do vício, de alguma inclinação muito mais duvidosa. Mas esse sentimento de cumplicidade não é tampouco o que temos realmente em mente; é antes no tipo de caso em que descubro que um estranho reconheceu a qualidade individual profunda de alguém a quem eu amei ternamente e que conserva um lugar em meu coração, é antes neste tipo de caso que surge a intersubjetividade.

Poderíamos também extrair exemplos de intersubjetividade da experiência artística e religiosa. Mas é claro que não haveria uma descontinuidade absoluta entre os exemplos extraídos da vida ordinária e aqueles presentes nos níveis superiores do espírito; pelo contrário, haveria uma espécie de escala gradual, com algo semelhante à comunhão mística das almas em adoração na extremidade superior, e algo parecido com uma associação *ad hoc* por algum propósito estritamente prático e rigidamente definido na extremidade inferior. Mas seria possível mostrar que, nessa escala, uma mesma relação humana é capaz de percorrer um caminho tanto ascendente quanto descendente; isto, a propósito, é evidentemente verdadeiro no casamento. Pode haver momentos de aridez na vida conjugal, como quando a mulher se torna para o marido meramente aquela "criatura estúpida que deveria estar ocupada em cerzir meias em vez de ficar cacarejando em volta da mesa de chá com um bando de galinhas corocas"; e pode haver momentos quase místicos, como quando a mulher é reconhecida e amada como detentora de um valor único ao qual foi prometida a felicidade eterna. Poder-se-ia, portanto, dizer que há uma hierarquia de escolhas, ou antes, de invocações, que vai desde a ordem dada a outrem, que é como tocar a sineta para chamar um criado, até um outro tipo de chamado, que é realmente como uma espécie de oração. Mas, como tentei demonstrar em meu primeiro *Diário Metafísico*, nas invocações do primeiro tipo – em que tocamos uma sineta ou fazemos algum outro tipo de sinal para expressarmos nosso desejo de sermos servidos – o "Tu" que estamos chamando é na realidade um "Ele" ou "Ela", ou até mesmo uma coisa tratada pragmaticamente como um Tu. Quando paro alguém na rua para pedir uma informação, eu falo, é verdade, "Pode me dizer como faço para chegar à Praça tal?" Mas na verdade eu estou fazendo dele um objeto de utilidade, estou tratando-o como se fosse uma placa de sinalização. Não há dúvida de que, mesmo neste caso-limite, um traço de genuína intersubjetividade pode manifestar-se, graças aos poderes mágicos do tom de voz e do olhar. Se realmente estou perdido, se é tarde, se receio ficar dando voltas por horas em uma região de ruas labirínticas e talvez até mesmo perigosas, é possível que eu tenha uma impressão vaga, porém irresistível, de que o estranho que estou chamando é um irmão pronto para vir em meu socorro. O que acontece, em uma palavra, é que o estranho começou como que se colocando idealmente no meu lugar. Ele passou a estar a meu alcance como uma pessoa. Não é mais uma mera questão de ele me mostrar o caminho como faz um guia ou um mapa, mas de ele estender a mão a alguém que está sozinho e perdido. Isso não é nada mais do que uma espécie de faísca de espiritualidade, que foge tão rapidamente quanto aparece; o estranho e eu nos separamos para, com quase toda certeza, jamais voltarmos a nos ver; entretanto, por alguns minutos, enquanto me apresso no caminho de casa, a cordialidade inesperada daquele homem me faz sentir como se tivesse saído direto de um dia frio para um aposento aconchegante.

[...]

Parece-me que não há rigor que baste ao tratamento do seguinte problema: em que nível e em que limites minha relação com meu próprio passado pode ser trazida à minha mente? Quando, por exemplo, vejo rostos desconhecidos à minha volta em um ônibus ou metrô, sou muitas vezes perseguido pela idéia de que cada um deles está carregando consigo seu próprio passado. Mas o que significa carregar por aí algo tão intangível quanto o passado? Nisso, ao que me parece, reside todo o nosso problema. É claro que poderíamos interromper nossa busca onde a polícia costuma interromper. Cada um de meus companheiros de viagem poderia ser preso, levado para uma delegacia de polícia, intimado a declarar sua identidade, endereço residencial etc... Isto significa simplesmente que cada um deles, a não ser que sofra de amnésia, tem os dados requeridos à mão para a confecção de sua ficha. Há toda uma série de tópicos que podem ser relevantes: doenças, mudanças sucessivas de residência ou de emprego, pertença religiosa, filiação partidária e por aí vai. Poder-se-ia talvez dizer que nosso detento imaginário possui em seu interior um disco gravado capaz de fornecer automaticamente as respostas para tais perguntas. Mas o que precisamente queremos dizer com isso continua obscuro. Não será suficiente afirmar que ele seja um disco gravado, mas apenas que ele poderá tornar-se um no caso de ser, como ocorre com tanta freqüência no mundo contemporâneo, objeto de um interrogatório persistente, e só se tornará de fato um disco gravado na medida em que o tratamento desumano provoque um estado de estranhamento para consigo mesmo. Tudo o que podemos dizer é que, desde o princípio, há algo que se pode tornar, ou melhor, que pode ser degradado à condição de um disco. Isto significa que somos obrigados a tomar como uma suposição básica que cada um de nós tem o poder de submeter sua própria experiência, considerada como um todo, ao tipo de tratamento que inevitavelmente termina por deturpar sua natureza. Entretanto, esta experiência que, em sua totalidade, pode ser deformada dessa maneira é exatamente o que temos em mente quando nos referimos ao passado de uma outra pessoa.

É claro que, quanto mais afastado um homem estiver de sua experiência, mais facilmente esta se prestará a esse tratamento deturpador; quanto mais sua experiência total for algo que ele continua vivendo ativamente, menos fácil será, para ele, extrair dela os dados despersonalizados que se esperam como resposta ao questionário policial. Esta é a verdadeira razão de supormos que uma criança, o tipo menos desapegado de ser humano que podemos conceber, seria incapaz de preencher tais questionários. Tudo isso nos obriga a reconhecer que nos agarramos ao nosso passado de uma maneira muito desequilibrada, que nós somos nosso passado de uma maneira muito desequilibrada, e deve-se acrescentar que esse desequilíbrio tem relação com um desequilíbrio similar em nossa situação atual. Desta vez também, como muitas vezes antes, é Marcel Proust quem pode nos colocar no caminho. Em outras palavras, não devemos acreditar que podemos, em um dado momento, fazer uma distinção que seja válida para o resto de nossas vidas entre o que sou agora, de um lado, e, de outro, aquilo de que agora estou tão distanciado que posso a isto me referir de um modo abstrato; não devemos acreditar que posso reduzi-lo à mera condição de um objeto exterior sobre o qual tais e tais distinções são ou não feitas, variando conforme as flutuações de nossa própria experiência atual. Isto basta para mostrar o quão irreal é representar o passado para si mesmo como se, em certo sentido, ele tivesse sido preservado ou conservado numa jarra, como se tratássemos com amoras ou nozes da safra do ano passado. A qualquer momento de minha vida, um foguete mágico pode disparar e me levar a ser outra vez o menino de oito anos em estado de ansiedade mortal porque minha mãe ainda não voltou para casa e eu estou imaginando todos os tipos de acidente que podem ter acontecido com ela. Devo com isso concluir que nunca deixei realmente de ser aquele menino?

Ei-nos, de novo, diante de uma resposta aparentemente autocontraditória, o sim e não que parece inseparável do fato da existência como um ser humano. Seria falso afirmar que o menino continuou existindo por todos esses anos, assim como uma cadeira ou uma mesa continua existindo mesmo quando não estou olhando para ela. O menino de oito anos – que, em certo sentido, todavia, eu continuo sendo – não pode de modo algum ser concebido como se tivesse persistido à maneira de um objeto físico. Por outro lado, minha afirmação de que jamais deixei de ser aquele menino é correta, se estivermos dispostos a admitir, como nos contos de fada, expressões simbólicas perfeitas desse tipo de verdade, que existem modos de existência que não são materializáveis, mas que têm infinitas possibilidades de ressurreição. No entanto, por mais estranho que o símbolo possa parecer, ele é apenas a expressão extremamente simplificada de uma realidade muito mais estranha. Entre esse modo latente de existência e o estado ativo, vigilante com que vou ao correio postar uma carta e tenho de parar por um instante na beira do asfalto para deixar o tráfego passar, há uma inumerável multiplicidade de presenças mentais que se colocam no caminho umas das outras, e que estabelecem relações comigo de formas tão variadas que seria extremamente importante classificá-las mesmo da maneira mais grosseira e aproximada. Poderíamos expressar esse estado de coisas pela simples fórmula de que não sou meramente eu mesmo: mais rigorosamente, há algum sentido em dizer que sou eu mesmo, uma vez que sou também um outro? Sou, por exemplo, o homem que fui até muito recentemente, o homem que era ontem: há um ponto de vista, um ponto de vista profundo, para o qual "fui" e "era" em tais frases perdem toda a significação precisa. Pode dar-se uma verdadeira luta pela existência entre o homem que eu era ontem, o homem que fui até muito recentemente e o homem que tenho uma tendência a ser e que anseio ser hoje.

## A AMIZADE

de Aristóteles

Neste trecho da *Ética a Nicômaco*, Aristóteles discute a natureza da amizade. Embora amiúde consideremos a amizade o oposto do amor próprio, Aristóteles alega que isto não é verdade. Bem entendido, quando somos capazes de ter uma relação amorosa para conosco mesmos, abrimo-nos para o relacionamento com os outros. Justamente por isso, ainda que às vezes achemos que ser feliz significa ter superado a necessidade de estar com os outros, Aristóteles demonstra que essa visão também é equivocada. A pessoa feliz é aquela que tem uma visão ampliada, que enxerga o papel essencial desempenhado pelos outros na manutenção de seu próprio bem-estar.

## A NATUREZA DO VERDADEIRO AMOR PRÓPRIO[91]

8. É uma questão também debatida se o homem deve amar mais a si mesmo ou a outras pessoas. Quem ama mais a si mesmo é criticado e chamado de ególatra, o que é usado como epíteto pejorativo. Diz-se que um homem mau parece fazer tudo em favor de si mesmo, que quanto mais ele o fizer pior ele será – e assim os homens o acusam, por exemplo, de não fazer nada espontaneamente –, ao passo que o homem bom age em nome da honra, e quanto mais ele age assim melhor ele é, agindo em favor do amigo e sacrificando seus próprios interesses.

Mas os fatos contrastam com esses argumentos, o que, aliás, não é de surpreender. Pois os homens dizem que se deveria amar mais o melhor amigo, e o melhor amigo é aquele que deseja o bem em si mesmo para o objeto de sua amizade, mesmo que ninguém fique sabendo; e estes atributos são encontrados sobretudo na atitude de um homem para consigo mesmo, e o mesmo ocorre com todos os outros atributos que definem um amigo; pois, como dissemos,[92] é desta relação de si para consigo mesmo que todas as características da amizade passam para os semelhantes. Todos os provérbios também confirmam isto, por exemplo: "Uma única alma",[93] "O que os amigos têm é propriedade comum", "Amizade é igualdade" e "O joelho é mais próximo que o queixo",[94] pois todas estas características são encontradas principalmente na relação de um homem consigo mesmo; ele é o melhor amigo de si próprio e, portanto, deve amar sobretudo a si mesmo.

É, portanto, uma questão razoável: qual das duas concepções devemos adotar, uma vez que ambas são plausíveis?

Talvez devêssemos distinguir estes argumentos uns dos outros e determinar até onde e em quais sentidos cada um deles é verdadeiro.

91. O trecho selecionado corresponde aos capítulos 8 e 9 (1168 A – 1170 B) do Livro IX da *Ética a Nicômaco.* (N.T.)

92. Capítulo 4, L. IX. (N.T.)

93. Eurípedes, *Orestes,* 1046. (N.T.)

94. Isto é, "A caridade começa em casa". (N.T.)

Pois, se apreendemos o sentido em que cada estudioso do assunto usa a expressão "amante de si mesmo",[95] a verdade pode vir a tornar-se evidente. Aqueles que usam o termo no sentido de censura imputam o amor-próprio às pessoas que abocanham o maior quinhão de riquezas, honras e prazeres carnais; pois isso é o que a maioria das pessoas deseja e empenha-se em conseguir, como se fosse a melhor de todas as coisas, o que é, também, a razão pela qual elas entram em disputa. Assim, aquelas que são ávidas de tais coisas satisfazem seus apetites e, em geral, suas emoções, o elemento irracional de suas almas; e a maioria dos homens é dessa natureza (daí a razão do epíteto vir a ser usado como é – seu significado tem origem no tipo prevalente de amor-próprio, que é mau); com justiça, portanto, os homens que neste sentido são amantes de si mesmos são censurados por serem assim. Que são aqueles que se dão preferência com respeito a objetos dessa espécie a quem a maioria normalmente chama de amantes de si mesmos, isto é coisa certa; pois se um homem estivesse sempre disposto a agir sobretudo com justiça, moderação ou de acordo com qualquer outra das virtudes e, em geral, estivesse sempre tentando garantir para si mesmo o caminho reto, ninguém diria que esse homem é amante de si mesmo ou o censuraria por isso.

Mas esse homem pareceria mais do que um amante de si mesmo; em todas as circunstâncias, ele atribui a si mesmo as coisas melhores e mais nobres, satisfazendo assim o elemento mais digno de comandar sua natureza e obedecendo-o em todas as situações; e,

95. *Philautós*, de *Philautia*, "amor de si mesmo" ou, no sentido aristotélico, "amor razoável de si mesmo". Tanto a expressão quanto o que ela significa tiveram grande importância na história da filosofia moral. Condenado durante toda a Idade Média, o "amor de si mesmo", entendido como princípio ético (e estreitamente ligado à principal representação aristotélica do homem eticamente perfeito, o *megalopsichós*, ou "magnânimo" – "de grande alma"), veio a originar, em meados dos séculos XVI-XVII, a moderna noção de "interesse" (na maior parte dos casos formulada como "interesse próprio esclarecido"), concebida como um artifício para fugir da condenação medieval. Baseada neste princípio, a ética especificamente moderna (Hobbes, Locke) nasceu em violenta polêmica com a ética cristã predominante na Idade Média, que privilegiava a humildade em detrimento da magnanimidade da filosofia. (N.T.)

exatamente como uma cidade ou qualquer outro conjunto organizado é mais propriamente identificado com o elemento mais digno de estar no comando, assim também é o homem; e, portanto, o homem que ama e satisfaz esse elemento é mais do que qualquer outro um amante de si mesmo. Diz-se ainda de um homem que ele tem ou não tem autocontrole segundo a suposição de que isso seja o próprio homem; e as coisas que os homens fizeram com base no princípio racional são consideradas mais propriamente como seus atos próprios e voluntários. Que isto é o próprio homem, portanto, ou é mais do que qualquer outra coisa, está claro, como também que o homem bom ama sobretudo esta parte de si mesmo. Segue-se daí que ele é, mais do que qualquer outro, um amante de si mesmo, de um tipo diferente daquele que é objeto de censura, tão diferente quanto viver segundo o princípio racional é diferente de viver de acordo com os ditames da paixão, e desejar o que é nobre é diferente de desejar o que parece vantajoso. Aqueles, portanto, que se ocupam em grau excepcional de praticar ações nobres são aprovados e louvados por todos os homens, e se todos se empenhassem no que é nobre e fizessem todos os esforços para praticar atos nobres, tudo funcionaria perfeitamente para o bem comum e cada um teria assegurado para si os maiores bens, uma vez que a virtude é o maior de todos os bens.

Portanto, o homem bom deve ser amante de si mesmo (uma vez que pela realização de atos nobres ele próprio se beneficiará, assim como beneficiará seus compatriotas), mas o homem mau não deve, pois, se o for, ele prejudicará tanto a si mesmo quanto a seus compatriotas, obedecendo como obedece a paixões vis. Pois o homem perverso, o que ele faz é contrário ao que deveria fazer, mas o que o homem bom deve fazer ele faz; pois a razão em cada um de seus possuidores escolhe o que é melhor para eles, e o homem de bem obedece a sua razão. É verdade que o homem bom também pratica muitas ações em favor de seus amigos e de seu país e, se for preciso, morre por eles; pois renunciará tanto à riqueza quanto às honras e, em geral, aos bens que são objeto de disputa, conquistando para si mesmo a nobreza, tendo em vista preferir um breve período de prazer intenso a um longo de desfrute moderado, um ano de vida digna a muitos anos de existência insípida e uma grande e nobre ação a muitas triviais. Ora, aqueles que morrem pelos outros alcançam sem dúvida tal resultado, e é portanto um grande prêmio o que escolhem para si mesmos.

Eles entregarão também suas riquezas sob a condição de que seus amigos recebam mais; pois enquanto o amigo ganha riquezas ele próprio se enobrecerá; assim (ao entregar suas riquezas), ele estará proporcionando o maior bem a si mesmo. O mesmo é verdadeiro com respeito à honra e aos cargos públicos; todas estas coisas ele sacrificará por seu amigo, pois isso é nobre e louvável para si mesmo. É com justiça, portanto, que ele é considerado bom, tendo em vista que ele escolhe a nobreza antes de tudo. Mas ele pode até mesmo renunciar a agir por seu amigo; pode ser mais nobre tornar-se a causa da ação do amigo do que ele próprio praticar a ação. Portanto, em todas as ações pelas quais os homens são louvados, o homem bom é visto como se atribuísse a si mesmo o maior quinhão do que é nobre. Neste sentido, portanto, como foi dito, o homem deve ser um amante de si mesmo; mas no sentido em que a maior parte dos homens o é, neste ele não deve ser.

## POR QUE O HOMEM FELIZ PRECISA DE AMIGOS?

9. Discute-se também se o homem feliz precisa ou não de amigos. Afirma-se que os que são extremamente felizes e auto-suficientes não têm necessidade de amigos;[96] pois têm as coisas boas e sendo, portanto, auto-suficientes, não precisam de mais nada, enquanto que um amigo, entendido como um outro eu, fornece o que o homem não é capaz de prover por esforço próprio. Daí o ditado: "Quando a Fortuna é generosa, para que servem os amigos?[97] "Mas parece estranho atribuir-se todas as coisas boas ao homem feliz sem atribuir-lhe

96. Neste "feliz e auto-suficiente" reside todo o conceito aristotélico de "felicidade" (*eudaimonia*): para o filósofo, não pode haver felicidade sem "auto-suficiência" ou, como ele a chama, *autarquia*. (N.T.)

97. Eurípedes, *Orestes*, 667. (N.T.)

amigos, que são considerados os maiores bens exteriores. E se é mais característico do amigo fazer o bem a outrem do que receber o bem, se conferir benefícios é característico do homem bom e virtuoso e se é mais nobre fazer o bem aos amigos que a estranhos, o homem bom precisará de amigos a quem fazer o bem. É por isso que se pergunta se precisamos mais de amigos na prosperidade ou na adversidade, com base na suposição de que não apenas na adversidade o homem precisa de pessoas que lhe beneficiem, mas de que também na prosperidade ele precisa de pessoas a quem fazer o bem. Certamente também é estranho fazer do homem sumamente feliz um solitário, uma vez que ninguém escolheria tudo o que há no mundo sob a condição de ficar sozinho, pois o homem é um animal social,[98] um animal cuja natureza é viver com seus semelhantes. Por isso, até o homem mais feliz vive com os outros, pois ele possui o que por natureza é bom. E é óbvio que é melhor passar a vida com amigos e pessoas de bem do que com estranhos ou pessoas encontradas ao acaso. Portanto, o homem feliz precisa de amigos.

O que dizem, então, os que defendem a primeira opinião e em que sentido eles estão certos?[99] Será que a maioria das pessoas identifica os amigos com a utilidade? De tais amigos o homem sumamente feliz com certeza não tem necessidade, sendo já possuidor das coisas boas; nem precisa daqueles que se tornam amigos pelos prazeres que podem oferecer, ou apenas precisará destes numa proporção muito reduzida (pois sua vida, sendo agradável, não tem necessidade de prazeres adicionais); e, como ele não precisa de tais amigos, pensa-se que ele não tem necessidade de amigos.

---

98. Alguns comentaristas defendem que "Animal de cidade" seria a tradução mais exata para a famosa definição aristotélica do homem como *zoon politikon*, normalmente traduzida, como o fizemos aqui, como "animal social" ou "animal político". Com efeito, a expressão, ainda que fosse mais exata, o que não é de todo seguro, soa um tanto abstrusa de acordo com o espírito da nossa prosódia. O que Aristóteles quer de fato dizer com *zoon politikon* é que jamais se observou a existência de homens fora de uma pólis, a unidade ao mesmo tempo política, social, cultural e jurídica do Estado grego, a "cidade". (N.T.)

99. A "primeira opinião" é a de que o homem feliz e auto-suficiente não precisaria de amigos. (N.T.)

Mas isso com certeza não é verdade. Pois afirmamos no princípio[100] que a felicidade é uma atividade e que a atividade é obviamente algo que vem a ser e que não está presente desde o início como a propriedade de um pedaço de terra. Se (1) a felicidade consiste em viver e ser ativo e a atividade do homem bom é virtuosa e agradável em si mesma, como dissemos no princípio;[101] e se (2) a posse de uma coisa é um dos atributos que a tornam agradável, e se (3) podemos contemplar melhor nossos semelhantes do que a nós mesmos e suas ações melhor do que as nossas próprias, e se as ações dos homens virtuosos que são seus amigos são agradáveis para os homens bons (uma vez que ambos possuem os atributos naturalmente agradáveis[102]); se é assim, o homem sumamente feliz terá necessidade de amigos deste tipo, uma vez que seu propósito é contemplar ações meritórias que são suas próprias ações, e as ações de um homem bom, que é seu amigo, possuem ambas estas qualidades.

Outrossim, pensa-se que o homem feliz deve viver aprazivelmente. Ora, se ele fosse um solitário, a vida seria dura para ele, pois sozinho não é fácil manter-se continuamente em atividade; mas com os outros e para com os outros é mais fácil. Com os outros, portanto, sua atividade será mais contínua e, em si mesma, mais agradável, como deveria ser para o homem que é sumamente feliz; pois um homem bom, enquanto bom, deleita-se nas ações virtuosas e aborrece-se com as ações vis, assim como um homem de ouvido musical se deleita com as notas perfeitas e se incomoda com as dissonantes. Um certo treino na virtude surge também com a companhia dos homens bons, como já disse Teógonis antes de nós.

Se examinarmos mais profundamente a natureza das coisas, um amigo virtuoso parece naturalmente desejável para um homem virtuoso. Porque aquilo que é bom por natureza, como dissemos,[103] é, para o homem virtuoso, bom e aprazível em si mesmo. Ora, a vida

100. EN 1098 A 16, 1098 B 31 – 1099 A 7.

101. EN 1099 A 14, 21.

102. Isto é, ações boas que são suas próprias ações. (Nota de Sir W.D. Ross)

103. EN 1099 A 7-11, 1113 A 25-33.

é definida, no caso dos animais, pelo poder de percepção; no caso dos homens, define-se pelo poder de percepção ou de pensamento; e um poder (ou potência) é definido com referência à atividade correspondente, que é a coisa essencial; logo, a vida [humana] parece ser essencialmente o ato de perceber ou de pensar. E a vida está entre as coisas que são boas e aprazíveis em si mesmas, uma vez que ela é determinada e o ser determinado é da natureza do bom; e aquilo que é bom por natureza é bom também para o homem virtuoso (razão pela qual a vida parece aprazível a todos os homens); mas este princípio não deve ser aplicado a uma vida perversa e corrupta ou a uma vida passada em sofrimento; pois tal vida é indeterminada, bem como seus atributos.

A natureza da dor tornar-se-á mais evidente no que se segue.[104] Se a vida é em si mesma boa e aprazível (o que assim me parece pelo simples fato de que todos os homens a desejam e particularmente os que são bons e sumamente felizes, pois para tais homens a vida é mais desejável e sua existência é a mais sumamente feliz); e se aquele que vê percebe que vê, e o que ouve percebe que ouve, e o que anda percebe que anda, e no caso de todas as outras atividades há algo semelhante que percebe que estamos ativos, de modo que, se percebemos, percebemos que percebemos e, se pensamos, percebemos que pensamos; e se perceber que percebemos ou pensamos é perceber que existimos (pois a existência foi definida como perceber ou pensar); e se perceber que vivemos é em si mesmo uma das coisas aprazíveis (pois a vida é por natureza boa e perceber a presença do que é bom dentro de si é aprazível); e se a vida é desejável, e particularmente desejável para os homens bons, porque para eles a existência é boa e aprazível (porque eles se comprazem na consciência da presença neles do que é bom em si mesmo); e se como o homem virtuoso é para si mesmo, ele também o é para seu amigo (pois seu amigo é outro "si-mesmo") – se tudo isso for verdade, considerando que a própria existência é desejável para todo homem, assim o é igualmente, ou quase, a existência de seu amigo. Bem, sua existência foi tida como desejável porque ele

104. Livro X, capítulo 1-5. (N.T.)

percebeu sua própria bondade, e tal percepção é aprazível em si mesma. Ele precisa, portanto, estar igualmente consciente da existência do amigo, e isto será alcançado no convívio mútuo e no compartilhamento de discussões e pensamentos; pois isso é o que convívio parece querer significar no caso do homem e não, como acontece com o gado, no pastar juntos num mesmo campo.

Se, portanto, a vida é em si mesma desejável para o homem sumamente feliz (uma vez que é por natureza boa e aprazível), e com a vida de seu amigo se dá algo bastante semelhante, um amigo será uma das coisas desejáveis. Ora, o que é desejável para ele, ele deve ter, ou será incompleto nesse sentido. O homem que desejar ser feliz terá, portanto, necessidade de amigos virtuosos.

## ASSARADÃO, REI DA ASSÍRIA

### de Tolstói

Tolstói nos brinda com a fábula de Assaradão, um rei movido por sentimentos ordinários de ódio e vingança. Por meio de um acontecimento extraordinário, contudo, ele se torna capaz de viver e experimentar o que seu inimigo, o rei Lailie, sofre em conseqüência de sua vingança. Esta oportunidade abre para ele uma visão de unidade que transforma todo o seu ser, uma visão que surge de muito longe do plano de sua consciência.

O rei assírio, Assaradão, tinha conquistado o reino de Lailie, destruído e incendiado as cidades, levado todos os habitantes como prisioneiros para seu próprio país, executado os combatentes, decapitado alguns comandantes e empalado ou esfolado outros, além de ter confinado o próprio rei Lailie numa jaula.

Uma noite, deitado em seu leito, Assaradão pensava em como deveria executar Lailie, quando ouviu, de repente, um sussurro perto da cama. Abrindo os olhos, viu um ancião de barba branca e olhar sereno.

– Pretendes executar Lailie? – perguntou o ancião.

– Sim – respondeu o rei. – Mas não consigo decidir como vou fazê-lo.

– Mas tu és Lailie – disse o velho.

– Isso não é verdade – respondeu o rei –, Lailie é Lailie e eu sou eu.

– Tu e Lailie são um só – disse o velho. – Apenas imaginas que não és Lailie e que Lailie não é tu.

– Que queres dizer com isso? – perguntou o rei. – Eis-me aqui, deitado sobre um leito macio, com escravos e escravas obedientes à minha volta, e amanhã festejarei com meus amigos como festejei hoje, enquanto Lailie está sentado numa gaiola feito um pássaro, amanhã será empalado e, com a língua de fora, lutará até morrer, tendo seu cadáver dilacerado pelos cães.

– Tu não podes destruir a vida dele – disse o ancião.

– E que dizes dos quatorze mil soldados que matei, cujos corpos usei para erigir uma muralha? – perguntou o rei. – Eu estou vivo e eles não existem mais. Tudo isso não prova que eu posso destruir a vida?

– Como sabes que eles não existem mais?

– Porque não mais os vejo. E, acima de tudo, eles foram torturados e eu não. Foi tudo mal para eles, mas tudo bem para mim.

– Isso, igualmente, apenas assim te parece. Torturaste a ti mesmo, não a eles.

– Não compreendo – disse o rei.

– Desejas compreender?

– Sim, desejo.

– Então, vem aqui – disse o velho, apontando para um grande reservatório cheio d'água.

O rei levantou-se e aproximou-se do reservatório.

– Tira a roupa e entra.

Assaradão fez o que o ancião lhe ordenou.

– Assim que eu começar a despejar esta água sobre ti – disse o ancião, enchendo um jarro –, mergulha a cabeça no tanque.

O velho entornou o jarro sobre a cabeça do rei, que a abaixou até submergi-la.

E tão logo o rei Assaradão foi coberto pela água, sentiu que não mais era Assaradão, mas outro homem. E, sentindo-se outro homem, ele se viu deitado em um luxuoso leito ao lado de uma linda mulher. Ele jamais a vira, mas sabia que era sua esposa. A mulher se levantou e lhe disse:

– Meu caríssimo marido, Lailie! Ficaste cansado pela faina de ontem e dormiste mais do que de costume e eu velei teu sono e não te despertei. Mas agora os príncipes te esperam no grande salão. Veste-te e vai ter com eles.

E Assaradão – compreendendo por essas palavras que ele agora era Lailie, e não se sentindo, em absoluto, surpreso, mas apenas perguntando-se como não soubera disso antes – levantou-se, vestiu-se e foi para o grande salão onde os príncipes o aguardavam.

Os príncipes saudaram Lailie, seu rei, curvando-se até o chão. Em seguida, ergueram-se e, à sua ordem, sentaram-se diante dele; e o mais velho dos príncipes começou a falar, dizendo que não era mais possível suportar os insultos do perverso rei Assaradão, e que teriam de entrar em guerra contra ele. Mas Lailie discordou e deu ordens para que enviassem emissários para protestar contra o rei Assaradão. Com isso, dispensou os príncipes e encerrou a audiência. Mais tarde, designou homens notáveis para atuar como embaixadores e os convenceu do que deveriam dizer ao rei Assaradão. Concluída essa tarefa, Assaradão – sentindo-se como se fosse Lailie – saiu a cavalo para caçar asnos selvagens. A caçada foi bem-sucedida. Ele próprio matou dois e, de volta para casa, banqueteou-se com os amigos e assistiu a uma dança de escravas. No dia seguinte, ele foi para a corte, onde era aguardado por peticionários, litigantes e prisioneiros trazidos a julgamento; e ali, como sempre, decidiu os casos que lhe foram submetidos. Concluída essa tarefa, novamente saiu a cavalo para seu divertimento preferido, a caça. E novamente teve êxito, desta vez matando com suas próprias mãos uma velha leoa e capturando seus dois filhotes. Após a caçada, ele uma vez mais banqueteou-se com seus amigos e entreteve-se com música e danças e passou a noite com sua esposa, a quem amava.

Assim, dividindo seu tempo entre prazeres e obrigações reais, ele viveu dias e semanas, aguardando a volta dos embaixadores que enviara àquele rei Assaradão, que costumava ser ele mesmo. Ainda não tinha se passado um mês quando os embaixadores retornaram com os narizes e orelhas amputados.

O rei Assaradão mandara-lhes dizer a Lailie que o que havia sido feito com eles, os embaixadores, seria feito também com o próprio rei Lailie, caso ele não pagasse imediatamente um tributo de prata, ouro e madeira de cipreste, e não viesse pessoalmente prestar homenagem ao rei Assaradão.

Lailie, antes Assaradão, reuniu novamente os príncipes e pediu-lhes conselhos sobre o que deveria fazer. De comum acordo, todos disseram que deveria entrar em guerra contra Assaradão sem esperar que ele atacasse antes. O rei concordou e, assumindo seu posto no comando do exército, deu início às operações militares. A campanha durou sete dias. Todos os dias o rei cavalgava em volta das tropas para elevar sua coragem. No oitavo dia, seu exército confrontou-se com o de Assaradão num amplo vale cortado por um rio. O exército de Lailie lutou bravamente, mas Lailie, ex-Assaradão, viu o inimigo descer das montanhas em bandos, como formigas, cobrindo todo o vale e subjugando suas tropas. Montado em sua carruagem, ele se lançou ao combate, derrubando e lançando por terra soldados inimigos. Mas os soldados de Lailie contavam-se às centenas, enquanto os de Assaradão eram milhares; e Lailie foi ele próprio ferido e feito prisioneiro. Por nove dias ele foi transportado juntamente com outros prisioneiros, amarrado e escoltado pelos soldados de Assaradão. No décimo dia chegou a Níneve e foi enjaulado. Lailie sofria não tanto por causa da fome e do ferimento, mas mais pela humilhação e por sua fúria impotente. Ele sentiu o quanto era incapaz de vingar-se de seu inimigo por tudo o que estava sofrendo. Tudo o que ele podia fazer era privar seus inimigos do prazer de vê-lo sofrer, e assim determinou-se a suportar com bravura, sem um único suspiro, tudo o que lhe pudessem fazer. Por vinte dias permaneceu sentado em sua jaula, aguardando a execução. Viu seus parentes e amigos serem levados à morte; ouviu os gemidos dos que eram executados: alguns tinham as mãos e os pés decepados, outros eram esfolados vivos, mas ele não demonstrou inquietação, nem pena, nem medo. Viu a mulher que amava, amarrada e levada por dois eunucos negros. Ele sabia que ela estava sendo tomada como escrava por Assaradão. Isso também ele suportou sem soltar um pio. Mas um dos guardas que o vigiava disse:

– Tenho pena de ti, Lailie. Eras um rei, e no que te tornaste agora?

Ao ouvir estas palavras, Lailie lembrou-se de tudo o que havia perdido. Agarrou-se às grades de sua jaula e, desejando matar-se, bateu a cabeça contra elas. Mas não teve forças para ir até o fim e, gemendo de desespero, caiu no chão.

Por fim, dois carrascos abriram a porta da jaula e, depois de prender com força seus braços nas costas, conduziram-no para o lugar da execução, que já estava encharcado de sangue. Lailie viu uma enorme estaca por onde o sangue escorria, e da qual o cadáver de um de seus amigos tinha acabado de ser retirado, e compreendeu que a estaca havia sido colocada ali para a sua própria execução. Despiram-no e ele ficou chocado com a magreza de seu corpo, que um dia fora robusto e belo. Os dois executores agarraram-no pelas pernas esquálidas, ergueram-no e estavam prestes a deixá-lo cair sobre a estaca.

– Eis a morte, o fim! – pensou Lailie e, esquecido de sua resolução de manter-se heroicamente calmo até o fim, soluçou e implorou por misericórdia. Mas ninguém o ouviu.

– Mas isso não pode ser – pensou. – Com certeza estou dormindo. É um sonho.

Fez um esforço para erguer-se e, com efeito, despertou, para encontrar-se nem como Assaradão nem como Lailie, mas como uma espécie de animal. Ficou perplexo por ser um animal e também perplexo por não tê-lo sabido antes.

Agora pastava num vale, cortando o capim macio com os dentes e afastando as moscas com sua longa cauda. Junto dele, um potro cinza-escuro de pernas longas se divertia roçando as costas na grama. Coiceando, arisco, com as pernas traseiras, o potro galopou célere até Assaradão e, cutucando-o no ventre com seu pequeno focinho macio, procurou a teta e, encontrando-a, acomodou-se e começou a sugá-la calmamente. Assaradão compreendeu que era uma égua, mãe do potro, e isso não o surpreendeu nem o incomodou, proporcionando-lhe, pelo contrário, grande prazer. Ele experimentou a sensação de uma grande alegria da vida simultânea – a sua e a de seu rebento.

Mas, de repente, algo passou voando perto dele com um som sibilante, atingiu-o no flanco e, com uma ponta afiada, penetrou em sua carne através da pele. Sentindo uma dor excruciante, Assaradão – que ao mesmo tempo era aquela égua – tirou o úbere da boca do filhote e, lançando as orelhas para trás, galopou até o bando do qual se desviara. O potro o seguiu, galopando a seu lado. Eles já haviam quase alcançado o bando que se afastava, quando outra flecha em pleno vôo atingiu o pescoço do potro. A flecha perfurou a pele e se cravou à carne. O potro gemeu de dor e caiu de joelhos. Assaradão não conseguiu abandoná-lo e permaneceu parado, de pé, sobre ele. O potro ergueu-se, cambaleou sobre as pernas longas e finas e voltou a cair. Uma temível criatura de duas pernas – um homem – se ajoelhou e cortou seu pescoço.

– Isso não pode ser, continuo sonhando! – pensou Assaradão, fazendo um último esforço para despertar. – Com certeza não sou Lailie, nem o asno, mas Assaradão!

Ele gritou e, na mesma hora, tirou a cabeça da água... O ancião estava parado a seu lado, despejando sobre sua cabeça as últimas gotas do jarro.

– Ó, como sofri terrivelmente! E por quanto tempo! – disse Assaradão.

– Quanto tempo? – exclamou o ancião. – Tu mal submergiste a cabeça na água e a ergueste novamente. Vês, a água do jarro ainda nem acabou. Compreendes agora?

Assaradão não replicou, apenas levantou os olhos para o ancião, aterrorizado.

– Entendes agora – prosseguiu o ancião – que Lailie é tu e que os soldados que mataste também são tu? E não somente os soldados, mas também os animais que mataste caçando, e que comeste nos teus banquetes eram tu. Pensavas que a vida morava somente em ti, mas eu removi o véu da ilusão e deixei que visses que, fazendo o mal aos outros, fizeste-o também a ti mesmo. A vida é uma em todos eles e a tua não passa de uma parcela desta mesma vida comum a todos. E somente na parte de vida que te pertence tu podes torná-la melhor ou pior – ampliá-la ou reduzi-la. Somente podes melhorar a vida em ti mesmo pela destruição das barreiras que separam tua vida da vida dos outros seres, encarando os outros como encaras a ti mesmo, amando-os. Fazendo isso, amplias o teu quinhão de vida. Prejudicas tua vida quando pensas nela como a única vida e procuras aumentar teu bem-estar à custa de outras vidas. Fazendo isto, tu apenas a diminuis. Destruir a vida que existe nos outros está além de teu poder. A vida daqueles que assassinaste desapareceu de tua vista, mas não foi destruída. Pensavas aumentar tua própria vida encurtando a dos outros, mas não podes fazê-lo. A vida não conhece tempo nem espaço. A vida de um instante e a vida de mil anos: tua vida e a vida de todos os seres visíveis e invisíveis do mundo são iguais. Destruir a vida, ou mesmo alterá-la, é impossível, porque a vida é a única coisa que existe. Tudo o mais apenas nos parece ser.

Tendo dito isto, o ancião desapareceu.

Na manhã seguinte, Assaradão deu ordens para que Lailie e todos os prisioneiros fossem postos em liberdade e que as execuções fossem suspensas.

No terceiro dia, ele chamou seu filho, Assurbanipal, e passou o trono para ele. Ele mesmo foi para o deserto refletir sobre tudo o que aprendera. Depois, percorreu como andarilho as cidades e aldeias, pregando para as pessoas que a vida é uma só, e que quando os homens desejam fazer o mal a outros estão, na realidade, fazendo o mal a si mesmos.

## O SERMÃO DA MONTANHA (As Beatitudes)
## extraído do Evangelho segundo São Mateus

No Sermão da Montanha, Jesus fala sobre como viver em contato com as exigências do amor, sempre presentes. As idéias aqui expressas são importantes não apenas para o nosso relacionamento com os outros, mas, de modo ainda mais fundamental, para a relação que temos conosco mesmos.

## CAPÍTULO V

1. E vendo aquelas multidões, Jesus subiu para a montanha. Sentou-se e os discípulos aproximaram-se dele.
2. Então pôs-se a falar e os ensinava, dizendo:
3. Bem-aventurados os pobres de espírito, porque deles é o reino dos céus.
4. Bem-aventurados os mansos, pois herdarão a terra.
5. Bem-aventurados os que choram, porque serão consolados.
6. Bem-aventurados os que têm fome e sede de justiça, porque serão saciados.
7. Bem-aventurados os misericordiosos, porque encontrarão misericórdia.
8. Bem-aventurados os puros de coração, porque verão a Deus.
9. Bem-aventurados os que promovem a paz, porque serão chamados filhos de Deus.
10. Bem-aventurados os perseguidos em nome da justiça, porque deles é o reino dos céus.
11. Bem-aventurados sereis vós, quando vos insultarem, perseguirem e caluniarem por causa de mim.
12. Rejubilai-vos e exultai, porque grande será vossa recompensa no céu, pois do mesmo modo perseguiram os profetas, que vieram antes de vós.
13. Vós sois o sal da terra. Ora, se o sal perde o sabor, de que serve ele? Não serve para mais nada, senão para ser jogado fora e pisado pelos homens.
14. Vós sois a luz do mundo. Não se pode esconder uma cidade construída sobre uma montanha.
15. Nem se acende uma vela para escondê-la, mas para colocá-la no candeeiro e iluminar a todos na casa.
16. Deixai que vossa luz brilhe diante dos homens, para que vejam vossas boas obras e glorifiquem vosso Pai que está nos céus.
17. Não julgueis que eu vim para destruir a lei ou os profetas. Não vim para destruir, mas para consumar.

18. Pois em verdade vos digo que passará o céu e a terra, antes que desapareça da lei um só *i*, uma só vírgula.
19. Aquele que violar um só desses menores mandamentos e ensinar os outros a fazer o mesmo será declarado o menor no reino dos céus. Mas aquele que os guardar e ensinar, este será declarado grande no reino dos céus.
20. Pois em verdade vos digo: a menos que vossa retidão exceda a retidão dos doutores da Lei e dos fariseus, não entrareis no reino dos céu.
21. Ouvistes o que foi dito aos antigos: "Não matarás"; e aquele que matar será julgado.
22. Eu, porém, vos digo: todo aquele que se enfurecer contra seu irmão sem motivo será julgado pelos juízes: e aquele que chamar seu irmão de "cretino" (*Raca*), será castigado pelo sinédrio; mas aquele que escarnecer de outrem será condenado ao fogo da geena.
23. Portanto, se trouxeres ao altar tua oferenda e lembrares que teu irmão tem algo contra ti:
24. Deixa tua oferenda diante do altar e segue teu caminho; primeiro reconcilia-te com teu irmão e depois volta para fazer tua oferenda.
25. Concorda prontamente com teu adversário, enquanto estiveres a caminho com ele; para que não suceda de ele entregar-te ao juiz, e o juiz ao promotor e tu seres lançado na masmorra.
26. Em verdade te digo: não sairás por nenhum meio dali antes de ter pago até o último vintém.
27. Ouvistes o que foi dito aos antigos: "Não cometereis adultério".
28. Eu, porém, vos digo: aquele que olha para uma mulher com cobiça já cometeu adultério em seu coração.
29. E se teu olho direito é para ti causa de queda, arranca-o e lança-o longe de ti: pois é melhor perecer um de teus membros do que ter todo o teu corpo lançado na geena.
30. E se tua mão direita é para ti causa de queda, corta-a e lança-a longe de ti, pois é melhor perecer um de teus membros do que ter todo o corpo lançado na geena.
31. Também foi dito: "Todo aquele que rejeitar sua mulher deve darlhe uma carta de divórcio".

32. Eu, porém, vos digo: todo aquele que rejeita sua mulher, salvo por motivo de fornicação, faz que ela cometa adultério, e todo aquele que desposar uma mulher repudiada comete adultério.
33. Ouvistes ainda o que foi dito aos antigos: "Não deveis jurar em falso, mas cumprireis vossos juramentos para com o Senhor".
34. Eu, porém, vos digo: Não presteis juramento algum, nem em nome do céu, que é o trono de Deus,
35. Nem em nome da terra, porque é o escabelo de seus pés, nem por Jerusalém, porque é a cidade do grande Rei.
36. Não jurarás nem mesmo por tua própria cabeça, porque não podes tornar um único fio de cabelo branco ou preto.
37. Mas que tuas respostas sejam apenas, "Sim", se é sim; "Não", se é não. O que quer que vá além disso provém do demônio.
38. Ouvistes o que foi dito: "Olho por olho e dente por dente".
39. Eu, porém, vos digo: Não resistais ao mal. Se alguém vos bater na face direita, oferecei também a esquerda!
40. E se algum homem te acusar no tribunal para tirar tua túnica, dá-lhe também a tua capa.
41. E quem quer que te obrigue a acompanhá-lo por um quilômetro, segue com ele por dois.
42. Dá a quem te pede e não vires as costas àquele que te pede emprestado.
43. Ouvistes o que foi dito: "Amareis vosso próximo e odiareis vosso inimigo".
44. Eu, porém, vos digo: Amai vossos inimigos e abençoai aqueles que vos amaldiçoam, fazei o bem àqueles que vos odeiam e rezai por aqueles que vos insultam e perseguem.
45. Para que possais ser os filhos do Pai que está no céu; porque ele fez nascer o sol sobre maus e bons, e fez chover sobre justos e injustos igualmente.
46. Pois se amais somente a quem vos ama, que recompensa tereis? Não fazem isso até os publicanos?[105]

105. Cobradores de impostos da época. (N.T.)

47. E se saudais apenas vossos irmãos, o que fazeis mais do que os outros? Não fazem isso também os pagãos?
48. Sede, portanto, perfeitos, como o vosso Pai celeste é perfeito.

## CONFERÊNCIAS
### de Tagore

Rabindranath Tagore (1861-1942) foi um filósofo e poeta indiano laureado com o Prêmio Nobel em 1913. Autor de mais de uma centena de livros de poesia, cinqüenta peças de teatro e cerca de quinze livros de filosofia, suas obras mais importantes são *O Significado da Vida* (1913), *A Religião do Homem* (1931) e *O Homem* (1937). O objetivo principal que perpassa sua vasta obra é a demonstração do propósito transcendente de nossas vidas, levando os elementos discrepantes de que somos compostos a formar uma unidade equilibrada.

Numa série de comparações tocantes, Tagore descreve a atitude aberta e receptiva que expressa, para ele, o significado do amor. A surpreendente novidade da experiência pode nos deixar hesitantes, apreensivos ou indecisos; mas, se somos livres e amamos, esta atitude nos leva a um sentido de unidade em nós mesmos e para com a vida. Neste sentido de unidade em todos os níveis, Tagore identifica a força do amor em ação.

Somos como um verso dissonante de um poema, sentindo que rima com um outro verso e que precisa encontrá-lo, se quiser alcançar a própria realização. Essa busca pelo que ainda não foi alcançado é o grande impulso que traz à tona, no homem, as suas melhores criações. O homem parece profundamente consciente de uma separação na raiz de seu ser; ele clama por atravessá-la e alcançar a união; de alguma forma ele sabe que seu amor é que pode conduzi-lo a um amor que seja absoluto.

O cavalo atrelado a uma carruagem é apenas uma parte dela; o cocheiro é aquele que, desatrelado, conduz o carro. Somos instados a trabalhar com afinco e, contudo, manter nossa mente desapegada. Pois nossas ações devem expressar acima de tudo nossa liberdade; do contrário nos tornamos como as rodas, girando porque impelidas. Há uma harmonia entre o fazer e o não fazer, entre o ganho e a renúncia, que devemos alcançar.

Nossa prática diária de oração leva nosso eu até o Eu supremo, nos faz sentir a realidade daquela plenitude que alcançamos quando nos entregamos totalmente, faz nossa consciência expandir-se num imenso mundo de paz, onde os movimentos são beleza e todas as relações são verdade por causa de sua liberdade interior, desinteressada.

O amor não é um mero impulso; ele deve conter a verdade, que é lei. Ele aceita as limitações impostas pela verdade por causa de sua própria riqueza interior. A criança exercita voluntariamente a autocontenção para corrigir seu equilíbrio corporal, porque sente verdadeiro prazer na liberdade dos movimentos; e o amor também não considera nenhum preço alto demais para alcançar sua verdade. A poesia é muito mais rígida que a prosa em sua forma de expressão, porque a poesia tem a liberdade da alegria na sua origem e fim. Nosso amor a Deus é extremamente cioso de suas responsabilidades. Ele é austero em sua probidade e deve ter o intelecto como aliado. Uma vez que trata com algo de imenso valor, ele tem de ser cauteloso a respeito da pureza de suas moedas. Por isso, quando nossa alma clama pelo dom da imortalidade, sua primeira súplica é: "Leva-me da ilusão para a verdade".

Criticamos a natureza exterior quando a separamos em nossa mente da natureza humana e a acusamos de não ter nem piedade nem justiça. Que o pavio queime de indignação pela falta de luz no resto da vela; mas a verdade é que o pavio representa a vela inteira com sua luz. Os obstáculos são companheiros necessários para a expressão e sabemos que o elemento positivo da linguagem não está em seu caráter abstruso. Vista unicamente da perspectiva do obstáculo, a natureza parece hostil à idéia de moralidade. Mas se isso fosse absolutamente verdadeiro, a vida moral jamais teria chegado a existir. A vida, moral ou física, não é um fato consumado, mas um processo contínuo, cujo movimento depende de duas forças contrárias, a força da resistência e da expressão. Dividir essas forças em dois princípios que se opõem mutuamente não nos ajuda em nada, uma vez que a verdade não está na oposição, mas em sua contínua reconciliação.

O medo assume dimensões ilimitadas no escuro, porque ele é a sombra do eu que perdeu sua sustentação no todo, o eu que duvida, que é descrente, que põe sua ênfase na negação, exagerando fatos isolados e distorcendo-os em proporções assustadoras. Na luz encontramos a harmonia das coisas e sabemos que nosso mundo é grande e que, conseqüentemente, nós somos grandes; sabemos que com uma compreensão cada vez maior da verdade os conflitos se desvanecerão, porquanto a própria existência é harmonia.

Um conhecido meu morreu subitamente e, mais uma vez, eu tomo conhecimento da morte, o mais banal de todos os truísmos deste mundo.

O moralista nos ensina a ver o mundo como irreal pela contemplação da morte. Mas facilitar a renúncia atribuindo adjetivos ao mundo não é nem verdadeiro nem corajoso. Porque essa renúncia não é renúncia nenhuma quando todas as coisas perderam seu valor.

Pelo contrário, o mundo é tão verdadeiro que a roda da morte não deixa nenhum rastro sobre ele. A falta de verdade está na crença de que este nosso eu seja capaz de roubar deste mundo uma partícula sequer de suas coisas para mantê-la permanentemente para si. A morte diz respeito apenas ao nosso eu e não a este mundo. O mundo jamais perde um átomo sequer; é nosso eu quem sofre.

Existem homens que têm uma idéia estática da vida, que anseiam por sua continuação após a morte somente por conta de seu desejo de permanência, e não de perfeição; eles adoram imaginar que as coisas com as quais estão acostumados persistirão para sempre. Identificam-se totalmente em suas mentes com o ambiente circundante e com o que quer que tenham acumulado, e ter de deixar isso tudo para trás é a morte para eles. Esquecem que o verdadeiro significado de viver é viver para o outro, é crescer incessantemente para fora de si mesmo. A fruta agarra-se a seu talo, a casca agarra-se à polpa e a polpa ao caroço enquanto a fruta amadurece, enquanto ainda não está pronta para gerar uma nova vida. Sua casca e seu caroço ainda não são diferenciados e ela apenas prova que está viva pela força de sua tenacidade. Mas quando a semente está madura, seu apego ao meio circundante evanesce, a polpa adquire fragrância, doçura, e ela se solta e se dedica a todos os que dela precisam. Os pássaros a bicam e ela não fica ferida, o vento a arranca e transforma em poeira, mas ela não é destruída. Ela prova a sua imortalidade pela renúncia.

A vida da semente no âmago da fruta é absolutamente diferente de sua vida de crescimento como árvore. A vida que é limitada por todos os lados ao âmbito de nosso eu, à extensão limitada de nossos sentidos, deve ser tão fundamentalmente diferente da vida de uma alma liberta que é impossível imaginar esta última enquanto estamos emparedados na masmorra do eu. E, contudo, em nosso anseio pela vida eterna, rogamos pela eternidade de nossos hábitos e confortos, esquecendo-nos de que a imortalidade reside em transcender continuamente as formas determinadas de vida para buscar a verdade infinita da vida. Aqueles que pensam que o verdadeiro significado da vida está na permanência daquelas formas particulares que nos são familiares são como os avarentos que não têm capacidade para compreender que o significado do dinheiro só pode ser encontrado gastando-o, transformando o símbolo em realidade.

O mundo do sono é fundamental; é o mundo do útero materno. É o mundo em que vivem a grama e as árvores, e onde elas encontram sua beleza na tranqüilidade do repouso. Nossa consciência libertou-se de seu abraço, afirmando sua independência. É a liberdade da fonte que deve retornar sempre à origem para renovar seu movimento. Toda a profundidade e extensão da água parada encontra seu movimento no jorro dessa pequena fonte. Do mesmo modo, é em nossa consciência que o universo conhece a si mesmo. Por isso, essa consciência tem de ser vasta para ser verdadeira. Nossa consciência é a música do mundo, sua dança, seu poema. Ela tem seus intervalos no seio do sono original, nutrindo-se da imortalidade em sua teta.

Mas não podemos desperdiçar nossa solidão, pois nela mora o trono do infinito. Não podemos viver verdadeiramente uns para os outros se não reivindicarmos a liberdade de viver sós, se nossas obrigações sociais consistirem em ajudarmo-nos uns aos outros a esquecer que temos uma alma. Exaurir-nos completamente em meros esforços para fazer companhia uns aos outros é roubar o mundo do melhor de nós, que é produto da amplitude de nossa atmosfera interior de contemplação. A sociedade envenena o ar que respira quando soterra o indivíduo com uma multidão frenética de distrações.

Parte das águas da terra torna-se rarefeita e sobe para o céu. Com o movimento e a música que adquire naquelas alturas imaculadas, ela cai de volta para juntar-se às águas da terra, tornando-as íntegras e frescas. De modo semelhante, parte das mentes humanas eleva-se para fora do mundo e sobe em direção ao céu; mas essa mente que sobe ao céu só alcança a realização quando volta a misturar-se com a mente presa à terra. Essa é a tarefa da religião, a circulação dos ideais do homem entre o céu e a terra.

Nossos grandes homens demonstraram, em suas expectativas, um imenso respeito pela humanidade. Passamos a acreditar em nós mesmos a partir daquilo que nos é solicitado. Os homens práticos fazem seus planos com base em suas estimativas a respeito das limitações humanas. Por isso, as grandes criações da história, as criações que se fundamentaram sobre a fé no infinito no homem, não tiveram origem no bom senso dos homens práticos. Quando Buda disse aos homens: "Espalhai vossas idéias do amor para além dos limites"; quando Cristo disse: "Amai vossos inimigos", estas palavras transcenderam o nível médio dos ideais vigentes no mundo cotidiano. Mas eles sempre nos lembram de que nosso verdadeiro amor não é a vida do mundo cotidiano, e de que possuímos em nós uma reserva de recursos que é inexaurível. Não precisamos nos desesperar, pois a esperança suprema para a humanidade foi proferida nas grandes palavras dos grandes homens.

Para os passarinhos que estão aprendendo a voar, o vôo para o céu pode parecer impossível. Talvez eles meçam, aparentemente com razão, o limite máximo de suas possibilidades pelo tamanho padrão de seus ninhos. Mas, ao mesmo tempo, descobrem que o alimento de que precisam não cresce nos ninhos, mas lhes é trazido através da imensidão azul. Há uma voz silenciosa que lhes fala, dizendo que eles são mais do que são e que não devem rir da mensagem trazida pelo bater das asas, como uma alegre canção de liberdade.

O velho é prudente, mas não sábio. A sabedoria é aquele frescor mental que nos permite perceber que a verdade não se encerra em cofres cheios de máximas, que ela é livre e viva. Grandes sofrimentos nos levam à sabedoria porque são dores de parto por meio das quais nossa mente é libertada das correntes do hábito e entregue, nua, aos braços da realidade. A sabedoria tem a característica da criança aperfeiçoada pelos atos de conhecer e sentir.

Aliviar a dor, tentar remover suas causas, é digno do homem. Não obstante, devemos entender que grande parte dos nossos sofrimentos deve ser atribuída ao princípio de nosso ingresso num novo plano de existência ao qual nem nossa natureza vital se adaptou por completo nem nossa mente se acostumou inteiramente. A partir de uma limitada perfeição de animalidade o homem chegou à imperfeição da vida espiritual, em que a guerra civil entre as forças de nosso passado primitivo e aquelas que fazem parte do nosso futuro roubou-nos a paz. Não tendo alcançado seu estágio normal, a humanidade envolta pelo vapor incandescente do sofrimento.

Devemos saber que receber a porção exata daquilo que merecemos e precisamos é como viajar por um mundo uma planície idealmente perfeita e, portanto, onde as forças fluidas da natureza se mantêm em suspenso. Necessitamos de subidas e descidas, por mais desagradáveis que isso possa parecer, na geografia de nossas vidas, para mobilizarmos fluentemente nossos pensamentos e energias. Nossa viagem é uma jornada por uma terra desconhecida, onde montes e crateras surgem inesperadamente em nosso caminho, mantendo nossa mente sempre ativa no confronto com eles. Eles não surgem de acordo com os nossos méritos, mas nossos méritos são julgados de acordo com o tratamento que lhes damos.

Num poema lírico, a métrica e a idéia se fundem. Tratadas separadamente, revelam-se duas forças contrárias; e são comuns os exemplos em que seu antagonismo natural não foi superado, resultando na criação de poemas ruins.

Somos os artistas, diante dos quais se encontram materiais que se obstruem mutuamente. Eles colidem continuamente, até se desenvolver numa criação de perfeita unidade. Muito freqüentemente, para evitar problemas e assegurar a paz, sacrificamos uma das partes da contenda. Isso torna o conflito impossível, mas também a criação. O espírito irrequieto da natureza separado do repouso da alma levanos à loucura do trabalho que empilha montes de coisas. Por outro lado, o ser espiritual privado de seu mundo de realidade vive apenas no exílio da abstração, criando fantasmas nos quais o exagero, não confrontado com a estrita necessidade das formas, corre solto.

Como a nossa natureza é complexa, não é seguro generalizar a respeito das coisas humanas, e é uma meia verdade dizer que os hábitos têm como única conseqüência o esmaecimento de nossa mente. Os hábitos fortalecidos são como um canal que ajuda o rio a correr. O canal é aberto onde a água corre, obstruindo-a apenas nos lugares onde existe perigo de que ela se desvie. A vida da abelha em seu canal de hábitos não tem nenhuma abertura, ela gira no interior de um pequeno círculo de perfeição. A vida humana tem suas instituições, que são seus hábitos organizados. Quando o conjunto destes hábitos forma uma totalidade fechada, o resultado pode ser perfeito como uma colméia de forma e precisão maravilhosas, mas impróprio para a mente com suas ilimitadas possibilidades de expansão.

Para a corrente dos credos de nossa vida espiritual, os rituais são canais que podem impedir ou auxiliar o fluxo, de acordo com sua rigidez ou flexibilidade. Quando um símbolo ou idéia espiritual é rigidamente elaborado em sua construção, ele suplanta a idéia que deveria apoiar. Na arte e na literatura, as metáforas que simbolizam nossas percepções emocionais excitam nossa imaginação, mas não a prendem. Pois elas jamais exigem o monopólio da nossa atenção; elas deixam o caminho aberto para a possibilidade infinita de outras metáforas. Elas perdem seu valor artístico quando degeneram em hábitos rígidos de expressão. Shelley, em seu poema sobre a cotovia, cria imagens que apreciamos porque apenas sugerem a incomensurabilidade de nossa alegria. Mas se, em vista de sua exatidão e beleza, fosse instituída uma lei determinando que, com respeito à representação da cotovia, tais imagens deveriam ser tratadas como definitivas e que nenhuma outra fosse admitida, então o poema de Shelley se tornaria imediatamente falso; porque a verdade está em sua fluidez, em sua simplicidade, que tacitamente admite não ser portador da palavra final.

Coloca-se a seguinte pergunta: se a jornada da vida é interminável, onde está a sua meta? A resposta é: a meta está em toda parte. Estamos num palácio que não tem fim, mas ao qual chegamos. Explorando e ampliando nossa relação com ele, estamos o tempo todo tornando-o cada vez mais nosso. O bebê nasce no mesmo universo em que vive o adulto de mente madura. Mas sua situação não é a mesma do garoto que, não tendo sequer aprendido o alfabeto, é matriculado numa universidade. O bebê goza de sua própria alegria de viver porque o mundo não é simplesmente uma estrada, mas um lar, do qual ele terá cada vez mais à medida que crescer em sabedoria. Em nosso caminho, ganhamos a cada passo, pois o mundo é caminho e lar ao mesmo tempo; ele nos leva adiante, mas também nos fornece abrigo.

Um bloco de pedra é inflexível, insensível e inerte; ele oferece resistência à criatividade do artista. Mas para um escultor estes mesmos obstáculos representam uma vantagem, e ele forja uma imagem a partir da pedra. Nossa existência física é um obstáculo para nosso espírito; possui todas as características de uma sujeição, consistindo, segundo todas as aparências, numa perpétua humilhação para a nossa alma. E, não obstante, é o melhor dos materiais para a manifestação da nossa alma, para que a alma proclame sua liberdade confeccionando ornamentos com suas penas. As limitações de nossas circunstâncias exteriores existem apenas para dar oportunidades à nossa alma que, ao ser capaz de enfrentá-las, realiza sua verdade.

Quando eu era criança, Deus também se tornou criança para brincar comigo. Do contrário, minhas imperfeições me teriam feito sucumbir, e a cada momento teria sido uma miséria ser e, ainda assim, não ser plenamente. As coisas que me mantinham ocupado eram insignificantes e aquelas coisas com as quais brincava eram feitas de barro e pedaços de pau. No entanto, minhas ocupações tornaram-se preciosas para mim e a importância que era atribuída a meus brinquedos igualava seu valor aos brinquedos dos adultos. A majestade da infância granjeou-me o respeito do mundo, pois nela foi revelado o infinito em seu aspecto insignificante.

E a razão é a mesma que dá à criança o direito de reivindicar tudo o que lhe é devido e de não ser menosprezada. A divindade que é sempre jovem adorna-a com sua própria grinalda, sussurrando em seus ouvidos que ela é a herdeira legítima de toda a riqueza do mundo.

O infinito está conosco na beleza de nossa infância, no vigor de nossa juventude, na sabedoria de nossa velhice, nas brincadeiras, no ganhar e no gastar.

O mundo dos sentidos em que vivem os animais é limitado. Nossa razão abriu para a nossa mente a passagem que leva ao coração do infinito. Não obstante, essa liberdade da razão é apenas uma liberdade que atua no pátio externo da existência. Os objetos do conhecimento mantêm uma distância infinita de nós, sujeitos do conhecimento. Porque conhecimento não é união. Por isso, um outro mundo de liberdade nos espera ali onde alcançamos a verdade, não a sentindo pelos sentidos ou conhecendo-a pela razão, mas pela união ou simpatia perfeitas. Esta é uma emancipação difícil de imaginar plenamente; temos apenas vislumbres de sua natureza. Percebemos a realidade de um quadro observando-o, sabemos sobre ele medindo seus traços, analisando suas cores e examinando as leis da harmonia presentes em sua composição. Todavia, mesmo com tudo isso não sabemos o que é o quadro e desejamos estar intimamente unidos a ele, numa relação de total proximidade.

A imagem de uma flor num livro de botânica é informação; sua função se cumpre com o nosso conhecimento dela. Mas, na verdadeira arte, trata-se de uma comunicação pessoal. Por isso, enquanto não encontra sua harmonia no fundo de nossa personalidade, ela não tem significado. Podemos tratar a existência apenas como um manual que nos fornece lições, e assim não seremos decepcionados; mas sabemos que sua missão não acaba aí, pois em nossa alegria de existir, que é um fim em si mesmo, sentimos que ela é uma comunicação, a resposta última que não é a resposta ao nosso conhecimento, mas a resposta ao nosso ser.

## A ARTE DA LIBERTAÇÃO

### de Krishnamurti

Jiddu Krishnamurti (1895-1986) nasceu na Índia e estudou na Inglaterra e em Paris, sendo um dos pioneiros no estudo da teosofia. Seus ensinamentos concentram-se no autoconhecimento e na capacidade de cada um confiar em si mesmo. Entre seus muitos livros estão *O Vôo da Águia*, *A Premência da Mudança* e *A Arte da Libertação*.

Krishnamurti assume uma posição ativa e radical contra a violência, a origem da guerra. A expressão da violência, seja na simples cólera individual ou no genocídio, tem origem, segundo ele, em nossa ignorância em relação a ela. Sobre ela e sobre nós mesmos sabemos muito pouco – porque não conseguimos olhar objetivamente para a questão. Em vez disso, nossos esforços são desperdiçados em atos de auto-justificação e condenação. O que precisamos, acredita ele, é de uma "percepção total" da experiência. Só assim pode surgir uma real possibilidade de eliminar a causa da violência.

## VIOLÊNCIA – RAIVA – JUSTIFICAÇÃO E CONDENAÇÃO – O IDEAL E O FACTUAL

O medo, o prazer, a mágoa, o pensamento e a violência estão todos relacionados entre si. A maioria de nós encontra prazer em praticar a violência, em não gostar de alguém, em odiar uma determinada raça ou grupo de pessoas, em cultivar sentimentos hostis para com os outros. Mas, num estado de espírito em que não há mais lugar para a violência, há uma alegria que é muito diferente do prazer proporcionado pela violência, com seus conflitos, ódios e medos.

É possível chegar à raiz da violência e nos libertarmos dela? Se não, viveremos eternamente em guerra uns com os outros. Se é assim que se quer viver – e aparentemente é isso que a maioria das pessoas quer –, então vá em frente; se você diz: "Bem, sinto muito, mas a violência não pode acabar nunca", então você e eu não temos nenhuma possibilidade de comunicação, pois você bloqueou a si mesmo; mas se você diz que pode haver algum outro modo de viver, então poderemos nos comunicar um com o outro.

Portanto, vamos considerar juntos, aqueles entre nós para quem a comunicação é viável, se é totalmente possível acabar com todos os tipos de violência em nós mesmos e continuarmos vivendo neste mundo monstruosamente brutal. Eu acho que é possível. Eu não quero ter a mais ínfima expressão de ódio, inveja, ansiedade ou medo em mim. Quero viver totalmente em paz. O que não significa que desejo morrer. Quero viver nesta terra maravilhosa, tão plena, tão rica e tão bela. Quero olhar para as árvores, as flores, os rios, os prados, as mulheres, os meninos e as meninas e ao mesmo tempo viver completamente em paz comigo mesmo e com o mundo. O que posso fazer?

Se soubermos como olhar para a violência, não apenas a que se manifesta exteriormente na sociedade – as guerras, os tumultos, os antagonismos entre nações e os conflitos de classe –, mas também a que existe em nós mesmos, então talvez possamos superá-la.

Este é um problema extremamente complexo. Por séculos e séculos o homem tem sido violento; as religiões de todo o mundo tentaram domá-lo, mas nenhuma delas teve êxito. De maneira que, se quisermos enfrentar o problema, teremos de, parece-me, no mínimo examiná-lo seriamente, uma vez que ele nos conduzirá a um domínio bem diferente; mas, se quisermos apenas brincar com o problema como uma forma de entretenimento intelectual, não chegaremos muito longe.

Talvez você ache que vê o problema com seriedade, mas que, enquanto tantas outras pessoas no mundo não o fazem e não estão preparadas para tomar nenhuma atitude a respeito, de que adianta fazer alguma coisa? Não me importo se eles levam a sério ou não. Eu levo a sério, e isso basta. Eu não sou o guardião do meu irmão.[106] Eu mesmo, como ser humano, sinto muito intensamente esse problema da violência e tomarei providências para que, em mim mesmo, eu não seja violento – mas eu não posso dizer a você ou a qualquer outro: "Não seja violento". Isso não faz nenhum sentido – a não ser que você próprio o queira. Assim, se você quiser realmente entender o problema da violência, prossigamos juntos em nossa viagem de exploração.

Esse problema da violência está lá fora ou aqui? Você pretende resolver o problema no mundo exterior ou está questionando a violência que existe dentro de você mesmo? Se você está livre da violência que mora em você, surge a questão: "Como posso viver num mundo cheio de violência, ganância, avidez, inveja e brutalidade? Não serei aniquilado?" Essa é a pergunta inevitável que não pode deixar de ser feita. Quando você faz uma pergunta como esta, parece-me que não está de fato vivendo em paz. Se você vive em paz, não terá absolutamente nenhum problema. Poderá ser preso por se recusar a alistar-se ou fuzilado por se recusar a combater, mas isso não será um problema. Você será fuzilado. É extraordinariamente importante compreender isso.

106. Alusão a Gênesis 4:9: "O Senhor disse a Caim: 'Onde está teu irmão Abel?', e Caim respondeu: "Não sei! Sou porventura o guardião de meu irmão?" (N.T.)

Estamos tentando entender a violência como um fato; não como uma idéia, mas como um fato do ser humano, e o ser humano sou eu mesmo. E para penetrar no problema eu preciso estar "completamente" vulnerável, aberto a ele. Tenho de me expor a mim mesmo – não necessariamente me expor a você, porque você pode não estar interessado –, mas minha disposição mental deve exigir que eu vá até o fim dessa questão e que não pare em algum ponto determinado dizendo que, a partir dali, não posso mais ir adiante.

Deve estar evidente para mim que sou um ser humano violento. Experimentei a violência na raiva, a violência em minhas demandas sexuais, no ódio, na criação de inimizades, no ciúme etc. Eu a experimentei, eu a conheci e digo para mim mesmo: "Quero entender todo esse problema, não apenas um fragmento dele expresso pela guerra, mas essa agressividade do homem que também existe nos animais e da qual eu faço parte".

Violência não é simplesmente matar outra pessoa. Praticamos violência quando usamos uma expressão cortante, quando fazemos um gesto brusco para afastar uma pessoa, quando obedecemos por medo. Portanto, violência não é apenas uma carnificina organizada em nome de Deus, da sociedade ou da nação. A violência é muito mais sutil, mais profunda, e nós estamos investigando as manifestações mais profundas da violência.

Quando você se diz indiano, muçulmano, cristão, europeu ou o que seja, você está sendo violento. Você percebe por que isso é violento? Porque você está se separando do resto da humanidade. Quando você se separa por critérios como fé, nacionalidade ou tradição, isso está fomentando a violência. De maneira que um homem que está buscando entender a violência não pertence a nenhum país, a nenhuma religião, a nenhum partido político ou sistema faccioso; ele está interessado em alcançar o entendimento global da humanidade.

Existem, contudo, duas correntes básicas de pensamento sobre a violência, uma que afirma: "A violência é inata no homem", e outra que diz: "A violência é resultante da herança sociocultural na qual vive o homem". Não estamos interessados em saber a que corrente pertencemos – isso não tem nenhuma importância. O que importa, no momento, é o fato de que somos violentos, e não a razão para isso.

Uma das manifestações mais comuns da violência é a raiva. Quando minha mulher ou minha irmã é agredida, digo que sinto uma raiva justificada; quando meu país, minhas idéias, meus princípios ou meu estilo de vida são atacados, sinto raiva justificada. Fico também irado quando meus hábitos ou minhas opiniões insignificantes são atacados. Quando você pisa nos meus calos ou me insulta, fico furioso; ou, se você leva embora minha mulher e fico com ciúme, esse ciúme é tido como justificado, porque ela é propriedade minha. E toda essa raiva é moralmente justificada. Mas matar por meu país também é justificado. Portanto, quando falamos da raiva, que faz parte da violência, nós a consideramos em termos de raiva justificada ou injustificada, segundo nossas próprias inclinações e condicionamentos socioculturais, ou consideramos apenas a raiva? Existe algo como uma raiva justificada? Ou existe apenas a raiva? Não existe influência boa ou má, existe apenas influência, mas, quando você é influenciado por algo que não me convém, eu a chamo de má influência.

No momento em que você defende sua família, seu país, um pedaço de pano colorido denominado bandeira, uma crença, uma idéia, um dogma, uma coisa que você quer ou possui, essa mesma defesa é indício de raiva. E, então, você consegue olhar para a raiva sem qualquer explicação ou justificação, sem dizer: "Tenho de defender meus bens", ou: "Eu estava certo em sentir raiva", ou "Que estupidez a minha ficar com raiva?" Você consegue olhar para a raiva como se ela fosse algo em si mesmo? Você consegue vê-la de maneira inteiramente objetiva, isto é, sem defendê-la nem condená-la? Você consegue?

Posso realmente ver você caso lhe seja hostil ou enquanto penso que você é uma pessoa maravilhosa? Posso vê-lo apenas quando olho para você com uma certa atenção na qual nenhuma destas tendências está envolvida. Posso, portanto, olhar para a raiva da mesma maneira, o que quer dizer que sou vulnerável ao problema, sem resistir a ele, observar esse fenômeno extraordinário sem nenhuma reação a ele?

É muito difícil observar a raiva desapaixonadamente, uma vez que ela é parte de mim, mas é isso que estou tentando fazer. Eis-me aqui, um ser humano violento, seja eu preto, castanho, branco ou púrpura. Não estou interessado em saber se herdei essa violência ou se a sociedade a produziu em mim; o que me interessa é apenas saber se é possível me libertar dela. Libertar-me da violência significa tudo para mim. É mais importante para mim do que sexo, comida e posição social, pois ela está me destruindo. Ela está me destruindo e destruindo o mundo e eu quero entendê-la, quero superá-la. Sinto-me responsável por toda essa fúria e violência no mundo. Sinto-me responsável – e isso não é apenas um amontoado de palavras – e digo a mim mesmo: "Posso fazer algo apenas se conseguir ir além da minha própria raiva, além da violência, além da nacionalidade". E esse sentimento que tenho de que preciso entender a violência em mim mesmo estimula a percepção de uma tremenda vitalidade e paixão.

Mas para livrar-me da violência, não posso suprimi-la nem negá-la, não posso dizer: "Bem, ela faz parte de mim e é assim mesmo"; ou: "Não a quero". Eu tenho de olhar para ela e examiná-la; devo tornar-me íntimo dela, mas não posso fazer isso se a condeno ou a justifico. Entretanto, a condenamos e a justificamos. Por isso, digo, deixe por um tempo de condená-la ou justificá-la!

Bem, se você deseja acabar com a violência, se deseja acabar com as guerras, quanto de vitalidade, quanto de você mesmo você desvia para ela? Não lhe importa que seus filhos sejam mortos, que entrem para o exército onde são maltratados e massacrados? Você não se importa? Meu Deus, se isso não lhe importa, o que pode importar? Proteger seu dinheiro? Divertir-se? Tomar drogas? Você não percebe que esta violência em você mesmo está destruindo seus filhos? Ou você a vê apenas como uma abstração?

Muito bem, então, se você está interessado, atente com toda a sua mente e com todo o seu coração e procure descobrir e não fique apenas aí sentado dizendo: "Bem, explique-nos isso". Eu deixo claro que você não conseguirá olhar para a raiva ou a violência com olhos que não a condenem ou justifiquem e que, se a violência não é um problema candente para você, você não conseguirá descartar nenhuma destas duas coisas. Portanto, antes de tudo, você terá de aprender a olhar para a raiva, a olhar para seu marido ou mulher, e seus filhos; terá de escutar os políticos, terá de descobrir por que você não é objetivo, por que condena ou justifica; tem de aprender que você condena e justifica porque isso faz parte da estrutura social na qual você vive, seu condicionamento como alemão, indiano, negro, americano ou qualquer que seja a sua nacionalidade, com todo o embotamento mental que resulta deste condicionamento. Para aprender, descobrir algo fundamental, você terá de ser capaz de ir fundo. Se seu instrumento for cego ou embotado, você não conseguirá. Assim, o que estamos fazendo é afiar seu instrumento, que é a mente – a mente que foi embotada por todas essas justificações e condenações. Você conseguirá penetrar profundamente apenas se sua mente tiver uma ponta tão afiada quanto uma agulha e for tão resistente quanto o diamante.

De nada serve ficar aí sentado perguntando: "Como posso chegar a ter uma mente assim?" Você tem de desejá-la como deseja sua próxima refeição, e para tê-la você deverá perceber que o que deixa a sua mente embotada e imbecilizada é esse sentimento de invulnerabilidade que construiu barreiras ao redor de si mesmo e que faz parte do mecanismo de condenação e justificação. Se a mente conseguir libertar-se disto, então você poderá olhar, estudar, penetrar e, talvez, chegar a um estado de plena consciência a respeito de todo o problema.

Retornemos, portanto, à questão central: é possível erradicar a violência em nós mesmos? É uma forma de violência dizer: "Você não mudou. Por que não mudou?" Não estou fazendo isso. Não significa nada para mim tentar convencê-lo de coisa alguma. A vida é sua, não minha. O jeito que você vive é problema seu. Estou perguntando se é possível para um ser humano, vivendo psicologicamente condicionado por qualquer sociedade, livrar-se interiormente da violência. Se isso é possível, o próprio processo produzirá uma maneira diferente de viver neste mundo.

A maioria de nós passou a aceitar a violência como um modo de vida. Duas guerras terríveis não nos ensinaram nada a não ser erguer cada vez mais e mais barreiras entre os seres humanos – isto é, entre você e eu. Mas, para aqueles dentre nós que querem se ver livres da violência, como fazê-lo? Não acredito que se chegue a algum lugar pela análise, seja ela feita por nós mesmos ou por profissionais. Podemos modificar um pouco a nós mesmos, viver um pouco mais tranqüilos e com um pouco mais de afeto, mas isso, por si mesmo, não nos trará a percepção total. Mas tenho de saber como analisar; o que significa que, no processo de análise, minha mente se torna extremamente aguçada, e é essa qualidade de afiamento, de atenção, de seriedade, que nos trará a percepção total. Não se tem olhos para ver o todo de uma vez só; essa clareza de percepção só é possível quando se consegue enxergar os detalhes, e então dar o salto.

Alguns de nós, com o objetivo de se ver livres da violência, fizeram uso de um conceito, um ideal, conhecido como não-violência, e pensaram que tendo um ideal contrário ao da violência, o da não-violência, podemos nos livrar do fato concreto – mas não podemos. Tivemos inúmeros ideais, todos os livros sagrados estão repletos deles e, ainda assim, continuamos violentos. Então, por que não lidamos com a violência mesma e esquecemos completamente a palavra que a designa?

Se você pretende entender o real, terá de prestar toda atenção, dedicar todas as suas energias a ele. Essa atenção e essa energia são desviadas quando você cria um mundo ideal e fictício. E então, você consegue livrar-se totalmente do ideal? O homem realmente sério, que sente a premência de descobrir o que é a verdade, o que é o amor, não tem absolutamente nenhum conceito. Ele vive apenas "naquilo que é".

Para investigar o fato de sua própria raiva, você não deve julgá-lo, pois, no instante em que você concebe o seu oposto, condena-o e, por isso, não consegue vê-lo como é. Quando você diz que odeia ou não gosta de alguém, isso é um fato, apesar de soar terrível. Se você olhar para esse fato, entrar inteiramente nele, ele deixará de existir; mas se você disser: "Não devo odiar; devo ter amor em meu coração", estará então vivendo em um mundo hipócrita de valores dúplices. Viver inteira e plenamente no presente é viver com o que é, no concreto, sem nenhum sentido de condenação ou justificação – só então você poderá compreendê-lo plenamente e livrar-se dele. Quando você vê com clareza, o problema está resolvido.

Mas você consegue enxergar com clareza o rosto da violência – o rosto da violência não apenas fora de você, mas também dentro de você? Para isso, você deve estar totalmente livre da violência e não apenas usar uma ideologia para livrar-se dela. Isso requer uma meditação profunda, não apenas uma concordância ou discordância verbal.

Você acabou de ler uma série de afirmações, mas as compreendeu realmente? A sua mente condicionada, seu modo de vida, toda a estrutura da sociedade em que você vive o impedem de olhar para um fato e libertar-se dele "imediatamente". Você diz: "Vou pensar nisso; vou considerar se é possível livrar-me ou não da violência. Vou tentar me libertar dela". Esta é uma das afirmações mais terríveis que você pode fazer: "Vou tentar". Não existe isso de tentativa, não existe fazer o melhor possível. Ou você faz ou não faz. Você está perdendo tempo enquanto a casa queima. A casa está em chamas em conseqüência da violência no mundo inteiro e dentro de você mesmo, e você diz: "Vou pensar nisso. Qual a melhor ideologia para apagar o fogo?" Quando a casa está em chamas, que importa a cor dos cabelos do homem que traz a água?

SÉTIMA PARTE

# O QUE POSSO FAZER?

Mais do que meramente refletir sobre a natureza das coisas, podemos também promover mudanças no mundo, imprimindo na realidade a marca de nossas ações. Nossa investigação ficaria certamente incompleta se considerássemos apenas o pensamento e não explorássemos também as possibilidades da ação. Qual a relação entre os dois? Precisamos mesmo agir? Somos livres para escolher?

A ação humana – ao contrário da ação das moléculas, dos rios, dos ventos ou do sol – abrange a inteligência. Quando nos falta o conhecimento, dizemos que algo ocorreu ou se abateu sobre nós, e não que o "fizemos". Um segundo fator é a intenção. Uma ação realiza ou atualiza um desejo, um plano ou uma esperança de mudar algo em nós ou no mundo, por menor que seja. Se a sorte permite que um golfista iniciante acerte o buraco na primeira tacada, dizemos simplesmente que foi assim que aconteceu. A ação dirigida à realização da vontade tem de ser voluntária. Se alguém derruba um copo d'água num acesso de sonambulismo, hipnotizado, drogado ou embriagado, cabe perguntar se a vontade do agente esteve de algum modo envolvida na ação. A presença de uma emoção intensa como a raiva ou o ciúme também coloca a questão da vontade. Aristóteles faz uma análise clara das formas de ignorância e coerção e identifica a verdadeira ação com a escolha voluntária e racional.

O conceito de ação inteligente é predominante em todo o pensamento ocidental. Temos o costume de antecipar a ação com uma avaliação de suas eventuais conseqüências. Na verdade, a capacidade de prever as conseqüências prováveis de nossas ações é uma característica de nossa inteligência. Assim, quando uma pessoa desconsidera os efeitos previsíveis, digamos, de estacionar um carro numa subida sem acionar o freio de mão, a consideramos negligente, imprudente, irresponsável ou ignorante. Muitas vezes, diversos fatores devem ser levados em consideração. Por exemplo, quando alguém está tentando decidir se compra um chapéu ou um cachecol, diferentes fatores como o clima, a durabilidade e a aparência devem ser ponderados.

Nosso senso comum identifica o "bom" com a felicidade. Ao elaborar esta idéia, tendemos a acreditar que, quando estamos decidindo sobre uma determinada linha de ação, deveríamos ter como meta a maior felicidade possível para o maior número possível de pessoas. No entanto, esta visão do senso comum é passível de questionamento. Alguns dizem, por exemplo, que se concentrar nos "resultados" de uma ação tira o foco de atenção da ação em si. Tal atitude poderia nos desviar das circunstâncias do momento e concentrar inteiramente nossa atenção naquilo que esperamos que aconteça. Tomamos aquilo que será (e que ainda não existe) pelo que é. Levada ao extremo, toda ação baseada num cálculo sobre o futuro contém um elemento irracional. Ela nos afasta do centro de nossas forças, empurrando-nos para regiões onde nossa influência é imprevisível.

Se, portanto, devemos nos concentrar na própria ação mais do que em suas conseqüências, decidir o que fazer torna-se em grande parte uma questão de determinar nossa própria natureza. A ação é então conseqüência de uma resolução harmoniosa entre as exigências internas e externas, o que muitas vezes significa renunciar a nossos próprios desejos e agir desinteressadamente.

Não existe, então, nenhum lugar para o sentimento humano no ato de decidir? Camus, que vê na obsessão pelas conseqüências um impedimento a mais para uma abordagem realista da ação, atribui à paixão um papel importante. Para ele, a mente está constantemente atribuindo significado às situações, mas a realidade supera a tentativa de compreendê-la. Isto coloca a pessoa em contradição consigo mesma. O "desejo do absoluto e de unidade e a impossibilidade de reduzir este mundo a um princípio racional e razoável" jamais podem ser conciliados. Não obstante, assim como não podemos negar a sede de sentido do ego, não é possível negar a falta de sentido do mundo. A necessidade de ação cristaliza a atenção, concentrando-a no que está realmente presente. A ação é uma rejeição constante e apaixonada de todas as tentativas de categorizar, interpretar, explicar ou justificar. Camus utiliza o mito de Sísifo, condenado a empurrar eternamente uma enorme pedra para cima de uma montanha apenas para vê-la rolar novamente montanha abaixo, para simbolizar a futilidade dos empreendimentos humanos. O esforço para calcular as conseqüências e atribuir valores é inevitável e deve ser incessantemente rejeitado. De acordo com Camus, agir é, portanto, lutar contra os impedimentos intelectuais à ação.

Normalmente consideramos a ação como dependente do exercício da escolha, da deliberação. Escolhemos o que queremos e agimos de acordo. A vontade é a causa da ação e de seus efeitos. Acreditamos que somos o que fazemos – "O que você faz?" passou a significar "Quem é você?",[107] a ponto de nem mais questionarmos a relação estabelecida entre os dois termos. Supomos que somos os autores de nossas realizações. Será que é assim mesmo? Uma visão radicalmente diferente é apresentada no *Bhagavad Gita*. Ali se supõe que, apesar de nos referirmos a "meu ato" da mesma maneira como nos referimos a "minha caneta", nem propriedade nem posse estão de fato envolvidas. Nossa identidade como agentes de nossos feitos e de nosso destino não passa de uma ficção promulgada no momento anterior à ação, com o pensamento de que "esta é minha ação." Mas o *Bhagavad Gita* afirma: "Embora todos os trabalhos sejam realizados pelos processos da natureza [*gunas*], aquele cuja alma foi confundida pelo eu[108] pensa: 'Eu sou o autor da ação'". O conceito de eu, invenção do ego, credita a si mesmo ocorrências que surgem na realidade em total independência da escolha ou deliberação. Perceber como involuntários os efeitos de

107. Em inglês "What do you do", "o que você faz", é equivalente à pergunta: "Em que você trabalha?". Aqui o autor brinca com o tema da ação e a ação como trabalho. (N.T.)

108. Neste caso o ego mesmo, o sentido ordinário de identidade pessoal. (N.T.)

outras forças que atuam em nossa mente, nosso corpo e nossas emoções é atingir uma nova compreensão do nosso papel na ação. Segundo o *Gita*, somos menos atores influentes que espectadores influenciáveis. Somos instrumento de uma inteligência supra-humana, conhecendo apenas as circunstâncias presentes de uma determinada ação, e não o que a elas se seguirá.

Henri Bergson também sustenta que uma parte de nós nos impede de exercer nosso verdadeiro papel. Nossa situação é como a do ator que, acreditando-se o autor da peça – o que ele não é – pensa poder fazer o que bem entende. Para Bergson, podemos atuar de dois modos conflitantes: um livre e facilmente adaptável a cada nova situação, outro fixo e dependente da interpretação rotineira de nossas circunstâncias. A maioria das ações, segundo ele, "devido à solidificação na memória de tais e quais sensações, sentimentos ou idéias [...], assemelha-se em muitos aspectos aos reflexos condicionados". Um reflexo condicionado não envolve evidentemente nenhum pensamento, ao passo que o pensamento é um componente essencial da escolha e da ação premeditada. Para dotar a ação de inteligência, devemos deixar de acreditar que tomamos decisões e influenciamos o processo de ação, e nos lançarmos com mais ousadia no momento presente. Somente assim podemos participar inteiramente de qualquer possibilidade de mudança. A ação, além disso, exige que sejamos inteiros, que expressemos nosso ser total, enquanto somos normalmente distraídos por associações, imagens e avaliações constituídas pelo hábito; devemos nos tornar, nas palavras de Bergson, autômatos conscientes.

A idéia de que nossa busca de autonomia entrava a possibilidade de uma independência em relação aos efeitos coercitivos do hábito é também expressa pelo mestre Sôsan, patriarca budista do século VI. A escolha implica uma comparação entre duas alternativas consideradas boas ou relevantes. Mas fazer comparações desse tipo significa considerar as coisas como elas foram, serão ou poderiam ser, e não como são de fato. Em um nível sutil, perde-se o contato com o real. Sôsan alega que isso "se deve à nossa escolha de aceitar ou rejeitar / que não vemos a verdadeira natureza das coisas". Supomos que as coisas poderiam ser diferentes. É aqui que surge o problema da liberdade de escolha. Mas tal suposição nos afasta da situação como ela de fato se apresenta. Vemos a ação como um meio de realizar o ideal, em vez de vê-la como um fim em si mesmo, em que o real já está presente.

Mas a pergunta permanece: o que pode ser feito? Alguns sugerem que devemos nos afastar de uma atitude discriminativa (de diferenciação entre o certo e o errado) e abraçar uma atitude de abertura e receptividade (permanecendo sensíveis à situação real). O primeiro passo da transformação envolve um exame de nossos hábitos mentais, e especialmente de nossos propósitos. O caminho para um entendimento mais ativo de si mesmo é ele próprio uma atividade, uma ação: o fim das ilusões sobre o papel que desempenhamos como agentes. Ele prepara o terreno para que sejamos permeados, como um organismo é permeado pelo sistema ecológico de que faz parte. Somente a partir de um envolvimento total, de uma total preocupação com os efeitos universais de nossa ação é que podemos decidir agir como seres humanos plenos – membros de uma comunidade, encarregados de prosseguir na sustentação e manutenção do cosmos. É inevitável que fiquemos aquém deste intento, mas mesmo nossos fracassos podem nos ajudar a adquirir uma visão mais ampla e ter melhores chances de êxito a longo prazo.

## SHINJIN-MEI, OU A CONFIANÇA NA MENTE
### de Sôsan

Sôsan († 606) foi o terceiro patriarca Ch'an, uma corrente chinesa do budismo, hoje mais amplamente conhecida por seu ramo japonês, o zen-budismo. O budismo passou da Índia para a China no século VI. Da vida de Sôsan são conhecidos apenas alguns poucos detalhes. A única obra sua que chegou até nós é *Shinjin-Mei*, ou *A confiança na Mente.*[109]

109. Segundo Ricardo M. Gonçalves (p. 126), "Mente", no texto que se segue, é "mente real", "absoluta", "verdadeiro eu" (ou o "Grande Eu" do *Bhagavad Gita*; a propósito, ver adiante), e não o conceito de mente disseminado na psicologia moderna. (N.T.)

Em sua formulação do Caminho do Meio como doutrina e prática do budismo, Sôsan diz que é o nosso hábito de tomar partido que nos cria dificuldades. Quando conseguimos nos libertar da necessidade de proceder assim, a preferência pessoal se torna impertinente. Então as coisas podem ser vistas como realmente são; o fato de existirem confere-lhes um valor intrínseco. Nesta atitude interior encontra-se, segundo ele, o caminho para uma maneira de agir que transcenda a nossa preocupação com nosso próprio ego.[110]

> O Grande Caminho não é penoso
> para aqueles que não têm preferências.
> Quando o amor e o ódio estão ambos ausentes
> tudo se torna claro e sem disfarce.
> Faz, entretanto, a menor distinção
> e o céu e a terra são infinitamente separados.
> Se desejas ver a verdade,
> não defendas opiniões contra ou a favor de nada.
> Colocar o que gostas contra o que não gostas
> é a enfermidade da mente.
> Quando o sentido profundo das coisas não é compreendido
> perturba-se a paz essencial da mente, sem nenhum proveito.
>
> O Caminho é perfeito como a vastidão do espaço
> onde nada é de menos nem de mais.
> Com efeito, deve-se à nossa escolha de aceitar ou rejeitar
> não vermos a verdadeira natureza das coisas.
> Não passes a tua vida enredado nas coisas exteriores,
> nem em sentimentos interiores de vazio.
> Sê sereno na unidade das coisas
> e tais visões equivocadas se desvanecerão por si mesmas.
> Quando tentas parar a atividade para alcançar a passividade,
> teu próprio esforço enche-te de atividade.
> Enquanto permaneceres em um ou outro extremo,
> jamais conhecerás a Unidade.

110. O texto selecionado pode ser encontrado na coletânea organizada por Ricardo M. Gonçalves, p. 126 e ss. (ver Bibliografia). (N.T.)

Aqueles que não vivem no Caminho único
fracassam tanto na atividade quanto na passividade,
na afirmação e na negação.
Negar a realidade das coisas
é não perceber sua realidade;
afirmar a vacuidade das coisas
é não perceber sua realidade.
Quanto mais falas e pensas nisso,
mais te afastas da verdade.
Pára de falar e pensar
e nada serás incapaz de conhecer.
Retornar à raiz é encontrar o sentido,
mas seguir as aparências é desviar-se da fonte.
No momento da iluminação interior
dá-se a superação da aparência e da vacuidade.
As mudanças que parecem ocorrer no mundo vazio
consideramos reais apenas por causa de nossa ignorância.
Não busques a verdade;
deixa apenas de cultivar opiniões.

Não permaneças no estado de dualidade;
evita com cuidado tais atividades.
Se houver um mínimo vestígio
disto ou daquilo, de certo e errado,
a Mente-essência se perderá na confusão.
Embora todas as dualidades provenham do Um,
não te apegues nem mesmo a este Um.
Quando a mente percorre o Caminho sem perturbações,
nada no mundo pode afetá-la,
e quando uma coisa não mais pode afetar,
ela deixa de existir do modo antigo.

Quando nenhum pensamento discriminador despertar,
a antiga mente deixa de existir.
Quando os objetos do pensamento desvanecem,

desvanece o sujeito do pensamento,
[assim como] quando a mente desaparece,
desaparecem os objetos [da mente].
As coisas são objetos por causa do sujeito [mente];
a mente (o sujeito) é como é por causa das coisas [objetos].
Compreende a relatividade destes dois
e a realidade fundamental: a unidade da vacuidade.
Nessa vacuidade os dois são indistinguíveis
e cada qual contém em si o mundo inteiro.
Se não discriminares entre o bruto e o refinado,
não serás tentado a ter preconceitos ou opiniões.

Viver no Grande Caminho
não é nem fácil nem difícil,
mas aqueles de visão estreita
têm medo e são irresolutos:
quanto mais se apressam, mais lentamente se movem,
e o apego não pode ser limitado;
apegar-se, mesmo à idéia de iluminação,
é extraviar-se.
Deixa simplesmente as coisas serem como são
e não haverá nem ir nem vir.

Obedece à natureza das coisas [tua própria natureza],
e andarás livre e despreocupado.
Quando o pensamento está a ferros, a verdade se oculta,
pois tudo se torna obscuro e incerto,
e a opressiva prática de julgar
traz aborrecimento e fadiga.
Que benefícios podem advir
de distinções e separações?

Se queres seguir o Caminho Uno
não antipatizes nem mesmo com o mundo dos sentidos e das idéias.
Na verdade, aceitá-los plenamente

é idêntico à verdadeira Iluminação.
O homem sábio não busca nenhuma meta,
mas o tolo aprisiona a si mesmo.
Há um único Dharma, não muitos;
as distinções surgem
das necessidades de apego do ignorante.
Buscar a Mente com a mente [discriminadora]
é o maior de todos os erros.

Repouso e movimento derivam da ilusão;
com a iluminação não há nenhum gosto nem desgosto.
Todas as dualidades resultam da inferência ignorante.
São como sonhos ou flores ao vento:
tolice tentar agarrá-los.
Ganho e perda, certo e errado:
tais pensamentos devem ser finalmente abolidos para sempre.

Se o olho nunca dorme,
todos os sonhos naturalmente cessarão.
Se a mente deixa de fazer qualquer discriminação,
as dez mil coisas[111]
são como são, de essência única.
Compreender o mistério desta essência Una
é ser libertado de todas as redes.
Quando todas as coisas são igualmente percebidas
a essência do Eu eterno é alcançada.
Nenhuma comparação ou analogia é possível
nesse estado sem causa nem relação.

Considera o movimento em repouso
e o repouso em movimento,
e tanto o movimento quanto o repouso desaparecem.

111. "As dez mil coisas" são, no budismo, uma representação clássica da variedade, da multiplicidade, isto é, do "mundo" tal como percebido pelos sentidos ordinários. (N.T.)

Quando tais dualidades deixam de existir
a própria Abertura não pode existir.
A esta finalidade última
nenhuma lei ou descrição pode ser aplicada.

Para a mente unificada de acordo com o Caminho
cessa todo o esforço autocentrado.
Dúvidas e indecisões se dissipam
e a vida na verdadeira fé é possível.
Com um único golpe nos libertamos dos grilhões;
nada se prende a nós e não nos prendemos a nada.
Tudo é vazio, claro e de luz própria,
sem nenhuma interferência do poder da mente.
Ali, pensamento, sentimento, conhecimento e imaginação
não têm qualquer valor.
Neste mundo de Existência
não há nem o eu nem o outro.

Para chegar diretamente à harmonia com essa realidade
dize simplesmente quando a dúvida surgir: "Dois, não".
Neste "dois, não" nada é separado,
nada é excluído.
Não importa quando, nem onde,
a iluminação significa entrar nesta verdade.
E esta verdade está fora da extensão
ou diminuição no tempo ou no espaço;
nela, um simples pensamento é dez mil anos.

Vacuidade aqui, Vacuidade ali,
mas o universo infinito está
sempre diante de teus olhos.
Infinitamente grande e infinitamente pequeno:
nenhuma diferença, pois as definições se dissiparam
e nenhum limite se apresenta aos olhos.
Assim também com o Ser e o Não-ser.

Não percas tempo com dúvidas e argumentos
que nada têm que ver com isso.

Uma coisa, todas as coisas:
movem-se juntas e se misturam,
sem distinção.
Viver nesta percepção
é não ter ansiedade com respeito à não-perfeição.
Viver nesta fé é o caminho para a não-dualidade,
porque o não-dual e a mente que confia são um só.

Palavras!
O Caminho está além da linguagem,
pois nele não há
nem ontem
nem amanhã
nem hoje.

## O MITO DE SÍSIFO
## de Camus

Albert Camus (1913-1960), filósofo e escritor francês, explorou uma idéia dinâmica da existência por meio do ensaio, da literatura e da filosofia. Uma de suas idéias centrais era a falta de fundamento e sentido do pensamento e da ação. Camus foi laureado com o Prêmio Nobel em 1957. Entre seus principais romances estão *O Estrangeiro* (1942) e *A Queda* (1956). Publicou também dois importantes ensaios filosóficos, *O Mito de Sísifo* (1942) e *O Homem Revoltado* (1951).

Aqui, Camus expõe sua visão sobre a contradição básica de toda ação: a tensão entre o desejo do absoluto e a ausência de finalidade no mundo. Como é possível agir sobre essa base? Defendendo uma abordagem radical, ele descreve o desenvolvimento de uma consciência que começa a fazer suas próprias exigências. Ela nos liberta das preocupações da vida cotidiana e nos abre para a questão de como prosseguir. Deste modo, Camus introduz o elemento da paixão, do compromisso, tão lamentavelmente ausente em nossa visão de nós mesmos e de nossos atos, de hábito tão autoconfiante.

Agora que o principal está feito, agarro certos fatos dos quais não posso me separar. O que sei, o que é certo, o que não posso negar, o que não posso rejeitar – é isto o que conta. Posso negar tudo a respeito daquela parte de mim que vive de nostalgias vagas, mas não esse desejo de unidade, esse anseio por uma solução, essa necessidade de clareza e coerência. Posso refutar tudo o que me oferece este mundo a meu redor que me ultraja ou fascina, mas não esse caos, esse acaso soberano e essa equivalência divina que nasce da anarquia. Não sei se este mundo tem um sentido que o transcende. Mas sei que não conheço esse sentido e que me é impossível conhecê-lo neste exato momento. O que pode um sentido fora de minha condição significar para mim? Só posso compreender em termos humanos. O que eu toco, o que me resiste – é isso que eu compreendo. E estas duas certezas – meu desejo do absoluto e de unidade e a impossibilidade de reduzir este mundo a um princípio racional e razoável –, sei também que não posso conciliá-las. Que outra verdade posso reconhecer sem mentir, sem introduzir uma esperança que me falta e que nada significa dentro dos limites de minha condição?

Se eu fosse uma árvore entre outras árvores, ou um gato entre outros animais, esta vida teria um sentido, ou melhor, este problema não surgiria, pois eu pertenceria a este mundo. Eu "seria" este mundo ao qual agora me oponho com toda a minha consciência e toda a minha exigência de intimidade. É esta razão ridícula o que me coloca em oposição a toda criação. Não posso simplesmente eliminá-la com um risco da caneta. O que acredito ser verdade devo, portanto, preservar. O que me parece tão óbvio, mesmo que contra mim, devo sustentar. E qual é a base desse conflito, dessa ruptura entre o mundo e minha mente, senão a consciência que tenho dele? Se, portanto, eu quiser preservá-lo, posso fazê-lo, mantendo uma consciência constante, sempre renovada, sempre alerta. É disso que devo me lembrar por ora. Neste momento, o absurdo, tão óbvio e ainda assim tão difícil de superar, retorna à vida de um homem e faz ali sua morada. Também neste momento a mente pode abandonar o caminho árido e ressequido do esforço lúcido. Este caminho emerge agora na vida cotidiana. Ele encontra o mundo anônimo do sujeito indeterminado, mas doravante o homem faz sua entrada, cheio de revolta e lucidez. Ele esqueceu como se abrir. Este inferno do presente é o seu reino, por fim. Todos os problemas recobram a sua agudeza. A evidência abstrata recua diante da poesia das formas e cores. Os conflitos espirituais são encarnados e retornam ao abjeto e magnífico abrigo do coração do homem. Nenhum deles está resolvido. Mas todos estão transfigurados. Será que o homem morrerá, escapará pelo salto, reconstruirá uma mansão de idéias e formas à sua própria medida? Ou será que, pelo contrário, aceitará a aposta dilacerante e maravilhosa do absurdo? Façamos um último esforço nesse sentido e tiremos todas as nossas conclusões. O corpo, a afeição, a criação, a ação e a nobreza humana retomarão então seus lugares nesse mundo criado. Por fim, o homem nele reencontrará o vinho do absurdo e o pão da indiferença com que alimenta sua grandeza.

Voltemos a insistir no método: é uma questão de persistir. Em determinado ponto desse caminho o homem absurdo é tentado. Não faltam à história nem religiões nem profetas, mesmo aqueles sem deuses. Pedem-lhe que dê o salto. Tudo o que ele pode responder é que não compreende perfeitamente, que não é óbvio. Com efeito, ele não quer fazer nada que não compreenda plenamente. Asseguram-lhe que isto é o pecado da soberba, mas ele não compreende a noção de pecado; que talvez o inferno lhe esteja reservado, mas ele não tem imaginação suficiente para visualizar um futuro tão estranho; que ele está perdendo a vida eterna, mas isso lhe parece apenas uma consideração fútil. Buscam fazê-lo admitir sua culpabilidade. Ele se sente inocente. Para dizer a verdade, isso é tudo o que ele sente – sua irreparável inocência. É isso que lhe permite tudo. Conseqüentemente, o que ele exige de si mesmo é viver unicamente com o que conhece, acomodar-se ao que é e não admitir nada que não seja certo. Dizem-lhe que nada é certo, mas isso ao menos é uma certeza. E é com isso que ele está preocupado: quer descobrir se é possível viver sem recorrer ao "sentido".[112]

---

112. *Sans appel*, no original. Com esta expressão, o autor se refere àquilo de que falava um pouco antes, à possibilidade de viver sem um recurso ou "apelo" ao que seria "mais" do que a vida que ele vê, experimenta e conhece diretamente pelos

[...]

Se eu permaneço nessa postura predeterminada, que consiste em tirar todas as conclusões (e nada mais) implicadas numa noção recém-descoberta, ponho-me ante um segundo paradoxo. Para permanecer fiel a esse método, o problema da liberdade metafísica não me diz respeito. Saber se o homem é ou não livre não me interessa. Posso experimentar apenas a minha própria liberdade. Quanto a ela, não posso ter quaisquer noções gerais, mas apenas algumas poucas intuições claras. O problema da "liberdade como tal" não faz sentido algum, pois ele está relacionado de uma maneira totalmente diferente ao problema de Deus. Saber se o homem é ou não livre envolve saber se ele pode ter um senhor. O caráter absurdo desse problema advém do fato de que a própria noção que torna possível o problema da liberdade tira também todo o seu significado. Pois na presença de Deus há menos o problema da liberdade que o problema do mal. Conhece-se a alternativa: ou não somos livres e Deus, o Todo-Poderoso, é responsável pelo mal, ou somos livres e responsáveis e Deus não é todo-poderoso. Todas as sutilezas escolásticas nem acrescentaram nem subtraíram nada da natureza categórica desse paradoxo.

É por isso que não posso me perder na glorificação ou na mera definição de uma noção que me escapa e que perde seu significado tão logo ultrapasse o quadro de referência da minha experiência individual. Não consigo entender que espécie de liberdade me poderia ser dada por um ser superior. Perdi o senso de hierarquia. O único conceito de liberdade que posso ter é o da liberdade do prisioneiro ou do indivíduo no seio do Estado. A única que conheço é a liberdade de pensamento e de ação. Ora, se o absurdo aniquila todas as minhas chances de liberdade eterna, ele restaura e exalta, por outro lado, minha liberdade de ação. Essa privação de esperança e de futuro significa um aumento da disponibilidade do homem.

---

sentidos – isto é, sem recorrer a um deus *ex-machina*, a algo "transcendente", "exterior" à sua própria "experiência individual" ou condição de homem. (N.T.)

Antes de defrontar-se com o absurdo, o homem comum vive orientado por metas, preocupado com o futuro ou com a justificação (com relação a quem ou o quê não é a questão aqui). Ele avalia suas chances, ele conta com o "algum dia", ele conta com sua aposentadoria ou com o trabalho de seus filhos. Ele continua achando que há algo em sua vida que pode ser dirigido. Na verdade, ele age como se fosse livre, mesmo que todos os fatos contradigam essa liberdade. Mas, depois do absurdo, tudo fica abalado. Aquela idéia de que "eu sou" meu modo de agir como se tudo tivesse um sentido (mesmo que eventualmente eu tenha dito que nada o tem), tudo isso cai por terra de modo vertiginoso pelo absurdo de uma morte possível. Pensar no futuro, estabelecer metas para si mesmo, ter preferências – tudo isso pressupõe uma crença na liberdade, mesmo que ocasionalmente se constate não a ter experimentado. Mas, nesse momento, no momento do absurdo, estou bem consciente de que a liberdade maior, aquela liberdade de ser, a única que pode servir de base para uma verdade, não existe. A morte está ali como a única realidade. Depois da morte, todas as cartas estão dadas. Do mesmo modo, não sou livre nem para me perpetuar. Sou um escravo e, acima de tudo, um escravo sem esperança de uma revolução eterna, sem a possibilidade de um recurso ao desprezo. E quem pode, sem revolução e sem desprezo, permanecer escravo? Que liberdade, no sentido mais pleno da palavra, pode existir sem a garantia de eternidade?

Mas ao mesmo tempo o homem absurdo percebe que até então esteve preso a esse postulado sob cuja ilusão vivia. Em certo sentido, isso o obstruía. Enquanto ele imaginava um propósito para sua vida, ele adaptava-se às exigências de um propósito a ser alcançado e se tornava escravo de sua liberdade. Assim, eu não poderia agir diferente do pai (ou do engenheiro ou do líder de uma nação ou do funcionário subalterno dos correios) que estou me preparando para ser. Penso que posso escolher ser isso, e não outra coisa. Penso-o inconscientemente, bem entendido. Mas ao mesmo tempo reforço meu postulado com as crenças dos que se encontram ao meu redor, com os preconceitos de meu meio humano (os outros têm tanta certeza de que são livres, e esse ânimo é tão contagiante!). Por mais distante que se possa estar de qualquer pressuposição, moral ou social, não se pode evitar ser parcialmente influenciado por elas, e mesmo adaptar-se às melhores dentre elas (já que existem boas e más pressuposições). Assim, o homem absurdo percebe que não era realmente livre. Para falar claramente, na medida em que espero, em que me preocupo com uma verdade que seja minha, individual, com um modo de ser ou de criar, na medida em que organizo minha vida e provo com isso aceitar o fato de que ela tem um sentido, crio para mim mesmo barreiras, e continuo minha vida entre elas. Procedo, assim, como tantos burocratas do coração e da mente que só me enchem de asco e cujo único vício, agora vejo claramente, consiste em levar a sério a liberdade do homem.

Nesse ponto, o absurdo me esclarece: não há futuro. Então, esta é a razão de minha liberdade interior. Aqui farei uso de duas analogias. Para começar, os místicos encontram a liberdade na entrega de si mesmos. Ao perderem-se em seu deus, ao aceitarem suas regras, eles se tornam intimamente livres. Na escravidão espontaneamente aceita, eles resgatam uma independência mais profunda. Mas o que significa essa liberdade? Pode-se dizer, acima de tudo, que eles "se sentem" livres em relação a si mesmos e não tanto livres quanto liberados. Da mesma forma, o homem absurdo, completamente voltado para a morte (tomada aqui como o mais óbvio dos absurdos), sente-se liberado de tudo o que é exterior àquela atenção apaixonada que nele se cristaliza. Ele goza de uma liberdade em relação às regras comuns. Neste ponto, pode-se ver que os temas originais da filosofia existencialista conservam todo o seu valor. O retorno à consciência, a fuga do sono cotidiano representam os primeiros passos da liberdade absurda. Mas é à "prédica" existencial que se alude aqui e, com ela, àquele salto espiritual que basicamente escapa à consciência. No mesmo sentido (esta é minha segunda analogia), os escravos da Antigüidade não pertenciam a si mesmos. Mas eles conheciam aquela liberdade que consiste em não se sentir responsável. Também a morte tem mãos patrícias que esmagam e ao mesmo tempo libertam.

Perder-se naquela certeza insondável, sentir-se a partir daí suficientemente estranho à própria vida para intensificá-la e ter dela uma visão mais ampla – isso envolve o princípio de uma liberação. Esta nova independência tem um limite de tempo definido, como qualquer liberdade de ação. Não oferece nenhuma garantia de eternidade. Mas toma o lugar das ilusões de liberdade, que cessam todas com a morte. A disponibilidade divina do condenado, diante de quem as portas da prisão se abrem num certo amanhecer, aquele incrível desinteresse por tudo, exceto a pura chama da vida – é claro que a morte e o absurdo são aqui os princípios da única liberdade razoável: aquela que o coração do homem pode experimentar e viver. Esta é uma segunda conseqüência. O homem absurdo percebe então um universo ardente e gélido, transparente e limitado, no qual nada é possível mas tudo está dado, e além de onde há apenas caos e nada. Ele pode então decidir aceitar um universo como esse e dele extrair sua força, sua recusa à esperança, e a evidência inexorável de uma vida sem consolação.

[...]

Assim, tiro três conseqüências do absurdo, quais sejam: minha revolta, minha liberdade e minha paixão. Pela simples atividade da consciência, transformo numa regra de vida o que era antes um convite à morte – e recuso o suicídio. Conheço, sem dúvida, o eco surdo que vibra por toda parte em nossos dias. No entanto, só tenho a dizer uma coisa: ele é necessário. Quando Nietzsche escreve: "Parece claro que o principal no céu e na terra é 'obedecer', e numa única direção: a longo prazo, resulta algo por que vale a pena viver neste mundo, como, por exemplo, a virtude, a arte, a música, a dança, a razão, a mente – algo que transfigura, algo delicado, louco ou divino", ele elucida o preceito de um código de ética verdadeiramente especial. Mas ele também indica o caminho do homem absurdo. Obedecer à chama é tanto a coisa mais fácil quanto a mais difícil de fazer. Não obstante, faz bem ao homem julgar a si mesmo de vez em quando. Somente ele mesmo é capaz de fazê-lo.

"A oração", diz Alain, "é a noite encobrindo o pensamento". "Mas a mente deve confrontar-se com a noite", replicam os místicos e os existencialistas. Sim, de fato, mas não aquela noite que surge sob as pálpebras fechadas e pela mera vontade do homem – a noite escura e impenetrável que a mente evoca para mergulhar nela. Se é preciso enfrentar a noite, que seja antes a noite do desespero, que permanece lúcida – a noite polar, a vigília da mente, da qual surgirá, talvez, aquela claridade branca e virginal que dá o contorno de cada objeto na luz da inteligência. Nesse estágio, a equivalência encontra o entendimento apaixonado. Já não se trata mais de julgar o salto existencial. A mente se recoloca em seu lugar dentro do afresco secular das atitudes humanas. Para o espectador, se ele é consciente, este salto continua sendo absurdo. À medida que ele pensa estar resolvendo o paradoxo, está na verdade o reafirmando. Por isso, ele é comovente. Por isso, tudo volta ao seu lugar e o mundo absurdo renasce em todo o seu esplendor e sua diversidade.

## BHAGAVAD GITA

O *Bhagavad Gita* é uma seção de dezoito capítulos de uma vasta epopéia indiana, o *Mahabarata*. Ele se concentra em uma batalha histórica, consistindo na narrativa de um diálogo entre um guerreiro, Arjuna, e o divino condutor de sua carruagem, Krishna. No diálogo, eles abordam os temas do bem e do mal, da imortalidade e do conhecimento transcendente. O poema foi composto por volta de 500 a.C..

O *Gita* coloca a questão fundamental da diferença entre a ação e a inação. Sugere que costumamos acreditar que o que fazemos provém de nós. Segundo a explicação de Krishna a Arjuna, a idéia de que "Eu sou o autor da ação" nos leva a entender um chamado à ação que nos perpassa, atribuindo-a àquela parte de nós que gosta de levar o crédito pelas coisas. Isto minimiza em muito a nossa condição e nos aparta de nossa verdadeira fonte de poder. Quando conseguimos ser mais puros ou desapegados, percebemos nosso papel no palco do mundo com mais objetividade e sofremos menos, portanto, com o que chamamos de sucesso ou fracasso.

## ESTEJA SATISFEITO NO GRANDE EU[113]

17. Mas, para o homem cujo deleite reside apenas no Grande Eu, que está satisfeito com o Grande Eu, não há ação que precise ser praticada.
18. De maneira similar, ele não tem qualquer interesse em ganhar com as ações que praticou e nada tem a ganhar pelas ações que não praticou neste mundo. Ele não depende de nenhuma dessas coisas para qualquer interesse seu.
19. Portanto, sem apegos, pratica sempre a ação que tem de ser praticada, porque o homem alcança o supremo realizando seu trabalho sem apego.
[...]

## O GRANDE EU NÃO É UM AGENTE

27. Embora todos os trabalhos sejam realizados pelos processos da natureza [*gunas*], aquele cuja alma foi confundida pelo eu[114] pensa: "Eu sou o autor da ação".
28. Mas aquele que conhece o verdadeiro caráter da distinção entre a alma e os processos da natureza, este age, ó poderoso guerreiro [Arjuna], compreendendo que são os processos que agem sobre si próprios, e não se apega.
29. Aqueles que são enganados pelos processos da natureza apegam-se às ações que praticam por si mesmos. Mas que ninguém que conhece o todo perturbe as mentes dos ignorantes que conhecem apenas uma parte.

113. As traduções deste "Eu" variam, mantendo uma certa unidade de significado: "Eu supremo", "Alma", "Eu divino" etc. Em todo caso, Rohden (ver Bibliografia), eminente especialista nas escrituras hindus, traduz simplesmente por "eu", aqui equivalente a "alma", de Atman, de Krishna, de Brahma. Preferimos traduzir por "Grande Eu" para diferenciá-lo, de um lado, do "eu" ordinário no sentido de identidade pessoal (ver abaixo) e, de outro, do "Eu supremo" ou Brahma. (N.T.)

114. Neste caso o ego mesmo, o sentido ordinário de identidade pessoal. (N.T.)

30. Entregando todas as tuas obras a Mim, com tua consciência concentrada no Grande Eu,[115] estando livre do desejo e do egoísmo, luta, ó Arjuna, liberto da tua febre.
31. Aqueles homens também que, cheios de fé e livres de sofismas, seguem constantemente estes Meus ensinamentos, libertam-se do jugo das ações.
32. Mas aqueles que menosprezam Meus ensinamentos e não os seguem, saiba que estão cegos a toda sabedoria, perdidos e sem razão.

## NATUREZA E DEVER

33. Mesmo o homem de saber age de acordo com sua própria natureza. Os seres seguem sua natureza. O que pode conseguir a repressão?
34. Pois todo apego aos sentidos e [toda] aversão são determinados com respeito aos objetos dos sentidos. Que ninguém se coloque sob seu domínio, pois são eles seus dois inimigos.
35. Mais vale viver sob a própria lei, ainda que imperfeitamente realizada, que sob a lei dos outros cumprida com perfeição. Vale mais morrer no cumprimento da própria lei, pois seguir a lei dos outros é arriscado.

## OS INIMIGOS SÃO O DESEJO E A RAIVA

Arjuna perguntou:

36. Mas o que impele um homem a cometer o pecado, como se fosse levado à força, mesmo contra a sua vontade, ó Varsneya (Krishna)?

O Senhor Bem-aventurado respondeu:

37. Isto é desejo, isto é ira, e são nascidos da paixão devoradora e pecadora. Sabei que este é o inimigo.
38. Assim como o fogo é encoberto pela fumaça, o espelho pelo pó e o embrião pelo útero, também a ira e o desejo são encobertos pela paixão.

---

115. Que é, na verdade, o próprio Krishna, o sujeito do discurso. (N.T.)

39. Encoberta é a sabedoria, ó Filho de Kunti [Arjuna], por esse fogo insaciável do desejo, o adversário constante do sábio.
40. Dizem que os sentidos, a mente e a inteligência são sua sede. Encobrindo com eles a sabedoria, ela [a paixão] ilude a alma encarnada.
41. Por isso, ó Melhor dos Bharatas [Arjuna], controla teus sentidos desde o princípio e extermina esse destruidor pecaminoso da sabedoria e do discernimento.
42. Os sentidos, dizem, são importantes; mais importante que os sentidos é a mente; mais importante que a mente é a inteligência; mas mais importante que a inteligência é ele [o Grande Eu].
43. Assim, conhecendo aquele que está além da inteligência, apoiando o eu [inferior] sobre o Grande Eu, golpeia, ó poderoso guerreiro [Arjuna], o inimigo na forma do desejo, tão difícil de ser atingido...

AÇÃO E INAÇÃO

16. O que é ação? O que é inação? Quanto a isso, até mesmo os sábios se confundem. Vou dizer-te o que é ação, por cujo saber te libertarás do mal.
17. Deve-se entender o que é a ação e, igualmente, o que é a ação errada, e deve-se entender o que é a inação. Difícil de entender é o caminho.
18. Aquele que na ação vê a inação e na inação a ação – este é sábio entre os homens, este é um iogue, este cumpriu toda a sua missão.
19. Aquele cujas ações estão livres dos caprichos do desejo, cujos feitos são dissipados no fogo da sabedoria – a este os sábios chamam um homem de saber.
20. Tendo abandonado o apego ao fruto das ações, sempre contente, sem qualquer tipo de dependência, ele nada faz apesar de estar sempre ativo no trabalho.
21. Não tendo nenhum desejo, com seu coração e seu eu sob controle, renunciando a todas as posses e realizando a ação apenas com o corpo, ele não faz nada de errado.

22. Aquele que está satisfeito com o que quer que o acaso lhe traga, que transcendeu as dualidades [do prazer e da dor], que está livre da inveja, que se mantém o mesmo no sucesso e no fracasso – este, mesmo quando age, não está apegado.

[...]

## O SAMKHYA E A IOGA CONDUZEM À MESMA META

Arjuna disse:

1. Exaltastes, ó Krishna, a renúncia às obras e também sua realização desinteressada. Dizei-me com certeza qual a melhor das duas.

O Senhor Bem-Aventurado respondeu:

2. A renúncia às obras e sua realização desinteressada, ambas conduzem à salvação da alma. Mas, entre as duas, a realização desinteressada das obras é melhor que a renúncia.[116]
3. Aquele que nem recusa nem deseja deveria ser conhecido como alguém que vive sempre em espírito da renúncia; pois, livre de dualidades, ele facilmente se liberta do jugo, ó Valente Guerreiro [Arjuna].
4. Os ignorantes falam da renúncia [Samkhya] e da realização de obras [Ioga] como diferentes, mas não os sábios. Aquele que se aplica com ardor a um dos caminhos colhe os frutos de ambos.
5. A condição alcançada pelos homens de renúncia é também alcançada pelos homens de ação. Aquele que vê que os caminhos da renúncia e da ação são o mesmo – esse vê realmente.
6. Mas a renúncia, ó Valente Guerreiro [Arjuna], é difícil de alcançar sem a Ioga; o sábio treinado na Ioga [o caminho das obras] cedo alcança o Absoluto.
7. Aquele que é treinado no caminho das obras e é puro de alma, que é mestre de si e que dominou os sentidos, cuja alma torna-se

116. O método Samkhya implica a renúncia às obras, e a Ioga insiste em sua realização com espírito justo. Os dois caminhos não são incompatíveis. No Samkhya, a ênfase recai no poder. Na Ioga, ressalta-se o esforço da vontade. Em um, sabemos que o Grande Eu está afastando os elementos estranhos; na outra, nós os afastamos pela vontade. (Nota da tradução inglesa)

o eu de todos os seres – este não é corrompido pelas obras, mesmo ao realizá-las.

8. O homem que está unido ao Divino e conhece a verdade pensa: "Não faço absolutamente nada", pois ao ver, ouvir, tocar, cheirar, provar, andar, dormir, respirar,
9. Falar, expressar-se, compreender, abrir e fechar os olhos, ele cuida que somente os sentidos[117] estejam ocupados com os objetos dos sentidos.
10. Aquele que age, tendo abandonado o apego, entregando suas ações a Deus, não é manchado pelo pecado, assim como a folha de lótus não é tocada pela água.
11. Os iogues [homens de ação] realizam os trabalhos apenas com o corpo, a mente e o intelecto, ou meramente com os sentidos, abandonando o apego para a purificação de seu Grande Eu.
12. O eu em união com o Divino alcança uma paz sólida pelo abandono do apego aos frutos das obras, mas aquele cujo eu não está em união com o Divino é impelido pelo desejo, mantendo-se apegado aos frutos da ação e, portanto, prisioneiro.

## O EU ILUMINADO

13. O eu encarnado que controlou sua natureza, tendo renunciado a todas as ações pela mente [interiormente], reside em paz na cidade dos nove portais, nem trabalhando nem fazendo com que qualquer trabalho seja feito.
14. O Eu Supremo e soberano não cria para que as pessoas obrem; nem Ele próprio obra. Ele também não relaciona as obras com seus frutos; é a natureza quem se encarrega disso.
15. O Espírito que tudo permeia não assume nem o pecado, nem o mérito de nenhum deles. A sabedoria é envolta pela ignorância, e é por isso que as criaturas se confundem.
16. Mas para aqueles em que a ignorância é destruída pela sabedoria – para estes a sabedoria ilumina o Eu Supremo como o sol.

117. "Apenas os sentidos", quer dizer, não o "eu" ou o "Grande Eu". (Nota da tradução inglesa)

17. Pensando n'Ele, dirigindo toda a existência consciente para Ele, fazendo d'Ele toda sua meta, tendo Ele como único objeto de devoção, alcançam um estado do qual não há mais retorno, tendo seus pecados lavados pela sabedoria.
18. Os sábios vêem com os mesmos olhos um brâmane douto e um humilde, uma vaca, um elefante ou mesmo um cão ou um pária.
19. Mesmo aqui na terra, aqueles cujas mentes se estabelecem em equanimidade superam o mundo criado. Deus é perfeito e o mesmo em todos. Portanto, essas pessoas estão estabelecidas em Deus.
20. Não se deve rejubilar-se obter o agradável ou sofrer ao obter o desagradável. Aquele que está firmado no entendimento e não se deixa confundir, este conhecedor de Deus está estabelecido em Deus.
21. Quando o eu não está mais apegado aos contatos externos [objetos], encontra-se a felicidade que reside no Grande Eu. Este, unido a Deus, desfruta da bem-aventurança eterna.
22. Todos os prazeres que nascem do contato com os objetos [externos] são apenas fontes de sofrimento: têm um princípio e um fim, ó Filho de Kunti [Arjuna]; nenhum homem sábio se encanta com eles.
23. Aquele que é capaz de resistir ao ímpeto do desejo e da raiva, mesmo aqui, antes de ter abandonado o corpo, é um iogue, o homem feliz.

## ENSAIO SOBRE OS DADOS IMEDIATOS DA CONSCIÊNCIA de Bergson

Henri Bergson (1859-1941) foi um filósofo francês que se ocupou dos problemas da ação, do conhecimento e do ser tendo como eixo a idéia de evolução. Ele acreditava em uma liberdade humana, distinguia a intuição do intelecto e falava do aberto em oposição ao fechado. Suas principais obras são *A Evolução Criadora*, *Matéria e Memória* e *Ensaio sobre os Dados Imediatos da Consciência*.

Para Bergson, há uma questão básica no que concerne à escolha. Ela realmente existe? Ou, ao contrário, a imputamos às nossas ações quando examinamos retroativamente o que aconteceu? Em qualquer caso, ele defende que somos livres em nossas ações apenas quando elas provêm da totalidade de nós mesmos. Escolher, portanto, é sempre escolher a si mesmo. Do contrário, nossas "escolhas" são apenas parcialmente voluntárias, sendo antes resultantes das tendências produzidas pelo hábito.

Portanto, somente uma psicologia imprecisa, confundida pela linguagem, nos mostrará a alma determinada por simpatia, aversão ou ódio, bem como por muitas outras forças que a pressionam. Cada um destes sentimentos, desde que sejam profundos o suficiente, constitui o todo da alma, uma vez que o conteúdo total da alma está refletido em cada um deles. Dizer que a alma é determinada pela influência de qualquer um desses sentimentos equivale, assim, a reconhecer que é determinada por si mesma. O associacionista reduz o eu a um agregado de estados conscientes – sensações, sentimentos e idéias. Mas se, nesses vários estados, ele não vê nada além do que seu nome expressa, se ele retém apenas seu aspecto impessoal, pode colocá-los lado a lado para sempre sem nada obter senão um eu fantasma, a sombra do ego se projetando no espaço. Se, ao contrário, ele considera esses estados psíquicos com as tonalidades particulares que assumem em uma pessoa determinada, tonalidades que chegam a cada um pelo reflexo de todos os outros, então não há necessidade de associar uma série de estados conscientes para reconstruir a pessoa, pois toda a personalidade está em um único deles, desde que saibamos escolhê-lo. E a manifestação externa desse estado interior será exatamente aquilo que chamamos de ato livre, uma vez que apenas o eu terá sido seu autor e que ele expressa a totalidade do eu. Assim entendida, a liberdade não é "absoluta", como gostaria uma filosofia radicalmente libertária, mas admite gradações. Pois este não é de modo algum o caso em que todos os estados conscientes se misturam uns com os outros como as gotas da chuva com a água de um lago. O eu, uma vez que tem a ver com um espaço homogêneo, desenvolve-se numa espécie de superfície, e sobre ela entidades independentes podem formar-se e flutuar. Assim, uma sugestão recebida no estado hipnótico não é incorporada à massa de estados conscientes, mas, dotada de vida própria, ela usurpará a personalidade total quando chegar a sua vez. Uma raiva violenta provocada por alguma circunstância acidental, um vício hereditário que emerge subitamente das profundezas obscuras do organismo para a superfície da consciência, atuarão quase do mesmo modo como uma sugestão hipnótica. Juntamente com estes elementos independentes é possível encontrar séries mais complexas, cujos termos se interpenetram, mas nunca chegam a fundir-se por completo com o conjunto do eu. Tal é o sistema de sentimentos e idéias que resulta de uma educação assimilada de modo inapropriado, uma educação que apela mais para a memória que para o juízo. Aqui será encontrado, dentro do eu fundamental, um eu parasitário que invade constantemente o outro. Muitas pessoas vivem esse tipo de vida e morrem sem ter conhecido a verdadeira liberdade. Mas a sugestão se tornaria persuasão se o eu global a assimilasse; a paixão, mesmo a paixão súbita, não teria mais a marca da fatalidade se toda a história da pessoa estivesse refletida nela, como na indignação de Alceste,[118] e a educação mais autorizada não nos privaria de nenhuma parte de nossa liberdade, se apenas nos transmitisse idéias e sentimentos capazes de impregnar a alma inteira. É a alma inteira, na verdade, que dá origem à decisão livre: e o ato será tanto mais livre quanto mais a série dinâmica a que ele está relacionado tender para o eu fundamental.

Desta perspectiva, os atos livres são excepcionais, mesmo por parte daqueles mais propensos a controlar e pensar no que fazem. Já foi observado aqui que, em geral, percebemos nosso próprio eu pela refração através do espaço, que nossos estados conscientes se cristalizam em palavras e que nosso eu vivo e concreto se encobre, então, de uma crosta externa de estados psíquicos de feições regulares, separados uns dos outros e, conseqüentemente, estabilizados. A isto acrescentamos que, para a conveniência da linguagem e a promoção das relações sociais, temos tudo a ganhar com a não ruptura dessa crosta e com a suposição de que ela empresta um contorno exato à forma do objeto que encobre. Devemos agora acrescentar que nossas ações cotidianas são provocadas não tanto por nossos próprios sentimentos, os

118. Na comédia *O Misantropo*, de Molière. (N.A)

quais estão em constante mutação, quanto pelas imagens imutáveis às quais esses sentimentos estão ligados. Pela manhã, quando bate a hora em que estou acostumado a levantar-me, é possível que eu receba esta impressão *syn ole te psyqué* ["com a totalidade da alma"], como diz Platão; posso deixá-la fundir-se com a massa confusa de impressões que ocupam a minha mente; talvez, neste caso, ela não me determinasse a agir. Mas, em geral, essa impressão, em vez de perturbar toda a minha consciência como uma pedra quando cai na água de um lago, meramente impulsiona uma idéia que está, por assim dizer, solidificada na superfície – a idéia de levantar e exercer minhas funções habituais. Essa impressão e essa idéia acabaram ligadas uma à outra, de maneira que o ato obedece à impressão sem a interferência do eu. Nesse caso, sou um autômato consciente, e o sou porque tenho tudo a ganhar com isso. Pode-se perceber que a maioria das nossas ações corriqueiras é realizada dessa maneira e que, devido à solidificação na memória de tais e quais sensações, sentimentos ou idéias, as impressões vindas de fora incitam movimentos de nossa parte que, embora conscientes e mesmo inteligentes, assemelham-se em muitos aspectos aos reflexos condicionados. É a estes atos, muito numerosos mas em sua maioria insignificantes, que a teoria associacionista pode ser aplicada. Eles são, tomados em conjunto, o substrato de nossa atividade livre, e, com respeito a essa atividade, eles exercem o mesmo papel que as funções de nosso organismo em relação ao todo de nossa vida consciente. Além do mais, podemos atribuir ao determinismo o fato de freqüentemente abdicarmos de nossa liberdade em circunstâncias mais graves e permitirmos, por preguiça ou indolência, que este mesmo processo local ocorra quando o conjunto de nossa personalidade deveria, por assim dizer, estar vibrando. Quando nossos amigos mais confiáveis concordam em nos aconselhar a dar algum passo importante, os sentimentos que eles expressam com tanta insistência se alojam na superfície de nossos egos e ali se cristalizam da mesma maneira como as idéias que acabamos de mencionar. Aos poucos, vão formando uma crosta espessa que encobrirá nossos próprios sentimentos; logo veremos o quanto estávamos enganados. Mas então, no instante mesmo em que o ato vai ser realizado, "algo" pode revoltar-se contra ele. É o eu estabelecido nas profundezas se precipitando para a superfície. É a crosta exterior se rompendo, subitamente abrindo caminho para uma arremetida irresistível. Portanto, nas profundezas do eu, abaixo da ponderação mais sensata sobre os conselhos mais sensatos, algo diferente ocorria – um aquecimento gradual e uma súbita ebulição de sentimentos e idéias, antes não observados que não percebidos. Se nos voltarmos para eles e examinarmos atentamente nossa memória, veremos que nós mesmos formamos aquelas idéias, que nós mesmos vivemos aqueles sentimentos, mas que, por alguma estranha relutância a exercer nossa vontade, os arremetemos de volta para as profundezas mais obscuras de nossa alma sempre que vierem à tona. E é por isso que procuramos em vão explicar nossa repentina mudança de opinião pelas circunstâncias visíveis que a precederam. Desejamos saber a razão que nos levou a formar nossa opinião e descobrimos que decidimos sem razão alguma, e talvez mesmo contra toda razão. Mas, em certos casos, esta é a melhor das razões. Pois então a ação realizada não expressa nenhuma idéia superficial, quase exterior a nós mesmos, distinta e fácil de explicar: ela está de acordo com a totalidade de nossos sentimentos, aspirações e pensamentos mais íntimos, com aquela concepção particular da vida que equivale a toda a nossa experiência passada, em uma palavra, com a nossa idéia pessoal de felicidade e honra. Conseqüentemente, tem sido um equívoco buscar exemplos nas circunstâncias ordinárias e mesmo indiferentes da vida para provar que o homem é capaz de escolher sem um motivo. Pode-se facilmente demonstrar que estas ações insignificantes estão vinculadas a alguma razão determinante. É diante da grande e solene crise, decisiva para nossa reputação diante dos outros, e ainda mais diante de nós mesmos, que escolhemos contrariamente ao que se costuma chamar de motivo, e esta ausência de qualquer razão tangível é tanto mais surpreendente quanto mais profunda for nossa a liberdade.

Mas o determinista, mesmo quando se abstém de considerar as emoções mais sérias ou os estados psíquicos mais profundos como forças, ainda assim os distingue uns dos outros, sendo por isso levado a ter uma concepção mecânica do eu. Ele nos mostrará esse eu hesitando entre dois sentimentos contrários, passando de um para outro e, finalmente, decidindo em favor de um deles. O eu e os sentimentos que o impulsionam são desse modo tratados como objetos bem definidos, que permanecem idênticos no decorrer de todo o processo. Mas se é sempre o mesmo eu que delibera e se os dois sentimentos contrários pelos quais é movido não mudam, como, em virtude desse mesmo princípio de causalidade a que apela o determinismo, o eu chegará a uma decisão? A verdade é que o eu, pelo simples fato de experimentar o primeiro sentimento, já mudou um pouco quando o segundo interveio: durante todo o processo de deliberação, o eu está mudando, e conseqüentemente está modificando os dois sentimentos que o movem. Assim se forma uma série dinâmica de estados que se interpenetram e se fortalecem uns aos outros, e que levarão, por um processo de evolução natural, a um ato livre. Mas o determinismo, sempre em busca de representações simbólicas, não consegue deixar de substituir os sentimentos contrários, que entre si dividem o ego, assim como o próprio ego, por palavras. Ao atribuir, primeiro à pessoa e em seguida aos sentimentos pelos quais é movida, uma forma determinada por palavras precisamente definidas, ele os priva de antemão de qualquer tipo de atividade vital. Então ele verá, de um lado, um ego sempre idêntico a si mesmo, e de outro sentimentos contrários, também idênticos a si mesmos, disputando sua posse; a vitória caberá necessariamente ao mais forte. Mas este mecanismo, ao qual nos condenamos de antemão, não tem nenhum valor fora o de uma representação simbólica: ele não pode ser corroborado contra o testemunho de uma consciência atenta, que nos expõe o dinamismo interno como um fato.

Em resumo, somos livres quando nossos atos provêm de nossa personalidade global, quando eles a expressam, quando têm aquela indefinível semelhança com ela, uma semelhança que às vezes se encontra entre o artista e a obra. É inútil afirmar que estaríamos, assim, rendendo-nos à influência todo-poderosa do nosso caráter. Nosso caráter continua sendo nós mesmos; e como nos agrada dividir a pessoa em duas partes, para que, por um esforço de abstração, possamos considerar, cada um por sua vez, o eu que sente ou pensa e o eu que age, seria muito estranho concluir que um dos dois eus está coagindo o outro. Aqueles que questionam se somos livres para alterar nosso caráter abrem o flanco para a mesma objeção. É certo que nosso caráter está se alterando imperceptivelmente a cada dia, e que nossa liberdade sofreria com isso se essas novas aquisições fossem enxertadas em nosso eu e não se fundissem a ele. Mas, assim que essa fusão ocorre, é preciso admitir que a mudança que interveio em nosso caráter nos pertence, que nós nos apropriamos dela. Em uma palavra, se concordamos em considerar livre todo ato que provém do eu e somente do eu, o ato que traz a marca de nossa personalidade é verdadeiramente livre, uma vez que somente nosso eu reivindicará sua paternidade. Assim, reconhecer-se-ia que o livre-arbítrio é um fato se apenas se concordasse em procurá-lo numa certa característica da decisão que é tomada, no próprio ato livre. Mas o determinista, sentindo que não pode se sustentar nessa posição, busca refúgio no passado ou no futuro. Por vezes, transfere-se em pensamento para alguma época anterior e afirma a necessária determinação, a partir desse mesmo momento, do ato que está por vir; outras vezes, supondo de antemão que o ato já foi realizado, afirma que ele não poderia ter ocorrido de nenhuma outra maneira. Os próprios adversários do determinismo seguem-no de bom grado até esse novo princípio e concordam em introduzir em sua definição de nosso ato livre – talvez não sem algum risco – a antecipação daquilo que podemos fazer e a lembrança de alguma outra decisão que possamos ter tomado. É aconselhável, portanto, que nos coloquemos neste novo ponto de vista e, pondo de lado toda expressão verbal, todo simbolismo no espaço, prestemos atenção ao que só a consciência pura nos revela a respeito de uma ação que já ocorreu ou que ainda está por ocorrer. O erro original do determinismo e o equívoco de seus adversários serão assim compreendidos por um outro lado, uma vez que se fundamentam explicitamente numa certa concepção equivocada da duração.

## A EPOPÉIA DE GILGAMESH

*Gilgamesh*, provavelmente registrado durante os primeiros séculos do segundo milênio a.C., existia ainda antes disso em forma oral. O poema épico conta a história do grande rei de Uruk, na Mesopotâmia, à procura do sentido de sua vida e da compreensão da morte e da imortalidade.

No episódio a seguir, Gilgamesh está de partida em sua busca do conhecimento, levando consigo seu fiel servo, Enkidu. Na narrativa, Shamash é o deus sol, e Uruk uma importante cidade babilônica governada por Gilgamesh.

### A JORNADA NA FLORESTA

Enlil da montanha, o pai dos deuses, tinha decretado o destino de Gilgamesh. Assim, Gilgamesh sonhou e Enkidu disse:

– O significado do sonho é este: o pai dos deuses te concedeu a realeza. Este é teu destino; a vida eterna não é o teu destino. Por isso, não guardes tristeza no coração, nem mágoas ou aflições. Ele te concedeu poder para atar e desatar, para ser a luz e as trevas da humanidade. Ele te atribuiu supremacia sem precedentes sobre o povo, vitória em combates de vida e morte, em ataques e pilhagens dos quais não há volta. Mas não abuses desse poder, trata com justiça os servos de teu palácio, age com retidão diante de Shamash.

O senhor Gilgamesh voltou seus pensamentos para o Reino dos Vivos, e sobre a Terra dos Cedros ele refletiu. E disse a seu servo Enkidu:

– Não deixei meu nome gravado na pedra conforme decretou meu destino; por isso, irei para o campo onde o cedro é derrubado. Gravarei meu nome onde estão gravados os nomes dos homens ilustres, e onde ainda não há nenhum nome escrito erigirei um monumento aos deuses.

Os olhos de Enkidu encheram-se de lágrimas e seu coração se afligiu. Ele suspirou amargamente. Gilgamesh fitou-o nos olhos e disse:

– Meu amigo, por que suspiras tão amargamente?

Enkidu abriu a boca e disse:

– Estou fraco, meus braços perderam a força, o grito de dor está preso em minha garganta. Por que tens de colocar teu coração nesta empreitada?

Gilgamesh respondeu:

– Por causa do mal que existe na terra, iremos para a floresta e destruiremos o mal. Pois na floresta vive Humbaba, cujo nome significa "Vastidão", um gigante feroz.

Mas Enkidu suspirou amargamente de novo, e disse:

– Quando eu andava com os animais selvagens pelo deserto, descobri a floresta. Sua extensão é de dez mil léguas em cada direção. Enlil designou Humbaba para protegê-la e armou-o com terrores sétuplos. Terrível para toda carne é Humbaba. Quando ele ruge, é como a força da tempestade; seu sopro é como o fogo e sua boca é a própria morte. Ele guarda os cedros tão bem que, quando a novilha selvagem se move na floresta, embora esteja a sessenta léguas de distância, ele a ouve. Que homem iria por vontade própria para a selva explorar suas profundezas? Eu te respondo, a fraqueza subjuga quem quer que se aproxime dela. Não é uma luta entre iguais quando alguém luta com Humbaba; ele é um grande guerreiro, Gilgamesh, o guardião da floresta nunca dorme.

Gilgamesh respondeu:

– Onde está o homem capaz de subir aos céus? Apenas os deuses vivem para sempre com o glorioso Shamash, mas quanto a nós, homens, nossos dias estão contados, nossas ocupações são um sopro de vento. Como é, já estás com medo? Seguirei na frente, embora seja teu senhor, e assim poderás anunciar com segurança: "Adiante, não há nada a temer!" Então, se eu tombar, deixarei um nome que perdurará; dirão de mim os homens: "Gilgamesh tombou em combate com o feroz Humbaba". Muito tempo depois de meu filho ter nascido em minha casa, eles dirão e se lembrarão disso.

Enkidu voltou a falar a Gilgamesh:

– Ó meu senhor, se entrares naquela selva, procura antes o herói Shamash, informa o Deus Sol, pois a terra é dele. A floresta onde o cedro é cortado pertence a Shamash.

Gilgamesh pegou um cabrito branco, imaculado, e outro marrom; apertou-os contra o peito e levou-os à presença do sol. Empunhou seu cetro de prata e disse ao glorioso Shamash:

– Estou indo para aquela selva, ó Shamash, estou indo; minhas mãos suplicam, que tudo corra bem com minha alma e trazei-me de volta para o cais de Uruk. Concedei-me, eu imploro, vossa proteção, e fazei com que o presságio seja bom.

O glorioso Shamash respondeu:

– Gilgamesh, tu és forte, mas o que é o Reino dos Vivos para ti?

– Ó Shamash, ouvi-me, ouvi-me, Shamash, deixai que minha voz seja ouvida. Aqui na cidade o homem morre com o coração oprimido, o homem perece com desespero no coração. Olhei por cima da muralha e vi os cadáveres flutuando no rio, e esta será também a minha sorte. Na verdade, sei que será assim, pois por mais alto que se esteja entre os homens não se consegue alcançar o céu, e por maior que seja o homem não há como abarcar a terra. Por isso, quero entrar naquela terra: por não ter gravado meu nome na pedra conforme traçou o meu destino, irei para a floresta onde o cedro é cortado. Gravarei meu nome onde os nomes dos homens ilustres estão gravados; e onde não houver o nome de nenhum homem gravado erigirei um monumento aos deuses.

Lágrimas escorreram por suas faces e ele disse:

– Ai de mim, é uma longa jornada a que tenho de fazer até o Reino de Humbaba. Se esta empreitada não é para ser cumprida, por que, Shamash, agitais os homens com o desejo implacável de se lançar a ela? Como poderei obter êxito se não me socorrerdes? Se eu morrer naquela selva, morrerei sem ressentimento, mas se eu retornar, farei uma gloriosa oferenda de sacrifícios e louvores a Shamash.

Assim, Shamash aceitou o sacrifício de suas lágrimas; como o homem compassivo, ele mostrou-lhe compaixão. Designou fortes aliados para Gilgamesh, filhos de uma só mãe, e posicionou-os nas cavernas da montanha. Os grandes ventos ele mobilizou: o vento norte, o furacão, a tempestade e o vento gelado, a tormenta e o vento abrasador. Como víboras, como dragões, como o fogo abrasador, como uma serpente que congela o coração, uma inundação devastadora e a ponta de um raio, assim eram eles. Gilgamesh rejubilou-se.

Ele encaminhou-se para a forja e disse:

– Darei ordens aos armeiros; eles forjarão nossas armas enquanto os observamos.

Assim, as ordens foram dadas aos armeiros e os artífices sentaram-se para discutir. Eles foram para os bosques da planície e cortaram salgueiro e madeira de bucho; forjaram-lhes machados de nove cortes e grandes lanças com lâminas de seis cortes cada uma, com punhos e cabos de trinta libras.[119] Para Gilgamesh eles forjaram o machado "Força dos Heróis" e o arco de Anshan; e assim Gilgamesh e Enkidu foram armados, e o peso das armas que carregavam era de trinta arráteis.[120]

As pessoas e os conselheiros aglomeraram-se nas ruas e no mercado de Uruk; chegavam de todos os lados pelo portal dos sete raios, e Gilgamesh falou-lhes na praça do mercado:

– Eu, Gilgamesh, parto para ver aquela criatura tão mal falada e cuja fama corre o mundo. Vou vencê-lo em seu bosque de cedro e mostrar-lhe a força dos filhos de Uruk, e o mundo inteiro saberá disso. Estou comprometido com esta empresa: subir a montanha, derrubar o cedro e deixar atrás de mim um nome que permanecerá para sempre.

Os conselheiros de Uruk e a multidão apinhada no mercado responderam-lhe:

– Gilgamesh, tu és jovem, tua coragem te arrasta para muito longe. Não podes saber se tua empresa se dará como pretendes. Ouvimos dizer que Humbaba não é como os homens que morrem, e suas armas são tais que não há quem se lhes possa opor; a floresta estende-se por dez mil léguas em cada direção; quem ousaria por vontade própria explorar suas profundezas? Quanto a Humbaba, quando ele ruge é como a força da tempestade, seu sopro é como o fogo e sua boca é a própria morte. Por que desejas fazer isso, Gilgamesh? Não é uma luta entre iguais quando se luta com Humbaba.

Quando ouviu estas palavras dos conselheiros, Gilgamesh olhou para seu amigo e riu.

– Como responder-lhes? Devo dizer-lhes que tenho medo de Humbaba, que ficarei sentado em minha casa pelo resto de meus dias?

119. Isto é, doze quilos. (N.T.)

120. Algo em torno de 240 quilos. (N.T.)

Então Gilgamesh voltou a abrir a boca e disse a Enkidu:

– Meu amigo, vamos até o Grande Palácio, a Egalmah, apresentar-nos diante da Rainha Ninsun. Ninsun é sábia, de saber profundo, ela nos aconselhará sobre o caminho que devemos seguir.

Os dois tomaram-se pelas mãos e foram para Egalmah, ao encontro de Ninsun, a grande rainha. Gilgamesh aproximou-se, entrou no palácio e disse a Ninsun:

– Ninsun, escutai-me; tenho uma longa jornada a fazer, para o Reino de Humbaba. Tenho de percorrer um caminho desconhecido e travar um estranho combate. Do dia em que partir até meu retorno, até chegar à floresta dos cedros e destruir o mal que Shamash abomina, orai por mim a Shamash.

Ninsun entrou em seus aposentos, vestiu um vestido apropriado a seu corpo, ornou seu colo de jóias, colocou uma tiara na cabeça e as barras de seu vestido arrastavam-se pelo chão. Em seguida, encaminhou-se para o altar do Sol, situado no teto do palácio; queimou incenso e ergueu os braços para Shamash enquanto a fumaça subia:

– Ó Shamash, por que destes este coração inquieto a Gilgamesh, meu filho: por que lhe destes este coração? Vós o incitastes e agora ele parte para uma longa jornada até o Reino de Humbaba, para percorrer um caminho desconhecido e travar um estranho combate. Por isso, do dia em que ele partir até o dia de seu retorno, até ele chegar à floresta de cedros, matar Humbaba e destruir o mal que vós, Shamash, abominais, não o esqueceis; mas permiti que a alvorada, Aya, vossa cara consorte, sempre vos recorde disto. E quando o dia acabar, entregai-o ao guardião da noite para protegê-lo do mal.

Então, Ninsun, mãe de Gilgamesh, apagou o incenso e chamou por Enkidu com a seguinte exortação:

– Valente Enkidu, tu não és fruto do meu corpo, mas te acolherei como filho adotivo; tu és meu outro filho, como as crianças abandonadas trazidas a meu templo. Serve a Gilgamesh como um enjeitado serve ao templo e à sacerdotisa que o acolheu. Na presença de minhas servas, meus devotos e hierofantes, este é o meu decreto.

Em seguida, colocou um amuleto em volta do pescoço de Enkidu para selar o compromisso e lhe disse:

– Confio a ti meu filho: traze-o de volta a salvo.

E agora trouxeram-lhes as armas, colocaram em suas mãos as grandes espadas de bainhas douradas, bem como o arco e a aljava. Gilgamesh pegou o machado, puxou de seu ombro a aljava e o arco de Anshan e prendeu a espada no cinturão; e assim estavam armados e prontos para a viagem. Toda a gente aproximou-se deles, comprimindo-os e perguntando-lhes: "Quando voltareis para a cidade?" Os conselheiros abençoaram Gilgamesh e o advertiram:

– Não confies excessivamente em tua própria força, sê cauteloso, restringe teus ataques no início. O que vai à frente protege seu companheiro; o bom guia que conhece o caminho protege seu amigo. Deixa que Enkidu siga na frente, ele conhece a estrada para a floresta, ele já viu Humbaba e é experiente em combates; que ele atravesse primeiro as perigosas passagens, que ele seja cauteloso e cuide de si mesmo. Que Enkidu proteja seu amigo e guarde seu companheiro, conduzindo-o em segurança pelos perigos da estrada. Nós, os conselheiros de Uruk, confiamos nosso rei a ti, ó Enkidu; traze-o de volta a salvo para nós.

E novamente eles disseram a Gilgamesh:

– Que Shamash realize o desejo do teu coração, que permita que vejas com teus próprios olhos o cumprimento daquilo que teus lábios expressaram; que abra o caminho para ti onde ele estiver bloqueado e uma estrada para teus pés pisarem. Que ele abra as montanhas para atravessá-las e que a noite te traga as bênçãos das trevas, e que Lugulbanda, teu deus protetor, esteja a teu lado na vitória. Que alcances a vitória no combate como se lutasses com uma criança. Lava teus pés no rio de Humbaba, para onde estás indo; ao cair da noite, cava um poço, e que haja sempre água pura em teu cantil. Oferece água fresca a Shamash e não te esqueças de Lugulbanda.

OITAVA PARTE

# O MISTÉRIO DA LINGUAGEM

É pelo uso das palavras que comunicamos nossas necessidades, esperanças, medos, planos, lembranças, preferências, e assim por diante. Com elas, formulamos opiniões sobre religião e política, reagimos à crítica de arte, contestamos fatos e afirmamos nosso amor e apoio a amigos e colegas. Também declaramos guerra, assinamos tratados de paz, reivindicamos nossos direitos de propriedade, movemos processos e juramos fidelidade. O poder das palavras para formar e influenciar nossa visão da realidade é com efeito inquestionável.

Em regra, presumimos que nossa linguagem é capaz de expressar o que pensamos e sentimos. Quando as palavras não nos ocorrem facilmente, tendemos a atribuir o fato à nossa deficiência verbal ou à impropriedade de nossos processos mentais. Ocasionalmente sentimos também uma insuficiência na própria linguagem: um sonho que não conseguimos verbalizar, um quadro maravilhoso cujo significado escapa à expressão ou uma experiência de totalidade que nos parece demasiado sutil para ser aprisionada em palavras ("O pôr-do-sol estava indescritivelmente maravilhoso"). E então começamos a nos perguntar se as palavras podem, de fato, expressar sempre adequadamente o que queremos dizer. Uma experiência pode ser distorcida pela sua tradução em palavras? Será a teia de nossa experiência frágil demais para ser transposta nesses signos?

Ao examinar mais de perto, podemos até perguntar se as palavras que usamos denotam algo exterior aos nossos pensamentos. Locke traça uma distinção entre termos particulares e termos gerais – entre, digamos, a Pedra de Roseta e as pedras em geral. Ele defende que, ao passo que as coisas particulares existem, "o geral e o universal não pertencem à existência real das coisas, mas são invenções e criações da inteligência". A linguagem tem uma forte tendência à abstração, a desviar-se do concreto e dirigir-se a uma versão generalizada da experiência. Esta propensão empobrece enormemente a nossa experiência, uma vez que nosso interesse é desviado das impressões reais para a forma conceitual. Assim fazendo, apoiamo-nos sobre o que Locke considera "uma imposição perfeitamente arbitrária" do nosso pensamento sobre uma realidade virtualmente desconhecida.

Na prática, tendemos a buscar regras gerais e princípios universais. Ao ouvir um sino tocar, queremos explicar seu timbre em termos de relações causais válidas para todos os sinos. A ciência moderna surgiu desse impulso. Ela explica o som do sino como um exemplo das complexas leis dos fenômenos acústicos, fenômenos que, em última instância, dependem do comportamento de elétrons e prótons. Se Locke estiver certo, o significado que atribuímos a tais fenômenos provém, em última análise, das particularidades que podemos observar, implicando a criação de grandes suposições teóricas a seu respeito.

Outra dificuldade em relação à abordagem de Locke é que ela torna suspeitos domínios inteiros da atividade humana. Se as palavras têm significado apenas quando se referem a fatos particulares, então a ética, a estética, a religião, as belas artes e as artes dramáticas, a psicoterapia e mesmo a história envolvem aspectos de linguagem que não têm rigorosamente nenhum sentido. Na melhor das hipóteses, elas fornecem hipóteses experimentais; na pior, são uma mera afirmação de preferências. Segue-se, portanto, que não pode haver esperança de solução objetiva para dúvidas ou disputas. Uma importante corrente da filosofia contemporânea permaneceu cética quanto à possibilidade de conhecimento nestas áreas por causa das suposições pragmáticas que precisam ser feitas a respeito da linguagem. Wittgenstein, por exemplo, diz que "sempre que alguém se sentir disposto a dizer algo metafísico, [deveríamos] demonstrar-lhe que foi frustrado em sua tentativa de atribuir significado a certos signos presentes em suas proposições". Com base nestes preceitos, a filosofia seria algo integralmente preciso, mas imensamente restrito. Ela seria, assim, uma filosofia científica.

O desejo de clareza total leva a uma visão da linguagem como uma espécie de cálculo. Mais de dois séculos antes de Wittgenstein, Leibniz tentou criar uma "álgebra universal", um esperanto filosófico, que substituiria as ambigüidades da fala comum por uma linguagem de precisão matemática. Em alguns pensadores, a preocupação de conceber uma linguagem ideal que expressasse o pensamento com precisão tornou-se central.

Nem sempre, entretanto, buscamos exatidão na linguagem. Além de pensar sobre a realidade, também sentimos e percebemos sua presença. A poesia pode nos ser de grande ajuda em períodos de dúvida interior e inspirar-nos com momentos maravilhosos. Aqueles que acreditam que o uso poético da linguagem é tão legítimo quanto seu uso científico descobrem um poder de expressão mais amplo. "A fala é um domínio original", diz Merleau-Ponty. É o nosso todo que fala. Falamos com todo o nosso organismo, com todo o nosso corpo. Nossas atitudes, nuances emocionais, esperanças e desesperanças, tudo isso expressa algo sobre nós. A linguagem articula o que Wittgenstein posteriormente veio a chamar de uma "forma de vida", uma abordagem total para o pensamento e a ação.

Os filósofos abordam a linguagem denotativa ou de forma direta ou buscando o que está por trás dela, exatamente como, na música, uma pessoa pode ouvir as notas enquanto outra ouve os intervalos. Quando somos tocados pelo silêncio, a linguagem, em qualquer de suas formas, torna-se uma distração. Muitas pessoas já experimentaram um sentimento de unidade com a natureza, de harmonia com outra pessoa ou de comunhão profunda com uma obra de arte, mas descobriram que tentar verbalizar essa experiência é correr o risco de perdê-la ou confiná-la a uma parte menor, mais analítica de suas mentes. Pode ser que a parte não-verbal de nossa mente esteja mais próxima da realidade, mais sintonizada com a infinita e indefinível variedade dos fenômenos e sua fonte inominável. Alguns pensadores acreditam que as convenções da linguagem corriqueira e as formas que elas definem são uma simples questão de conveniência. Lao Tsé, por exemplo, afirma: "Uma via que pode ser traçada não é a Via eterna, o Tão,/ Um nome que pode ser pronunciado não é o Nome Eterno". Em outras palavras, podemos optar por renunciar ao poder que as palavras exercem sobre nós e nos aproximar da vida de uma forma mais direta.

Se concordamos que existem múltiplos níveis de consciência, é possível que a expressão verbal esteja restrita a apenas alguns deles. Os conceitos fixam o pensamento. Eles categorizam e classificam nossa experiência em unidades distintas e reprodutíveis. Não obstante, ao contrário do que acreditava Locke, eles têm valor: impõem uma estrutura universal ao fluxo incessante que se apresenta aos nossos sentidos. Existe um poder de pensamento suficientemente rápido e sensível para dar testemunho dessa ordem de coisas? Para Mestre Eckhart, ele tem de estar "livre de todos os nomes e não conhece[r] nenhum tipo de forma". Para alcançá-lo, precisamos renunciar ao nosso apego às palavras; devemos parar de confundir o nome com a coisa. Precisamos, então, fazer um voto de silêncio? Não, pois a dificuldade não está nas palavras mesmas, mas na suposição de que, com o uso que delas fazemos, abarcamos a realidade. Por isso, Eckhart diz que precisamos estar mais conscientes do silêncio que cerca as palavras. Quando nos comunicamos com o fundo de nosso ser, inevitavelmente descobrimos que as palavras não bastam para alcançar nosso propósito. Elas são somente intermediárias, agentes que atuam em nosso favor, mas que não têm lugar em nossa busca de totalidade.

Por vezes, os filósofos traçam uma distinção entre linguagem escrita e linguagem falada. A palavra falada traz os semitons, as nuances e tonalidades que a voz empresta à experiência. Falar é dar voz à nossa presença. Em si mesmas, as palavras contribuem apenas com uma parte do significado que é transmitido, pois a comunicação é tanto uma questão de música quanto de lingüística, tanto de escuta quanto de fala. Uma vez que muito do que dizemos ainda não foi "composto", nossa criação musical é "experimental". Falando e ouvindo, envolvemo-nos em "um ato, cujo resultado é desconhecido"; desembaraçamo-nos do mecanismo da fala e, por assim dizer, permitimos que nossas palavras sejam ditas. Quando não estamos tão obcecados pela linguagem, quando prestamos atenção tanto na palavra quanto no que lhe é subjacente, temos mais consciência daquilo que absolutamente não pode ser dito. A linguagem é uma dimensão importante da nossa experiência "compartilhada". Ela não pertence verdadeiramente a ninguém. Somos todos agentes na preservação de uma linguagem viva. Se deixamos de usar uma língua para nossa comunicação, ela pára de evoluir e torna-se uma língua morta, uma língua de gramáticos e eruditos. Mas uma língua de uso corrente, mesmo quando nos decepciona – quando não nos entendemos uns aos outros –, continua sendo um instrumento de comunhão e comunidade, fornecendo-nos uma importante ferramenta para superar as barreiras que nos separam dos nossos semelhantes.

## TRACTATUS LOGICO-PHILOSOPHICUS
## de Wittgenstein

Ludwig Wittgenstein (1889-1951), filósofo vienense, atraía-se quando ainda um jovem engenheiro pelas idéias da lógica matemática, tendo estudado com Bertrand Russell. No *Tractatus Logico-Philosophicus*, ele propõe uma nova abordagem para os problemas da filosofia. Sua obra posterior, *Investigações Filosóficas*, desautorizou muitas das descobertas ali apresentadas e inaugurou o campo da pesquisa lingüística como um meio de resolver problemas filosóficos, algo que teria um efeito duradouro sobre a filosofia do século XX.

No trecho a seguir, Wittgenstein apresenta uma visão da linguagem em dois níveis. Existe o mundo do significado, no qual o pensamento pode ser formulado e expresso em palavras e proposições. A linguagem nesse nível é assertiva: "É assim que as coisas são". Aqui, a ciência e a tecnologia têm o domínio. Há, contudo, um outro mundo de significado, um mundo superior, em que transitam todas as questões de valor. Embora possamos falar de suas manifestações no reino da linguagem, tais questões são em si mesmas inexprimíveis. Apenas pelo silêncio somos capazes de compreendê-las.[121]

---

121. O trecho selecionado corresponde aos aforismos finais do *Tractatus*: 6.374 a 7. (N.T.)

6.374 – Mesmo que tudo o que desejamos se tornasse realidade, isso seria apenas uma concessão do destino: pois não há nenhuma conexão "lógica" entre o desejo e o mundo que lhe serviria de garantia, e a suposta conexão física, por seu turno, não é certamente algo que possamos desejar.

6.375 – Assim como a necessidade lógica é a única que existe, também a única impossibilidade que existe é a impossibilidade lógica.

6.3751 – Por exemplo, a presença simultânea de duas cores no mesmo lugar num dado campo visual é impossível, de fato logicamente impossível, uma vez que a estrutura lógica das cores não a permite.

Reflitamos sobre como essa contradição aparece na física, mais ou menos da seguinte maneira: uma partícula não pode ter duas velocidades ao mesmo tempo, ou seja, ela não pode estar em dois lugares ao mesmo tempo; isso quer dizer que as partículas que estão em diferentes lugares ao mesmo tempo não podem ser idênticas.

(É claro que o produto lógico de duas proposições elementares não pode ser nem uma tautologia nem uma contradição. A afirmação de que um ponto no campo visual tem duas cores diferentes ao mesmo tempo é uma contradição).

6.4 – Todas as proposições são de igual valor.

6.41 – O sentido do mundo deve estar fora do mundo. No mundo tudo é como é e tudo acontece como acontece: não há "nele" nenhum valor – e, se houvesse, não teria valor nenhum.

Se existe algum valor que tenha valor, ele deve estar inteiramente fora da esfera de todo acontecer e ser-assim, como é o caso aqui. Pois todo acontecer e ser-assim, como é o caso aqui, é acidental.[122]

O que o torna não-acidental não pode estar contido "no" mundo; se estivesse, seria ele próprio acidental.

Deve estar fora do mundo.

122. O "caso" de que fala o autor são as "proposições da experiência", aquelas corroboradas ou presentes na experiência extralingüística, a "esfera do que acontece", na qual tudo é contingente ("acidental"), pois, da mesma forma que acontece, poderia não acontecer. (N.T.)

6.42 – E assim sendo, é impossível que existam proposições de ética. Proposições não podem expressar nada superior.

6.421 – É claro que a ética não pode ser traduzida em palavras. A ética é transcendental.

(Ética e estética são uma só e mesma coisa.)

6.422 – Quando um preceito ético do tipo "tu deves..." é formulado, o primeiro pensamento que se tem é: "e se eu não o fizer?" É claro, entretanto, que a ética nada tem de ver com o castigo e a recompensa no sentido usual desses termos. Logo, nossa pergunta acerca das conseqüências de um ato não deve ter importância. Pelo menos, essas conseqüências não podem ser acontecimentos. Pois há decerto algo correto na questão que colocamos. Deve de fato existir algum tipo de recompensa ética e de castigo ético, mas eles devem residir na própria ação.

(E está claro também que a recompensa deve ser algo agradável e o castigo algo desagradável.)

6.423 – Da vontade como portadora de atributos éticos, não se pode falar.

E a vontade como fenômeno interessa apenas à psicologia.

6.43 – Se o bom ou mau exercício da vontade altera o mundo, ele pode alterar somente os limites do mundo, não os fatos – não o que pode ser expresso por meio da linguagem.

Em resumo, o efeito deve ser o de torná-lo um mundo completamente diferente. Ele deve, por assim dizer, aumentar e diminuir como um todo.

O mundo do homem feliz é diferente do mundo do homem infeliz.

6.431 – Assim também, com a morte, o mundo não se altera, mas chega ao fim.

6.4311 – A morte não é um acontecimento na vida. Não se vive a morte.

Se entendermos o significado de eternidade não como uma duração temporal infinita, mas como atemporalidade, então a vida eterna pertence aos que vivem no presente.

Nossa vida não tem fim, da mesma maneira que nosso campo visual não tem limites.

6.4312 – Não apenas não existe qualquer garantia de uma imortalidade temporal da alma humana, quer dizer, da sobrevivência eterna após a morte, como, em todo caso, esta suposição fracassa totalmente no cumprimento do propósito ao qual sempre se almejou por meio dela. Ou há algum enigma que seja resolvido por obra de minha sobrevivência eterna? Ou não é essa vida eterna, ela mesma, um enigma, tanto quanto nossa vida presente? A solução do mistério da vida no espaço e no tempo está "fora" do espaço e do tempo.

(Certamente não se trata, aqui, de solucionar problemas de ciência natural.)

6.432 – "Como" as coisas estão no mundo é uma questão de absoluta indiferença para o que é superior. Deus não se revela no mundo.

6.4321 – Todos os fatos contribuem apenas para a colocação do problema, não para a sua solução.

6.44 – Não é "como" são as coisas no mundo que é místico, mas que elas sejam.

6.45 – Ver o mundo *sub specie aeterni* é vê-lo como uma totalidade – uma totalidade limitada.

6.5 – Perceber o mundo como uma totalidade limitada – é isso que é místico.

Quando a resposta não pode ser formulada em palavras, tampouco a questão pode ser formulada em palavras.

O "enigma" não existe.

Se uma pergunta pode ser colocada, pode ser respondida.

6.51 – O ceticismo não é irrefutável, mas manifestamente um contra-senso quando tenta levantar dúvidas nas quais nenhuma pergunta pode ser colocada.

Porque a dúvida só pode existir quando existe uma pergunta, uma pergunta apenas quando existe uma resposta; e uma resposta apenas quando algo "pode" ser dito.

6.52 – Sentimos que, mesmo quando todas as questões científicas possíveis tiverem sido respondidas, os problemas da vida permanecerão completamente intocados. É claro que, então, não restará pergunta alguma; e esta, precisamente, é a resposta.

6.521 – A solução do problema da vida é encontrada no desaparecimento do problema.

(Não é esta a razão pela qual aqueles que descobriram, após longas dúvidas, que o sentido da vida se tornou claro para eles, sentiram-se incapazes de dizer em que consistia esse sentido?)

6.522 – Existem, com efeito, coisas que não podem ser postas em palavras. Elas se fazem manifestas. Elas são o que é místico.

6.53 – O método filosófico correto seria realmente o seguinte: não dizer nada além do que pode ser dito, isto é, proposições de ciência natural – algo que nada tem de ver com a filosofia, portanto. E então, sempre que alguém se sentir disposto a dizer algo metafísico, demonstrar-lhe que foi frustrado em sua tentativa de atribuir significado a certos signos presentes em suas proposições. Ainda que não fosse satisfatório à outra pessoa – que não perceberia que lhe estamos ensinando filosofia –, este seria o único método rigorosamente correto.

6.54 – Minhas proposições servem como elucidações da seguinte maneira: qualquer um que me entenda as reconhecerá, em última instância, como absurdas,[123] depois de usá-las – como degraus – para escalar para além delas. (Ele deve, por assim dizer, jogar fora a escada depois de tê-la escalado.)

Ele deve transcender estas proposições para, então, ver o mundo corretamente.

7 – Aquilo de que não podemos falar, devemos passá-lo por alto em silêncio.

---

123. A exemplo das proposições do "ceticismo", pois é disso que, em certo sentido, tratam estas reflexões. (N.T.)

## FENOMENOLOGIA DA PERCEPÇÃO
### de Merleau-Ponty

Maurice Merleau-Ponty (1908-1961), filósofo e escritor francês, interessou-se por todo tipo de problemas, da teoria da percepção ao marxismo, da estética à linguagem. Uma questão central em toda a sua obra é a da medida da liberdade na experiência humana. Algumas de suas obras mais importantes são *Fenomenologia da Percepção* (1945), *Humanismo e Terror* (1947) e *Sentido e Não-Sentido* (1948).

Merleau-Ponty remete o pensamento sobre a linguagem a seu meio orgânico, nosso corpo. Nossa tendência é imaginar que o discurso é produzido por uma máquina de fala, como os autômatos de Descartes. Mas o poder de expressão da linguagem provém de seu lugar num ser encarnado, nós mesmos. Com isto, Merleau-Ponty sugere que a linguagem tem um "significado gestual", que ela opera como um aperto de mão ou um aceno de cabeça. E que, nesse gesto, o corpo é sempre um aspecto essencial.

A consciência de que a fala é um domínio original (e não derivativo) é naturalmente tardia. Aqui, como em tudo, a relação de "ter", que pode ser constatada na própria etimologia da palavra "hábito", está em princípio ocultada pelas relações que pertencem ao âmbito do "ser", ou, como podemos também dizer, pelas relações ônticas adquiridas no âmbito do mundo.[124] A posse da linguagem é compreendida, em primeiro lugar, como nada mais que a existência efetiva de "imagens verbais", ou vestígios deixados em nós por palavras ditas ou ouvidas. Se esses vestígios são físicos ou se estão impressos num "psiquismo

124. Essa distinção entre "ter" e "ser" não coincide com a de Gabriel Marcel (*Être et Avoir*, Ser e Ter), embora não seja incompatível com ela. Marcel toma a palavra "ter" em seu sentido fraco quando designa uma relação de propriedade ("tenho uma casa", "tenho um chapéu") e imediatamente toma "ser" no sentido existencial de "pertencer a" ou "assumir" ("eu sou meu corpo", "eu sou minha vida"). Preferimos levar em consideração o uso que atribui ao termo "ser" o sentido fraco da existência como coisa, ou o sentido de predicação (a mesa é, ou é grande), e designar pela palavra "ter" a relação do sujeito com o termo no qual ele se projeta ("tenho um desejo", "tenho uma idéia", "tenho temores"). Portanto, nosso "ter" corresponde, grosso modo, ao "ser" de G. Marcel, e nosso "ser" ao seu "ter". (N.A.)

inconsciente", a questão é de pouca relevância, e, qualquer que seja o caso na realidade, a concepção da linguagem é a mesma no que se refere à inexistência de um "sujeito falante". Quer os estímulos desencadeiem excitações capazes de propiciar a articulação da palavra, de acordo com as leis dos mecanismos neurológicos, quer os estados de consciência acarretem, em virtude de associações adquiridas, o surgimento da imagem verbal apropriada, em ambos os casos, a fala ocorre num circuito de fenômenos em terceira pessoa. Não há sujeito da fala, e sim uma torrente de palavras desencadeada independentemente de qualquer intenção de falar. O sentido das palavras é tido como dado com os estímulos ou com os estados de consciência que se trata de simplesmente nomear; a forma da palavra, enquanto ouvida ou foneticamente articulada, é dada com as impressões cerebrais ou psíquicas. A fala não é uma ação e não revela as potencialidades interiores do sujeito: o homem é capaz de falar do mesmo modo que a lâmpada elétrica é capaz de tornar-se incandescente. Uma vez que, com efeito, existem distúrbios eletivos que afetam a linguagem falada e não a escrita, ou vice-versa, e uma vez que a linguagem pode desagregar-se em fragmentos, temos de concluir que ela é constituída por um conjunto de contribuições independentes e que a fala, no sentido genérico, é uma entidade de origem racional.[125]

[...]

Veremos mais uma vez que existe de fato uma semelhança entre as psicologias empiristas ou mecanicistas e as intelectualistas, e que o problema da linguagem não é solucionado pela passagem de um extremo a outro. Há pouco tempo, a reprodução da palavra, a atualização da imagem verbal, era o essencial. Hoje, não passa de um invólucro da verdadeira denotação e da autêntica fala, do discurso, que é um processo interior. E, todavia, essas duas concepções se aliam na afirmação de que a palavra não tem significado algum. No primeiro caso, isso é óbvio, uma vez que a palavra não é invocada ou mediada por nenhum conceito, que os estímulos ou "estados

125. Quer dizer, a articulação da "fala" enquanto "discurso" comunicável e compreensível, pois é disso que o autor trata aqui. (N.T.)

mentais" a consideram segundo as leis dos mecanismos neurológicos ou da associação e que, por isso, a palavra não é a detentora de seu próprio significado, não tem nenhum poder intrínseco e é vista como um fenômeno meramente psíquico, fisiológico ou mesmo físico, desencadeando-se, como os outros fenômenos, pela operação de uma causalidade objetiva. O mesmo ocorre quando justapomos a denotação com uma operação categorial.[126] A palavra continua destituída de qualquer efetividade própria, desta feita por ser apenas o signo externo de um reconhecimento interno, que poderia ocorrer sem ela e para o qual ela em nada contribui. Não é que ela não tenha significado, tendo em vista que por trás dela há uma operação categorial; mas esse significado é algo que ela não tem, não possui, já que o portador do significado é o pensamento, permanecendo a palavra um invólucro vazio. Ela é simplesmente um fenômeno de articulação, um fenômeno sonoro, ou a consciência deste fenômeno. Em todo caso, a linguagem não passa de uma manifestação exterior do pensamento. Na primeira concepção, estamos aquém da palavra como significativa; na segunda, estamos além. Na primeira, não há ninguém que fale; na segunda, com certeza há um sujeito, mas pensante, não falante. No que concerne à própria fala, o intelectualismo quase não difere do empirismo e não é mais capaz do que este de passar sem uma explicação em termos de ação involuntária. Uma vez efetuada a operação categorial, resta explicar o surgimento da palavra que conclui o processo, o que mais uma vez será feito pelo recurso a um mecanismo fisiológico ou psíquico, tendo em vista ser a palavra considerada em si mesma uma concha vazia. Assim, refutamos tanto o intelectualismo quanto o empirismo simplesmente ao afirmar que "a palavra tem um sentido".

Se a fala pressupusesse o pensamento, se falar fosse fundamentalmente encontrar o objeto por meio de uma intenção cognitiva ou de uma representação, não poderíamos compreender por que o pensamento tende tanto para a expressão como para a sua conclusão, por que a coi-

126. Isto é, o caso da "psicologia intelectualista" por oposição à "psicologia empirista" a que o autor se refere. (N.T.)

sa mais familiar parece indeterminada enquanto não nos lembramos de seu nome, por que o próprio sujeito pensante ignora seus pensamentos enquanto não os formula para si mesmo, ou mesmo enquanto não os fala e escreve, como demonstram os exemplos de tantos escritores que iniciam um livro sem saber exatamente o que nele colocarão. Um pensamento que se limitasse a existir para si mesmo, independentemente das limitações da fala e da comunicação, iria, mais cedo ou mais tarde, submergir na inconsciência, o que significa que deixaria de existir inclusive para si mesmo. À célebre questão de Kant, podemos responder que a palavra de fato faz parte da experiência de pensar, no sentido de que expomos nosso pensamento para nós mesmos por meio de um discurso interno ou externo. Com efeito, o pensamento se adianta rapidamente, em lampejos, mas é preciso então que nos apropriemos dele, e é pela expressão que o fazemos, que nos apossamos desse pensamento. A denotação ou referência aos objetos não vem depois do reconhecimento; ela é o próprio reconhecimento. Quando fixo meus olhos num objeto na penumbra e digo: "É uma escova", não existe em minha mente o conceito de escova, ao qual eu subsumiria o objeto e que, por outro lado, estaria ligado à palavra "escova" por uma associação freqüente. A própria palavra é a portadora do sentido, e, ao impô-la ao objeto, tenho a consciência de tê-lo alcançado. Como com freqüência se tem dito,[127] para a criança o objeto não é conhecido até ser nomeado, o nome é a essência da coisa e nela reside sobre a mesma base em que reside sua cor e sua forma. Para o pensamento pré-científico, nomear um objeto é fazê-lo existir ou modificá-lo: Deus cria os seres nomeando-os, e é falando que a magia opera sobre eles. Tais "erros" seriam inexplicáveis se a fala se baseasse no conceito, pois este deveria então sempre conhecer a si mesmo como distinto daquela, conhecendo-a como um acompanhamento secundário e externo. Se alguém alegar que a criança aprende a conhecer os objetos por meio das designações da linguagem, que, assim, propostos primordialmente como entidades lingüísticas os objetos recebem apenas secundariamente sua existência natural, e que, finalmente, a existência efetiva de uma comunidade lingüística é responsável por estes tipos de

127. Por exemplo, Piaget, *La Représentation du monde chez l'enfant*, p. 60 e *ss.* (N.A.)

"crenças infantis", essa explicação deixaria o problema intacto, uma vez que, se a criança é capaz de conhecer a si mesma como membro de uma comunidade lingüística antes mesmo de conhecer-se como um ser que pensa a respeito de alguma Natureza, isto só ocorre sob a dupla condição de que o sujeito ignore a si mesmo enquanto pensamento universal e se apreenda como fala, e de que a palavra, longe de ser um mero signo de objetos e significados, habite as coisas e seja o próprio veículo dos significados. Assim, a fala, no sujeito falante, não traduz pensamentos prontos, mas os consuma.[128] *A fortiori*, é preciso reconhecer que o ouvinte recebe o pensamento da própria fala. À primeira vista, pode parecer que a fala ouvida nada lhe pode trazer: é ele quem dá sentido às palavras e sentenças, e a mera combinação de palavras e sentenças não é uma contribuição alheia, uma vez que não seria compreendida se não encontrasse no ouvinte o poder de levá-la a cabo espontaneamente. Aqui, como em tudo, parece verdade, à primeira vista, que a consciência é capaz de encontrar em sua experiência apenas o que ela própria colocou ali. Desse modo, a experiência da comunicação pareceria uma ilusão. Uma consciência constrói – para X – um mecanismo de linguagem que dará a uma outra consciência a oportunidade de ter os mesmos pensamentos, mas nada passa realmente de uma à outra.[129] Todavia, se o problema consiste em saber como, aparentemente, a consciência aprende algo, a solução não pode estar na afirmação de que ela sabe tudo de antemão. O fato é que temos a capacidade de compreender para além e acima do que espontaneamente pensamos. As pessoas podem falar conosco apenas numa linguagem que já compreendemos, cada palavra de um texto difícil desperta em nós pensamentos que já eram nossos, mas seus significados às vezes se combinam para formar um novo pensamento que reformula-os todos, e, levados para o centro da questão, encontramos a sua fonte. Aqui, nada há que se compare à resolução de um problema, em

128. Convém, é claro, distinguir a fala autêntica, que formula algo pela primeira vez, de uma expressão de segunda ordem, uma fala sobre falas, que constitui o uso geral da linguagem empírica. Só a primeira é idêntica ao pensamento. (N.A.)

129. Esta é a posição de Locke, como se poderá constatar um pouco mais adiante neste capítulo. (N.T.)

que descobrimos uma quantidade desconhecida, relacionando-a com termos conhecidos. Pois o problema só pode ser resolvido se é determinado, isto é, se a checagem dos dados atribui à incógnita um ou mais valores definidos. Quando se trata de compreender os outros, o problema é sempre indeterminado,[130] porque apenas a solução do problema fará aparecer retrospectivamente os dados como convergentes, apenas o tema central de uma filosofia, uma vez compreendido, atribui aos escritos do filósofo o valor de signos adequados. Há, portanto, uma apropriação do pensamento do outro por meio da fala, um reflexo no outro, uma capacidade de pensar "segundo o outro" que enriquece nossos próprios pensamentos. Aqui, é preciso que o significado das palavras seja finalmente induzido pelas próprias palavras, ou, mais exatamente, que sua significação conceitual seja deduzida por meio de um "significado gestual" imanente à fala. E assim, como num país estrangeiro, começo a compreender o sentido das palavras pelo lugar que elas ocupam num contexto de ação e pela participação na vida comunitária – da mesma maneira, um texto filosófico até então imperfeitamente compreendido me revela ao menos um certo "estilo" – seja ele espinosista, kantiano ou fenomenológico – que é para mim o seu primeiro esboço de sentido. Começo a compreender uma filosofia introduzindo-me às apalpadelas em seu modo existencial, reproduzindo o tom, o ritmo e o timbre do filósofo. Em suma, toda linguagem transmite seu próprio ensinamento e introduz seu significado na mente do ouvinte. Uma escola de música ou pintura, que de início não é compreendida, se realmente diz algo, acaba por si mesma, por sua própria ação, criando seu próprio público; quer dizer, ela o faz pela simples produção de seu sentido. No caso da poesia ou da prosa, o poder da palavra falada é menos óbvio, porque temos a ilusão de já possuir em nós mesmos, na forma do sentido ordinário das palavras, propriedade de todos, o que é necessário para a compreensão de qualquer texto. O fato óbvio, entretanto, é que as cores da paleta ou os

130. O que afirmamos aqui se aplica também somente à fala original – a da criança articulando suas primeiras palavras, do amante declarando seus sentimentos, do "primeiro homem que falou" ou do escritor ou filósofo que desperta a experiência primordial anterior a todas as tradições. (N.A)

sons brutos dos instrumentos, tal como se nos apresentam na percepção natural, são insuficientes para transmitir o sentido musical de uma música ou o sentido pictórico de uma pintura. Mas, com efeito, é menos freqüente que o significado da obra literária seja função do significado corriqueiro das palavras e mais comum que contribua para transformar esse significado geralmente aceito. Há, portanto, tanto no homem que ouve ou lê quanto naquele que fala ou escreve, um "pensamento na fala", cuja existência segue insuspeitada pelo intelectualismo.

Para compreendermos isso, temos de retornar ao fenômeno da fala e reconsiderar as descrições ordinárias que imobilizam o pensamento e o discurso e não permitem conceber qualquer outra coisa que não a relação exterior entre eles. Temos de reconhecer, antes de mais nada, que o pensamento, no sujeito falante, não é uma representação, isto é, que ele não postula expressamente objetos ou relações. O orador não pensa antes de falar, nem mesmo enquanto está falando; seu discurso é seu pensamento. Da mesma maneira, o ouvinte não forma conceitos com base em signos. O "pensamento" do orador está vazio enquanto ele fala e, quando um texto nos é lido, contanto que o seja com expressividade, não temos nenhum pensamento exterior ao próprio texto, pois as palavras ocupam plenamente a nossa mente e satisfazem exatamente as nossas expectativas, e sentimos a necessidade do discurso. E apesar de sermos incapazes de prever seu curso, somos possuídos por ele. O término do discurso ou do texto será a quebra de um encantamento. É nesse estágio que pensamentos sobre o discurso ou o texto terão condições de surgir. Mas, naquele momento, o discurso era improvisado e o texto compreendido sem a intervenção de um único pensamento; o sentido estava presente em toda parte, mas em parte alguma era postulado por si mesmo. O sujeito falante não pensa no sentido daquilo que diz, assim como não visualiza as palavras que usa. Conhecer uma palavra ou uma língua não é, como dissemos, ser capaz de acionar uma rede nervosa pré-estabelecida. Mas tampouco é reter uma "lembrança pura" da palavra, alguma percepção desvanecida. O dualismo bergsoniano entre o hábito-memória e a lembrança pura não dá conta da proximidade das palavras que conheço: elas estão atrás de mim, como objetos às minhas costas ou como o horizonte da cidade em torno de minha casa; eu as reconheço ou conto com elas, mas sem ter qualquer "imagem verbal". Uma vez que persistem dentro de mim, as palavras são antes como a Imago freudiana, muito menos a representação de uma percepção anterior do que uma essência emocional altamente precisa, que é, entretanto, muito geral, e portanto separada das suas origens empíricas. O que me resta da palavra, uma vez aprendida, é seu estilo, tal como constituído por seu som e sua composição. O que dissemos anteriormente sobre a "representação do movimento" deve ser repetido com respeito à imagem verbal: eu não preciso visualizar o espaço exterior e meu próprio corpo para mover um dentro do outro. Basta que eles existam para mim e que constituam um certo campo de ação espalhado à minha volta. Da mesma maneira, não preciso visualizar a palavra para conhecê-la e pronunciá-la. Basta que eu possua dentro de mim sua forma acústica e de articulação como uma das modulações possíveis, um dos possíveis usos do meu corpo. Alcanço a palavra como minha mão alcança a parte do meu corpo que está sendo picada por um inseto; a palavra tem uma certa localização no meu mundo lingüístico e faz parte do meu instrumental. Disponho de um único meio de representá-la, que é pronunciá-la, assim como o artista só dispõe de um meio para representar a obra em que está envolvido: representando-a. Quando imagino Pedro ausente, não tenho consciência de contemplar uma imagem de Pedro numericamente distinta do próprio Pedro. Por mais distante que ele esteja, visualizo-o no mundo e minha capacidade de imaginar nada mais é do que a persistência do mundo à minha volta. Dizer que imagino Pedro é o mesmo que dizer que crio uma pseudopresença de Pedro acionando o "padrão-comportamental-Pedro". Assim como o Pedro imaginado é apenas uma das modalidades de meu ser no mundo, também a imagem verbal é apenas uma das modalidades de minha gestualização fonética, presente com muitas outras na consciência global do meu corpo. É isso, obviamente, o que Bergson quer dizer quando fala em uma "estrutura motora" da memória. Mas, se as representações puras do passado assumem seu lugar nessa estrutura, não está claro o porquê de precisarem dela para voltar a atualizar-se. Só podemos compreender a função do corpo na memória se a memória for entendida como um esforço de reabertura do tempo para abarcar as implicações do presente, e se o corpo, enquanto nosso meio permanente de "tomar atitudes" e, conseqüentemente, de construir pseudopresenças, for o nosso meio de comunicação com o tempo e o espaço. A função do corpo na memória é a mesma função de projeção que conhecemos quando começamos a nos mover: o corpo converte uma certa essência motora numa forma vocal, desdobra o estilo de articulação de uma palavra em fenômenos sonoros, e integra esta última atitude, que é retomada, no panorama do passado, projetando uma intenção de passar ao movimento efetivo, pois o corpo é um poder de expressão natural.

## TAO TE KING
de Lao Tsé

Lao Tsé (século VI a.C.), o fundador do Taoísmo, deixou uma obra de cinco mil palavras, o *Tao Te King* (Clássico do Caminho e sua Virtude), e muito pouco além disso. O Tao é a idéia do não-ser, da mãe do ser. Virtude ou poder, eis o que se obtém, sem apego, a partir do Tao.

Para Lao Tsé, a realidade é, e continua sendo, anterior a todos os nomes. Ela simplesmente é, sem qualificações. As conseqüências da linguagem são a quebra, a fragmentação e a divisão daquilo que, em si mesmo, é íntegro. Apesar de a palavra estar de alguma maneira contida no mundo, ela está sempre prestes a se tornar uma mentira. Ela só pode servir como placa de sinalização enquanto tivermos o cuidado de não a confundir com aquilo que ela quer significar. É somente quando conseguimos descobrir a essência da linguagem que ela nos pode ser útil na descoberta do que é real.[131]

131. O excerto segue a numeração e o texto do *Tao Te King* editado pela Attar Editorial, com a tradução de Marcos Martinho dos Santos (cf. Bibliografia). (N.T.)

1

Uma via que pode ser traçada não é a Via eterna, o Tao,
Um nome que pode ser pronunciado não é o Nome Eterno.
Sem nome, está na origem do céu e da terra.
Com nome, é a Mãe dos dez mil seres.[132]

Assim, um Não-desejo eterno exprime sua essência,
E por meio de um desejo eterno manifesta o limite.

Ambos os estados coexistem inseparáveis e diferem apenas no nome.
Pensados juntos, mistério!
Mistério dos mistérios, é o Portal de todas as essências.

4

O Tao é vazio, mas inesgotável.
Que abismo!
Parece o ancestral dos dez mil seres.

Suaviza a dureza.
Desata os nós.
Modera o esplendor.
Une-se à poeira.

Oh! Como é puro!
Parece dispor de toda a eternidade.
Não sei de quem poderia ser filho.
Parece anterior ao soberano do céu.

9

Mais vale ceder que conservar pleno o que não pode ser contido.

Uma espada não pode permanecer afiada por muito tempo.
Uma sala repleta de ouro e jóias não pode ser protegida.

132. Equivalente das "dez mil coisas" dos textos budistas, a representação da totalidade do mundo. (N.T.)

Ostentar riquezas e honras atrai desgraça.
Quando a obra estiver concluída, que a pessoa se apague.

Eis a via do céu.

12

As cinco cores cegam os olhos do homem.
Os cinco sons ensurdecem os ouvidos do homem.
Os cinco sabores confundem o paladar do homem.
Corridas violentas e caçadas excitam paixões no coração do homem.
Bens raros e preciosos lançam o homem a perigosos obstáculos.

Por isso o Santo-Homem ocupa-se do interior e não dos sentidos.
Rejeita estes e prefere aquele.

16

Atingir o Vazio perfeito é permanecer no Repouso.

Os dez mil seres nascem continuamente.
Eu observo seu ciclo.
Os dez mil seres crescem e proliferam,
Depois cada um retorna à sua origem.
Retornar à origem é permanecer no Repouso.
Permanecer no Repouso é renovar o destino.
Renovar o destino é conhecer a lei eterna.
Conhecer a lei eterna é iluminar-se.
Desconhecer a lei eterna conduz à desgraça.

Aquele que conhece a lei eterna é benevolente.
Sendo benevolente, é rei.
Sendo rei, é semelhante ao céu.
Semelhante ao céu, está unido ao Tao.
Unido ao Tao, é eterno.
E ainda que pereça,
Isso não representa mais perigo.

21

A grande Virtude e o que ela contém procedem do Tao.
Eis a origem do Tao: sutil e intangível.

Intangível e Sutil!
Nele há formas.
Sutil e intangível!
Nele há seres.
Abismo! Obscuridade!
Nele há essência espiritual.
A essência é a verdade.
Nele está seu próprio testemunho.

Desde o início, não teve outro nome.
É a origem de tudo o que é.

Como sei que é esta a origem de tudo?
Por isso.

23

Falar pouco para ser o que se é.

Um furacão não dura toda a manhã.
Uma tempestade não dura o dia inteiro.
E quem os produz?
O Céu e a terra.
Se o Céu e a terra não podem fazer o excessivo perdurar,
Pode o homem fazê-lo?

Aquele que segue o Tao em todas as coisas,
Rege seus princípios de acordo com o Tao,
Identifica sua vontade e suas ações à vontade e ação do Tao,
Harmoniza suas não-intervenções ao Não-agir do Tao.
Porque aspira à união suprema, o Tao o acolhe com alegria.
Por isso sua conduta, obras e abstenções têm felizes resultados.

Se a fé não é total, não é fé.

# ENSAIO ACERCA DO ENTENDIMENTO HUMANO
## de John Locke

John Locke (1632-1704), filósofo inglês, foi também conselheiro e teórico político; suas idéias lançaram as bases para a Revolução Gloriosa de 1688 e a Revolução Americana. Ele também escreveu extensamente sobre os problemas do conhecimento e da experiência; entre suas principais obras estão o *Ensaio Acerca do Entendimento Humano* e *Dois Tratados do Governo Civil.*

Locke nos informa que uma das principais funções da linguagem – ou talvez a principal – é a comunicação interpessoal. Somos criaturas sociais e precisamos falar uns com os outros. A suposição de uma linguagem comum está baseada num consenso a respeito do significado das palavras. Daí o fato de Locke estar sobretudo interessado em mostrar como chegamos a um consenso quanto à denotação ou referência de palavras como "mesa" ou "caneta" e, além disso, como criamos termos abstratos como "humanidade" e "virtude". O que ele nos apresenta é uma visão da linguagem que responde eficazmente às necessidades especiais da ciência e de outros ramos impessoais de conhecimento.[133]

### I. DAS PALAVRAS OU DA LINGUAGEM EM GERAL

1. Deus, ao conceber o homem como uma criatura sociável, criou-o não apenas com uma inclinação e uma necessidade de relacionar-se com aqueles de sua espécie, mas também lhe forneceu a linguagem, que veio a ser o grande instrumento e o laço comum da sociedade. Por isso, por natureza o homem teve seus órgãos formados de maneira que fosse capaz de emitir sons articulados, a que denominamos palavras. Mas isso não era suficiente para produzir a linguagem; pois os papagaios, assim como muitos outros pássaros, podem ser ensinados a articular sons suficientemente distintos sem se tornarem, por isso, capazes de linguagem.

2. Além de sons articulados, era portanto necessário que o homem fosse capaz de utilizar esses sons como sinais de suas concepções; e de torná-los marcas das idéias de sua mente, para que pudes-

133. O texto a seguir corresponde a partes dos capítulos 1 e 2 do Livro III do *Ensaio*, denominado "Das Palavras".

sem ser manifestadas aos outros, e os pensamentos das mentes dos homens transmitidos de uns para os outros.

3. Mas tampouco isso bastava para tornar as palavras tão úteis quanto deveriam ser. Não basta, para a perfeição da linguagem, que os sons possam ser transformados em sinais de idéias, a menos que esses sinais possam ser usados para compreender várias coisas particulares: pois a multiplicação das palavras teria confundido o seu uso se cada coisa em particular necessitasse de um nome distinto para ser significada. [...]

4. Além dos nomes que representam idéias, há outras palavras de que o homem faz uso, não para significar uma idéia, mas a falta ou ausência de algumas idéias, simples ou complexas, ou de todas elas juntas; como é o caso de *nihil* (nada) em latim; e *ignorance* (ignorância) e *barrenness* (esterilidade) em inglês. Estas palavras negativas ou privativas não podem ser consideradas propriamente como designativas ou denotativas de qualquer idéia, pois neste caso seriam sons totalmente destituídos de sentido. Elas, porém, referem-se a idéias positivas e significam a sua ausência.

5. Se observarmos a grande dependência das nossas palavras em relação às idéias sensíveis comuns, podemos nos aproximar um pouco mais da origem de nossas noções e conhecimentos, e perceber como as palavras que usamos para representar ações e noções bastante afastadas de nossos sentidos têm neles sua origem, e como, de óbvias idéias sensíveis, são transferidas para significados mais obscuros e levadas a corresponder a idéias que não estão submetidas ao conhecimento dos nossos sentidos. Por exemplo, as palavras "imaginar", "apreender", "compreender", "aderir", "conceber", "instilar", "aversão", "perturbação", "tranqüilidade" etc. são todas extraídas das operações das coisas sensíveis e aplicadas a certos modos de pensamento.

[...]

## II. O SIGNIFICADO DAS PALAVRAS

1. Embora o homem tenha uma grande variedade de pensamentos, dos quais ele próprio e os outros devem tirar proveito e

satisfação, estes se encontram no interior de cada um, invisíveis e ocultos, não podendo manifestar-se por si mesmos. O conforto e a vantagem da sociedade não sendo exeqüíveis sem a comunicação dos pensamentos, fez-se necessário que o homem descobrisse alguns sinais externos sensíveis pelos quais aquelas idéias invisíveis que constituem seus pensamentos pudessem tornar-se conhecidas dos outros. Para este propósito, nada era mais adequado, seja pela abundância, seja pela rapidez, que esses sons articulados, que com tanta facilidade e variedade ele se via capaz de formar. Dessa maneira, podemos conceber como as palavras, por natureza tão bem adaptadas a este propósito, chegaram a ser usadas pelos homens como sinais de suas idéias, não por qualquer conexão natural existente entre sons articulados específicos e certas idéias – pois então haveria apenas uma linguagem para todos os homens –, mas por uma imposição voluntária, pela qual certa palavra é designada arbitrariamente como marca de tal idéia. O uso das palavras consiste, portanto, no fato de serem marcas sensíveis de idéias, e as idéias que elas representam são seus significados adequados e imediatos.

2. O uso que os homens fazem dessas marcas serve tanto para registrar seus próprios pensamentos, em auxílio à memória, quanto para manifestar suas idéias e expô-las aos outros. Em seus significados primários e imediatos, as palavras nada representam além das idéias que estão na mente de quem as usa, por mais imperfeita e descuidada que seja a coleta dessas idéias nas coisas mesmas que supostamente representam. Quando um homem fala a outro, é para ser entendido; e a finalidade do discurso é que estes sons, como marcas, tornem conhecidas as suas idéias ao ouvinte. Estas palavras são as marcas das idéias de quem fala: ninguém pode aplicá-las imediatamente como marcas a nenhuma outra coisa senão às idéias que ele próprio possui, pois isso significaria transformá-las em marcas de suas próprias concepções e aplicá-las a outras idéias, o que as tornaria simultaneamente sinais e não-sinais de nossas idéias, destituindo-as portanto de todo significado. Sendo as palavras sinais voluntários, elas não podem ser sinais voluntariamente impostos sobre o que não

se conhece. Isto as tornaria sinais de nada, sons sem significado. Um homem não pode fazer de suas palavras sinais de qualidades que estão nas coisas ou de idéias que estão na mente de outro homem, se não as tem em sua própria mente. Até que tenha certas idéias em si mesmo, ele não pode supor que elas correspondam às concepções de outro homem, nem atribuir-lhes qualquer sinal: pois assim elas seriam sinais de algo que ele não sabe o que é, sendo, em verdade, sinais de nada. Mas quando ele representa para si mesmo as idéias de outros homens por meio de algumas que lhe são próprias, concorda-se em atribuir-lhes os mesmos nomes que outros homens usaram para designá-las, ainda assim estes nomes são atribuídos às suas próprias idéias; idéias que ele tem, e não idéias que ele não tem.

[...]

4. Embora as palavras, tais como as usam os homens, não possam significar adequada e diretamente nada além das idéias que estão na mente de quem fala, ainda assim os homens, em seus pensamentos, relacionam-nas secretamente a duas outras coisas:

Primeiro, eles "supõem que suas palavras sejam marcas de idéias presentes também na mente de outros homens, com os quais se comunicam", pois do contrário falariam em vão e não poderiam ser compreendidos; se os sons que aplicam a uma idéia fossem tais que o ouvinte pudesse aplicá-los a outra, seria o mesmo que falar duas línguas. Mas os homens não costumam se dispor a examinar se a idéia que possuem e a idéia que seus interlocutores têm em mente são a mesma, e pensam ser suficiente o fato de usarem ambos a mesma palavra, como imaginam, na acepção comum daquela língua; no que supõem que a idéia a que aplicam este sinal é exatamente a mesma à qual os homens de saber do mesmo país aplicam tal nome.

5. Segundo, visto que os homens não gostam que pensemos que falam apenas de coisas de sua própria imaginação e querem também que imaginemos que falam das coisas como realmente são, muitas vezes supõem que suas "palavras correspondem à realidade das coisas". Mas isto diz respeito mais particularmente às substâncias e seus

nomes, assim como o que dissemos no parágrafo precedente se refere às idéias simples e modos; estes dois tipos diferentes de aplicação das palavras serão tratados mais extensamente quando discutirmos os nomes dos modos mistos e substâncias em particular. Entretanto, permitam-me antecipar aqui que fazer as palavras corresponderem a qualquer outra coisa que não às idéias que temos em nossas próprias mentes é perverter seu uso e trazer obscuridade e confusão aos seus significados.

[...]

8. As palavras, pelo uso prolongado e costumeiro, conforme foi dito, despertam certas idéias de modo tão constante e com tal prontidão que os homens passam a supor uma conexão natural entre elas.[134] Mas é evidente que, "por uma imposição perfeitamente arbitrária", elas denotam apenas as idéias peculiares dos homens que as possuem, pois com freqüência não conseguem despertar em outros (mesmo se falam a mesma língua) as idéias de que as tomamos por sinais. Todo homem é dotado da liberdade inviolável de fazer com que as palavras correspondam às idéias que lhe aprazem, e ninguém tem o poder de fazer que os outros tenham em mente as mesmas idéias que ele, ao fazer uso das mesmas palavras que ele. Por isso, o próprio Augusto, na posse daquele poder que governava o mundo, reconheceu que não podia criar uma única palavra nova em latim, o que equivale a dizer que ele não podia arbitrariamente determinar que idéia um som deveria significar nas bocas e na linguagem comum de seus súditos. É verdade que, em todas as línguas, o uso comum se apropria por consentimento tácito de certos sons para certas idéias, o que limita de tal modo o significado do som que, a não ser que um homem o aplique à mesma idéia, não falará com propriedade; e permitam-me acrescentar que, se as palavras de um homem não despertarem no ouvinte as mesmas idéias que ele pretende com elas representar, ele não fala de modo inteligível. Mas, qualquer que seja a conseqüência do uso diferente das palavras, seja em seu significado

134. Quer dizer, entre as palavras e as idéias por elas despertadas. (N.T.)

geral ou no significado particular que elas têm para a pessoa a quem o discurso é dirigido, uma coisa é certa: o significado, no uso que ele faz delas, limita-se às suas próprias idéias, não podendo servir de sinais para mais nada.[135]

## SERMÕES
## de Mestre Eckhart

Mestre Eckhart (c. 1260-1328), místico alemão, tornou-se o superior da Ordem dos Dominicanos em toda a Alemanha antes que partes de sua obra fossem declaradas heréticas pelo Papa João XXII. Eckhart falava da contínua criação do mundo por Deus no "eterno agora"; para ele, um evento que tem lugar na alma de cada indivíduo.

Alguns nomes são divinos? Na seguinte passagem, Mestre Eckhart sustenta que tal coisa não existe. Existe sim, pensa ele, no interior de cada homem, um elemento de sutileza tal que, em sua perpétua recriação, é idêntico ao Deus não-manifesto. Em outras palavras, quando Deus nos criou, começou com um átomo de sua própria substância, o qual continua existindo em nós até o presente momento. Esta partícula está fora do espaço e do tempo. Mas um nome nos ocupa, ao menos por um instante, ao passo que este elemento, como toda divindade, deve estar livre de todo nome. O silêncio, então, é a ordem suprema.

135. Como foi possível observar, o pensamento de Locke sobre a linguagem reúne de modo inusitado os dois extremos apontados mais acima por Merleau-Ponty: uma abordagem ao mesmo tempo mecanicista e intelectualista da linguagem. Aqui, a presença destas duas visões aparentemente opostas sobre a linguagem tem uma explicação razoável, uma vez que é do trabalho seminal e algo rudimentar de Locke na epistemologia (teoria do conhecimento) que as duas correntes, tal como as conhecemos hoje e tal como a elas se refere Merleau-Ponty, fizeram sua entrada na filosofia. Do mesmo modo, é em Locke – mas também, com reservas, em Descartes – que se revela o íntimo parentesco entre as formas modernas de materialismo e intelectualismo. Em outras palavras, em Locke pode-se ter uma visão privilegiada da profunda afinidade que existe desde o princípio entre a ciência moderna, ou a filosofia empiricista que a segue, e a filosofia do sujeito, duas correntes freqüentemente apresentadas como antitéticas nos manuais de filosofia, mas que juntas constituem, na verdade, a "unidade" do projeto moderno, a "coerência" espiritual da modernidade. (N.T.)

Já disse muitas vezes antes que existe um agente na alma que, intocado pelo tempo e pela carne e que procede do Espírito, permanece para sempre no Espírito e é completamente espiritual. Nesse agente, Deus é perpetuamente verdejante e florescente de todo o júbilo e glória que nele habitam. Ali, a alegria é tão verdadeira, tão inconcebivelmente imensa que ninguém pode expressá-la plenamente, porque nesse agente o Pai eterno está eternamente concebendo seu eterno Filho, e o agente é a parteira da prole de Deus, e é ele próprio o Filho, pelo poder incomparável do Pai.

Por essa razão, se uma pessoa tivesse todo um reino ou todos os bens deste mundo e renunciasse a tudo em nome de Deus para tornar-se o homem mais pobre que jamais viveu sobre a terra, e se então Deus lhe concedesse mais sofrimentos do que jamais concedera a outra pessoa, e se então esse homem os suportasse até a morte e se, então, mesmo por um único instante, Deus lhe permitisse ver o que ele é nesse agente da alma, todo o seu sofrimento e toda a sua pobreza pareceriam muito pequenos diante de sua alegria, tão imensa naquele momento. Se, com efeito, depois disso Deus nunca lhe desse o Reino dos Céus, ele se sentiria suficientemente recompensado por tudo o que sofrera, pois o próprio Deus está naquele agente da alma, naquele eterno Agora.

Se o espírito apenas estivesse sempre unido com Deus nesse agente, o homem jamais envelheceria. Pois o Agora em que Deus criou o primeiro homem, o Agora em que o último homem desaparecerá e o Agora de que estou falando são todos um em Deus, em quem só existe um Agora. Contemplai! A pessoa que vive na luz de Deus não sabe nem do tempo passado nem do tempo que está por vir, mas somente da eternidade una. Em verdade, ela é privada de espanto, porque todas as coisas lhe são intrínsecas. Por isso, ela não recebe nada de novo dos eventos futuros, nem do acaso, pois ela vive no Agora que está, infalivelmente, sempre "verdejante". Tal é a glória divina desse agente na alma.

Existe, entretanto, mais um outro agente, que também não é encarnado, mas que procede do Espírito e nele permanece, sendo sempre apenas espiritual. Neste segundo agente, Deus brilha e queima sem cessar, em toda a sua plenitude, doçura e arrebatamento. Em verdade, ele contém uma alegria tão grande e um arrebatamento tão imensurável que ninguém consegue falar dele ou revelá-lo. No entanto, eu afirmo que se existisse uma pessoa que pudesse olhar para ele um momento e conservar sua mente sã, tudo o que já tivesse sofrido ou todo o sofrimento que Deus lhe tivesse reservado seria algo ínfimo; em verdade, absolutamente nada. Ó não, vou ainda mais longe: o sofrimento seria para ela sempre uma alegria e um prazer.

Se quiserdes saber com certeza se vosso sofrimento é vosso ou de Deus, podereis sabê-lo do seguinte modo. Se estiverdes sofrendo por vós mesmos, o sofrimento, qualquer que seja a sua forma, dói e é difícil de suportar. Se sofreis por Deus e por Deus somente, o sofrimento não dói e não é difícil suportar, porque Deus tira todo o seu peso. Se um peso de cinqüenta quilos fosse colocado sobre meus ombros e alguém o tomasse imediatamente sobre seus ombros, ser-me-iam tão prazerosos os cinqüenta quilos, como se fosse apenas um. Não seria pesado para mim e não me doeria. Para encurtar a história, o que sofremos por Deus e por Deus somente, para nós é feito de maneira doce e fácil.

Conforme disse em primeiro lugar, no começo do sermão, "Jesus entrou num pequeno castelo e foi recebido por uma virgem que era uma esposa". Por quê? Era preciso que ela fosse uma virgem e esposa e eu lhes contei como ele foi recebido, mas não lhes disse ainda o que era aquele pequeno castelo, e assim farei agora.

Disse que na alma há apenas um agente livre. Em certas ocasiões, referi-me a ele como o tabernáculo do Espírito. Outras vezes chamei-o de a Luz do Espírito ou uma centelha. Agora afirmo que não é nem isto nem aquilo. É algo superior a isto ou aquilo, como o céu é superior à terra, e eu o chamarei por um nome mais aristocrático do que os que tenho usado até aqui, mesmo que ele rejeite a minha adulação e meu nome, estando muito além de ambos. Ele está livre de todos os nomes e não conhece nenhum tipo de forma. Ele é a um só tempo puro e livre, como o próprio Deus, e é também a unidade perfeita e a uniformidade perfeita, de modo que não há como se possa enxergá-lo.

Deus floresce e viceja nesse agente de que falo, com toda a Deidade e o espírito de Deus, e ali ele concebe seu único Filho tão verdadeiramente como se estivesse em si mesmo. Pois ele vive realmente neste agente – o Espírito unido com o Pai dando à luz o Filho –, e, naquela luz, ele é o Filho e a Verdade. Se puderdes ver com o meu coração, podereis entender bem o que estou dizendo, pois é verdadeiro, e a própria Verdade confirma minha palavra.

Olhai e vede: este pequeno castelo da alma está situado tão acima de qualquer caminho [de aproximação], com tal simplicidade e uniformidade, que o agente aristocrático do qual vos venho falando não é digno de contemplá-lo, nem por um instante sequer. Não, nem os outros agentes dos quais também vos falei são capazes de espiar dentro do lugar onde Deus brilha e queima como um fogo, em toda a sua plenitude e arrebatamento. Assim, completamente uno e uniforme é esse pequeno castelo, que está tão acima de todos os caminhos e ações que nenhum destes jamais poderá conduzir a ele – nem mesmo o próprio Deus.

Isso é tão verdadeiro quanto a vida de Deus. Nem o próprio Deus pode espiar dentro dele por um instante sequer – ou ali entrar furtivamente – conquanto Ele tenha uma pessoalidade particular e as propriedades de uma pessoa. Este é um ponto importante a ser notado, pois o Um Uno não tem nem modo nem propriedades. Por isso, se Deus entrasse furtivamente nele (naquele pequeno castelo na alma), isso (a aventura) lhe custaria todos os nomes divinos e propriedades pessoais; ele teria de renunciar a tudo isso se quisesse entrar ali. Exceto enquanto Um Uno sem modos nem propriedades – nem o Pai nem o Espírito Santo nesse sentido [pessoal], mas algo que não é nem isto nem aquilo – Vede! – é apenas enquanto Um e Uno que ele pode entrar naquele Um que chamei de pequeno castelo da alma. De outro modo, ele não pode absolutamente entrar ou estar em casa ali, pois a alma é em parte como Deus – do contrário, isso não seria possível.[136]

136. Com isso, Mestre Eckhart quer dizer, seguindo a Teologia Mística ou "negativa" de Dionísio Pseudo-Areopagita, que Deus, como "incriado", está acima de todo nome, e que, se o homem tem em si uma centelha divina, um fundo incriado da alma transcendente a toda linguagem ou conceito, da mesma substância que Deus, somente ali cabe o Deus abissal e sem nome da mística negativa, Aquele que só pode ser alcançado pela "negação da negação", no abismo da união mística. Aí, no "pequeno castelo na alma", não há lugar para quaisquer representações, seja do homem, seja de Deus: ambos, em seu fundo, homem e Deus transcendem tudo o que existe e pode ser nomeado. (N.T.)

## A MURALHA DO MISTÉRIO

### História da tradição sufi

Uma verdadeira comunidade de linguagem ou de símbolos só pode ser tomada por meio de esforços que resultem em uma comunidade de atividades sob condições concretas. O ideal da linguagem científica é a construção de um sistema em que os significados se relacionem uns aos outros em termos de inferência e discurso, e nos quais os símbolos são capazes de indicar relações.

Os limites da linguagem coincidem com os limites da nossa experiência? Existem, de fato, acontecimentos verdadeiramente "inexprimíveis"? Tendo em vista a nossa aptidão de expressar tantas coisas pela linguagem, por que nos faltam palavras em certas áreas da vida? O seguinte conto pode nos fazer lembrar destas questões.

Havia no extremo Oriente uma muralha de mistério. Poucos eram os que dela se aproximavam. De quando em quando, alguém mais ousado que os demais conseguia se aproximar da muralha e começava a escalá-la. Não era fácil subir até o topo, mas alguns perseveravam. Aqueles que alcançavam o topo e olhavam para o outro lado eram vistos sorrindo e, em seguida, ultrapassavam a muralha e nunca mais eram vistos.

Depois de um tempo, os habitantes daquele país aprenderam a reconhecer os sinais de que alguém estava se aproximando da muralha. Os olhos daquela pessoa determinada começavam a atravessar as coisas, visando o infinito do horizonte. Ela se mostrava ensimesmada e, com freqüência, não respondia às perguntas que lhe faziam. Parecia absorta em outras questões que os homens a seu redor não conseguiam compreender.

As pessoas do lugar começaram a ficar cada vez mais curiosas. Embora não quisessem arriscar-se a subir a muralha, desejavam muito saber o que havia do outro lado. Muitos começaram a confabular entre si. Assim, na próxima vez em que notaram alguém de olhos fixos e com a aparência de visão interior, trouxeram correntes e o aguardaram junto da muralha.

Quando o jovem começou a subir, agarraram seus pés e os acorrentaram. Ainda assim, ele continuou subindo, e finalmente chegou ao topo da muralha.

Então, olhou para o outro lado e sorriu, exatamente como os outros haviam sorrido – um sorriso enlevado. Os homens ao pé da muralha, tomados de curiosidade, puxaram as correntes e o trouxeram de volta. Ansiosos, começaram a fazer-lhe perguntas. Como era o outro lado? Mas nenhuma de suas perguntas foi respondida. Quando os pés do jovem voltaram a tocar o solo, ele havia perdido o dom da fala.

NONA PARTE

# O AMANHÃ

Qualquer investigação da condição humana se defronta inevitavelmente com a dimensão do tempo. De onde viemos? Para onde estamos indo? O que herdamos do passado? De que futuro nos aproximamos? Nesta época tumultuada em que vivemos, ansiamos por segurança. Gostaríamos de ter a certeza de que os desafios de hoje darão lugar a uma maior compreensão, compaixão, comunicação e responsabilidade no futuro. Se somos pessimistas, desconfiamos que a perspectiva do futuro é ainda mais desanimadora do que o momento presente. Para alguns, o desenvolvimento das armas nucleares parece ter nos levado à iminência da aniquilação. Deste modo a pergunta se transforma: existe um futuro para o homem? Pela primeira vez na história a preservação de nossa espécie é questionada.

Quando os filósofos refletem sobre o futuro da humanidade, raramente imaginam uma destruição definitiva de todas as coisas. Eles vêem mudança e transformação em vez de fim. Alguns dizem que, diante dos horrores de uma possível catástrofe nuclear, do desastre ecológico, da superpopulação, da fome ou simplesmente de uma diminuição gradual do potencial genético da espécie, trata-se de ingenuidade. Outros defendem que é da natureza do pensamento não ser capaz de conceber seu próprio fim. Contudo, filósofos das mais variadas correntes acreditam que temos sim um futuro. Esta convicção lhes vem de seus estudos acerca do passado e do presente, que revelam não um movimento histórico linear, mas cíclico. Surgimento, desaparecimento e ressurgimento: em tudo o que acontece é difícil determinar um único momento que seja final. A conclusão de uma fase dá início à outra. Isto parece especialmente verdadeiro em relação à vida.

Cabe ao homem forjar seu próprio futuro ou este simplesmente o aguarda, inevitável, como a fatalidade ou o destino? Existe para nós um futuro enquanto indivíduos, membros de uma espécie (*Homo sapiens*) ou como habitantes deste planeta? Temos todos o mesmo futuro ou ele chega de modo diferente para cada um de nós?

A evolução, a partir de Darwin, passou a significar uma força biológica que opera igualmente para cima e para baixo na escala da vida orgânica. O homem vive sob as mesmas leis de evolução que a medusa do mar, a mosca e a andorinha. A evolução, segundo esta perspectiva, procede automaticamente, como a gravidade, a radioatividade ou as leis da acústica. Não obstante, nem todos os filósofos endossam esta posição. Para alguns, o homem tem atributos e potencialidades que o diferenciam do resto do reino animal. Ele é qualitativamente diferente, além de ter uma massa encefálica maior do que os outros. O fator singular é a consciência. Bergson afirma uma diferença radical entre a consciência animal e a humana. Essa última "é sinônimo de invenção e de liberdade". Em momentos de consciência, a liberdade, o oposto do automatismo, abre a pessoa para outro tipo de evolução, uma evolução criadora na visão de Bergson. Esta capacidade não é simplesmente criadora – ela cria a si mesma, tanto no sentido de que o eu passa a existir através dos atos da liberdade quanto no sentido de que estes requerem nossa participação consciente. Temos de equilibrar nossas funções intelectuais, fazendo uso tanto das capacidades intuitivas, não-analíticas, quanto das capacidades críticas e discriminatórias. Para evoluir, precisamos começar a pensar de um modo novo.

Nietzsche também discute a idéia de evolução individual. Para ele, cada pessoa é uma promessa vazia até ser atualizada; cada pessoa é, em suas palavras, um "fragmento e enigma e acidente lamentável". A evolução pessoal pressupõe ação e resolução, de modo que transforme a relação que se tem com o próprio passado: "para redimir aqueles que viveram no passado e recriar todo o 'assim foi', transformando-o num 'assim eu quis". Comumente, o passado é o que nos aconteceu; permanecemos passivos diante dele e o encaramos como um fardo impessoal que nos oprime. O passado é, para cada indivíduo, o condicionamento pelo qual ele encontra o presente. Para introduzir a vontade no passado, para vivermos voluntariamente com nosso passado, precisamos neutralizar a influência do hábito. Isso impõe uma unidade de propósito entre os diferentes hábitos dissociados que até então impediam o refinamento das nossas energias. Quando finalmente liberamos as energias bloqueadas, podemos criar ou recriar a unidade à qual pertence o futuro da humanidade.

Há, entretanto, um outro ponto de vista. Podemos concordar que uma força evolutiva puramente biológica seja inadequada para iluminar a relação do homem com o futuro, assim como podemos acreditar que a consciência seja o fator *sine qua non* para o homem continuar evoluindo. Podemos, todavia, não concordar em situar o indivíduo no centro do progresso consciente. Poderíamos dizer que cada pessoa é apenas um elemento na massa da consciência planetária e que nada mais lhe é solicitado do que o pleno desenvolvimento de suas próprias capacidades. A evolução do potencial humano superior prosseguiria assim inexoravelmente, independentemente das nossas vontades.

A evolução realmente segue numa única direção ou tem um único significado? Todos estamos sujeitos à mesma "lei" de evolução? Ouspensky crê que a reposta não é tão simples assim. Falar de uma cadeia evolutiva única é ilusório. É necessário discernir diferentes níveis de um processo, cada nível exibindo sua própria consciência particular. Uma investigação do futuro humano deve se basear na consciência não apenas dos seres humanos, mas também dos seres que estão acima e abaixo de nós. Ouspensky conclui que a evolução é a "conseqüência da incursão num determinado plano de propriedades e características de um plano superior". Os momentos verdadeiramente "evolucionários" da consciência de uma pessoa são literalmente ascendentes. Eles colocam a pessoa em contato com uma realidade normalmente fechada a ela, conquanto pertencente a um outro nível.

Ou o futuro prosseguirá da mesma maneira que o presente ou ele será o veículo da transformação. Mas o que é transformação? Ela difere da simples mudança da mesma forma que o previsível difere do verdadeiramente inesperado. Se não experimentarmos uma nova existência, que envolva nossos pensamentos, sentimentos e aspectos físicos, não teremos realmente nos transformado. Esta jornada demanda a travessia de um território desconhecido, exige que deixemos para trás o que conhecemos e nos tornemos receptivos ao que se oferece a nós. "Como saber se isso é verdadeiro?" O cético que vive em cada um de nós, lembra-nos Idries Shah em sua parábola *O conto das Areias*, deve ser reconhecido para que possamos progredir. A dúvida deve dar lugar a uma atitude menos crítica; quando a dúvida é descartada, o caminho a seguir será revelado.

No que concerne ao futuro do homem, pode ser útil pensar em termos mitológicos, numa perspectiva mais ampla, mais cosmocêntrica que antropocêntrica. Em sua transcrição da lenda de Markandeya, o antigo sábio védico, Zimmer disse que o processo evolutivo está relacionado com o processo de dissolução. Uma nova criação acompanha e é necessariamente acompanhada de uma destruição do que passou. Nossa própria busca e empenho por um modo próprio de ser é apenas um fio finíssimo na imensa teia que sustenta o mundo. O esquema maior das coisas também deve ser levado em conta; a "significativa insignificância" de nosso próprio desenvolvimento pode assumir, então, uma nova dimensão.

O sonho cósmico do deus Vishnu contém o passado e o futuro num único instante; Markandeya, ao escapar por instantes deste mundo de sonho, percebe que até então havia tomado o sonho pela realidade. Não raro, os sonhos têm sido encarados como previsões do futuro; mas como podemos saber o que significa um sonho quando nossa linguagem está aprisionada em conceitos, juízos e pensamentos que definem o que chamamos de estado de vigília? Isto nos lembra a idéia de Heráclito de que a natureza fala por meio de sinais. Para os adivinhos, ler um sonho é um problema de interpretação – e o excerto do Livro de Daniel, reproduzido mais abaixo, é um bom exemplo disso. Podemos também refletir sobre como nosso estado de vigília difere do estado onírico. Seríamos capazes de ler os sinais do futuro em nosso mundo cotidiano se fôssemos mais sensíveis à sua linguagem? Deveríamos, entretanto, nos lembrar de que não raro desejamos conhecer o incognoscível e de que tendemos a deixar que nossa imaginação se perca na "leitura" do futuro que sonhamos. Pode ser que algumas vezes o futuro se anuncie para nós em algum sonho, mas precisamos nos conhecer muito bem para poder distinguir a mensagem verdadeira das interpretações estimuladas por nossos próprios desejos.

## ASSIM FALOU ZARATUSTRA
### de Friedrich Nietzsche

Segundo Nietzsche, nossa condição presente é fragmentária e incompleta. Nossas vidas são uma seqüência de acidentes com uma unidade apenas acidental.

Será que o futuro nos reserva mais do mesmo? Na visão de Nietzsche, a resposta é não. Temos a capacidade de nos afirmar de modo que transformemos a natureza contingente de nossa ação em um agir intencional e essencial, apenas não a utilizamos. Por meio do exercício deste tipo de vontade afirmativa, abraçamos nosso destino e nos tornamos fazedores de nosso próprio ser. E assim nos redimimos.[137]

Quando Zaratustra um dia atravessava uma grande ponte, foi cercado pelos aleijados e os mendigos, e um corcunda lhe falou assim: "Vê, Zaratustra, as pessoas também aprendem contigo e passam a acreditar em tua doutrina; mas, para que acreditem inteiramente em ti, falta uma coisa: deves primeiro persuadir a nós, os aleijados. Aqui tens uma bela coleção deles e, em verdade, uma oportunidade mais que vantajosa. Podes curar os cegos e fazer os coxos andar. E, daqueles que têm acumulado em excesso, talvez pudesses tirar um

137. O texto que se segue corresponde ao antepenúltimo capítulo da Segunda Parte do livro, intitulado "Da Redenção". (N.T.)

pouco. Seria este, acho, o meio correto de fazer com que os aleijados acreditassem em Zaratustra".

Mas Zaratustra assim respondeu ao homem que lhe falara: "Quando alguém tira a corcunda do corcunda, está tirando seu espírito – assim diz o povo. E quando alguém devolve os olhos ao cego, ele vê demasiadas iniqüidades no mundo e amaldiçoará aquele que o tiver curado. Mas aquele que faz o coxo andar causa-lhe o pior dos males, pois, podendo andar, seus vícios correrão à sua frente e o arrastarão – assim diz o povo a respeito dos aleijados. E por que Zaratustra não deveria aprender também com o povo quando o povo aprende com ele?

Mas isso é o que menos me importa desde que estou entre os homens: ver que este carece de um olho, aquele de um ouvido e um terceiro de uma perna, assim como outros perderam a língua, o nariz ou a cabeça. Já vi coisas piores, abomináveis, tantas coisas tão vis que não desejo falar delas. E com respeito a algumas coisas tampouco quero silenciar: pois há homens a quem falta tudo, exceto uma única coisa que têm em demasia – homens que não passam de um enorme olho, ou de uma enorme barriga, ou de qualquer outra coisa que seja enorme. Aleijados às avessas, é como os chamo.

E quando abandonei meu eremitério e atravessei esta ponte pela primeira vez, não acreditei no que meus olhos viam, e olhei e voltei a olhar e finalmente disse: "Uma orelha! Uma orelha tão grande quanto um homem!" Olhei ainda mais de perto – e, de fato, embaixo da orelha algo se movia, algo desprezivelmente pequeno, ignóbil e fraco. E, sem nenhuma dúvida, a enorme orelha estava presa a uma haste frágil, pequenina – mas esta haste era um homem. Com uma lente de aumento, poder-se-ia reconhecer ali uma minúscula face invejosa, e também uma alma pequena e envaidecida dependurada na haste. As pessoas, entretanto, disseram-me que aquela orelha enorme não era apenas de um homem, mas de um grande homem, de um gênio. Mas eu nunca acreditei no povo quando ele fala de grandes homens, e mantive minha crença de que aquele era um aleijado às avessas, que tinha tudo de menos e uma única coisa demais".

Quando Zaratustra acabou de dizer o que disse ao corcunda e àqueles de quem o corcunda era porta-voz e defensor, virou-se para seus discípulos com profundo desânimo e disse: "Em verdade, meus amigos, eu ando entre os homens como se andasse entre fragmentos e membros de homens. Isso é o mais terrível aos meus olhos, que eu encontre homens em ruínas e destroçados, como num campo de batalha ou matadouro. E, quando meus olhos se voltam do agora para o passado, sempre se deparam com a mesma coisa: fragmentos, membros e acidentes terríveis – mas nenhum homem!

O agora e o passado na terra – ai de mim, meus amigos, eis o que há de mais insuportável; e não saberia viver se não fosse um vidente do que está por vir: um profeta, alguém de vontade, um criador, eu mesmo um futuro e uma ponte para o futuro – e, pobre de mim, também eu, um aleijado nesta ponte – tudo isso é Zaratustra.

E vós também muitas vezes vos perguntastes: "Quem é Zaratustra para nós? Como devemos chamá-lo?" E, como eu, vós também vos respondestes com perguntas: "Será um prometedor ou um cumpridor? Um conquistador ou um herdeiro? Um outono ou uma relha? Um médico ou um doente que se curou? É um poeta ou é sincero? Um libertador ou um dominador? Bom ou mau?"

Caminho entre os homens como entre os fragmentos do futuro – do futuro que eu anuncio. Isso é tudo o que faço e me empenho por fazer em minha poesia: juntar e recompor numa Unidade o que é fragmento, enigma e acaso terrível. E como eu poderia suportar ser um homem se o homem não fosse também poeta decifrador de enigmas e redentor de acasos?

Redimir os que viveram no passado e recriar todo o "assim foi", transformando-o num "assim eu quis" – somente a isso eu chamaria redenção. Vontade – esse é o nome do libertador e causador de alegria; isso eu vos ensinei, meus amigos. Mas agora, aprendei também isto: a própria vontade ainda é prisioneira. A vontade liberta, mas o que é que aprisiona até mesmo o libertador?

"Assim foi" – este é o nome do ranger de dentes da vontade e de sua mais secreta melancolia. Impotente diante do que está feito, ela é um furioso espectador de tudo o que é passado. A vontade não pode querer retroativamente; não pode destruir o tempo, e a avidez do tempo é sua mais solitária ansiedade.

O querer liberta; mas que meios há de criar a própria vontade para livrar-se da aflição e zombar de sua prisão? Louco, ai de nós, torna-se todo prisioneiro. E a redenção da vontade prisioneira vem-lhe também da loucura. Que o tempo não anda para trás, essa é a sua ira; "o que foi" é o nome da pedra que ela não consegue remover.

E assim, por ira e despeito, ela remove as pedras e vinga-se daqueles que não sentem, como ela, nem ira nem despeito. Assim, a vontade, a libertadora, torna-se maléfica; e em tudo o que é vulnerável à dor, ela se vinga da incapacidade de voltar atrás. Isso, e apenas isso, é "vingança": a má vontade da vontade contra o tempo e seu "assim foi".

Em verdade, uma grande insensatez habita nossa vontade, e tornou-se uma maldição para tudo o que é humano que essa insensatez tenha aprendido a ter espírito.

O "espírito de vingança", meus amigos, tem sido até hoje tema da melhor reflexão dos homens; e onde quer que houvesse sofrimento, sempre se exigiu também o castigo.

Pois "castigo" é o nome que a própria vingança dá a si mesma; com uma mentira hipócrita e uma palavra apropriada, ela cria uma consciência tranqüila para si.

Como existe sofrimento naqueles que querem, já que não podem querer retroativamente, a própria vontade e a vida toda deviam ser um castigo. E então uma nuvem após a outra foi encobrindo o espírito, até que finalmente a loucura proclamasse. "Tudo passa; por isso, tudo merece passar. E isso também é justiça, essa lei do tempo que o faz devorar seus próprios filhos". Assim pregou a loucura.

"As coisas são moralmente ordenadas de acordo com a justiça e o castigo. Meu Deus, onde está a redenção do fluxo das coisas e do castigo chamado existência?" Assim pregou a loucura.

"Pode haver redenção se há justiça eterna? Por Deus, a pedra 'assim foi', impossível de ser removida: todos os castigos devem também ser eternos." Assim pregou a loucura.

"Nenhum feito pode ser anulado: como ele poderia ser desfeito pelo castigo? Isto, é isto que é eterno no castigo chamado existência – que a existência tenha de tornar-se sempre um outro feito e uma outra culpa. A não ser que a vontade por fim se redimisse a si mesma e o querer se transformasse em não querer". Vós, porém, meus irmãos, conheceis esta fábula insana!

Eu vos afastei de tais fábulas quando vos preguei: "A vontade é criadora". Todo "assim foi" é um fragmento, um enigma, um acaso lamentável, até que lhe diga a vontade criadora: "Mas assim eu o quis". Até que a vontade criadora lhe diga: "Mas assim eu o quero; e assim hei de querê-lo!"

Mas a vontade já disse isso? E quando isso ocorrerá? A vontade já se desatrelou de sua própria loucura? A vontade já se tornou seu próprio redentor e mensageira de alegria? Acaso livrou-se do espírito de vingança e de todo o ranger de dentes? Se assim é, quem lhe ensinou a reconciliação com o tempo e algo mais elevado que toda reconciliação? Pois essa vontade, que é a vontade de poder, tem de querer algo mais elevado que toda reconciliação. Mas como? Quem poderia ensiná-la a retroceder?

## A EVOLUÇÃO CRIADORA
## de Henri Bergson

Bergson vê a vida como uma onda que se expande a partir do centro da vida orgânica na terra. Ela também abrange a espécie humana, mas o homem exerce um papel único no processo, pois nele se encontra a possibilidade da consciência. A consciência é a aquela visão fugaz que surge nos momentos de intuição, e que revela a possibilidade de uma evolução superior àquela que geralmente carrega o homem consigo. A única maneira de investigar essa possibilidade é afastar-se do pensamento conceitual e analítico e aproximar-se da consciência, que é uma força evolutiva.

Portanto, também é radical a diferença entre a consciência dos animais, mesmo dos mais inteligentes, e a consciência humana. Pois a consciência corresponde exatamente ao poder de escolha do ser vivo. A consciência é co-extensiva à margem de possibilidades de ação que envolve a ação efetiva: é sinônimo de criatividade e liberdade. Ora, no animal, a criação nunca é mais que uma variação sobre o mesmo tema, que é sua rotina. Constrangido pelos hábitos da espécie, ele consegue, sem dúvida, ampliá-los por iniciativa própria, mas ele escapa do automatismo apenas por um instante, o tempo exato para criar um novo automatismo. Os portões de sua prisão se fecham tão logo se abrem. Forçando seus grilhões, ele consegue apenas distendê-los. No homem, a consciência rompe os grilhões. No homem, e somente no homem, a consciência se liberta. Toda a história da vida até o surgimento do homem foi a do esforço da consciência para elevar a matéria, bem da maior ou menor supressão da consciência pela matéria, que sobre ela insistia sempre em desmoronar . A empresa era paradoxal, se é que podemos falar aqui de outra maneira que não pela metáfora da iniciativa e do esforço. Mas a proposta era criar com a matéria, que é a própria necessidade, um instrumento de liberdade, produzir uma máquina que triunfasse sobre o mecanismo, e usar o determinismo da natureza para transpor as malhas da rede que esse mesmo determinismo tinha estendido. Mas em tudo, menos no homem, a consciência se deixou aprisionar pela rede cujas malhas tentava transpor: continuou sendo prisioneira dos mecanismos que ela mesma engendrou. O automatismo, que ela tenta levar na direção da liberdade, escapa e a arrasta para baixo. Ela não tem o poder de escapar, porque a energia que despendeu para realizar as ações é consumida quase por completo na manutenção do equilíbrio infinitamente sutil e essencialmente instável que ela ensejou na matéria. Mas o homem não apenas mantém a sua máquina como também é capaz de usá-la como lhe apraz. Sem dúvida, ele deve isso à superioridade de seu cérebro, que lhe confere a capacidade de criar um sem número de mecanismos motores, de opor incessantemente velhos e novos hábitos e de dominar o automatismo. Isto o homem deve à linguagem, que dá à consciência um corpo imaterial em que ela pode encarnar-se, evitando, desse modo, que ela habite exclusivamente corpos materiais, cujo fluxo logo a arrastaria e terminaria por engoli-la. Isto ele deve à vida social, que armazena e preserva esforços do mesmo modo como a linguagem armazena o pensamento, e fixa assim um nível médio ao qual os indivíduos precisam elevar-se já de saída. Esse estímulo inicial impede que o homem médio caia na inércia, ao mesmo tempo em que impele o homem superior a elevar-se ainda mais. Mas nosso cérebro, nossa sociedade e nossa linguagem são apenas os muitos sinais exteriores de uma única e mesma superioridade interior. Eles indicam, cada um à sua maneira, o êxito singular e excepcional que a vida logrou conquistar num dado momento de sua evolução. Eles expressam a diferença de gênero, e não apenas de grau, que separa o homem do restante do mundo animal. Eles nos permitem perceber que, enquanto todos os outros animais, ao chegar à extremidade do enorme trampolim em que a vida tomou impulso, desceram pela escada por acharem o salto muito grande, somente o homem conseguiu saltar o obstáculo.

É nesse sentido muito especial que o homem é o "termo" e o "fim" da evolução. A vida, já o dissemos, transcende a finalidade como transcende todas as outras categorias. Ela é essencialmente uma corrente enviada através da matéria, extraindo o que pode dela. Não houve, portanto, nenhum plano ou projeto. Por outro lado, há evidências abundantes de que o restante da natureza não existe em função do homem: lutamos como as outras espécies e, no passado, lutamos contra outras espécies. Outrossim, se a evolução da vida tivesse encontrado outros acidentes em seu percurso, e se, com isso, a corrente da vida tivesse se dividido de outra maneira, deveríamos ser, tanto física quanto moralmente, muito diferentes do que somos. Por estas diversas razões, seria um equívoco considerar que a humanidade, tal como a temos diante de nossos olhos, foi prefigurada pelo movimento evolutivo. Não se pode nem mesmo considerá-la o resultado de toda a evolução, pois a evolução se realizou em muitas linhas divergentes e, ao passo que a espécie humana está no fim de uma delas, outras linhas se seguiram, com outras espécies em seus fins. É num sentido bastante diferente que sustentamos ser a humanidade o fundamento da evolução.

Do nosso ponto de vista, a vida surge em sua totalidade como uma imensa onda que, partindo de um centro, expande-se para além e que, em quase toda a sua circunferência, é obstruída e convertida em oscilação: em um único ponto o obstáculo foi forçado a ceder e o impulso atravessou livremente. É esta a liberdade que a forma humana registra. Em tudo, exceto no homem, a consciência chegou a um beco sem saída; somente no homem ela prossegue em seu curso. O homem, então, dá continuidade ao movimento vital indefinidamente, embora ele não carregue consigo tudo o que a vida encerra. Outras linhas de evolução abrigaram outras tendências que a vida continha, das quais, uma vez que tudo se interpenetra, o homem sem dúvida reteve algo, mas muito pouco. É como se um ser vago e informe, a quem se pode chamar, como se queira, homem ou super-homem, tivesse tentado realizar-se, e o tivesse conseguido somente à custa de abandonar uma parte de si no caminho. As perdas são representadas pelo restante do reino animal e mesmo pelo reino vegetal, ao menos no que têm de positivo e superior aos acidentes da evolução.

Deste ponto de vista, as discordâncias cujo espetáculo a natureza nos oferece são singularmente enfraquecidas. O mundo organizado se torna como que o solo no qual teria de se desenvolver ou o próprio homem ou um ser moralmente semelhante a ele. Os animais, por mais distantes que possam estar da nossa espécie, por mais hostis que nos sejam, não obstante têm se revelado úteis companheiros de jornada. Sobre eles a consciência descarregou todos os fardos que eventualmente carregasse pelo caminho, o que permitiu que fosse elevada, no homem, a alturas às quais se descortina, mais uma vez, um horizonte ilimitado.

É verdade que ela não somente abandonou fardos incômodos ao longo do caminho, mas teve também de descartar bens de valor. A consciência, no homem, é preeminentemente intelecto. Ela pode ter sido – e de fato parece ter sido – também intuição. A intuição e o intelecto representam duas direções opostas do trabalho da consciência: a intuição segue a direção da vida, enquanto o intelecto segue a direção contrária, encontrando-se, com isso, naturalmente em harmonia com o movimento da matéria. Uma humanidade completa e perfeita seria aquela na qual estas duas formas de atividade consciente alcançariam seu desenvolvimento pleno. E, entre essa humanidade e a nossa, podemos conceber qualquer número de estágios possíveis, correspondentes a todos os graus imagináveis de inteligência e de intuição. Nisso reside a parte contingencial da estrutura mental de nossa espécie. Uma evolução diferente poderia ter levado a uma humanidade ou ainda mais intelectual ou mais intuitiva. Na humanidade a que pertencemos, a intuição é, de fato, quase totalmente sacrificada em favor do intelecto. Parece que, para dominar a matéria e reconquistar a si própria, a consciência teve de exaurir a melhor parte de seu poder. Esta conquista, nas condições particulares em que foi realizada, exigiu que a consciência se adaptasse aos hábitos da matéria e concentrasse toda a sua atenção sobre eles, para de fato determinar-se mais especialmente como intelecto. A intuição, entretanto, está presente, embora vaga e, sobretudo, descontínua. Ela é uma lâmpada quase apagada, que de vez em quando apenas bruxuleia timidamente, no máximo por alguns instantes. Mas ela brilha onde quer que um interesse vital esteja em jogo. Sobre a nossa personalidade, sobre a nossa liberdade, sobre o lugar que ocupamos na totalidade da natureza, sobre a nossa origem e talvez também sobre o nosso destino, ela lança uma luz fraca e vacilante, mas que, não obstante, penetra nas trevas da noite em que o intelecto nos abandona.

A filosofia deve apreender estas intuições fugazes, que iluminam seu objeto apenas a intervalos espaçados, em primeiro lugar a fim de conservá-las, e, depois, para expandi-las e assim reuni-las em uma unidade. Quanto mais ela progredir nessa tarefa, mais poderá perceber que a intuição é a própria mente e, em certo sentido, a própria vida: o intelecto foi separado dela por um processo semelhante àquele que gerou a matéria. Assim se revela a unidade da vida espiritual. Reconhecemo-la somente quando nos situamos na intuição para daí passar ao intelecto, pois do intelecto jamais podemos passar à intuição.

Assim, a filosofia nos introduz na vida espiritual. E ela nos mostra ao mesmo tempo a relação entre vida do espírito e a vida do corpo.

O grande erro das doutrinas do espírito foi acreditar que, isolando a vida espiritual de tudo o mais, suspendendo-a o quanto possível acima da terra, estavam a protegê-la de todo e qualquer ataque, como se, com isso, não a estivessem simplesmente expondo ao risco de ser tomada como uma miragem! Certamente tais doutrinas têm razão em ouvir a consciência quando ela afirma a liberdade humana, mas o intelecto está lá, o que indica que a causa determina seu efeito, que o semelhante condiciona o semelhante, que tudo se repete e tudo é dado. Elas têm razão em acreditar na realidade absoluta da pessoa e em sua independência em relação à matéria, mas a ciência está lá, mostrando a interdependência entre a vida consciente e a atividade cerebral. Elas têm razão em atribuir ao homem um lugar privilegiado na natureza, em sustentar que há uma distância infinita entre ele e o animal; mas a história da vida está aí, fazendo-nos testemunhar a gênese das espécies pela transformação gradual, parecendo, com isso, reintegrar o homem na animalidade. Quando um forte instinto garante a probabilidade de sobrevivência pessoal, elas têm razão em não fechar os ouvidos à sua voz; mas se existem "almas" capazes de vida independente, de onde vêm? Quando, como e por que elas entram neste corpo que vemos surgir, muito naturalmente, de uma célula mista originária dos corpos de seus pais? Todas estas questões permanecerão sem resposta; uma filosofia da intuição será uma negação da ciência e será, mais cedo ou mais tarde, varrida pela ciência se não se decidir a considerar a vida do corpo exatamente onde ela de fato está, no caminho que conduz à vida do espírito. Mas então ela não mais dirá respeito a seres vivos definidos. A vida como uma totalidade, desde o impulso inicial que a arremessa para dentro do mundo, parecerá uma onda que se ergue e é barrada por um movimento descendente e oposto, o da matéria. Na maior parte de sua superfície, a diferentes alturas, a corrente é convertida num vórtice pela matéria. Apenas num ponto determinado ela passa livremente, arrastando consigo o obstáculo que pesará em seu curso, mas não o deterá. Neste ponto está a humanidade; é nossa situação privilegiada. Por outro lado, esta onda ascendente é a consciência que, como toda consciência, encerra inúmeras potencialidades que se interpenetram e para as quais, portanto, nem a categoria de unidade nem a de multiplicidade são apropriadas, produzidas, como são, para dar conta da matéria inerte. Somente a matéria que ela carrega consigo e em cujos interstícios se introduz pode separá-la em individualidades distintas. E a corrente segue fluindo, correndo através das gerações humanas e subdividindo a si mesma em indivíduos. Esta subdivisão estava vagamente implícita nela, mas não poderia ter-se tornado clara sem a matéria. Assim, as almas estão continuamente sendo criadas, ainda que, em certo sentido, preexistam. Elas nada são senão pequenos córregos nos quais o grande rio da vida se subdivide ao fluir através do corpo da humanidade. O movimento da corrente é distinto do leito do rio, ainda que tenha de se adaptar a seu curso sinuoso. A consciência é distinta do organismo; ela anima, ainda que precise suportar suas vicissitudes. Assim como as possibilidades de ação indicadas por um determinado estado de consciência estão sempre começando a ser executadas nos centros nervosos, o cérebro está sempre subjacente às indicações motoras do estado de consciência; mas a interdependência entre a consciência e o cérebro se limita a isto; o destino da consciência não está, neste sentido, vinculado ao destino da matéria cerebral. Em resumo, a consciência é essencialmente livre; ela é a própria liberdade; mas ela não pode passar pela matéria sem assentar-se nela, sem adaptar-se a ela. E esta adaptação é o que chamamos de "intelecção"; e o intelecto, voltando-se para a consciência ativa – isto é, livre –, naturalmente a faz caber nas formas conceituais em que está habituado a ver a matéria se encaixar. Ele, portanto, sempre perceberá a liberdade como necessidade; sempre negligenciará a parcela de inovação ou criação inerente ao ato livre; sempre substituirá a própria ação por uma imitação artificial, aproximativa, obtida pela composição do velho com o velho e do semelhante com o semelhante. Assim, do ponto de vista de uma filosofia que busca reabsorver o intelecto na intuição, muitas dificuldades desaparecem ou se tornam secundárias. Mas uma doutrina como esta não apenas facilita a especulação; ela também nos dá mais poder para agir e viver. Pois, com ela, deixamos de nos sentir isolados na humanidade, e a humanidade não mais parece estar isolada na natureza que ela domina. Assim como o menor grão de areia está ligado a todo o nosso sistema solar, arrastado com ele naquele movimento indiviso de descida que é a própria materialidade, assim também todos os seres organizados, do mais humilde ao mais nobre, dos primórdios da vida aos nossos tempos, bem como em todas as partes e em todos os tempos, nada mais fazem que evidenciar um único impulso, inverso ao movimento da matéria e, em si mesmo, indivisível. Todos os seres vivos se agarram e todos cedem ao mesmo impulso tremendo. Os animais colocam-se sobre as plantas, os homens sobre os animais e a humanidade inteira, no espaço e no tempo, é um imenso exército galopando ao lado, à frente e atrás de cada um de nós, numa investida esmagadora, capaz de destruir toda resistência e afastar os mais formidáveis obstáculos, talvez até mesmo a morte.

## O MONTE ANÁLOGO

### de René Daumal

René Daumal (1908-1944), sanscritista, poeta e filósofo francês, permaneceu relativamente desconhecido até a publicação póstuma de suas obras. Seus escritos são permeados por uma concepção da pessoa humana como uma unidade harmoniosa. Suas obras mais conhecidas são *O Monte Análogo* e *Uma Noite de Bebedeira.*

No texto a seguir, René Daumal nos oferece uma alegoria reveladora do trabalho do artista. O artista é um sujeito que deseja expressar, por um meio ou outro, a verdade daquilo que é. Mas esta verdade "desaparece" em face de uma mentira, por mais insignificante que esta seja. O artista precisa se esforçar para perceber sua tendência a ser desleal consigo mesmo. A arte é, assim, uma vigilância da mentira, acompanhada da nítida consciência de que não conhecemos a verdade das coisas.

#### A HISTÓRIA DOS HOMENS OCOS E DA ROSA AMARGA

Os Homens Ocos vivem numa rocha maciça e ali se movem em grutas ou recessos móveis. Em meio ao gelo, parecem bolhas em forma de homens. Mas eles jamais se aventuram a sair para o ar livre, pois o vento os dissiparia.

Eles fazem suas casas na rocha, cujas paredes são feitas de vácuo, e tendas no gelo, feitas com um tecido de bolhas. Durante o dia, permanecem dentro da rocha e, à noite, passeiam pelo gelo e dançam à luz da lua cheia. Mas eles jamais vêem o sol, pois, do contrário, se dissipariam.

Alimentam-se apenas de vácuo, como os vultos dos cadáveres; embriagam-se das palavras vazias e de todas as expressões sem sentido que divulgamos.

Alguns dizem que eles sempre existiram e sempre existirão. Outros dizem que eles são os mortos. E outros ainda dizem que, assim como a espada tem sua bainha ou o pé deixa sua pegada, todo ser humano tem seu Homem Oco na montanha, ao qual se reúnem na ocasião de sua morte.

Na aldeia das Cem Casas vivia um velho sacerdote e mago, Hunoes, com sua esposa, Hulay-Hulay. Eles tinham dois filhos, dois gêmeos idênticos que não podiam ser distinguidos, chamados Mo e Ho. Até a mãe os confundia. Para diferenciá-los, no dia do batismo colocaram em Mo uma corrente com uma pequena cruz, e em Ho uma corrente com um pequeno anel.

O velho Hunoes tinha uma grande preocupação inconfessa. Segundo o costume, o primogênito deveria sucedê-lo. Mas quem era o primogênito? Algum de seus filhos era mais velho que o outro?

No tempo da juventude, Mo e Ho já eram rematados alpinistas. Eles passaram a ser chamados de os dois cabritos monteses. Um dia, seu pai lhes disse: "Àquele de vocês dois que me trouxer a Rosa Amarga, entregarei o grande saber". A Rosa Amarga é encontrada apenas no cume dos picos mais altos. Quem quer que dela coma, sempre que está para contar uma mentira, seja em voz alta ou para si mesmo, sente sua língua começar a arder. Pode, mesmo assim, dizer falsidades, mas não pode alegar que não foi advertido. Poucas pessoas viram a Rosa Amarga: pelo que dizem, ela se parece com um grande líquen multicor ou um bando de borboletas. Mas ninguém jamais foi capaz de colhê-la, pois o menor tremor de medo em sua proximidade dá o alerta e ela desaparece dentro da rocha. Mesmo quando alguém a deseja, se tem um mínimo sequer de medo de possuí-la, ela desaparece.

Para descrever uma ação impossível ou uma empresa absurda, o povo diz: "É como procurar a noite em plena luz do dia"; ou "É como querer iluminar o sol para vê-lo melhor", ou "É como tentar colher a Rosa Amarga".

Em busca da Rosa Amarga, Mo levou consigo cordas, picareta, machadinho e ganchos de ferro. Ao nascer do sol, ele já estava no alto de um pico chamado Cabeça Nebulosa. Como um lagarto, às vezes como uma aranha, ele avançou lentamente, atravessando o precipício alto e vermelho, entre a neve branca abaixo e o céu azul-escuro acima. Pequenas nuvens deslizantes o envolviam de vez em quando, voltando a expô-lo subitamente à luz. E então, finalmente, a uma pequena distância acima, ele viu a Rosa Amarga, reluzindo suas cores de outro mundo. Ao vê-la, repetiu sem cessar para si mesmo as palavras mágicas que seu pai lhe ensinara para espantar o medo.

Ele precisava de uma argola parafusada ali, e de uma corda, para escalar a escarpa de rocha que parecia um cavalo de traseiro empinado. Ele bateu com seu martelo e penetrou com a mão num buraco. Havia uma cavidade sob a rocha. Quebrando a crosta em torno dela, ele viu que a cavidade tinha a forma de um homem: torso, pernas, braços e pequenos tubos em forma de dedos retesados de terror. A cabeça ele tinha cortado com o golpe de picareta.

Um vento gelado atravessou a rocha. Mo matara um Homem Oco. Ele estremeceu e a Rosa Amarga recuou para dentro da rocha.

Mo voltou para a aldeia e contou a seu pai: "Matei um Homem Oco. Mas vi a Rosa Amarga e amanhã irei procurá-la".

O velho Hunoes tornou-se grave. Ao longe, viu uma desgraça após outra em procissão. E disse: "Toma cuidado com os Homens Ocos. Eles buscarão vingança. Eles não podem entrar em nosso mundo, mas podem surgir na superfície das coisas. Toma cuidado com a superfície das coisas!"

No alvorecer do dia seguinte, Hulay-Hulay deu um grande grito, levantou-se e correu para a montanha. Ao pé do rochedo avermelhado estavam as roupas de Mo, suas cordas e o machadinho, assim como a medalha com a cruz. Seu corpo não estava mais ali.

"Ho", ela gritava, correndo de volta. "Eles mataram teu irmão. Mataram meu filho."

Ho levantou-se rangendo os dentes e contraindo o couro cabeludo. Pegou seu machadinho e preparou-se para partir. Seu pai o chamou: "Antes, escuta-me. É isto que deves fazer. Os Homens Ocos pegaram teu irmão e o transformaram em um Homem Oco. Ele tentará fugir. Ele sairá à procura da luz nos montes de gelo da Geleira Transparente. Coloca a medalha dele em teu pescoço, assim como a tua própria. Vai até ele e o golpeia na cabeça. Entra na forma do corpo dele e Mo voltará a viver entre nós. Não tenhas medo de matar um homem morto".

Ho fitou de olhos arregalados o gelo azulado da Geleira Transparente. Estaria a luz lhe pregando peças, estavam seus olhos o traindo ou ele via realmente o que via? Viu vultos prateados com braços e pernas, como mergulhadores sob a água. Lá estava seu irmão, Mo, em sua forma oca, fugindo de mil Homens Ocos que o perseguiam. Mas eles tinham medo da luz. O vulto de Mo procurou a luz e se ergueu no grande monte de gelo azulado, dando voltas e mais voltas como se procurasse por uma porta. Apesar de sentir o coração a ponto de explodir e o sangue coagular-se nas veias, Ho avançou. A seu sangue e seu coração ele disse: "Não tenha medo de matar um homem morto". Em seguida, golpeou a cabeça, quebrando o gelo. O vulto de Mo ficou imobilizado. Ho quebrou o gelo do monte e entrou na forma do irmão, como uma espada entra em sua bainha e um pé na pegada que deixa atrás de si. Ele moveu os cotovelos e se esforçou para acomodar-se; em seguida, jogou as pernas para trás para fora da forma de gelo. E ouviu-se dizendo palavras numa língua que jamais falara. E sentiu que era Ho e Mo ao mesmo tempo. Todas as lembranças de Mo entraram em sua mente – a subida para a Cabeça Nebulosa, onde a Rosa Amarga faz sua morada.

Com o anel e a cruz em volta do pescoço, foi até Hulay-Hulay: "Mãe, tu não terás mais problemas para nos distinguir. Mo e Ho estão agora num mesmo corpo; eu sou teu único filho, Moho".

O velho Hunoes derramou algumas lágrimas e logo alegrou seu semblante. Mas restava ainda uma dúvida que ele desejava dissipar. Ele disse a Moho: "Tu és meu filho único; Ho e Mo não podem mais ser diferenciados".

Moho disse-lhe com convicção: "Agora posso alcançar a Rosa Amarga. Mo conhece o caminho; Ho conhece o gesto certo. Ó, senhor dos meus medos, eu conquistarei a flor da sabedoria!"

Ele colheu a flor, recebeu o ensinamento e o velho Hunoes pôde deixar este mundo em paz.

## MITOS E SÍMBOLOS NA ARTE E CIVILIZAÇÃO DA ÍNDIA
### de Heinrich Zimmer

Heinrich Zimmer (1890-1943), pensador e ideólogo alemão, enxergava na vasta diversidade do pensamento indiano uma busca de unidade. Seu estudo sobre as artes visuais da Índia abarcou os fundamentos da metafísica, da ética e da teoria do conhecimento. Suas obras incluem *As Filosofias da Índia*, *A Conquista Psicológica do Mal* ("O Rei e o Cadáver") e *Mitos e Símbolos na Arte e Civilização da Índia.*

Neste excerto, Zimmer faz o relato do mito da ilusão, Maya. Markandeya, um grande sábio, desperta para a verdade eterna da realidade. Até esse momento, permanecera completamente absorto no sonho de Vishnu, figura que representa a força criadora universal na mitologia hindu. Ele tomava o sonho pela realidade. No momento em que se afastou, outro tipo de visão lhe ocorreu, perturbando-o enormemente antes que ele fosse novamente tragado pelo sonho.

A lição que daí se depreende é que, a qualquer momento, também nós podemos nos descobrir em uma nova e surpreendente relação com o real.

Vishnu dorme. Como uma aranha que, após escalar o fio secretado de seu próprio organismo, recolhe-o de novo para si mesma, o deus consumiu novamente a teia do universo. Só por sobre a substância imortal do oceano, vulto descomunal, em parte submerso e em parte visível, ele se deleita num doce sono. Não há ninguém que o veja, ninguém para compreendê-lo; não há conhecimento sobre ele, a não ser dentro dele mesmo.

Esse gigante, o "Senhor de Maya", e o oceano cósmico sobre o qual se reclina, são manifestações duais de uma essência única; pois o oceano, assim como a forma humana, é Vishnu. Além disso, assim como na mitologia hindu o símbolo da água é a serpente (*naga*), Vishnu é comumente representado repousando entre as espirais de um prodigioso ofídio, seu animal simbólico favorito, a serpente Ananta, "Sem fim". De modo que não apenas a gigantesca forma antropomórfica e o elemento ilimitado, mas também o réptil é Vishnu. É sobre a serpente-oceano de sua própria substância imortal que o Homem Cósmico atravessa a noite universal.

Dentro do deus está o cosmos, como uma criança ainda no ventre de sua mãe; e aqui tudo é restaurado à perfeição primordial. Embora do lado de fora exista apenas a escuridão, no interior do sonhador divino floresce a visão ideal do que o universo deveria ser. O mundo, recobrando-se da decadência, da confusão e da catástrofe, retoma agora o caminho da harmonia.

É agora, durante esse intervalo encantado, que, segundo a lenda, algo fantástico acontece:

Um homem santo, de nome Markandeya, está vagando no interior do deus, por sobre a terra pacífica, como um peregrino sem rumo, contemplando em deleite o edificante espetáculo da visão ideal do mundo. Este Markandeya é um célebre personagem mítico, um santo abençoado com a vida eterna. Com milhares de anos de idade, ele possui um vigor eterno e a mente sempre alerta. Errando agora pelo interior do corpo de Vishnu, em visita aos eremitérios sagrados, ele se alegra com as piedosas atividades dos sábios e seus discípulos. Nos santuários e lugares sagrados ele se detém em adoração, e seu coração se regozija com a piedade do povo dos países por onde passa.

Mas então ocorre um acidente. No decorrer de sua caminhada sem rumo e sem fim, o vigoroso ancião resvala, inadvertidamente, para fora da boca do deus que tudo contém. Vishnu dorme com os lábios entreabertos; o som harmonioso, rítmico e profundo de sua respiração ressoa no imenso silêncio da noite de Brahma. E o santo perplexo, tombando dos gigantescos lábios do sonhador, precipita-se nas águas do oceano cósmico.

A princípio, por causa da Maya de Vishnu, Markandeya não vê o gigante adormecido, mas apenas o oceano, profundamente negro, estendendo-se para além da noite escura e sem estrelas que tudo envolve. Tomado de desespero, ele teme por sua vida. Debatendo-se na água escura, ele se torna pensativo, pondera e começa a duvidar: "Será isto um sonho? Estarei sob o encanto de uma ilusão? Por certo esta situação, tão estranha, deve ser produto da minha imaginação. Porque o mundo, tal como o conheço e como o observei em seu curso harmonioso, não merece a aniquilação que parece tê-lo atingido de súbito. Não há sol, nem lua, nem vento; desvaneceram-se as montanhas, a terra desapareceu. Que espécie de universo é este em que me descubro agora?"

Estas reflexões e indagações do santo são uma espécie de comentário à idéia de Maya, ao problema "O que é real?" tal como o concebem os hindus. A "realidade" é uma função do indivíduo. É o resultado das virtudes e limitações específicas da consciência individual. Enquanto o santo perambulava pelo interior do gigante cósmico, sua percepção lhe apresentava uma realidade aparentemente compatível com sua natureza, que ele via como sólida e substancial. Não obstante, era apenas um sonho, uma visão do interior da mente do deus adormecido. Durante a noite das noites, pelo contrário, a realidade da substância original do deus aparece à consciência humana do santo como uma miragem perturbadora. "É impossível," pensa ele, "não pode ser real."

A meta dos ensinamentos teóricos da filosofia hindu e da prática iogue é transcender os limites da consciência individualizada. O propósito das histórias míticas é transmitir a sabedoria dos filósofos, expondo de um modo pitoresco e popular as experiências ou resultados da ioga. Apelando diretamente para a intuição e a imaginação, elas compõem uma interpretação da existência que é acessível a todos.

Não são explicitamente comentadas ou elucidadas. Os diálogos e discursos dos personagens principais trazem momentos de exposição e interpretação filosóficas, mas a história em si mesma jamais é explicada. Não há qualquer comentário explícito sobre o sentido da ação mitológica. A narrativa atinge diretamente o ouvinte por um apelo à sua intuição, à sua imaginação criadora. Ela mobiliza e alimenta o inconsciente. Por meio de uma eloqüência que resulta mais de incidentes que de palavras, a mitologia da Índia cumpre sua função de veículo popular da sabedoria esotérica que está presente na experiência da ioga e na religião ortodoxa.

Assegura-se deste modo um efeito imediato, uma vez que as narrativas não são o produto de experiências e reações individuais. Elas são antes produzidas, acalentadas e controladas pelo trabalho e pensamento coletivos da comunidade religiosa. Enriquecem-se com a sanção sempre renovada das gerações que se sucedem. São reelaboradas, reformuladas e impregnadas de novos significados por um processo criativo anônimo e por uma aceitação intuitiva da coletividade. São eficazes primordialmente num nível subconsciente, tocando a intuição, o sentimento e a imaginação. Seus detalhes são gravados na memória e absorvidos, dando forma aos mais profundos estratos da psique. Quando refletidos, seus episódios mais marcantes são capazes de revelar diversas camadas de significado, de acordo com as experiências e necessidades vitais de cada indivíduo.

[...]

O santo, abandonado na imensidão das águas e já entrando em desespero, por fim percebeu a forma do deus adormecido e foi tomado de esplendor e de uma alegria beatífica. Parcialmente submersa, a imensa forma parecia uma cadeia de montanhas irrompendo das águas. De seu interior irradiava uma luz maravilhosa. O santo se aproximou a nado, para observar a divina presença; mal abrira a boca para perguntar quem era quando o gigante, agarrando-o, engoliu-o sumariamente, e ele mais uma vez foi levado para a familiar paisagem do interior.

Assim, restaurado abruptamente ao mundo harmonioso do sonho de Vishnu, Markandeya foi tomado de uma confusão extrema. Só conseguia se lembrar de sua breve mas inesquecível experiência como uma espécie de visão. Não obstante, ele, um ser humano incapaz de aceitar qualquer realidade que transcendesse os poderes interpretativos de sua limitada consciência, achava-se agora, paradoxalmente, encerrado no interior daquele ser divino, como um personagem de seu sonho universal. E ainda assim, para Markandeya, abençoado inesperadamente com uma visão da Existência Suprema – em si e por si mesma, naquela solidão e quietude que tudo contém –, também aquela revelação não passara de um sonho.

Ao retornar, Markandeya retomou sua vida pregressa. Como santo peregrino que era, voltou a vagar pela imensidão da terra. Nos bosques, observou os iogues e suas práticas ascéticas. Assentiu ao ver os devotos da realeza praticarem custosos sacrifícios, com pródigas oferendas aos brâmanes. Viu os brâmanes oficiando os rituais sacrificiais e recebendo generosas recompensas pela eficácia de sua magia. Presenciou todas as castas devotando-se piedosamente às tarefas que lhes são próprias, testemunhando a plena vigência entre os homens da sagrada seqüência dos Quatro Estágios da Vida. Encontrando graça e alegria nesse estado ideal de coisas, peregrinou em segurança por mais cem anos.

E então, inadvertidamente, ele escorregou mais uma vez da boca do gigante adormecido e caiu no mar negro como piche. Desta vez, na terrível escuridão e no deserto aquático do silêncio, viu uma criança luminosa, um menino divino dormindo tranqüilamente à sombra de uma figueira. Mais uma vez sob o efeito de Maya, Markandeya viu como a criança solitária brincava, alegre, impávida, em meio ao vasto oceano. O santo foi tomado de curiosidade, mas seus olhos não puderam suportar o esplendor deslumbrante da criança, e assim ele se manteve a uma distância prudente, ponderando enquanto flutuava sobre as profundezas obscuras: "Parece que me lembro de já ter visto algo semelhante – há muito, muito tempo". Mas então sua mente se apercebeu da insondável profundidade do oceano sem fim, e um frio temor se apoderou dele.

O deus, sob o disfarce de criança divina, gentilmente se dirigiu a ele:

– Sê bem-vindo, Markandeya!

A voz tinha o tom suave e profundo do trovejar melodioso de uma nuvem auspiciosa. O deus repetiu:

– Bem-vindo, Markandeya! Não temas, meu filho. Não tenhas medo: aproxima-te!

O venerável santo sem idade nem conseguia lembrar-se há quanto tempo não ouvia alguém se dirigir a ele como "filho", ou simplesmente chamá-lo pelo primeiro nome, sem nenhuma outra alusão respeitosa à sua condição de santidade e nascimento. Ficou profundamente ofendido. Embora muito fraco, afligido pela fadiga e em grande desvantagem, foi acometido de uma explosão de cólera:

– Quem se atreve a ignorar minha dignidade, minha santidade, e a menosprezar o tesouro dos poderes mágicos que em mim se acumularam com práticas ascéticas? Quem é que assim desconsidera minha venerável idade, que equivale a mil anos na contagem divina? Não estou habituado a este tratamento insultante. Mesmo os deuses mais altos tratam-me com grande respeito. Nem Brahma ousaria dirigir-se a mim com tamanha irreverência: é com cortesia que Ele me chama, dizendo: "Ó tu, o de Longa Vida!". Quem é que agora corteja a desgraça, lançando-se às cegas no abismo da destruição e descartando a própria vida ao dizer simplesmente: "Markandeya?". Quem é este que merece a morte?

Quando o santo assim manifestou sua ira, a criança divina continuou a falar, impassível:

– Filho, sou teu progenitor, teu pai e ancestral, o ser primordial que concede toda vida. Por que não vens a mim? Conheço muito bem quem te gerou. Em tempos idos, teu pai praticou a mais severa austeridade para gerar um filho. Ele obteve minha graça. Satisfeito com sua santidade perfeita, eu lhe disse que atenderia um pedido; ele pediu-me então que tu, seu filho, fosses agraciado com uma inexaurível vitalidade e que jamais envelhecesses. Teu pai conhecia o fundamento secreto da própria existência, do qual tu também te originaste. Por isso, tens agora o privilégio de me ver reclinado sobre as águas cósmicas primordiais que tudo contêm, brincando como uma criança sob esta árvore.

As feições de Markandeya iluminaram-se de alegria. Seus olhos arregalaram-se como botões em flor. Em humilde submissão, curvou-se e suplicou:

– Revelai-me o segredo de vossa Maya, a razão de vossa aparição como uma criança que brinca deitada sobre o oceano sem fim. Senhor do Universo, por que nome sois conhecido? Acredito que sejais o Grande Ser de todos os seres; pois quem mais poderia existir como existis?

Vishnu respondeu:

– Sou Narayana, o Homem Cósmico Primordial. Ele é as águas; é o ser primevo; é a fonte do universo. Eu tenho mil cabeças. Manifesto-Me como a mais sagrada das oferendas sagradas; manifesto-Me como o fogo sagrado que leva aos deuses no céu as oferendas dos homens na terra. Ao mesmo tempo, manifesto-Me como o Senhor das Águas. Vestido nos trajes de Indra, o rei dos deuses, sou o primeiro dos imortais. Sou o ciclo do ano, que tudo gera e depois dissolve. Sou o divino iogue, o malabarista e mago do cosmos, que opera maravilhosas ilusões. As ilusões mágicas do iogue cósmico são as *yugas*, as idades do mundo. Esta demonstração da miragem do processo fenomênico do universo é o trabalho do meu aspecto criativo; mas ao mesmo tempo Sou o sorvedouro, o vórtice de destruição que reabsorve tudo o que foi manifestado e põe um termo à sucessão das *yugas*. Eu ponho um termo a tudo o que existe. Meu nome é Morte do Universo.

## TERTIUM ORGANUM

### de Ouspensky

P. D. Ouspensky (1878-1947), nascido na Rússia, foi um célebre matemático e filósofo. Encantou-o desde muito cedo a idéia de uma quarta dimensão. Despertado pelas grandes questões sobre a vida e o lugar do homem na ordem maior das coisas, ele buscou, por meios práticos e teóricos, uma base adequada para o ser e o conhecer. Seus livros mais importantes são *Tertium Organum*, *Um Novo Modelo do Universo* e *Em Busca do Milagroso*.

Ouspensky levanta a questão do veículo que faz operar a força da evolução. Darwin demonstrou que a espécie é o órgão da evolução na natureza; outros, como Spencer, sustentaram que a cultura humana também é capaz de evolução. Ouspensky postula que só o ser humano individual pode evoluir, porquanto somente a consciência provê os meios para tanto, e a consciência é um atributo do indivíduo. Ele passa, então, a questionar se a evolução, a transformação da consciência individual tal como ele a define, é um evento reservado para o futuro ou se ela pode ocorrer também no presente.

O mundo vivo da natureza (incluindo o homem) é análogo ao homem, e é mais correto e mais conveniente considerar as diferentes formas de consciência, nas diferentes divisões e estratos da natureza vivente, como pertencentes a um organismo, e desempenhando funções diferentes mas relacionadas, do que vê-las como entidades separadas que evoluem umas a partir das outras. Assim, toda essa teorização ingênua a respeito da evolução se torna dispensável. Não consideramos que os órgãos e membros do corpo do homem evoluíram uns dos outros "em um determinado indivíduo", e não devemos cometer o mesmo erro em relação aos órgãos e membros do corpo da natureza vivente.

Não repudio a lei da evolução, mas sua aplicação para explicar muitos fenômenos da vida precisa urgentemente ser corrigida.

Primeiramente, se aceitamos a idéia de uma evolução comum e geral, torna-se afinal necessário lembrar que as formas que se desenvolvem mais lentamente, os resíduos da evolução, podem não seguir, mesmo que num ritmo mais lento, a mesma evolução, mas iniciar uma evolução própria, desenvolvendo em muitos casos exatamente as propriedades que as fizeram ser excluídas da evolução básica.

Em segundo lugar, ainda que aceitemos a lei da evolução, não há necessidade de considerar que todas as formas existentes se desenvolveram umas a partir das outras (como o homem a partir do macaco, por exemplo). Nestes casos, é mais correto considerá-las as formas mais altas em sua própria evolução. A ausência de formas intermediárias torna esta visão muito mais provável do que a que é normalmente aceita, e que oferece um material tão rico para discussões sobre a obrigatória e inevitável perfeição de tudo – "perfeição" do nosso ponto de vista.

As concepções aqui apresentadas são com efeito mais difíceis que o ponto de vista comumente aceito sobre a evolução, da mesma forma como a concepção do mundo vivo como um "único" organismo é mais difícil; mas essa dificuldade deve ser superada. Já disse que o mundo real deve ser ilógico dos pontos de vista comuns, e que ele não pode de forma alguma tornar-se absolutamente simples e compreensível a todos. A teoria da evolução carece de muitas correções e acréscimos, bem como de um amplo desenvolvimento. Se considerarmos as formas que existem em um plano qualquer, será completamente impossível afirmar que todas são evoluções das formas mais simples desse mesmo plano. Algumas, sem dúvida, são desenvolvimentos das formas inferiores, enquanto outras resultaram do processo de degeneração de formas superiores; uma terceira categoria desenvolveu-se a partir dos resquícios de alguma forma evoluída, enquanto uma quarta resultou da incursão, naquele plano determinado de propriedades e características, de algum plano superior. É certamente impossível considerar que estas formas complexas se desenvolveram por um processo evolutivo dentro de um único e mesmo plano.

A classificação abaixo mostrará mais claramente esta correlação das formas de manifestação da consciência, ou de diferentes estados de consciência.

PRIMEIRA FORMA. Percepção do espaço unidimensional em relação com o outro mundo. Tudo segue uma mesma linha. As sensações não são diferenciadas. A consciência está imersa em si mesma, em seu trabalho de nutrição, digestão e assimilação dos alimentos etc. Este é o estado da célula, das moléculas, dos tecidos e órgãos do corpo de um animal, das plantas e dos organismos inferiores. No homem, corresponde à "mente instintiva".

SEGUNDA FORMA. Percepção do espaço bidimensional. Este é o estado do animal. O que para nós é uma terceira dimensão, para o animal é movimento. Ele já percebe e sente, mas não pensa. Tudo o que ele vê lhe parece ser genuinamente real. No homem, esta forma corresponde à vida emocional e aos lampejos de pensamento.

TERCEIRA FORMA. Percepção do espaço tridimensional. Pensamento lógico. Divisão filosófica entre Eu e Não-Eu. Religiões dogmáticas ou espiritismo dualista. Moralidade codificada. Divisão entre espírito e matéria. Ciência positivista. A idéia de evolução. Um universo mecânico. Entendimento das idéias cósmicas como metáforas. Imperialismo, "materialismo histórico", socialismo etc. Sujeição da personalidade à sociedade e à lei. Automatismo. A morte como extinção da personalidade. Intelecto e lampejos de autoconsciência.

QUARTA FORMA. Início da compreensão do espaço tetradimensional. Um novo conceito de tempo. A possibilidade de uma autoconsciência mais prolongada. Lampejos de consciência cósmica. A idéia e, por vezes, a sensação de um universo vivo. Esforço na direção do extraordinário. Sensação de infinitude. Início da vontade autoconsciente e momentos de consciência cósmica. Possibilidade de imortalidade pessoal.

Assim, a terceira forma inclui aquele "homem" que a ciência estuda. Mas a quarta forma é característica do homem que está começando a escapar do campo de observação do positivismo e do entendimento lógico.

[...]

## EVOLUÇÃO OU CULTURA?

As perguntas mais interessantes e importantes no que diz respeito à consciência cósmica podem ser resumidas como se segue: (1) É a manifestação da consciência cósmica um problema que pertence a um futuro distante e a outras gerações? Isto é, é necessário que a consciência cósmica apareça como o resultado de um processo evolutivo, após séculos e milênios, para então tornar-se uma propriedade de todos ou da maioria? E (2) pode a consciência cósmica aparecer "agora" no homem contemporâneo, isto é, ao menos como resultado de uma certa educação ou desenvolvimento pessoal que contribuirão para o surgimento nele de forças e potencialidades dominantes? Quer dizer, pode ela surgir como resultado de "certa cultura"?

A mim parece que, a este respeito, as seguintes idéias são defensáveis:

A possibilidade de aparecimento ou desenvolvimento de uma consciência cósmica pertence a alguns poucos.

Mas, mesmo no caso daqueles homens nos quais a consciência cósmica pode surgir, certas condições internas e externas bem definidas precisam estar presentes – uma "certa cultura", a educação daqueles elementos que favorecem a consciência cósmica e a eliminação dos que lhe são hostis.

Os sinais distintivos desses homens nos quais a consciência cósmica tem a possibilidade de manifestar-se não são de modo algum estudados.

O primeiro desses sinais é a sensação constante ou freqüente de que o mundo não é como aparece; que o mais importante nele não é em absoluto aquilo que se vê como mais importante. A busca do extraordinário, percebido como o único real e verdadeiro, resulta dessa impressão de irrealidade do mundo e de tudo o que está a ele relacionado.

Uma cultura de alto nível mental e grandes conquistas intelectuais não são condições necessárias, de maneira nenhuma. O exemplo de muitos "santos", que não eram intelectuais mas alcançaram indubitavelmente a consciência cósmica, demonstra que esta pode se desenvolver em bases puramente emocionais, neste caso como conseqüência da emoção religiosa. A consciência cósmica também pode ser alcançada por intermédio da emoção que está a serviço da criação – em pintores, músicos e poetas. A arte, em suas mais altas manifestações, é um caminho para a consciência cósmica.

Mas, seja como for, em todos os casos o desvelar da consciência cósmica requer uma "certa cultura" e uma vida correspondente a ela. De todos os exemplos citados pelo Dr. Bucke, bem como por todos os outros que se poderia mencionar, não seria possível selecionar um único caso em que a consciência cósmica tenha se desenvolvido em condições de vida interior adversas a ela, ou seja, em momentos de absorção na vida "exterior", com suas lutas, emoções e interesses.

Para a manifestação da consciência cósmica é necessário que o centro de gravidade de todas as coisas resida, para o homem, em seu mundo interior, na consciência de si, e de maneira alguma no mundo exterior.

Se supusermos que o próprio Dr. Bucke estava cercado por condições inteiramente diferentes daquelas em que se encontrava quando experimentou a consciência cósmica, então sua iluminação muito provavelmente não teria ocorrido.

Ele passou a noite lendo poesia em companhia de homens de alto nível de desenvolvimento intelectual e emocional, e estava voltando para casa repleto dos pensamentos e emoções daquela noite.

Mas se, em vez disso, ele tivesse passado a noite jogando cartas na companhia de homens de interesses comuns e conversa vulgar, ou numa reunião política, ou se tivesse passado a noite trabalhando no torno de uma fábrica ou escrevendo um editorial em que ele mesmo não acreditava, nem ele nem mais ninguém – então poderíamos afirmar com toda certeza que nenhuma consciência cósmica teria aparecido nele. Pois ela requer, indubitavelmente, uma grande liberdade e concentração no mundo interior.

Esta conclusão com respeito à necessidade de uma cultura especial, bem como de condições internas e externas que sejam definitivamente favoráveis, não significa necessariamente que a consciência cósmica tenha a probabilidade de manifestar-se em "todo homem" que se coloca sob tais condições. Há homens, provavelmente a grande maioria da humanidade contemporânea, em quem esta possibilidade simplesmente não existe. E, naqueles que já não a possuem de algum modo, ela não pode ser criada por nenhuma cultura, assim como nenhum tipo nem quantidade de cultura pode fazer um animal falar a língua dos homens. A possibilidade de manifestação da consciência cósmica não pode ser inoculada artificialmente. Um homem simplesmente nasce ou não nasce com ela. Esta possibilidade pode ser suprimida ou desenvolvida, mas jamais criada.[138]

Nem todos podem aprender a discernir o verdadeiro do falso; mas aquele que pode não receberá esse dom do discernimento gratuitamente. É algo que exige muito esforço, muito trabalho, que exige coragem no pensar e no sentir.

## O LIVRO DE DANIEL

O Livro de Daniel está entre os livros proféticos do Antigo Testamento.

Podemos sonhar com o futuro; podemos também profetizar, ter premonições, anunciações, previsões, dependendo da clareza da visão. Mas o que nos permite enxergar o que ainda não existe? O Antigo Testamento oferece muitos exemplos de profecia, dentre os quais o Livro de Daniel é um dos melhores. Nesta breve seleção, Nabucodonosor, o rei da Babilônia, conta a Daniel um sonho para que ele interprete seu futuro. As palavras de Daniel nos dão motivos para refletir.[139]

---

138. É interessante observar que, num contexto completamente diverso, Platão afirma exatamente estas mesmas coisas sobre a obrigatoriedade e os limites da "educação", a qual deve ser regulada pela idéia de natureza, cujos limites, expressões da "Necessidade", ela entretanto não teria o poder de subverter. O mesmo tema, como facilmente se pode constatar, está no centro da tragédia, ainda que sob um enfoque diverso. Em comparação com a tragédia, a "Necessidade" da filosofia pode inclusive ser considerada otimista, pois prevê uma maior maleabilidade da natureza ao direcionamento da vontade; numa palavra, existe aqui a noção de que a natureza, de certo modo e em determinado grau, é passível de ser "moldada" pela educação, o que atenua em muito o sentido de "fatalidade" característico do espírito trágico. (N.T.)

139. O trecho corresponde à íntegra do quarto capítulo do Livro de Daniel. (N.T.)

CAPÍTULO IV

1. Eu, Nabucodonosor, vivia tranqüilo em minha casa e próspero em meu palácio.
2. Tive um sonho que me assustou; os pensamentos que atravessaram meu espírito enquanto estava deitado em meu leito e as visões que tive me deixaram perturbado.
3. Dei ordens para que trouxessem à minha presença todos os sábios da Babilônia, a fim de que me dessem a interpretação do meu sonho.
4. Então, vieram a mim os magos, os advinhos, os caldeus e os astrólogos, e eu lhes contei o sonho, mas eles não foram capazes de me dizer seu sentido.
5. Mas, finalmente, apresentou-se diante de mim Daniel, cognominado Baltazar em honra ao meu deus e em quem reside o espírito dos deuses sagrados: e a ele eu contei o sonho, dizendo:
6. "Ó Baltazar, disse-lhe, mestre dos magos, sei que o espírito dos deuses sagrados reside em ti e que nenhum segredo te confunde. Dize-me então as visões que tive em sonho e, depois, dá-me sua interpretação.
7. Assim eram as visões que tive quando deitado em meu leito: eu via uma árvore gigantesca bem no centro da terra, de altíssimo porte.
8. A árvore cresceu e ficou forte e a sua copa alcançou o céu e a visão dela alcançava os confins da terra.
9. A folhagem era bela e os frutos abundantes proviam alimento para todos. À sua sombra abrigavam-se as bestas da terra, e em seus galhos se aninhavam as aves do céu e dela toda criatura tirava seu sustento!
10. Nas visões de meu espírito, quando em meu leito, vi também um guardião sagrado descendo dos céus.
11. Com voz possante, ele gritou: Derrubai a árvore e cortai seus galhos; arrancai suas folhas e dispersai os frutos: Que os animais fujam de sua sombra! Que os pássaros do céu abandonem seus galhos!

12. Deixai, contudo, na terra o tronco e as raízes, atados com correntes de ferro e bronze, no meio da grama tenra do campo, para que sejam banhados pelo orvalho do céu e tenham sua parte de erva como as bestas terrestres.
13. Que perca então o espírito de homem e adquira o espírito das feras, e que sete épocas passem sobre ele.
14. Esta é a sentença dos guardiões, é o que anunciam os santos, a fim de que os vivos reconheçam que o Altíssimo domina sobre toda humana realeza, e a concede a quem lhe apraz e a ela pode elevar o mais humilde.
15. Este foi o sonho que tive eu, o rei Nabucodonosor. Agora, tu, ó Baltazar, vais dar-me a interpretação desse sonho. Nenhum dos sábios do meu reino foi capaz de fazer-me sabê-la. Mas tu, tu o podes, porque em ti reside o espírito dos deuses sagrados".
16. Então Daniel, cujo nome era Baltazar, ficou assustado e perturbado por uma hora no tumulto de seus pensamentos. E o rei prosseguiu: "Baltazar, não permitas que este sonho, ou a interpretação dele, te assuste". Baltazar respondeu dizendo: "Meu senhor, que o sonho valha para vossos inimigos, e seu significado para vossos adversários.
17. A árvore que Vossa Majestade viu crescer e tornar-se bela, cujo cume alcançava os céus e a vista dela toda a terra;
18. Esta árvore de folhas belas e frutos abundantes que a todos provia de alimentos; sob a qual as bestas da terra se abrigavam e em cujos galhos aninhavam-se as aves do céu;
19. Esta árvore sois vós, ó Senhor, que crescestes e vos tornastes poderoso; pois vossa crescente grandeza alcançou os astros e vosso domínio chegou aos confins da terra.
20. E onde Vossa Majestade viu um guardião sagrado descendo do céu, dizendo: Derrubai e destruí a árvore; porém, deixai o tronco e as raízes na terra, atados numa corrente de ferro e bronze, no meio da grama tenra do campo, a fim de que sejam banhados pelo orvalho do céu e tenham a sua parte de erva do campo como as bestas da terra até que sete épocas passem sobre eles.

21. Eis a interpretação, Majestade, dos decretos do Altíssimo que tocam Vossa Majestade:

22. Vossa Majestade será afastado da companhia dos homens e irá morar com as bestas do campo; comerá capim com os bois e ficará molhado pelo orvalho do céu. E sete épocas passarão sobre vós, até reconhecerdes que o Altíssimo tem domínio sobre toda humana realeza e dá o poder a quem Lhe apraz.

23. Mandaram deixar o tronco e as raízes porque Vossa Majestade voltará a reinar quando reconhecer a soberania de Deus.

24. Por isso, Vossa Majestade, aceitai meu conselho: resgatai vossos pecados com obras de justiça e vossas iniqüidades pela piedade para com os pobres e infelizes: talvez assim se prolongue vossa prosperidade".

25. Tudo isso aconteceu ao rei Nabucodonosor.

26. Ao fim de doze meses, passeando pelos terraços de seu palácio real,

27. O rei assim dizia: "Não é esta a grande Babilônia, que construí para ser a morada do rei, com o poder de minha majestade e para o esplendor de minha glória?"

28. Mal tinha acabado de falar, quando uma voz desceu do céu, dizendo: "Ó Rei Nabucodonosor, é convosco que falo: perderás vosso reinado.

29. E sereis afastado da companhia dos homens, vivereis entre as bestas do campo, comereis capim como os bois, ficareis molhado pelo orvalho do céu e sete épocas passarão sobre vós até reconhecerdes que o Altíssimo é quem tem domínio sobre toda humana realeza e dá o poder a quem Lhe apraz".

30. Na mesma hora, o oráculo se cumpriu: ele foi retirado da companhia dos homens, passou a comer capim como os bois e a ficar molhado pelo orvalho do céu, até que seus cabelos ficaram compridos como penas de águia e suas unhas cresceram como garras de ave de rapina.

# ELEGIAS DE DUÍNO
## de Rilke

Rainer Maria Rilke (1875-1926), poeta de língua alemã, tinha por objetivo expressar a realidade interior de uma forma breve e intensa. Influenciado por grandes artistas de seu tempo como Picasso e Rodin, de quem foi secretário, escreveu sobre a alienação humana e a busca do retorno à unidade totalizante. Suas obras mais importantes são *Elegias de Duíno, Sonetos a Orfeu* e *Os Cadernos de Malte Laurids Brigge.*

Rilke evoca uma imagem poética da natureza, em que os seres humanos ocupam um lugar decisivo. O mundo é palco de mudanças constantes, e nós também estamos sempre sujeitos à mudança. Não obstante, sugere ele, temos uma espécie de sentido, dentro de nós, pelo qual apreendemos as coisas e as tornamos reais e permanentes. Sem este sentido, tudo seria de fato transitório; mas com ele, diz Rilke, temos a possibilidade de nos realizar e, conosco, também a natureza.

### NONA ELEGIA

Por que, sendo possível a existência serenamente
levar, como um loureiro, de um verde mais escuro que todos
os outros verdes, com leves ondulações nas bordas
de cada folha (como um sorriso de brisa); por que
então, escravos do humano, ansiar pelo destino,
fugindo do destino?...

Oh, não porque a felicidade exista
– este ganho prematuro de uma perda iminente.
Não por curiosidade ou exercício do coração, que
poderia estar, também, no loureiro...
Mas porque estar realmente aqui é excessivo; e tudo aqui
parece precisar de nós, estas coisas efêmeras que estranhamente
nos solicitam. A nós, os mais efêmeros.
Uma vez cada uma, somente uma vez. Uma vez e nunca mais.
E nós também, uma vez, e nada mais. Mas ter sido esta única vez,

inteiramente, ainda que apenas uma vez:
ter sido um com o coração, isto parece irrevocável.

E assim, obrigados, seguimos buscando, tentamos alcançá-lo,
contê-lo em nossas simples mãos,
no olhar transbordante, no coração sem fala.
Tentamos nele nos transformar. A quem dá-lo?
Melhor tudo guardar, para sempre... Ah, mas o que poderíamos levar
conosco àquele outro reino? Não o contemplar,
aqui tão lentamente aprendido, nada do aqui consumado.
Nada.
Nada senão as angústias. E, acima de tudo, o mais árduo,
a longa experiência do amor – o puro
indizível. Mais tarde, porém, o que dizer
entre as estrelas, tão mais, tão mais indizíveis?
Traga pois o viandante ao retornar das encostas do monte para o vale,
não apenas um punhado de terra do indizível, mas
a palavra colhida pura, verdadeira, a genciana amarela
e azul. Estamos aqui talvez para dizer: casa,
ponte, fonte, porta, cântaro, árvore, janela –
e ainda: coluna, torre... Mas para dizê-las é preciso, compreendas,
dizê-las mais intensamente do que as Coisas mesmas
jamais sonharam ser. Não é o mais secreto ardil
da terra taciturna, ao impelir os amantes a unir-se, fazer
que tudo no interior de sua emoção sem limites se rejubile?
Umbral: o que significa para dois amantes
que eles também desgastem o limiar ancestral
da porta, eles também, depois de tantos outros
e antes dos que ainda virão... inevitavelmente?

Aqui é o tempo do dizível, aqui é sua pátria.
Fala e proclama. Pois cada vez mais
dissipam-se as coisas que conosco conviviam,
expulsas e substituídas por um Fazer sem Imagem.

Um fazer que destrói e aprisiona numa casca limitante,
enquanto a ação se desenvolve e assume novos contornos.

Entre uma batida e outra subsiste
nosso coração, como a língua
entre os dentes, e que, apesar disso,
é ainda capaz de louvar.

Canta, pois, ao Anjo o louvor do mundo, não do mundo indizível,
pois não tens como impressioná-lo com tua gloriosa intuição;
no universo em que ele, o mais intuitivo, intui, não és mais
que um noviço. Mostra-lhe, então, o simples, o que, formado
através das gerações,
vive como nosso, no olhar e ao alcance da mão.
Conta-lhe das coisas. Ele ficará perplexo; como ficaste
ante o cordoeiro de Roma ou o ceramista do Nilo. Mostra-lhe
como pode
ser feliz uma coisa, inocente e nossa, como até a lamentosa dor
resolve-se puramente em forma, humilde
como uma coisa, ou morre numa coisa – e como escapa
o violino para a bem-aventurança. E estas coisas,
que vivem o fugaz, compreendem que tu lhes tece o louvor;
efêmeras, olham-nos como salvadores: a nós, os mais efêmeros.
Que dentro de nossos corações invisíveis se cumpra a sua
metamorfose – infinitamente – quem quer que sejamos!

Terra, não é este o teu desejo: renascer invisível
em nós? – Não é teu sonho tornar-te
invisível algum dia? Ó Terra! Invisível!
Não é esta metamorfose tua desesperada missão?

Terra, ó minha amada, assim o quero. Crê-me,
não precisas mais de tuas primaveras para atrair-me,
uma, ai, uma só já é excessiva para o meu sangue.

Silenciosamente consagrei-me todo a ti... desde o início.
Sempre tiveste razão e tua inspiração mais sagrada
é nossa íntima consorte, a Morte.

Vê!, eu vivo. De quê? Infância ou futuro
não decrescem... A caudalosa existência
transborda em meu coração.[140]

140. "... é no coração frágil do homem, o mais efêmero de todos os seres, que se cumpre a transmutação do finito em infinito, do transitório em eterno; em seu coração a 'externalidade' será enfim devolvida ao Absoluto. Como? Através da aceitação plena do terrestre, afirmando apaixonadamente o 'aqui e agora', vendo na morte, não o 'outro lado', a promessa de transcendência, mas a mais íntima e sagrada inspiração da terra. A tarefa humana é poética e sagrada; o poeta não é um 'virtuose' a exercitar o próprio coração mas um 'salvador' das coisas torturadas que o utilitarismo vai transformando num 'fazer sem imagem' (...) O amor é tarefa anônima de gerações e em vão a terra, ávida de sublimar-se no invisível, insinua-se no coração dos amantes para que 'tudo se rejubile no seu sentimento'. [O homem] é o poeta-sacerdote do dizível que saciará o anseio de transfiguração das coisas terrestres". (Extrato do comentário à "Nona Elegia", da tradução de Dora Ferreira da Silva) (N.T.)

# APÊNDICE

## EDIÇÕES E TRADUÇÕES PARA O INGLÊS UTILIZADAS NA PREPARAÇÃO DO ORIGINAL DE *REAL PHILOSOPHY* (*FILOSOFIA VIVA*).

### PARTE I

- *The Dialogues of Plato*, translated by B. Jowett (New York, Random House, 1920).
- *The Philosophical Works of Descartes*, translated by E. Haldane e G. R. T. Ross (Cambridge University Press, 1911).
- Howard Pyle, *The Story of the Grail and the Passing of Arthur* (New York, Charles Scribner's Sons, 1910).
- *The Thirteen Principal Upanishads*, translated by R. E. Hume (Oxford University Press, 1931).
- Sören Kierkegaard, *The Sickness unto Death*, translated by Alistair Hannay (Penguin Books, 1989).
- *Buddhism in Translations*, translated and edited by Henry Clarke Warren (Cambridge, Harvard University Press, 1896).
- Idries Shah, *The Tales of the Dervishes* (New York, Dutton, 1967).

### PARTE II

- Sophocles, *Oedipus Rex*, translated by R. C. Jebb, in *Complete Greek Drama*, ed. W. Oates and E. O'Neill (New York, Random House, 1938).
- "The Hymn of the Pearl", retold by Anne Twitty, in *Parabola* (Winter 1985).
- Fyodor Dostoyevsky, *The Brothers Karamazov*, translated by Constance Garnett (New York, Random House, and London, Heinemann, 1912).
- St. Augustine, *The Confessions*, translated by E. Pusey (London, Nelson).
- Aristotle, *Nicomachean Ethics*, translated by W. D. Ross (Oxford University Press, 1954, I, 4-9).

PARTE III

- Plotinus, *The Ethical Treatises*, vol. 1, translated by S. MacKenna (London Medici Society, 1926).
- Moses Maimonides, *The Guide for the Perplexed*, translated by M. Friedlander (New York, Dover Publications, 1956).
- Immanuel Kant, *Religion within the Limits of Reason Alone*, translated by Greene and Hudson (La Salle [Illinois], Open Court Publishing Company, 1960).
- Farid ud-Din Attar, *The Conference of the Birds*, translated by C. S. Nott (London, Arkana, 1985).
- Frances Densmore, 'Teton Sioux Music', *Bulletin*, Bureau of American Ethnology (Washington, DC, 1918, no. 61).
- *The Thirteen Principal Upanishads*, translated by R. E. Hume (Oxford University Press, 1931).

PARTE IV

- Plato, *The Republic*, translated by B. Jowett (Clarendon Press, 1892).
- Jean-Paul Sartre, *Being and Nothingness*, translated by H. Barnes (New York, Philosophical Library, 1956, and London, Methuen, 1957).
- Martin Heidegger, *Being and Time*, translated by J. Macquarrie and E. Robinson (New York, Harper & Row, 1962).
- E. Conze, ed., *Buddhist Texts through the Ages* (Oxford, Bruno Cassirer, 1954).
- Lewis Thomas, *The Lives of a Cell* (New York, Viking, 1974).
- Leo Tolstoy, *The Death of Ivan Ilich*, translated by Leo Wiener (Boston, Dana Estes & Co., 1904).

PARTE V

- Plato, *The Republic*, translated by B. Jowett (Clarendon Press, 1892).
- Philip Wheelwright, *Heraclitus* (Princeton University Press, 1959).
- *A Source Book in Chinese Philosophy*, translated by Wing-Tsit Chan (Princeton University Press, 1963).
- Friedrich Nietzsche, *The Birth of Tragedy and the Genealogy of Morals*, translated by F. Golffing (New York, Doubleday, 1956).

- Jalalu'l-Din, *The Masnavi*, translated by R. Nicholson (Cambridge University Press, 1926).
- 'Proverbs', *King James Bible.*

PARTE VI

- Plato, *The Republic*, translated by B. Jowett (Clarendon Press, 1892).
- Gabriel Marcel, *The Mystery of Being*, vol. 1, translated by G. S. Fraser (Chicago, Regnery Gateway, 1950).
- Aristotle, *Nicomachean Ethics*, translated by W. D. Ross (Oxford University Press, 1954).
- Leo Tolstoy, *Twenty-three Tales*, translated by L. and A. Maude (Frowde, 1906)
- 'The Gospel of St Matthew', *King James Bible.*
- Rabindranath Tagore, *Sadhana* (New York, Macmillan, 1913).
- Jiddu Krishnamurti, *Freedom from the Known* (New York, Harper & Row, 1969).

PARTE VII

- Albert Camus, *The Myth of Sisyphus and Other Essays*, translated by J. O'Brien (New York, Random House, and London, Hamish Hamilton, 1955).
- Sir Sarvepalli Radhakrishnan and C. A. Moore, eds., *A Source Book in Indian Philosophy* (Princeton University Press and Oxford University Press, 1957).
- H. Bergson, *Time and Free Will*, translated by F. L. Pogson (London, Allen & Unwin, 1960).
- *The Epic of Gilgamesh*, translated by N. K. Sandars (Harmondsworth, Penguin Books, 1960)

PARTE VIII

- Ludwig Wittgenstein, *Tractatus Logico-Philosophicus*, translated by D. F. Pears and B. F. McGuiness (London, Routledge & Keegan Paul, 1961).
- Maurice Merleau-Ponty, *The Phenomenology of Perception*, translated by V. Smith (Atlantic Highlands [NJ], Humanities Press, and London, Routledge & Keegan Paulo, 1962).

- *A Source Book in Chinese Philosophy*, translated by Wing-Tsit Chan (Princeton University Press, 1963).
- John Locke, *An Essay Concerning Human Understanding* (first published 1690).
- Meister Eckhart, *Meister Eckhart*, translated by R. B. Blakney (New York, Harper & Row, 1941).
- 'The Wall of Misery', sufi tale retold by Anne Twitty, in *Parabola* (Spring 1986).

PART IX

- *The Portable Nietzsche*, edited and translated by Walter Kaufmann (New York, Viking Press, 1954).
- Henri Bergson, *Creative Evolution*, translated by A. Mitchell (New York, Holt, Rinehart & Winston, 1944).
- René Daumal, *Mount Analogue*, translated by Roger Shattuck (New York, Random House, 1959).
- Heinrich Zimmer, *Myths and Symbols in Indian Art and Civilization*, ed. Joseph Campbell (Princeton University Press, 1971).
- P. D. Ouspensky, *Tertium Organum*, translated by N. Bessaraboff and C. Bragdom (New York, Random House, 1970).
- 'The Book of Daniel', *King James Bible*.
- *The Selected Poetry of Rainer Maria Rilke*, translated by Stephen Mitchell (New York, Random House, 1982).

# BIBLIOGRAFIA

Nas páginas que se seguem o leitor encontrará uma relação de alguns dos livros em português consultados em apoio à preparação desta antologia. Em alguns casos, as obras referidas são acompanhadas de indicações de leitura complementar.

## PARTE I


- *Fedro* (Platão)

Tradução do original grego dos diálogos por Jorge Paleikat (in *Diálogos* de Platão, 21ª edição: São Paulo, Ediouro, 1999). Há também a tradução de Carlos Alberto Nunes (Belém, Universidade Federal do Pará, 1977), que acaba de ser reimpressa pela mesma editora.

- *Meditações* (René Descartes)

Edição bilíngüe latim-português de Fausto Castilho (*Meditações Filosóficas*. Campinas, Ed. Unicamp, 1999); tradução de J. Guinsburg e Bento Prado Jr. (*Descartes: Obras Escolhidas*. São Paulo, Divisão Européia do Livro, 1962); e tradução de Américo Motta Pessanha (in *Descartes* – Coleção "Os Pensadores". São Paulo, Nova Cultural, 1999).

- *O Sonho de Sir Lancelot*

Edição de Heitor Megale (in *A demanda do Santo Graal*, 1ª edição: São Paulo, Ateliê Editorial, 2000).

- *Upanixades*

Há uma tradução de alguns *Upanixades*, mas não daqueles aqui transcritos, na obra de divulgação e introdução à religião hindu de Louis Renou, *Hinduísmo* (Rio de Janeiro, Zahar, 1964). Encontra-se também, em português, uma introdução geral aos *Upanixades* escrita por Annie Besant (*A sabedoria dos Upanixades*. São Paulo, Pensamento-Cultrix, 1983).

- *Desespero, Doença para a Morte* (Sören Kierkegaard)

Tradução de Adolfo Casais Monteiro (*Desespero, Doença para a Morte*, Coleção "Os Pensadores", vol. 31. São Paulo, Abril, 1974). A melhor introdução geral ao pensamento de Kierkegaard disponível no Brasil continua a ser a seleção de textos organizada, traduzida do original dinamarquês e comentada por Ernani Eichmann (*Sören Kierkegaard: Textos Selecionados*. 1ª edição: Curitiba, UFPR, 1971).

- *Milindapahna*

Para este texto, a tradução foi baseada diretamente na edição inglesa. Para conhecer mais textos da tradição budista e zen-budista, recomenda-se a seleção de textos clássicos e modernos organizada por Ricardo M. Gonçalves (*Textos Budistas e Zen-Budistas*. São Paulo, Cultrix, 1993).

- *Ninguém realmente sabe* (Idries Shah)

O conto pode ser encontrado em *Histórias de Nasrudin*, antologia organizada por Idries Shah, com tradução de Henrique Cukierman e Monica Udler Cromberg (Rio de Janeiro, Dervish, 1994).

## PARTE II

- *Édipo Rei* (Sófocles)

Traduções em versos de Geir Campos, a partir da língua inglesa (*Édipo Rei*. São Paulo, Abril Cultural, 1976); e Mário da Gama Kury, a partir do original grego (*Trilogia Tebana*. 10ª edição: Rio de Janeiro, Zahar, 2002).

- *O Hino da Pérola*

A coleção completa dos escritos copto-gnósticos, conhecida como *Biblioteca de Nag Hamadi*, pode ser encontrada em tradução inglesa (*The Nag Hamadi Library in English*, ed. James Robinson. San Francisco, Harper Collins, 3º edição revista e comentada). Em sua grande maioria, porém, os textos já foram traduzidos para o português e podem ser encontrados na coleção *Apócrifos, os proscritos da Bíblia*, com tradução e edição de Maria Helena de O. Tricca e Julia Balany (São Paulo, Mercuryo, 2001, vol. IV.).

- *Os Irmãos Karamázov* (Fiódor Dostoievski)

No Brasil temos a traduções de Rachel de Queiroz (*Os Irmãos Karamázov*. Rio de Janeiro, José Olympio, 1967), com texto introdutório de Otto Maria Carpeaux, e, mais recentemente, de Natália Nunes e Oscar Mendes (*Os Irmãos Karamázov*. Rio de Janeiro, Ediouro, 2001).

- *Confissões* (Santo Agostinho)

Tradução de J. Oliveira Santos, S.J., e A. Ambrósio de Pina, S.J. (São Paulo, Abril Cultural, 1999, Coleção "Os Pensadores"). Outra boa tradução é a de Maria Luiza Jardim Amarante, com revisão cotejada com o texto latino por Antônio da Silveira Mendonça (2ª edição: São Paulo, Paulus, 2003).

- *Ética a Nicômaco* (Aristóteles)

Tradução de Mário da Gama Kury, feita a partir do original grego (Brasilia, Ed. Universidade de Brasilia, 1985), e de Leonel Vallandro e Gerd Bornheim, baseada na versão inglesa de D.W. Ross, publicada no volume *Aristóteles* da Coleção "Os Pensadores" (1ª edição: São Paulo, Abril Cultural, 1973).

## PARTE III

- *As Enéadas* (Plotino)

Tradução de Américo Somermman (*Tratados das Enéadas*. São Paulo, Polar, 2000). A edição em língua portuguesa conta com 12 dos 54 tratados, fornecendo um bom panorama do pensamento do fundador do neoplatonismo.

- *O Guia dos Perplexos* (Moisés Maimônides)

Edição brasileira integral com tradução a partir do original hebraico por Uri Lamp e José Luiz Goldfarb (3 volumes: São Paulo, Landy, 2003).

- *A Religião nos Limites da Simples Razão* (Immanuel Kant)

Tradução parcial do texto por Tânia Maria Bernkopf, no volume *Kant* da Coleção "Os Pensadores" (São Paulo, Abril Cultural, 1974, vol. 25). Uma exposição clara da vida e do conjunto da obra do pensador está em *Immanuel Kant*, de Ottfried Höffe (São Paulo, Martins Fontes, 2005).

- *A Linguagem dos Pássaros* (Farid ud-Din Attar)

Versão integral do poema traduzida para o português por Álvaro de Campos Souza e Sérgio Rizek (2ª edição: São Paulo, Attar Editorial, 1991).

## PARTE IV

• *A República* (Platão)

Traduções de Enrico Corvisieri (São Paulo, Best Seller, 2002); de Pietro Nasseti, com marcação de parágrafos (São Paulo, Martin Claret, 2001, "Coleção Obras-Primas"); e, em edição portuguesa, de Sampaio Marinho (Lisboa, Europa-América, 1998).

• *O Ser e o Nada* (Jean-Paul Sartre)

Edição brasileira com tradução e notas de Paulo Perdigão (11ª edição: Petrópolis, Vozes, 2002).

• *Ser e Tempo* (Martin Heidegger)

Tradução de Márcia de Sá Cavalcante (9ª edição: Petrópolis, Vozes, 2003).

• *As Vidas de Uma Célula e A Medusa e Caracol* (Lewis Thomas)

No primeiro caso, consultamos a edição portuguesa (*As vidas de uma célula: notas de um estudioso de biologia.* Lisboa, Relógio D'Água, s.d.). No segundo, uma edição portuguesa (*A medusa e o caracol.* 1ª edição: Lisboa, Gradiva, s.d.) e uma brasileira (*A medusa e a lesma.* Rio de janeiro, Nova Fronteira, 1980).

• *A Morte de Iván Ilitch* (Leon Tolstói)

Tradução de Tatiana Belinky (São Paulo, Paulicéia, 1991); tradução de Carlos Lacerda (Rio de Janeiro, Lacerda, 1997). Duas edições acessíveis foram recentemente publicadas pelas editoras LP&M (tradução do original russo por Vera Karam, Porto Alegre, LP&M, 1997) e Martin Claret (tradução de Gulnara Lobato Pereira, São Paulo, Martin Claret, 2005).

## PARTE V

• *Fragmentos Cósmicos* (Heráclito de Éfeso)

Organizada e traduzida por Alexandre Costa, a obra *Fragmentos contextualizados* é resultado de uma importante pesquisa que teve por objetivo trazer os fragmentos que sobreviveram de volta ao seu contexto originário (São Paulo, Difel, 2002). Além disso, é possível encontrar textos de Heráclito e de mais dois dos grandes "pensadores originários" gregos, Parmênides e Anaximandro, em coletânea organizada e traduzida por Emmanuel Carneiro Leão (*Os pensadores originários.* Vozes, Petrópolis, 1993).

- *Capítulos Interiores* (Chuang Tsé)

Edição portuguesa com tradução, notas e comentários de Alain Porte (*Shiva, o Senhor do Sono.* Lisboa, Editorial Estampa, 1983, Coleção Iluminações).

- *A Genealogia da Moral* (Friedrich Nietzsche)

Traduções de Paulo César de Souza, com notas e posfácio também de sua autoria (*Genealogia da moral: uma polêmica.* São Paulo, Companhia das Letras, 1998); e Sílvio Donizete Chagas (5ª edição: São Paulo, Centauro, 2004).

- *Masnavi* (Rumi)

Tradução de Monica Udler Cromberg e Ana Maria Sarda, baseada na versão inglesa de E.H. Whinfield do original persa (Rio de Janeiro, Dervish, 1992).

## PARTE VI

- *O Mistério do Ser* (Gabriel Marcel)

Não há edições desse livro em português. Consultamos com proveito uma edição italiana, com tradução de Giulia Bissaca (*Il mistero dell'essere.* Roma, Borla, 1987) e uma espanhola, com tradução, prólogo e notas de Lucía Piosek Prebisch (*El misterio ontológico: posición y aproximaciones concretas.* Tucumán, Universidad Nacional de Tucumán, 1959).

- *Assaradão, Rei da Assíria* (Tolstói)

*Leão Tolstoi: obra completa* (Rio de Janeiro, Nova Aguilar, 2004, 3 vol., Biblioteca de autores universais).

- *Tagore*

Para a tradução do excerto desta obra, baseamo-nos diretamente no original inglês.

- *A Arte da Libertação* (Krishnamurti)

No Brasil, estas palestras foram traduzidas e publicadas sob o título *Krishnamurti, o Libertador da Mente* (São Paulo, Martin Claret, 1997). Há também uma edição mais antiga das mesmas palestras (*A Arte da Libertação.* Rio de Janeiro, Instituto Cultural Krishnamurti, 1948).

• *O Livro dos Provérbios* (Antigo Testamento)
Para este e outros livros da Bíblia, cotejamos nossa tradução com a da *Bíblia de Jerusalém* (São Paulo, Paulus, 2002).

PARTE VII

• *Shinjin-Mei* (Mestre Sôsan)
Tradução de Ricardo Mário Gonçalves (*Textos Budistas e Zen-Budistas.* São Paulo, Cultrix, 2000).

• *O Mito de Sísifo* (Albert Camus)
Tradução de Ari Roitman e Paulina Watch (São Paulo, Record, 2004).

• *Bhagavad Gita*
Edição brasileira com tradução e notas de Humberto Rohden (*Bhagavad Gita: a sublime canção.* São Paulo, Alvorada, 1978).

• *Ensaio sobre os Dados Imediatos da Consciência* (Henri Bergson)
Tradução portuguesa por João da Silva Gama (Lisboa, Edições 70, 1988, Série Textos Filosóficos).

• *Gilgamesh*
Tradução a partir da versão inglesa estabelecida por N.K. Sanders por Carlos Dandt de Oliveira (*A Epopéia de Gilgamesh.* 2ª edição: São Paulo, Martins Fontes, 2001).

PARTE VIII

• *Tractatus Logico-Philosophicus* (Ludwig Wittgenstein)
Edição bilíngüe com tradução a partir do alemão por José Arthur Gianotti (3ª edição: São Paulo, Edusp, 2001).

• *A Fenomenologia da Percepção* (Maurice Merleau-Ponty)
Tradução de Carlos Alberto Ribeiro de Moura (4ª edição: São Paulo, Martins Fontes, 2003).

- *Tao Te King* (Lao Tsé)

Tradução de Marcos Martinho dos Santos (2ª edição: São Paulo, Attar Editorial, 1995).

- *Ensaio Sobre o Entendimento Humano* (John Locke)

Edição portuguesa com introdução, notas e coordenação da tradução por Eduardo Abranches de Soveral (*Ensaio sobre o entendimento humano.* Lisboa, Calouste Gulbenkian, 1999, 2 volumes). Há também uma versão parcial disponível na coleção "Os Pensadores" (São Paulo, Nova Cultural, 1999), suficiente, em nosso entender, para introduzir o pensamento epistemológico do autor.

- *Sermões* (Mestre Eckhart)

Em português não há tradução dos sermões de Mestre Eckhart. Há, sim, uma antologia de algumas obras mais curtas, com tradução de Raimundo Vier e outros (*O livro da divina consolação e outros textos seletos.* 4ª edição: Petrópolis, Vozes, 1999).

- *A Muralha do Mistério*

*Histórias da Tradição Sufi*, compiladas por Idries Shah (Rio de Janeiro, Dervish, 1983), edição coordenada por Nícia Queiroz Grillo.

## PARTE XIX

- *Assim Falou Zaratustra* (Nietzsche)

Tradução de Mário da Silva (8ª edição: Rio de Janeiro, Bertrand Brasil, 1995).

- *A Evolução Criadora* (Henri Bergson)

Edição portuguesa (Lisboa, Edições 70, 2001); e edição brasileira recente, com tradução de Bento Neto (São Paulo, Martins Fontes, 2005).

- *Mitos e Símbolos na Arte e Civilização da Índia* (Heinrich Zimmer)

Tradução de Carmen Fischer (São Paulo, Palas Athena, 1989).

- *Tertium Organum* (P.D. Ouspensky)

Tradução de Daniel Camarinha e Dulce Helena Pimentel da Silva (São Paulo, Pensamento-Cultrix, 1983).

• *Elegias de Duíno* (Rainer Maria Rilke)

Em português do Brasil há, além da excelente tradução de Dora Ferreira da Silva (Rio de Janeiro, Globo, 2001; nova edição revista e atualizada), a de Emanuel Carneiro Leão (*Sonetos a Orfeu e Elegias de Duíno*, 2ª edição: Petrópolis, Vozes, 1994).

Este livro foi composto em Nexus Serif no texto, Adobe Garamond nos títulos e impresso pela gráfica Palas Athena em papel chamoix book 90 gr. para a Attar Editorial em junho de 2008.